# 넓게 생각하는 힘

# 유토리 일본어 능력시험

## N2

## 언어지식

이장우 저

사람in
saram in com

# 변화!

　변화는 누군가에게는 신선함으로 다가오지만, 누군가에게는 귀찮음으로 다가오기도 한다. 때로 갑작스러운 변화에 사람은 당황하기 쉽고 허둥대기 마련이다. 하지만 아무리 갑작스러운 변화라고 해도 미리 준비되어 있는 사람은 충분히 이 변화에 적응해 갈 수 있을 것이다.

　일본어 능력시험이 변했다. 물론, 능력시험위원회에서 2010년 시험이 있기 1년 전에 고지하였으므로 갑작스러운 변화는 아니라고 하는 분도 계실 것이다. 그러나, 기존의 일본어 능력시험의 유형을 알고 있는 분 중에서 적어도 2010년도의 상반기 시험을 치른 분이라면, 갑작스러운 변화라고 말할 것이다. 구 시험보다 난이도는 쉬웠을지 모르나 어휘나 문법에서는 당황스럽게 하는 문제가 다소 있었다.

　2010년도 상반기 시험 대비용 교재가 많은 출판사에서 나왔다. 적어도 저자가 아는 한에서는 어휘나 문법 문제 유형을 정확하게 예측한 교재는 없었던 것 같다. 저자 역시 이 부류에 속해 시험이 끝난 후 저자의 카페나 블로그에 수강생이나 본인의 교재로 공부한 분들에게 깊이 있는 반성문을 썼다. 그리고 2010년 하반기 시험부터는 이러한 오류를 범하지 않겠다고 결심했다.

　2010년도의 상반기 시험은 현장에서의 강의나 교재 집필에 조금은 매너리즘에 빠질 것 같았던 저자에게 상당한 충격과 동시에 더욱 분발하도록 하는 계기와 전환점이 되었다. 저자 나름대로 최선을 다해서 교육현장에 종사해 왔다고 자부했지만, 아직도 많이 부족하다는 것을 알게 해 주었다.

　필자도 어느 정도 나이를 먹었기에 새로운 변화를 그다지 즐기는 편이 아니다. 다만, 아이돌 가수를 좋아하는 것은 나이답지 않지만……. 이번 시험을 계기로 필자도 많은 변화를 겪었다. 강사로서 겸손함을 배웠고, 저자로서 부족함도 배웠다. 그래서 이번 시험은 필자에게 새로운 인생의 길을 알게 해 준 셈이다. 강의나 교재 집필을 천직으로 생각하는 필자에게 새로운 활력소를 제공하고, 또 학습자분들에게 좋은 교재를 만들게끔 자극을 준 新일본어능력시험에 감사한다.^^

　앞으로 저자가 집필한 교재가 학습자분들에게 조금이나마 도움이 될 수 있도록 끊임없이 노력하겠다. 여러분에게 긍정적인 변화가 생기기를 항상 기도하며……

변화를 즐기는 저자 이창우

# New 일본어능력시험 이렇게 달라졌다!

## 1 New '일본어능력시험'에 대해

　세계 각지에서 일본어(日本語)를 배우는 학습자 수가 급속히 증가하고 있고 더욱이 해외에 있는 일본어 학습자가 그 어학력을 실제로 활용할 수 있는 기회가 점점 늘어나고 있다. 또한 습득한 일본어능력(日本語能力)을 객관적으로 측정하여 공식적으로 인정받는 제도를 요청하는 목소리가 일본어 학습자들 사이에 높아져 왔다. 국제교류기금(國際交流基金) 및 일본국제교육지원협회(日本國際敎育支援協會)는 이러한 요망에 부응하기 위하여 1984년부터 일본 국내 및 해외에서 일본어를 모국어로 하지 않는 사람을 대상으로 일본어능력을 측정하고 인정함을 목적으로 하는 일본어능력시험을 실시하고 있다. 다양화된 수험자와 수험목적의 변화에 발맞춰 2005년 '일본어능력시험 개선에 관한 검토회'를 설치하고 많은 전문가의 협력을 얻어 2010년 새로운 〈일본어능력시험〉을 실시하게 되었다.

응시주최: 일본국제교류기금, 일본국제교육지원협회

실시횟수: 매년 7월 첫 번째 일요일과 12월 첫 번째 일요일 2회 실시한다.

## 2 개정 포인트

### (1) 과제 수행을 위한 언어 소통 능력을 측정한다.

　일본어에 관한 지식과 함께 실제 운용 가능한 일본어 능력을 중시한다. 따라서 문자 · 어휘 · 문법 등의 언어지식과 그 언어지식을 이용한 소통상의 과제를 수행하는 능력을 측정한다.

　※해답은 현행 시험과 마찬가지로 선택지에 의한 마크시트 방식으로 이루어진다. 또한 말하기, 쓰기 능력을 직접 측정하는 시험 과목은 없다.

### (2) 레벨을 4단계에서 5단계로 늘렸다.

| N1 | 구 시험 1급보다 다소 높은 레벨까지 측정한다. |
|----|------------------------------------------|
| N2 | 구 시험 2급과 거의 같은 레벨이다. |
| N3 | 구 시험 2급과 3급 사이에 해당하는 레벨이다. (신설) |
| N4 | 구 시험 3급과 거의 같은 레벨이다. |
| N5 | 구 시험 4급과 거의 같은 레벨이다. |

### (3) 득점을 상대평가 방식으로 변경하였다.

　서로 다른 시기에 실시되는 시험에서는 출제되는 문제가 다르므로 아무리 신중하게 출제를 해도 매회 시험의 난이도가 다소 변동할 수밖에 없다. 따라서 새로운 시험에서는 '등화(等化)' 라는 상대평가를 통해 시험 득점이 난이도의 영향을 받는 일이 없도록 형평성을 유지할 수 있게 한다.

### (4) '일본어능력시험 Can-do 리스트' (가칭)를 제공한다.

　각 레벨의 합격자가 일본어를 사용하여 실제로 어떠한 일이 가능하다고 생각하는지를 조사한 '일본어능력시험 Can-do 리스트'(가칭)를 제공하는데 현재 작성 중이다.

　예) 듣기 – 학교나 직장 공공장소에서 안내방송을 듣고 대략의 내용을 이해할 수 있다.

## 3 인정 기준

| 레벨 | 인정 기준 |
|---|---|
| N1 | **폭넓은 장면에서 사용되는 일본어를 이해할 수 있다.**<br>[읽기] · 폭넓은 화제에 대해 쓰인 신문 논설, 평론 등, 논리적으로 다소 복잡한 문장과 추상도 높은 문장 등을 읽고 문장 구성과 내용을 이해할 수 있다.<br> · 다양한 화제 내용에 깊이 있는 글을 읽고 이야기 흐름과 상세한 의도를 이해할 수 있다.<br>[듣기] · 폭넓은 장면에서 자연스러운 속도의 체계적 내용의 회화, 뉴스, 강의를 듣고 이야기 흐름과 등장인물의 관계, 내용의 논리구성 등을 상세하게 이해하고 요지를 파악할 수 있다. |
| N2 | **일상적인 장면에서 사용되는 일본어 이해와 더불어 보다 폭넓은 장면에서 사용되는 일본어를 어느 정도 이해할 수 있다.**<br>[읽기] · 폭넓은 화제에 대해 쓰인 신문이나 잡지 기사 · 해설, 평이한 평론 등, 논지가 명쾌한 문장을 읽고 문장 내용을 이해할 수 있다.<br> · 일반적인 화제에 관한 글을 읽고 이야기 흐름과 표현의도를 이해할 수 있다.<br>[듣기] · 일상적인 장면과 더불어 폭넓은 장면에서 자연스러운 속도의 체계적 내용의 회화, 뉴스를 듣고 이야기 흐름과 등장인물의 관계를 이해하고 요지를 파악할 수 있다. |
| N3 | **일상적인 장면에서 사용되는 일본어를 어느 정도 이해할 수 있다.**<br>[읽기] · 일상적인 화제에 대해 쓰인 구체적인 내용을 나타낸 문장을 읽고 이해할 수 있다.<br> · 신문 기사 제목 등을 통해 정보의 개요를 파악할 수 있다.<br> · 일상적인 장면에서 접하는 범위의 난이도가 다소 높은 문장은 유의 표현이 제시되면 요지를 이해할 수 있다.<br>[듣기] · 일상적인 장면에서 다소 자연스러운 속도에 가까운 체계적 내용의 회화를 듣고 이야기의 구체적인 내용을 등장인물의 관계 등과 더불어 거의 이해할 수 있다. |
| N4 | **기본적인 일본어를 이해할 수 있다.**<br>[읽기] · 기본적인 어휘나 한자로 쓰인 일상생활 속에서도 가까운 화제에 대한 글을 읽고 이해할 수 있다.<br>[듣기] · 일상적인 장면에서 조금 느린 속도의 회화라면 내용을 거의 이해할 수 있다. |
| N5 | **기본적인 일본어를 어느 정도 이해할 수 있다.**<br>[읽기] · 히라가나, 가타카나, 일상생활에서 사용되는 기본적인 한자로 쓰인 정형적인 어구, 문장, 글을 읽고 이해할 수 있다.<br>[듣기] · 교실이나 주변 등 일상생활 속에서도 자주 접하는 장면에서 느리고 짧은 회화로부터 필요한 정보를 얻어낼 수 있다. |

## (1) 시험 결과의 표시

| 레벨 | 득점 구분 | 득점 범위 |
|---|---|---|
| N1 | 언어지식(문자 · 어휘 · 문법) | 0~60 |
| | 독해 | 0~60 |
| | 청해 | 0~60 |
| | 종합 득점 | 0~180 |
| N2 | 언어지식(문자 · 어휘 · 문법) | 0~60 |
| | 독해 | 0~60 |
| | 청해 | 0~60 |
| | 종합 득점 | 0~180 |
| N3 | 언어지식(문자 · 어휘 · 문법) | 0~60 |
| | 독해 | 0~60 |
| | 청해 | 0~60 |
| | 종합 득점 | 0~180 |
| N4 | 언어지식(문자 · 어휘 · 문법) · 독해 | 0~120 |
| | 청해 | 0~60 |
| | 종합 득점 | 0~180 |
| N5 | 언어지식(문자 · 어휘 · 문법) · 독해 | 0~120 |
| | 청해 | 0~60 |
| | 종합 득점 | 0~180 |

## (2) 합격/불합격 판정

종합 득점과 각 득점 구분의 기준점, 이 두 가지로 합격/불합격 판정을 내린다. 기준점이란 각 득점 구분에서 '적어도 이 이상은 필요한' 득점을 말한다. 득점 구분의 득점이 하나라도 기준점에 달하지 못한 경우는 종합 득점이 아무리 높아도 불합격으로 처리된다. 각 득점 구분에 기준점을 설정한 것은 학습자의 일본어능력을 종합적으로 평가하기 위해서이다.

## (3) 시험 결과의 통지

다음 예와 같이 ①'득점 구분별 득점'과 득점 구분별 득점을 합계한 ②'종합 득점', 앞으로의 일본어 학습을 위한 ③'참고 정보'를 통지한다. ③'참고 정보'는 합격/불합격 판정 대상이 아니다.

예: N3을 수험한 Y씨의 '합격/불합격 통지서'의 일부 (실제 서식은 변경될 수 있다.)

| ①득점 구분별 점수 | | | ②종합 득점 |
|---|---|---|---|
| 언어지식(문자 · 어휘 · 문법) | 독해 | 청해 | |
| **50**/60 | **30**/60 | **40**/60 | **120**/180 |

| ③참고 정보※ | |
|---|---|
| 문자 어휘 | 문법 |
| A | C |

A 매우 잘했음 (정답률 67% 이상)
B 잘했음 (정답률 34%이상 67% 미만)
C 그다지 잘하지 못했음 (정답률 34% 미만)

* '언어지식(문자 · 어휘 · 문법)에 대한 참고 정보를 살펴 보면 '문자 · 어휘'는 A(정답률 67% 이상)이므로 '매우 잘했음', '문법'은 C로(정답률 34% 미만)으로 '그다지 잘하지 못했음'임을 알 수 있다.

## 5 N2 문제 유형 한눈에 보기

| 시험 과목<br>(시험 시간) | | | 문제 유형 | 변형<br>정도 | 문항<br>수 | 목표 |
|---|---|---|---|---|---|---|
| 언어<br>지식<br>·<br>독해<br>(105분) | 문자·어휘 | 1 | 한자 읽기 | ◇ | 5 | 한자로 쓰인 어휘의 읽는 법을 고르는 문제 |
| | | 2 | 표기 | ◇ | 5 | 히라가나로 쓰인 어휘를 한자로 표기하는 문제 |
| | | 3 | 어형성(단어의 구성) | ◇ | 5 | 파생어나 복합어를 알고 단어를 완성하는 문제 |
| | | 4 | 문맥 규정 | ○ | 7 | 문장의 문맥에 맞게 빈칸에 들어갈 가장 알맞은 어휘를 고르는 문제 |
| | | 5 | 유의어(대체) | ○ | 5 | 출제된 말이나 표현과 의미상 가까운 말이나 표현을 고르는 문제 |
| | | 6 | 용법 | ○ | 5 | 제시된 어휘가 문장에서 가장 알맞게 쓰인 문장을 찾는 문제 |
| | 문법 | 7 | 문법 형식의 판단 | ○ | 12 | 괄호 안에 들어갈 가장 알맞은 문법 기능어를 찾아 문장을 완성하는 문제 |
| | | 8 | 문장 만들기 | ◆ | 5 | 보기 4개를 나열하여 문장을 완성하고 ★에 들어갈 표현을 찾는 문제 |
| | | 9 | 문장의 문법 | ◆ | 5 | 장문의 지문에서 공란에 들어갈 어구를 보기에서 고르는 문제 |
| | 독해 | 10 | 내용 이해(단문) | ○ | 5 | 생활, 일 등 여러 화제를 포함한 설명문이나 지시문을 읽고 내용을 이해했는가를 묻는 문제 |
| | | 11 | 내용 이해(중문) | ○ | 9 | 평론, 해설, 에세이 등을 읽고, 인과관계나 이유, 개요, 필자의 생각을 묻는 문제 |
| | | 12 | 종합 이해 | ◆ | 2 | 주장하는 복수의 글을 서로 비교하여 읽고 비교나 종합적인 이해를 묻는 문제 |
| | | 13 | 주장 이해(장문) | ◇ | 3 | 평론이나 시사성 있는 지문을 읽고, 저자가 의도하는 내용이나 주장, 의견 등을 파악하는 문제 |
| | | 14 | 정보 검색 | ◆ | 2 | 광고, 팸플릿 등의 정보(600자 정도)를 읽고 필요한 정보 찾기 |
| 청해<br>(50분) | | 1 | 과제 이해 | ◇ | 5 | 구체적인 과제 해결에 필요한 정보를 듣고 내용을 이해했는가를 묻는 문제 |
| | | 2 | 포인트 이해 | ◇ | 6 | 내용을 듣고 포인트를 파악하는 문제 |
| | | 3 | 개요 이해 | ◇ | 5 | 내용을 듣고 전체적인 화자의 의도나 주장 등을 이해하는가를 묻는 문제 |
| | | 4 | 즉시 응답 | ◆ | 12 | 질문 등의 짧은 발화를 듣고 적절한 응답을 선택할 수 있는가를 묻는 문제 |
| | | 5 | 종합 이해 | ◇ | 14 | 장문의 내용을 듣고 복수의 정보를 비교·종합하여 이해하는가를 묻는 문제 |

◆ : 구시험에서는 출제되지 않았던 새로운 문제 형식
◇ : 구시험의 문제 형식을 유지하나 형식에서 부분적으로 변경됨
○ : 구시험에서도 출제된 문제 형식

※시험 시간은 변경될 수도 있다. 또한 '청해'는 시험 문제의 녹음 시간 길이에 따라 시험 시간이 다소 변경된다.

이 책은 2010년부터 새로 시행되는 NEW 일본어능력시험 N2를 완벽하게 준비할 수 있도록 출제경향을 철저히 분석하고 그에 대한 대책을 세밀하게 마련하였다.

전체 구성은 크게 2권으로 〈1 언어지식편〉 〈2 독해/청해편〉으로 나뉘는데 이 책은 그중의 1권인 〈언어지식편〉이다.

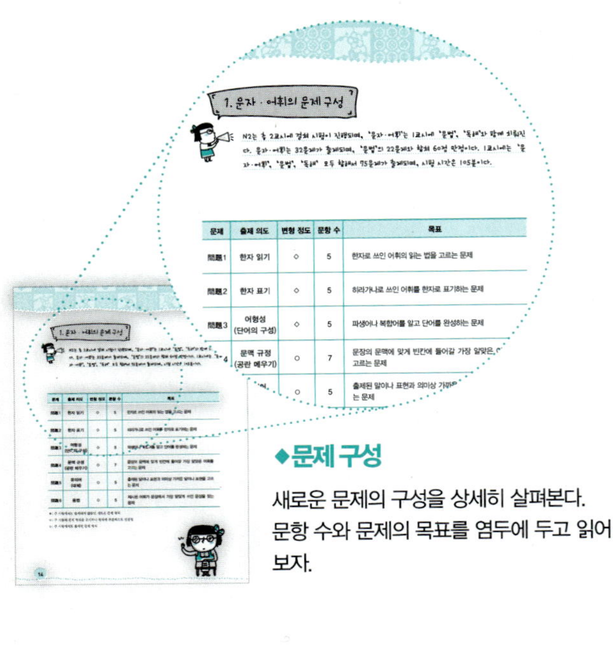

### ◆문제 구성

새로운 문제의 구성을 상세히 살펴본다. 문항 수와 문제의 목표를 염두에 두고 읽어 보자.

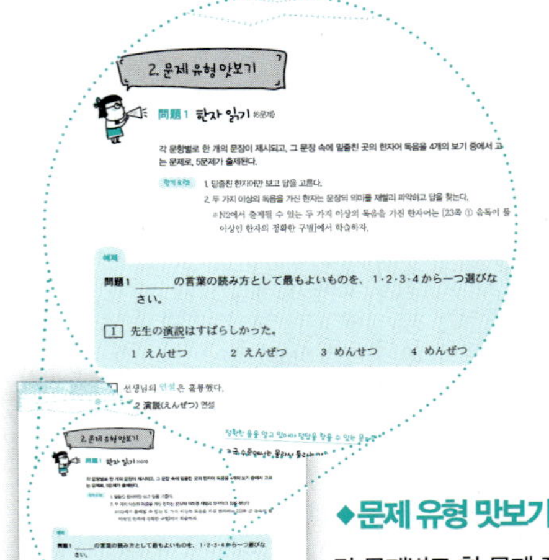

### ◆문제 유형 맛보기

각 문제별로 한 문제 정도의 예제를 통해 새로운 시험 유형이 어떻게 달라졌는지 살펴본다. 더불어 합격요령과 문제풀이에 필요한 학습 내용 및 학습 방법을 알려준다.

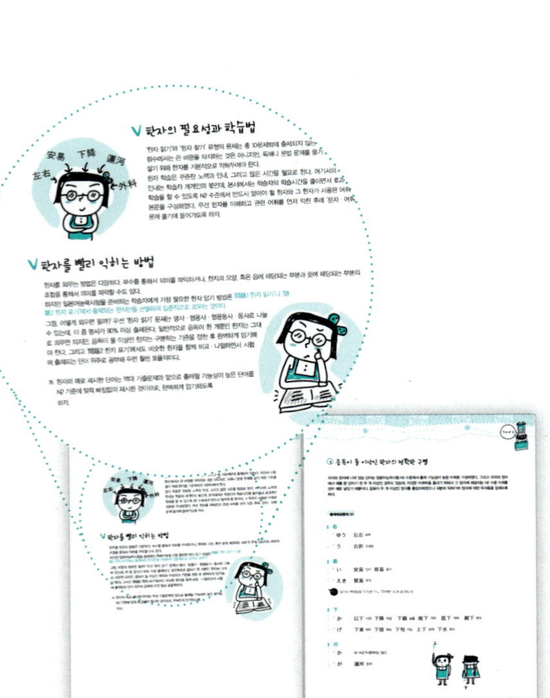

### ◆합격을 위한 필수 체크

실제 시험 유형의 문제를 풀기 전에 반드시 알아둘 학습내용을 담았다. 즉 필수암기한자, 필수체크문형문법 50 등 꼭 필요한 내용만을 학습할 수 있도록 구성하였고 바로 실력을 확인해 볼 수 있는 확인문제를 같이 수록하였다.

## ◆ 실전 대비 집중 훈련

새로운 시험에 적응하여, 실전에서 긴장하지 않도록 새로운
유형에 맞춰 연습문제를 집중적으로 풀어보도록 하였다.

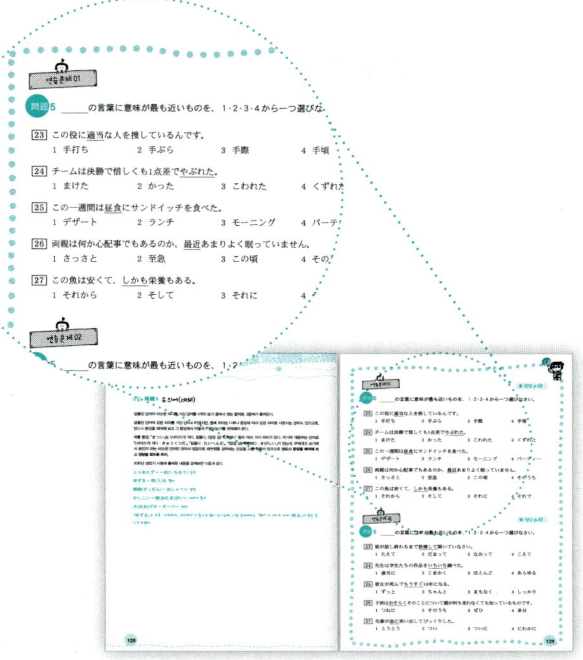

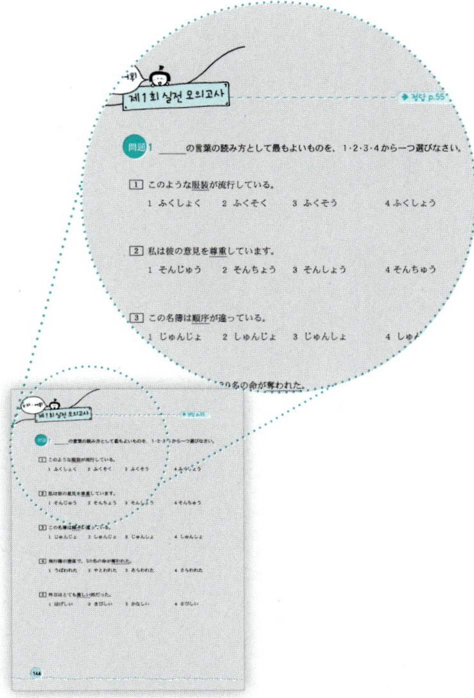

## ◆ 실전 모의고사 (총 5회분)

실제 시험과 가장 유사한 문제 형태로 시험 직전
대비용으로 마무리 점검을 할 수 있도록 총 문자·
어휘, 문법 각 5회의 문제를 수록하였다.

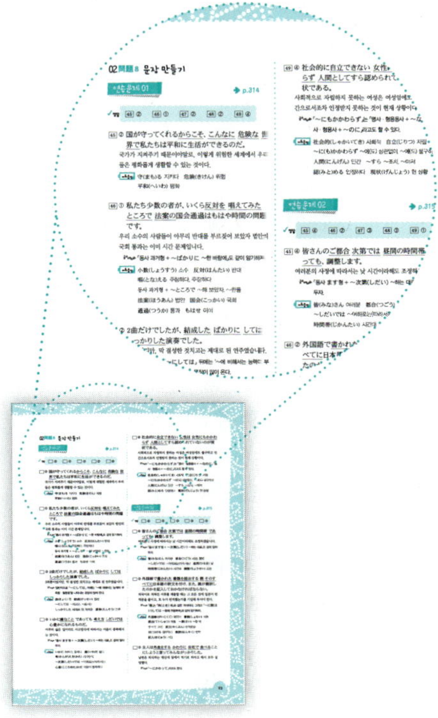

## ◆ 길잡이 해설서

정답 및 해석 외에도 상세한 설명과 문제풀이 비법 등으로
문제를 스스로 해결할 수 있도록 길잡이 역할을 하고 있다.

# 차례 Contents

**2장 문법**

## Part 1 분석 및 대책



## Part 2 합격을 위한 문법 훈련



## Part 3 실전 대비 집중 훈련



## Part 4 실전 모의고사

# 1장

# 문자 · 어휘

## Part 1
## 분석 및 대책

1. 문자 · 어휘의 문제 구성
2. 문제 유형 맛보기
3. 문자 · 어휘 필수 암기 한자

# 1. 문자 · 어휘의 문제 구성

N2는 총 2교시에 걸쳐 시험이 진행되며, '문자·어휘'는 1교시에 '문법', '독해'와 함께 치러진다. 문자·어휘는 32문제가 출제되며, '문법'의 22문제와 합쳐 60점 만점이다. 1교시에는 '문자·어휘', '문법', '독해' 모두 합쳐서 75문제가 출제되며, 시험 시간은 105분이다.

| 문제 | 출제 의도 | 변형 정도 | 문항 수 | 목표 |
|---|---|---|---|---|
| 問題1 | 한자 읽기 | ◇ | 5 | 한자로 쓰인 어휘의 읽는 법을 고르는 문제 |
| 問題2 | 한자 표기 | ◇ | 5 | 히라가나로 쓰인 어휘를 한자로 표기하는 문제 |
| 問題3 | 어형성<br>(단어의 구성) | ◇ | 5 | 파생어나 복합어를 알고 단어를 완성하는 문제 |
| 問題4 | 문맥 규정<br>(공란 메우기) | ○ | 7 | 문장의 문맥에 맞게 빈칸에 들어갈 가장 알맞은 어휘를 고르는 문제 |
| 問題5 | 유의어<br>(대체) | ○ | 5 | 출제된 말이나 표현과 의미상 가까운 말이나 표현을 고르는 문제 |
| 問題6 | 용법 | ○ | 5 | 제시된 어휘가 문장에서 가장 알맞게 쓰인 문장을 찾는 문제 |

◆ : 구 시험에서는 출제되지 않았던 새로운 문제 형식

◇ : 구 시험의 문제 형식을 유지하나 형식에 부분적으로 변경됨

○ : 구 시험에서도 출제된 문제 형식

## 2. 문제 유형 맛보기

### 問題 1 한자 읽기 (6문제)

각 문항별로 한 개의 문장이 제시되고, 그 문장 속에 밑줄친 곳의 한자어 독음을 4개의 보기 중에서 고르는 문제로, 5문제가 출제된다.

**합격 요령!**
1. 밑줄친 한자어만 보고 답을 고른다.
2. 두 가지 이상의 독음을 가진 한자는 문장의 의미를 재빨리 파악하고 답을 찾는다.
※N2에서 출제될 수 있는 두 가지 이상의 독음을 가진 한자어는 [23쪽 ① 음독이 둘 이상인 한자의 정확한 구별]에서 학습하자.

**예제**

問題1 ＿＿＿＿の言葉の読み方として最もよいものを、1・2・3・4から一つ選びなさい。

1　先生の演説はすばらしかった。

　1　えんせつ　　　　2　えんぜつ　　　　3　めんせつ　　　　4　めんぜつ

1　선생님의 연설은 훌륭했다.
　✓ 2 演説(えんぜつ) 연설

**정확한 음을 알고 있어야 정답을 찾을 수 있는 문제!**

고급 수준에서는 몰라서 틀리는 경우보다는 다시 보면 충분히 맞출 수 있는 문제를 빨리 풀고 넘어가야 한다는 조바심으로 인해 평이한 수준의 문제를 과대해석해서 틀리는 경우가 있다. 정말 확실한 경우에는 해당 어휘만 보고 정답을 골라도 되지만, 조금이라도 다르게 읽힐 여지가 있는 어휘는 꼭 전체 문장을 읽고 정답을 고르도록 하자.

학습해야 할 양에 비해 배점이 얼마 되지 않지만, 어휘 학습은 어휘 파트뿐만 아니라 청해·독해 문제를 풀기 위해서도 꼭 필요한 부분이므로 소홀히 하지 않도록 하자.

각 문항별로 한 개의 문장이 제시되고, 밑줄친 곳의 일본어에 해당하는 한자어를 4개의 보기 중에서 고르는 문제로, 5문제가
출제된다.

**합격요령!** 　1. 밑줄친 부분을 먼저 보지 말고, 처음부터 문장을 해석하면서 밑줄에 들어갈 어휘를 먼저 한글로 적는다.
　　　　　　 2. 그 다음 보기에서 한글에 해당하는 한자가 있는지 찾아본다.

---

**예제**

**問題2** ＿＿＿＿＿の言葉を漢字で書くとき、最もよいものを、１・２・３・４から一つ選
びなさい。

**1** 災難ほうそうを聞きながら避難をした。

　　　1　方送　　　　　　2　肪送　　　　　　3　防送　　　　　　4　放送

**1** 재난방송을 들으면서 피난을 갔다.

　✓ 4 放送(ほうそう) 방송
　〰 災難(さいなん) 재난　聞(き)く 듣다　避難(ひなん) 피난

위에서 말한 '합격 요령'대로 문제를 풀어보자.
1. 먼저 주어진 문장을 해석한다.
　재난○○을 들으면서 피난을 했다.
　○○에 들어갈 수 있는 어휘로는 '방송', '보도' 정도가 있다.
2. 그럼, 보기 중에서 '방송'이나 '보도'를 뜻하는 어휘를 찾으면 된다.

## 問題3 어형성(단어의 구성) (5문제)

한 문장에서 하나의 단어가 미완성인 채로 제시되어, 4개의 보기 중에서 하나를 골라 단어를 완성하는 문제로, 5문제가 출제된다.

**합격요령**

1. 問題 2의 유형과 마찬가지로 ( ) 안에 들어갈 어휘를 추측하며 먼저 문장을 해석해 본다.
2. 그 다음 보기에서 한글에 해당하는 한자가 있는지 찾아본다.
   ※출제 가능한 어휘는 파생어와 복합어이므로 학습해 두기 바란다.

**예제**

問題3 （　　　　）に入れるのに最もよいものを、1・2・3・4から一つ選びなさい。

1 この地域には（　　　　）開発のところが多い。

1 未　　　　　　2 不　　　　　　3 非　　　　　　4 否

2 彼は警察に追われて屋上から飛び（　　　　）。

1 いった　　　　2 まわした　　　　3 こんだ　　　　4 おりた

---

1 이 지역에는 미개발인 곳이 많다.

✓ 1 未開発(みかいはつ) 미개발

〜 地域(ちいき) 지역　開発(かいはつ) 개발

2 그는 경찰에 쫓겨 옥상에서 뛰어내렸다.

✓ 4 飛(と)びおりる 뛰어내리다

〜 警察(けいさつ) 경찰　追(お)う 쫓다　屋上(おくじょう) 옥상　飛(と)びこむ 뛰어들다

① 파생어의 경우, 주로 〈접두어〉인「未(미)〜・不(불)〜・非(비)〜・名(명)〜」등의 한자를 넣어서 바르게 사용된 표현과 〈접미어〉인「〜圏(권)・〜的(적)・〜性(성)・형용사 어간+さ(명사화)」등의 바른 사용법을 묻는 문제가 출제된다. 한국어와 비슷하게 사용되는 것이 많으므로 한자의 음독을 정확하게 알고 있으면 쉽게 풀 수 있다.

② 복합어는 주로「동사 ます형 + 〜」의 형태가 출제될 가능성이 크다. 문법적인 형태로는「동사 ます형 + 〜きる 전부 〜하다, 완전히 〜하다」,「동사 ます형 + 〜ぬく 끝까지 〜하다, 몹시 〜하다」등이 있으며, 동사 자체의 형태로는「飛びこむ 뛰어들다・飛びおりる 뛰어내리다」등이 있다.

한 문장에서 앞뒤 문맥을 고려하여 빈칸에 들어가기 알맞은 어휘를 4개의 보기 중에서 고르는 문제로, 7문제가 출제된다.

**합격요령** 특정 어휘만을 외워서 점수를 높일 수 있는 유형이 아니다. 평소에 문장에 대한 이해, 즉 전반적인 어휘 해석 능력을 키우는 연습을 꾸준히 하는 것이 도움이 될 것이다.

**예제**

**問題 4** （　　　）に入れるのに最もよいものを、1・2・3・4から一つ選びなさい。

1 友だちと一緒に花火大会の（　　　）をしに行った。

　　1　見解　　　　　2　見物　　　　　3　見習　　　　4　見当

2 この映画を見ると、子供の時のことが（　　　）なる。

　　1　あつかましく　　　　　　　　　2　するどく

　　3　しつこく　　　　　　　　　　　4　なつかしく

1 친구와 함께 불꽃놀이 대회를 구경하러 갔다.

　✓ 2 見物(けんぶつ) 구경
　➴ 一緒(いっしょ)に 함께　花火大会(はなびたいかい) 불꽃놀이 대회
　　見解(けんかい) 견해　見習(みならい) 견습(생)　見当(けんとう) 어림짐작

2 이 영화를 보면, 어릴 적 일이 그리워진다.

　✓ 4 なつかしい 그립다
　➴ 映画(えいが) 영화　見(み)る 보다　あつかましい 뻔뻔하다　するどい 날카롭다
　　しつこい 끈질기다

## 問題5 유의어(대체) <sub>(5문제)</sub>

한 문장에서 밑줄친 부분의 어휘와 동일한 뜻을 가진 어휘를 4개의 보기 중에서 고르는 문제로, 5문제가 출제된다.

**합격요령!** 평소 어휘 공부를 할 때 동의어·반의어에 대해서 틈틈이 정리하고 암기하는 습관을 길러두면 큰 도움이 된다.

**예제**

**問題5** ＿＿＿ の言葉に意味が最も近いものを、1・2・3・4から一つ選びなさい。

1 サンプルを見て決めますので、少々お待ちください。

　　1 品物　　　　　2 見本　　　　　3 製品　　　　　4 商品

2 彼女はとてもほがらかな人で、会社ですごい人気がある。

　　1 りっぱな　　　2 うるさい　　　3 あかるい　　　4 すてきな

1 샘플을 보고 결정하겠으니 잠시 기다려 주세요.

　✓ 2 見本(みほん) 견본

　↝ サンプル 샘플　決(き)める 결정하다　少々(しょうしょう) 잠시　待(ま)つ 기다리다
　　品物(しなもの) 물건　製品(せいひん) 제품　商品(しょうひん) 상품

2 그녀는 매우 명랑한 사람으로, 회사에서 엄청 인기가 있다.

　✓ 3 あかるい 밝다

　↝ ほがらかだ 명랑하다　会社(かいしゃ) 회사　人気(にんき) 인기　りっぱだ 훌륭하다
　　うるさい 시끄럽다　すてきだ 멋지다

한 개의 어휘가 제시되고, 그 어휘를 가장 알맞게 사용한 예문을 4개의 보기 중에서 고르는 문제로, 5문제가 출제된다.

**합격요령!** 평소 어휘를 공부할 때 한글의 의미만 외울 것이 아니라, 예문과 함께 익혀두는 습관을 들이는 것이 효과적이다.

**예제**

**問題6** 次の言葉の使い方として最もよいものを、 1・2・3・4から一つ選びなさい。

1 無駄

1 いくら彼を説得しても無駄だと思う。
2 彼女はいつもみんなに無駄をかける。
3 試験があって遊びに行く無駄がない。
4 無駄なことを言って親に心配をかけた。

2 正直

1 課長は部下の話を正直に聞いた。
2 彼の話は私が正直聞いた。
3 あなたの考えを正直に書いてください。
4 彼には正直に言ったほうがいいと思う。

---

1 ✔ 1 無駄(むだ) 쓸데없음, 낭비

1 아무리 그를 설득해도 쓸데없다고 생각한다.
2 그녀는 항상 모두에게 폐를 끼친다. ▶ 迷惑(めいわく) 폐
3 시험이 있어서 놀러 갈 여유가 없다. ▶ 余裕(よゆう) 여유
4 괜한 말을 해서 부모님께 걱정을 끼쳤다. ▶ 余計(よけい)だ 쓸데없다(필요한 정도를 넘어서다)

↝ いくら〜ても 아무리 〜해도  説得(せっとく) 설득  試験(しけん) 시험  遊(あそ)ぶ 놀다
親(おや) 부모  心配(しんぱい) 걱정

2 ✔ 4 正直(しょうじき) 정직

1 과장님은 부하의 이야기를 신중하게 들었다. ▶ 慎重(しんちょう) 신중
2 그의 이야기는 내가 직접 들었다. ▶ 直接(ちょくせつ) 직접
3 당신의 생각을 솔직하게 써 주세요. ▶ 率直(そっちょく) 솔직
4 그에게는 정직하게 말하는 편이 좋다고 생각해.

↝ 課長(かちょう) 과장  部下(ぶか) 부하  話(はなし) 이야기  聞(き)く 듣다
電話番号(でんわばんごう) 전화번호

## 3. 문자 · 어휘 필수 암기 한자

이번에 새롭게 바뀐 일본어능력시험의 가장 두드러진 특징은, 한마디로 어휘나 문법보다는 독해와 청해가 차지하는 비중이 높다는 것이다.

* 문자 · 어휘와 문법이 60점, 독해가 60점, 청해가 60점 만점으로 구성되어 있는데, 그 중 '한자 읽기'나 '한자 찾기'와 같이 단순한 어휘력을 묻는 문제는 10점 정도밖에 되지 않는다.

** 독해에서도 많은 지문과 정보검색 등의 새로운 유형이 추가되었는데, 어휘력이나 문장 해석 능력을 묻는 문제이기보다는 빠른 속도로 지문을 읽고 질문에 답할 수 있는 능력을 묻는 문제가 많아졌다.

하지만 기본적으로 한자를 알아야 독해든 문법이든 문제를 해결할 수 있으므로, 실질적으로 한자와 어휘의 문제 비중은 얼마되지 않지만, 학습을 소홀히 해서는 안 된다.

## ∨ 한자의 필요성과 학습법

'한자 읽기'와 '한자 찾기' 유형의 문제는 총 10문제밖에 출제되지 않는다. 따라서 시험 점수에서는 큰 비중을 차지하는 것은 아니지만, 독해나 문법 문제를 풀기 위한 기초를 쌓기 위해 한자를 기본적으로 익혀두어야 한다.

한자 학습은 꾸준한 노력과 인내, 그리고 많은 시간을 필요로 한다. 여기서의 노력과 인내는 학습자 개개인의 몫인데, 본서에서는 학습자의 학습시간을 줄이면서 효과적인 학습을 할 수 있도록 N2 수준에서 반드시 알아야 할 한자와 그 한자가 사용된 어휘로 본문을 구성하였다. 우선 한자를 이해하고 관련 어휘를 먼저 익힌 후에 '문자·어휘' 문제 풀기에 들어가도록 하자.

## ∨ 한자를 빨리 익히는 방법

한자를 외우는 방법은 다양하다. 부수를 통해서 의미를 파악하거나, 한자의 모양, 혹은 음에 해당되는 부분과 뜻에 해당되는 부분의 조합을 통해서 의미를 파악할 수도 있다.

하지만 일본어능력시험을 준비하는 학습자에게 가장 필요한 한자 암기 방법은 '問題1 한자 읽기'나 '問題2 한자 표기'에서 출제되는 한자만을 선별하여 집중적으로 외우는 것이다.

그럼, 어떻게 외우면 될까? 우선 '한자 읽기' 문제는 명사·형용사·형용동사·동사로 나눌 수 있는데, 이 중 명사가 90% 이상 출제된다. 일반적으로 음독이 한 개뿐인 한자는 그대로 외우면 되지만, 음독이 둘 이상인 한자는 구분하는 기준을 정한 후 완벽하게 암기해야 한다. 그리고 '問題2 한자 표기'에서도 비슷한 한자를 함께 비교·나열하면서 시험에 출제되는 단어 위주로 공부해 두면 훨씬 효율적이다.

※ 한자의 예로 제시한 단어는 역대 기출문제와 앞으로 출제될 가능성이 높은 단어를 N2 기준에 맞춰 빠짐없이 제시한 것이므로, 완벽하게 암기하도록 하자.

# ① 음독이 둘 이상인 한자의 정확한 구별

각각의 한자에 나와 있는 단어는 일본어능력시험 N2 수준에서 출제 가능성이 높은 어휘로 구성하였다. 그리고 각각의 한자에서 예를 든 단어가 한 두 개 이상인 경우도 있는데, 이것은 어휘력을 올리기 위해서 그 한자에 해당되는 N2 수준 어휘를 전부 예로 넣었기 때문이다. 음독이 두 개 이상인 한자를 총망라하였으니 차분히 익혀가며 한자에 대한 두려움을 없애도록 하자.

## 출제예상한자 01

**❙ 右**
▶ ゆう　左右 좌우
▶ う　右折 우회전

**❙ 易**
▶ い　安易 안이　容易 용이
▶ えき　貿易 무역

 **Tip** 읽기가 우리말로 '이'이면 「い」, '역'이면 「えき」로 읽는다.

**❙ 下**
▶ か　以下 이하　下降 하강　下線 밑줄　地下 지하　低下 저하　廊下 복도
▶ げ　下車 하차　下宿 하숙　下旬 하순　上下 상하　下水 하수

**❙ 河**
▶ か　N2 수준의 한자어는 없다.
▶ が　運河 운하

## 画

- かく　　計画 계획
- が　　　映画 영화　絵画 회화　画家 화가　漫画 만화

**Tip** 읽기가 우리말로 '획'이면 「かく」, '화'이면 「が」로 읽는다.

## 外

- げ　　　外科 외과
- がい　　案外 의외　以外 이외　意外 의외　屋外 옥외
　　　　　海外 해외　外交 외교　外国 외국　外出 외출
　　　　　外部 외부　郊外 교외　例外 예외

## 角

- かく　　角度 각도　三角 삼각　四角 사각　直角 직각
- がく　　方角 방위, 방향

## 間

- かん　　間接 간접　期間 기간　瞬間 순간　年間 연간　民間 민간　夜間 야간　中間 중간
- けん　　世間 세상
- げん　　人間 인간

**1** 核は日本の将来を左右する影響力を持っている。
(1)　　(2)　　　(3)

(1) 1 しょうらい　　2 そうらい　　　3 じょうらい　　4 ぞうらい

(2) 1 さう　　　　　2 ざう　　　　　3 さゆう　　　　4 ざゆう

(3) 1 けいきょうりき　　　　　2 けいきょうりょく

　　3 えいきょうりき　　　　　4 えいきょうりょく


**2** 来年の経済成長目標である６％の達成は容易ではない。
(4)　　　　　　　　　(5)　　(6)

(4) 1 げいざい　　　2 けいざい　　　3 げいさい　　　4 けいさい

(5) 1 だっせい　　　2 だつせい　　　3 たっせい　　　4 たつせい

(6) 1 あんい　　　　2 ようい　　　　3 しんい　　　　4 みんい


**3** 食事付き下宿を探すなら寮に入ったほうがいい。
(7)　　(8)　　　(9)

(7) 1 かしゅく　　　2 かじゅく　　　3 げしゅく　　　4 げじゅく

(8) 1 さがす　　　　2 おかす　　　　3 いかす　　　　4 まかす

(9) 1 のき　　　　　2 やね　　　　　3 りょう　　　　4 きし


**4** ヨーロッパで運河は大切な交通手段である。
(10)　　(11)　　　(12)

(10) 1 うんか　　　　2 うんが　　　　3 てんか　　　　4 てんが

(11) 1 たいじ　　　　2 だいじ　　　　3 たいせつ　　　4 だいせつ

(12) 1 しゅうだん　2 しゅうたん　　3 しゅだん　　　4 じゅうだん

5  この画家の絵画を選んでくれたのはとても嬉しいことです。
　　　　(13)　(14)　　　　　　　　　　(15)

(13) 1　えが　　　　2　えかく　　　　3　かいが　　　　4　かいかく
(14) 1　ころんで　　2　はこんで　　　3　このんで　　　4　えらんで
(15) 1　たのしい　　2　かなしい　　　3　きびしい　　　4　うれしい


6  彼は外科の専門医として活躍している。
　　　　(16)　(17)　　　　(18)

(16) 1　がいか　　　2　げか　　　　　3　かいか　　　　4　けか
(17) 1　せんもんい　2　せんぶんい　　3　せんぼんい　　4　せんむんい
(18) 1　かつやく　　2　かっやく　　　3　かつよう　　　4　かつよ


7  良い方角であればどんな土地、家に引っ越しても大丈夫だということです。
　　　　(19)　　　　　　　　(20)　　　　　　　　(21)

(19) 1　ほうかく　　2　ほうこく　　　3　ほうがく　　　4　ほうごく
(20) 1　どち　　　　2　とち　　　　　3　どじ　　　　　4　とじ
(21) 1　だいじょうぶ　　　　　　　2　たいじょうぶ
　　　3　だいぞうぶ　　　　　　　4　たいぞうぶ


8  私たちは、いまだ世間を離れては生きていけない存在である。
　　　　　　　　(22)　(23)　　　　　　　　(24)

(22) 1　せかん　　　2　せけん　　　　3　よかん　　　　4　よけん
(23) 1　はなれては　2　みだれては　　3　わかれては　　4　とられては
(24) 1　そんさい　　2　ぞんさい　　　3　そんざい　　　4　ぞんざい

**출제예상한자 02**

## 気

▸ き   活気 활기　換気 환기　気圧 기압　気候 기후　気体 기체　気味 낌새　空気 공기
景気 경기　蒸気 증기　大気 대기　強気 강경함　人気 인기　雰囲気 분위기
勇気 용기

▸ け   気配 기색　湿気 습기　吐気 토할 것 같은 기분　寒気 오한, 한기

▸ げ   湯気 김, 수증기

## 規

▸ き   規準 규준　規則 규칙　規律 규율　不規則 불규칙

▸ ぎ   定規 자

## 去

▸ きょ   去年 작년

▸ こ   過去 과거

## 漁

▸ ぎょ   漁業 어업

▸ りょう   漁師 어부

## 強

▸ きょう   強化 강화　強調 강조

▸ ごう   強盗 강도

## 競

▸ きょう   競技 경기　競争 경쟁

▸ けい   競馬 경마

## 形

▸ けい　形式 형식　形容詞 형용사　図形 도형　正方形 정사각형　長方形 직사각형

▸ ぎょう　人形 인형

## 景

▸ けい　景気 경기　光景 광경　風景 풍경

▸ け　景色 경치

→ 정답 p.5

---

**1** 去年に比べて、物価が上がりそうな気配が濃い。
   (1)  (2)     (3)  (4)

(1) 1　しらべて  2　くらべて  3　えらべて  4　ならべて

(2) 1　むっか  2　ものか  3　ぶつか  4　ぶっか

(3) 1　きばり  2　けばり  3　きくばり  4　けはい

(4) 1　きよい  2　あらい  3　こい  4　うまい

**2** Ａ４サイズの紙をカッターで切断するとき、15センチ定規だと長さが不足
           (5)      (6)    (7)

してしまう。

(5) 1　せつだん  2　せっだん  3　せつたん  4　せったん

(6) 1　せいき  2　じょうき  3　ていぎ  4　じょうぎ

(7) 1　むそく  2　ふそく  3　むぞく  4　ぶそく

**3** 去年は家出をしていたけれど、今は家に戻っている。
  (8) (9)        (10)

(8) 1　ことし  2　らいねん  3　こんねん  4　きょねん

(9) 1　かしゅつ  2　いえで  3　うちで  4　げしゅつ

(10) 1　なおって  2　あまって  3　もどって  4　かえって

**4** 漁業における技術など、漁師は高い専門性を必要とする職業である。
  (11)    (12)   (13)        (14)

(11) 1　ごぎょう  2　ぎょぎょう  3　ぎょうぎょう  4　さかなぎょう

(12) 1　きじゅつ  2　きずつ  3　ぎじゅつ  4　きじゅつ

(13) 1　ぎょうし  2　りょうし  3　ぎょし  4　りょし

(14) 1　しょくぎょう    2　しきぎょう
   3　ちょくぎょう    4　じきぎょう

5 店員に包丁を突きつけて金を奪う強盗事件が起きた。
　　　　(15)　　　　　　　　　　　(16)　(17)

(15) 1 ほうてい　　2 ぼうてい　　3 ほうちょう　　4 ぼうちょう

(16) 1 いわう　　　2 うばう　　　3 さそう　　　　4 ならう

(17) 1 きょうとう　2 ぎょうとう　3 こうとう　　　4 ごうとう


6 相手チームとの競争に勝つために、毎日努力している。
　　　(18)　　　　　　　(19)　(20)　　　　　　　(21)

(18) 1 あいて　　　2 そうたい　　3 あいしゅ　　　4 そうしゅ

(19) 1 けいそう　　2 きょうそう　3 けいせい　　　4 きょうせい

(20) 1 うつ　　　　2 まつ　　　　3 たつ　　　　　4 かつ

(21) 1 とりょく　　2 とうりょく　3 どりょく　　　4 どうりょく


7 受験の図形の問題には、主に次のようなものが出ます。
　　(22)　(23)　　　　　　　　(24)

(22) 1 しゅうけん　2 しゅけん　　3 じゅうけん　　4 じゅけん

(23) 1 とけい　　　2 ずけい　　　3 とがた　　　　4 ずがた

(24) 1 しゅに　　　2 かりに　　　3 やけに　　　　4 おもに


8 鉱山で一生懸命働いている人々の表情は印象に残る光景だった。
　　(25)　　　　　　　　　　　　　　　(26)　(27)　　(28)(29)

(25) 1 こうさん　　2 こうざん　　3 こうやま　　　4 こうがん

(26) 1 ひょうてい　2 ひょうせい　3 ひょうぜい　　4 ひょうじょう

(27) 1 いんぞう　　2 にんぞう　　3 いんしょう　　4 にんしょう

(28) 1 のこる　　　2 かぎる　　　3 こまる　　　　4 おこる

(29) 1 ごうけ　　　2 こうけ　　　3 ごうけい　　　4 こうけい

## 元

▸ がん　　元日 1월 1일

▸ げん　　元気 건강

## 後

▸ ご　　以後 이후　午後 오후　最後 최후　前後 전후　直後 직후

▸ こう　　後者 후자　後輩 후배

## 工

▸ こう　　工員 공원　工業 공업　工芸 공예　工事 공사　工場 공장　人工 인공

▸ く　　工夫 궁리, 고안　大工 목수

## 行

▸ こう　　急行 급행　銀行 은행　孝行 효행　行動 행동　実行 실행　通行 통행
　　　　発行 발행　飛行場 비행장　平行 평행　夜行 야행　流行 유행　旅行 여행

▸ ぎょう　　行儀 예의　行事 행사　行列 행렬

## 作

▸ さく　　傑作 걸작　作者 작자　作成 작성　製作 제작　作品 작품　作文 작문　作物 작물
　　　　★作家 작가　★作曲 작곡　創作 창작　名作 명작　　(★는 촉음화 현상)

▸ さ　　作業 작업　作法 예의범절　操作 조작　動作 동작　副作用 부작용

## 山

▸ さん  山林 산림

▸ ざん  火山 화산  登山 등산  鉱山 광산

## 算

▸ さん  計算 계산  算数 산수  予算 예산

▸ ざん  かけ算 곱셈  引き算 뺄셈  割り算 나눗셈  暗算 암산

## 自

▸ じ  各自 각자  自衛 자위  自殺 자살  自習 자습  自信 자신감  自身 자신
　　　 自宅 자택  自治 자치  自動 자동  自慢 자랑

▸ し  自然科学 자연과학

→ 정답 p.6

**1** 元日は全国各地でいろんな行事がある。
　　(1)　(2)　(3)　　　　　　(4)

(1) 1　がんじつ　　　2　がんにち　　　3　げんじつ　　　4　げんにち
(2) 1　ぜんぐに　　　2　ぜんくに　　　3　ぜんごく　　　4　ぜんこく
(3) 1　かくじ　　　　2　かくち　　　　3　こくじ　　　　4　こくち
(4) 1　きょうじ　　　2　ごうじ　　　　3　ぎょうじ　　　4　こうじ

**2** 一般に前者は強い、後者は弱いと思いがちだ。
　　(5)　(6)　　　　(7)

(5) 1　いちぱんに　　2　いっぱんに　　3　いちばんに　　4　いつはんに
(6) 1　ぜんもの　　　2　ぜんしゃ　　　3　まえもの　　　4　まえしゃ
(7) 1　こうしゃ　　　2　ごうしゃ　　　3　こしゃ　　　　4　ごしゃ

**3** 工夫して手間と時間を上手に節約しましょう。
　　(8)　(9)　　　　　　(10)

(8)　 1　くふう　　　2　くうふ　　　　3　こうふう　　　4　こうふ
(9)　 1　しゅげん　　2　しゅかん　　　3　てま　　　　　4　てあいだ
(10)　1　ぜつやく　　2　せつやく　　　3　ぜっやく　　　4　せっやく

**4** 野生動物の傑作選の展示会が今週末まで開かれる。
　　(11)　　(12)　　(13)

(11) 1　やじょう　　2　のじょう　　　3　やせい　　　　4　のせい
(12) 1　こっさく　　2　ていさく　　　3　せいさく　　　4　けっさく
(13) 1　てんしかい　2　てんじかい　　3　でんしかい　　4　でんじかい

5 道徳が形として現れたのが礼儀作法なのです。
　　　　(14)　　　　(15)　　　　(16)　(17)

(14) 1　がた　　　　2　かたち　　　　3　すがた　　　　4　ようす
(15) 1　はなれた　　2　かられた　　　3　あらわれた　　4　あばられた
(16) 1　りょうき　　2　りょうぎ　　　3　れいぎ　　　　4　れいき
(17) 1　さくほう　　2　さほう　　　　3　さっぽう　　　4　さつほう


6 会社の同僚たちと富士山登山をした。
　　　　(18)　　　　　　　(19)

(18) 1　とうりょう　2　どうりょう　3　とうりょ　　　4　どうりょ
(19) 1　とざん　　　2　とうざん　　3　とさん　　　　4　とうさん


7 割り算は教わらなくてもわかるほど単純なものではないであろう。
　　(20)　　(21)　　　　　　　　　　(22)

(20) 1　かっさん　　2　かつざん　　3　わりさん　　　4　わりざん
(21) 1　おそわら　　2　おしわら　　3　かぞわら　　　4　からかわら
(22) 1　だんしゅん　2　たんしゅん　3　だんじゅん　　4　たんじゅん


8 自慢じゃないが、私の演説は成功だった。
　　(23)　　　　　　　　　(24)　(25)

(23) 1　しばん　　　2　じばん　　　3　じまん　　　　4　しまん
(24) 1　えんせつ　　2　えんぜつ　　3　けんせつ　　　4　けんぜつ
(25) 1　せいこう　　2　せいこ　　　3　せいごう　　　4　せいご

## 治

▸ **ち** 　　自治 자치

▸ **じ** 　　政治 정치

## 者

▸ **しゃ** 　　医者 의사　学者 학자　記者 기자　後者 후자　作者 작자　前者 전자

　　　　著者 저자　筆者 필자　役者 배우

▸ **じゃ** 　　患者 환자

## 重

▸ **じゅう** 　　厳重 엄중　重視 중시　重体 중태　重大 중대　体重 체중

▸ **ちょう** 　　貴重 귀중　慎重 신중　尊重 존중

## 所

▸ **しょ** 　　個所 군데　住所 주소　短所 단점　長所 장점　場所 장소

　　　　名所 명소　役所 관청

▸ **じょ** 　　近所 이웃　停留所 정류장　便所 변소

▸ **そ** 　　余所 다른 곳

## 色

- ▸ しき　　景色〔けしき〕 경치
- ▸ しょく　特色〔とくしょく〕 특색

## 心

- ▸ しん　安心〔あんしん〕 안심　感心〔かんしん〕 감동　関心〔かんしん〕 관심　苦心〔くしん〕 고심　決心〔けっしん〕 결심　心身〔しんしん〕 심신
  心臓〔しんぞう〕 심장　心配〔しんぱい〕 걱정　心理〔しんり〕 심리　都心〔としん〕 도심　熱心〔ねっしん〕 열심
- ▸ じん　用心〔ようじん〕 조심

## 人

- ▸ にん　商人〔しょうにん〕 상인　職人〔しょくにん〕 장인　他人〔たにん〕 타인　人気〔にんき〕 인기　人形〔にんぎょう〕 인형　人間〔にんげん〕 인간
  犯人〔はんにん〕 범인　本人〔ほんにん〕 본인　役人〔やくにん〕 공무원
- ▸ じん　個人〔こじん〕 개인　詩人〔しじん〕 시인　主人〔しゅじん〕 남편　人口〔じんこう〕 인구　人工〔じんこう〕 인공　人事〔じんじ〕 인사
  人種〔じんしゅ〕 인종　人生〔じんせい〕 인생　人造〔じんぞう〕 인조　人文科学〔じんぶんかがく〕 인문과학　人物〔じんぶつ〕 인물　人命〔じんめい〕 인명
  人類〔じんるい〕 인류　成人〔せいじん〕 성인　知人〔ちじん〕 아는 사람　美人〔びじん〕 미인　婦人〔ふじん〕 부인　名人〔めいじん〕 명인
  友人〔ゆうじん〕 친구　老人〔ろうじん〕 노인

➜ 정답 p.7

**1** 大学院に進んで国際政治について勉強するつもりです。
(1)　　　(2)　(3)　(4)

(1) 1 だいがくえん　2 たいがくえん　3 だいがくいん　4 たいがくいん
(2) 1 はこんで　　　2 ころんで　　　3 こんので　　　4 すすんで
(3) 1 こくざい　　　2 こくせい　　　3 こくさい　　　4 ごくさい
(4) 1 せいし　　　　2 せいじ　　　　3 せいち　　　　4 せいぎ

**2** 患者の具合が急に悪くなって看護婦が医師を呼びに行きました。
(5)　(6)　　　　　　　　(7)　　(8)

(5) 1 かんじゃ　　　2 かんしゃ　　　3 がんじゃ　　　4 がんしゃ
(6) 1 つどう　　　　2 ぐどう　　　　3 ぐあい　　　　4 つごう
(7) 1 かんごうふ　　2 かんごうぶ　　3 かんごぶ　　　4 かんごふ
(8) 1 ぎしゃ　　　　2 ぎし　　　　　3 いし　　　　　4 いしゃ

**3** やるかどうかの判断をせずに、慎重な姿勢を示した。
(9)　　　　　　(10)　(11)　(12)

(9) 　1 はんたん　　　2 はんだん　　　3 ばんたん　　　4 ばんだん
(10) 1 しんじゅう　　2 しんしょう　　3 しんちゅう　　4 しんちょう
(11) 1 じせい　　　　2 しせい　　　　3 じさい　　　　4 しさい
(12) 1 たおした　　　2 おろした　　　3 しめした　　　4 まわした

4　乗車・下車する停留所名を決定して、問い合わせてください。
　　(13)　(14)　　　(15)　　　　(16)

(13) 1　じょうしゃ　　2　しょうしゃ　　　3　ぞうしゃ　　　　4　そうしゃ

(14) 1　がしゃ　　　　2　げしゃ　　　　　3　かしゃ　　　　　4　はしゃ

(15) 1　ているしょ　　　　　　　　　　　2　ているじょ
　　　3　ているじょ　　　　　　　　　　　4　ているりゅうじょ

(16) 1　けつだん　　　2　けつじょう　　　3　けってい　　　　4　けっしん


5　教育の改善に力を入れて、特色ある優れた大学を作りたいと思います。
　　(17)　(18)　　　　　　(19)　(20)

(17) 1　こういく　　　2　きょういく　　　3　きょうよく　　　4　こうよく

(18) 1　かいせん　　　2　けいせん　　　　3　けいぜん　　　　4　かいぜん

(19) 1　とくしき　　　2　とくしょく　　　3　とくいろ　　　　4　とくろ

(20) 1　すぐれた　　　2　こわれた　　　　3　ながれた　　　　4　わかれた


6　心臓は一生たえまなく繰り返して動いている。
　　(21)　(22)　　　　　　(23)

(21) 1　しんそう　　　2　じんそう　　　　3　しんぞう　　　　4　じんぞう

(22) 1　いっせい　　　2　いちじょう　　　3　いつじょう　　　4　いっしょう

(23) 1　くりかえして　2　ふりかえして　3　おりかえして　　　4　さりかえして


7　人文科学とは、人間の精神活動に関わる学問である。
　　(24)　　　　　　(25)　　　(26)　(27)

(24) 1　にんぶん　　　2　にんもん　　　　3　じんぶん　　　　4　じんもん

(25) 1　しょうしん　　2　じょうしん　　　3　ていしん　　　　4　せいしん

(26) 1　かかわる　　　2　かんわる　　　　3　さわる　　　　　4　おそわる

(27) 1　がくぶん　　　2　がくもん　　　　3　がくげん　　　　4　がくかん

## 図

▶ ず　　合図 신호　図 그림　図鑑 도감　図形 도형　図表 도표　地図 지도

▶ と　　図書 도서

## 正

▶ せい　　改正 개정　公正 공정　修正 수정　正確 정확　正式 정식　正数 정수
　　　　　正方形 정사각형　正門 정문　不正 부정

▶ しょう　　正月 정월　正午 정오　正直 정직　正味 정량　正面 정면

## 生

▶ しょう　　一生 일생

▶ せい　　衛生 위생　写生 사생　人生 인생　生活 생활　生産 생산　生存 생존
　　　　　生長 생장　生徒 학생　生年月日 생년월일　生物 생물　生命 생명

▶ じょう　　誕生 탄생

## 省

▶ しょう　　省略 생략

▶ せい　　反省 반성

## 石

▶ しゃく　　磁石 자석

▶ せき　　石炭 석탄　石油 석유

## 説

▸ せつ　　解説 해설　社説 사설　小説 소설　説明 설명

▸ ぜつ　　演説 연설

## 相

▸ しょう　首相 수상

▸ そう　　相違 서로 다름　相互 상호　相続 상속　相談 상담　相当 상당

▸ す　　　相撲 스모

➡ 정답 p.8

**1** 子供たちに<u>講堂</u>の中では<u>黙る</u>ように<u>合図</u>した。
　　　　　　(1)　　　　　　　(2)　　　　　(3)

(1) 1　こうどう　　　2　こうとう　　　3　ごうどう　　　4　ごうとう

(2) 1　たまる　　　　2　たえる　　　　3　たりる　　　　4　だまる

(3) 1　あいと　　　　2　あいず　　　　3　ごうと　　　　4　ごうず


**2** <u>乗用車</u>が観光バスと<u>正面</u> <u>衝突</u>して１人<u>死亡</u>、１４人が<u>怪我</u>した。
　　　(4)　　　　　　　　(5)　　(6)　　　　　(7)　　　　　　(8)

(4) 1　しょうようしゃ　　　　　　2　じょうようしゃ

　　3　しょうよしゃ　　　　　　　4　じょうよしゃ

(5) 1　ていめん　　　2　じょうめん　　3　しょうめん　　4　せいめん

(6) 1　ちゅうとつ　　2　ちょうとつ　　3　しゅうとつ　　4　しょうとつ

(7) 1　しぼう　　　　2　しほう　　　　3　ちぼう　　　　4　ちほう

(8) 1　けいしょう　　2　ふしょう　　　3　けが　　　　　4　きず


**3** 私は教室の<u>衛生</u> <u>状態</u>の<u>維持</u>を<u>担当</u>している。
　　　　　　　(9)　(10)　　(11)　　　(12)

(9)　 1　きせい　　　2　ぎせい　　　3　いせい　　　4　えいせい

(10) 1　じょうたい　2　しょうたい　3　じゅうたい　4　しゅうたい

(11) 1　よじ　　　　2　ゆじ　　　　3　いじ　　　　4　ゆうじ

(12) 1　だんとう　　2　たんとう　　3　だんどう　　4　たんどう

4　省略記号は、文字や図などで省略を行う場合に用いる記号である。
　　　(13) (14)　　(15)　　　　　　　　　　　　　　　(16)

(13) 1　せいらく　　　2　せいりゃく　　　3　しょうらく　　　4　しょうりゃく

(14) 1　きこう　　　　2　きごう　　　　　3　ぎこう　　　　　4　ぎご

(15) 1　もじ　　　　　2　ぶんじ　　　　　3　もんじ　　　　　4　もんしゃ

(16) 1　ひきいる　　　2　もちいる　　　　3　よういる　　　　4　ゆういる


5　地球そのものも磁石であり、北極地方にS極が、南極地方にN極がある。
　　　(17)　　　　　(18)　　　　　(19) (20)

(17) 1　じきょう　　　2　じきゅう　　　　3　しきゅう　　　　4　ちきゅう

(18) 1　じせき　　　　2　じしゃく　　　　3　しせき　　　　　4　ししゃく

(19) 1　ぼっきょく　　2　ぼくきょく　　　3　ほっきょく　　　4　ほくきょく

(20) 1　ちほう　　　　2　ちぼう　　　　　3　じほう　　　　　4　じぼう


6　岡田さんはスポーツ解説以外にも番組司会や講演会などの活動もする。
　　　　　　　　　　　　(21)　　　　　(22) (23)

(21) 1　がいせつ　　　2　がいぜつ　　　　3　かいせつ　　　　4　かいぜつ

(22) 1　ばんぐみ　　　2　ばんくみ　　　　3　ばんそう　　　　4　ばんそ

(23) 1　しかい　　　　2　しゃかい　　　　3　りかい　　　　　4　じかい


7　二人は去年までは親友だったが、今年に入って相互に憎しみを抱いている。
　　　　　　　　　　　　(24)　　　　　　　　　　(25)　　(26)　　　(27)

(24) 1　しんゆう　　　2　ちんゆう　　　　3　しんゆ　　　　　4　ちんゆ

(25) 1　そうごう　　　2　そうご　　　　　3　しょうごう　　　4　しょうご

(26) 1　したしみ　　　2　にくしみ　　　　3　かなしみ　　　　4　きびしみ

(27) 1　まいて　　　　2　かいて　　　　　3　しいて　　　　　4　いだいて

## 率

▸ そつ　　率直 솔직 <sup></sup>
　（そっちょく）

▸ りつ　　確率 확률（かくりつ）　能率 능률（のうりつ）

Tip 「率」의 음독이 '솔'이면 「そつ」, '률'이면 「りつ」다.

## 存

▸ そん　　存在 존재（そんざい）

▸ ぞん　　生存 생존（せいぞん）　保存 보존（ほぞん）

## 大

▸ たい　　大会 대회（たいかい）　大気 대기（たいき）　大使 대사（たいし）　大戦 대전（たいせん）

　　　　　大木 큰 나무（たいぼく）　大陸 대륙（たいりく）

▸ だい　　大学院 대학원（だいがくいん）　大工 목수（だいく）　大小 대소（だいしょう）　大臣 대신, 장관（だいじん）

　　　　　大統領 대통령（だいとうりょう）

　　　　　大部分 대부분（だいぶぶん）

Tip 「○大」는 전부 「○だい」로 읽는다.

## 台

▸ だい　　寝台 침대（しんだい）　台所 부엌（だいどころ）　灯台 등대（とうだい）

▸ たい　　台風 태풍（たいふう）　舞台 무대（ぶたい）

## 男

▸ だん　　男子 남자（だんし）　男性 남성（だんせい）

▸ なん　　長男 장남（ちょうなん）

## 地

**ち**

| | | | | | | |
|---|---|---|---|---|---|---|
| 各地 각지 | 基地 기지 | 耕地 경지 | 産地 산지 | 敷地 부지 | 団地 단지 | 地位 지위 |
| 地域 지역 | 地下 지하 | 地球 지구 | 地区 지구 | 地質 지질 | 地図 지도 | 地帯 지대 |
| 地点 지점 | 地平線 지평선 | 地方 지방 | 地名 지명 | 地理 지리 | 土地 토지, 땅 | |
| 番地 번지 | 盆地 분지 | 遊園地 유원지 | | | | |

**じ**

| | | | | |
|---|---|---|---|---|
| 生地 옷감 | 地震 지진 | 地盤 지반 | 地面 지면 | 無地 무늬가 없음 |

## 茶

**ちゃ**

| | | |
|---|---|---|
| 紅茶 홍차 | 茶色 갈색 | 茶碗 밥그릇 |

**さ**

| | |
|---|---|
| 喫茶 차를 마심 | 茶道 다도 |

**Tip** 「茶」의 음독이 '차'이면 「ちゃ」, '다'이면 「さ」이다.

→ 정답 p.9

**1** 生徒の皆さんに苦労と心配をおかけしたことは率直にお詫びしたい。
　　　(1)　　　　　　(2)　　　　　　　　　　　　　　　(3)　　　(4)

(1) 1　せいそう　　　2　せいす　　　3　せいと　　　4　せいぞう

(2) 1　くうろ　　　　2　くろう　　　3　こうろ　　　4　こうろう

(3) 1　そつちょく　　2　そつじき　　3　そっじき　　4　そっちょく

(4) 1　あび　　　　　2　かび　　　　3　のび　　　　4　わび


**2** 書類の保存期間は、勝手に決められるものだけでなく、法律で決められ
　　　　　(5)　　　　　(6)　　(7)　　　　　　　　　　(8)

たことです。

(5) 1　ほぞん　　　　2　ほそん　　　3　ほうぞん　　4　ほうそん

(6) 1　かっしゅに　　2　かってに　　3　かちてに　　4　しょうしゅに

(7) 1　やめられる　　2　さめられる　3　きめられる　4　しめられる

(8) 1　ほうりつ　　　2　ほうそく　　3　ほうしつ　　4　ほうちく


**3** 大木のある農家の前で牛が耕地を耕していた。
　　　(9)　　　　(10)　　　　　　　　(11)　　(12)

(9) 　1　たいもく　　2　たいぼく　　3　だいもく　　4　だいぼく

(10) 1　のうけ　　　　2　こうけ　　　3　のうか　　　4　こうか

(11) 1　こうち　　　　2　こうじ　　　3　けいち　　　4　けいじ

(12) 1　ゆるして　　　2　はがして　　3　ひやして　　4　たがやして

4 役者として、初めて舞台に立ってすごく緊張した。
　　(13)　　　　　　　　(14)　　　　　　　(15)

(13) 1　やくじゃ　　2　やくしゃ　　3　えきじゃ　　4　えきしゃ

(14) 1　むだい　　　2　ぶだい　　　3　むたい　　　4　ぶたい

(15) 1　かんちょう　2　じんちょう　3　きんちょう　4　しんちょう


5 長男らしく振る舞うように常に努めています。
　　(16)　　　　(17)　　　　　　(18)　(19)

(16) 1　ながおとこ　2　ちょうだん　3　ちょうたん　4　ちょうなん

(17) 1　ふるおどう　2　ふるまう　　3　ふるかう　　4　ふるそう

(18) 1　もろに　　　2　やけに　　　3　おもに　　　4　つねに

(19) 1　つとめて　　2　さだめて　　3　いためて　　4　まとめて


6 当店は高級紳士スーツ用生地や布を販売している。
　　(20)　(21)　　　　　　(22)　(23)　(24)

(20) 1　とうてん　　2　あたりてん　3　とうみせ　　4　あたりみせ

(21) 1　こきゅう　　2　たかぎゅう　3　こうきゅう　4　たかきゅう

(22) 1　きじ　　　　2　なまじ　　　3　せいじ　　　4　しょうじ

(23) 1　こな　　　　2　ぬの　　　　3　さか　　　　4　たき

(24) 1　ばんばい　　2　はんがい　　3　はんばい　　4　はんうり


7 落ち着いた雰囲気、香り高いコーヒーが自慢の喫茶店です。
　　(25)　　　　(26)　　　　(27)　　　　　　　　　(28)

(25) 1　おちまいた　2　おちたいた　3　おちついた　4　おちきいた

(26) 1　ぶんいけ　　2　ふんいけ　　3　ぶんいき　　4　ふんいき

(27) 1　ぞうり　　　2　なまり　　　3　しぼり　　　4　かおり

(28) 1　きっちゃてん　2　きっさてん　3　きちゃてん　4　きさてん

## 中

▸ じゅう
年中 연중, 1년 내내　世界中 전세계　日本中 일본 전체

▸ ちゅう
空中 공중　中央 중앙　中学 중학　中間 중간　中古 중고　中止 중지

中旬 중순　中傷 중상(모략)　中心 중심　中世 중세　中性 중성　中途 중도

中年 중년　途中 도중　日中 한낮　熱中 열중　話中 대화 중

## 直

▸ ちょく
垂直 수직　率直 솔직　直後 직후　直接 직접　直線 직선　直前 직전

直通 직통　★直流 직류　★直角 직각　★直徑 직경 (★는 촉음화 현상)

▸ じき
正直 정직

## 弟

▸ だい
兄弟 형제

▸ で
弟子 제자

## ■ 定

▸ **てい**　安定 안정　一定 일정　仮定 가정　決定 결정　肯定 긍정　指定 지정
推定 추정　測定 측정　断定 단정　定員 정원　定価 정가　定期 정기
定期券 정기권　定休日 정기휴일　特定 특정　否定 부정　予定 예정

▸ **じょう**　勘定 계산　定規 자

## ■ 都

▸ **と**　首都 수도　都会 도시　都市 도시　都心 도심

▸ **つ**　都合 사정, 형편

## ■ 土

▸ **ど**　土曜 토요일

▸ **と**　土地 땅, 토지

→ 정답 p.10

**1** こちらのシステムは<u>一年中</u><u>快適</u>に温度を<u>調節</u>してくれるので気持ちよく
　　　　　　　　　　　(1)　　(2)　　　　　　(3)

<u>過ごせる</u>。
(4)

(1) 1　いちねんじゅう　2　いちねんちゅう　3　いちとしなか　　4　ひととしじゅう
(2) 1　きせき　　　　　2　きてき　　　　　3　かいてき　　　4　かいせき
(3) 1　ちょうぞつ　　　2　ちょうてつ　　　3　ちょうぜつ　　4　ちょうせつ
(4) 1　まごせる　　　　2　すごせる　　　　3　かごせる　　　4　のごせる


**2** <u>正直</u>に言って、<u>住宅</u>の<u>基礎</u>は<u>大工</u>の心にあると思う。
　　　(5)　　　　　　　　(6)　　(7)　　(8)

(5) 1　せいちょく　　2　せいじき　　　3　そっちょく　　4　しょうじき
(6) 1　しゅうたく　　2　しゅたく　　　3　じゅうたく　　4　じゅたく
(7) 1　きそ　　　　　2　きそう　　　　3　きばん　　　　4　きはん
(8) 1　たいく　　　　2　だいく　　　　3　たいこう　　　4　だいこう


**3** ある<u>程度</u><u>上達</u>した<u>弟子</u>を<u>独立</u>させた。
　　　　(9)　(10)　　　(11)　　　(12)

(9)　 1　ていど　　　　2　せいど　　　　3　じょうど　　　4　しょうど
(10) 1　じょうたち　2　じょうたつ　　3　うわたち　　　4　うわたつ
(11) 1　でし　　　　　2　たいし　　　　3　だいし　　　　4　だいこ
(12) 1　とくりつ　　　2　どくりつ　　　3　とくりゅう　　4　どくりゅう

**4** 足りない分をみんなでいくらずつ出して<u>勘定</u>を<u>済</u>ませた。
     (13)                               (14)     (15)

(13) 1 たりない　　2 きりない　　3 ありない　　4 こりない

(14) 1 しんてい　　2 しんじょう　　3 かんてい　　4 かんじょう

(15) 1 かませた　　2 すませた　　3 たませた　　4 のませた


**5** <u>戦争</u>は<u>個人</u>の<u>都合</u>には関係なく、<u>国家</u>間のトラブルで起きる。
     (16)    (17)    (18)                    (19)

(16) 1 せんそう　　2 せんそ　　3 せんぞう　　4 せんぞ

(17) 1 こうじん　　2 こうにん　　3 こじん　　4 こにん

(18) 1 とうごう　　2 つうごう　　3 とごう　　4 つごう

(19) 1 こっか　　2 こくか　　3 くにか　　4 くにけ


**6** <u>近代</u>における市場経済においては、<u>土地</u>は市場での<u>取引</u>対象となる。
     (20)                               (21)          (22)(23)

(20) 1 こんだい　　2 こんたい　　3 きんだい　　4 きんたい

(21) 1 どち　　2 とち　　3 どじ　　4 とじ

(22) 1 しゅいん　　2 しゅひき　　3 とりひき　　4 とりいん

(23) 1 たいしょう　　2 たいぞう　　3 たいちょう　　4 たいちゅう

## 度

▸ ど　　緯度 위도　温度 온도　角度 각도　加速度 가속도　軽度 경도　限度 한도
　　　　高度 고도　湿度 습도　制度 제도　速度 속도　態度 태도　程度 정도
　　　　年度 연도　濃度 농도

▸ たく　支度 준비

## 登

▸ とう　登場 등장

▸ と　　登山 등산

## 等

▸ とう　高等学校 고등학교　上等 상등　等分 등분

▸ どう　平等 평등

## 頭

▸ ず　　頭痛 두통　頭脳 두뇌

▸ とう　先頭 선두

# 日

▶ じつ
一昨日 ｸﾞ저께 （いっさくじつ）　元日 1월1일 （がんじつ）　先日 전날 （せんじつ）　当日 당일 （とうじつ）　平日 평일 （へいじつ）

▶ にち
今日 금일 （こんにち）　日時 일시 （にちじ）　日常 일상 （にちじょう）　日用品 일용품 （にちようひん）　明後日 모레 （みょうごにち）
来日 일본에 옴 （らいにち）

▶ にっ
日課 일과 （にっか）　日記 일기 （にっき）　日光 일광 （にっこう）　日中 한낮 （にっちゅう）　日程 일정 （にってい）

# 夫

▶ ふう
工夫 궁리, 고안 （くふう）　夫婦 부부 （ふうふ）

▶ ぶ
大丈夫 문제 없음 （だいじょうぶ）　丈夫 튼튼함 （じょうぶ）

▶ ふ
夫妻 부처, 남편과 아내 （ふさい）

# 風

▶ ふう
台風 태풍 （たいふう）　風景 풍경 （ふうけい）　風船 풍선 （ふうせん）

▶ ふ
風呂 목욕 （ふろ）　風呂敷 보자기 （ふろしき）

# 物

▶ ぶつ
見物 구경 （けんぶつ）　鉱物 광물 （こうぶつ）　実物 실물 （じつぶつ）　植物 식물 （しょくぶつ）　人物 인물 （じんぶつ）　生物 생물 （せいぶつ）
動物 동물 （どうぶつ）　農産物 농산물 （のうさんぶつ）　博物館 박물관 （はくぶつかん）　物理 물리 （ぶつり）
名物 명물 （めいぶつ）　★物価 물가 （ぶっか）　★物質 물질 （ぶっしつ）　(★는 촉음화 현상)

▶ もつ
荷物 짐 （にもつ）　貨物 화물 （かもつ）　穀物 곡물 （こくもつ）　作物 작물 （さくもつ）　食物 음식물 （しょくもつ）　書物 책, 읽을거리 （しょもつ）

Tip 「○○物」는 N2 수준에서 「洗濯物(せんたくもの) 세탁물」을 제외하고 전부 「○○ぶつ」라고 읽는다.

→ 정답 p.10

1　みんなのおかげで、幸い今夜のパーティーの支度は全て完了した。
　　　　　　　　　　　　(1)　　　　　　　　　　　　　　(2)　(3)　(4)

(1) 1　さいわい　　　2　わずらい　　　3　ともない　　　4　したがい

(2) 1　しど　　　　　2　したく　　　　3　しごと　　　　4　してき

(3) 1　すべて　　　　2　とって　　　　3　ぜんて　　　　4　きって

(4) 1　あんりょう　　2　がんりょう　　3　わんりょう　　4　かんりょう


2　この小説は登場人物の表情をうまくつかんでいる。
　　　　(5)　　(6)(7)　　(8)

(5) 1　しょうぜつ　　2　しょうせつ　　3　そうぜつ　　　4　そうせつ

(6) 1　とうじょう　　2　とうば　　　　3　とじょう　　　4　どじょう

(7) 1　にんぶつ　　　2　にんもつ　　　3　じんぶつ　　　4　じんもつ

(8) 1　ひょうせい　　2　ひょうてい　　3　ひょうぜい　　4　ひょうじょう


3　祖父は土地の面積を二等分して、子供たちに分けた。
　　(9)　　　　　(10)　(11)　　　　　　　　　(12)

(9) 　1　そふ　　　　2　そうふ　　　　3　そぶ　　　　　4　そうぶ

(10) 1　めんでき　　　2　めんてき　　　3　めんせき　　　4　めんぜき

(11) 1　にとうぶん　　2　にとうふん　　3　にとぶん　　　4　にどぶん

(12) 1　かけた　　　　2　のけた　　　　3　わけた　　　　4　さけた


4　日本頭脳スポーツ協会では頭脳スポーツ競技委員会を作った。
　　　(13)　　　　　　　　　　　　　　　　(14)　(15)

(13) 1　とうのう　　　2　とのう　　　　3　ずうのう　　　4　ずのう

(14) 1　けいぎ　　　　2　けいき　　　　3　きょうぎ　　　4　きょうき

(15) 1　ぎえんかい　　2　いえんかい　　3　ぎいんかい　　4　いいんかい

5 当社は50年以上の伝統を持つ、化粧品及び日用品業界のトップ企業です。
　　　　　　　　　　　(16)　　　　　　　(17)　(18)　(19)

(16) 1　でんつう　　2　てんつう　　3　でんとう　　4　てんとう
(17) 1　けしょうひん 2　かしょうひん 3　けそうひん　4　かそうひん
(18) 1　ころび　　　2　ならび　　　3　および　　　4　むすび
(19) 1　にちようひん 2　じつようひん 3　ひようひん　4　につようひん


6 スペイン国王夫妻が来週来日するので、政府は歓迎の準備で忙しい。
　　　　　　　(20)　　　(21)　　　　　(22)　(23)

(20) 1　ふうさん　　2　ふさい　　　3　ふうせい　　4　ふせい
(21) 1　らいじつ　　2　くるひ　　　3　きにち　　　4　らいにち
(22) 1　せいふ　　　2　せいぶ　　　3　せいふう　　4　せいぶう
(23) 1　はんげい　　2　かんけい　　3　かんげい　　4　かんえい


7 風船に企業名の印刷、動物の絵を描くなど、風船のことなら何でもお
　(24)　　　　(25)　　　　　　　(26)

任せください。
(27)

(24) 1　かぜせん　　2　ふうせん　　3　ふせん　　　4　ふうはく
(25) 1　いんさい　　2　にんさい　　3　いんさつ　　4　にんさつ
(26) 1　たたく　　　2　まねく　　　3　のぞく　　　4　えがく
(27) 1　まかせ　　　2　たおせ　　　3　こわせ　　　4　くずせ


8 国際貨物輸送は許可なしにはできない。
　　　(28)　(29)　(30)

(28) 1　かぶつ　　　2　かもつ　　　3　こくぶつ　　4　こくもつ
(29) 1　りんそう　　2　ろんそう　　3　しゅうそう　4　ゆそう
(30) 1　きょか　　　2　ひょうか　　3　きょし　　　4　ひょうし

## 平

▸へい  公平 공평  水平線 수평선  地平線 지평선  不平 불평  平均 평균  平行 평행
平日 평일  平野 평야  平気 아무렇지도 않음  平凡 평범  平和 평화

▸びょう  平等 평등

## 便

▸びん  船便 배편  郵便 우편

▸べん  便所 변소  便利 편리  不便 불편

## 木

▸もく  材木 재목  木材 목재

▸ぼく  大木 큰 나무

▸も  木綿 목면, 솜

## 万

▸ばん  万歳 만세

▸まん  万年筆 만년필  万一 만일

## 無

▸む  有無 유무  無限 무한  無視 무시  無地 무늬가 없음  無数 무수  無理 무리
無効 무효

▸ぶ  無事 무사  無礼 무례

**名**
- めい　氏名 성명　署名 서명　題名 제목　代名詞 대명사　地名 지명　名作 명작
　　　名刺 명함　名所 명소　名人 명인　有名 유명　名物 명물
- みょう　名字 성(姓)

**由**
- ゆ　経由 경유　由来 유래
- ゆう　自由 자유　理由 이유

**留**
- りゅう　停留所 정류소　留学 유학
- る　留守 = 留守番 집을 비움, 빈집을 지킴

→ 정답 p.12

1　僕の平凡な日々について語ったのに、彼女は涙を流しながら聞いた。
　　 (1)　(2)　　　　　(3)　　　　　　(4)

(1) 1　へいべん　　　2　へいへん　　　3　へいほん　　　4　へいぼん
(2) 1　ひび　　　　　2　にちにち　　　3　じつじつ　　　4　ひじつ
(3) 1　ひねった　　　2　はやった　　　3　かたった　　　4　たまった
(4) 1　なみ　　　　　2　なみだ　　　　3　のき　　　　　4　やね

2　船便の海外引越をする際も利用できます。
　　 (5)　(6)　(7)　　　(8)

(5) 1　ふなべん　　　2　せんぺん　　　3　ふなびん　　　4　せんぴん
(6) 1　かいかい　　　2　かいがい　　　3　がいかい　　　4　がいがい
(7) 1　ひっこし　　　2　いんえつ　　　3　ひきこし　　　4　ひきこえ
(8) 1　せい　　　　　2　さい　　　　　3　ぜい　　　　　4　ざい

3　この上着は木綿だから、洗濯機でも洗えます。
　　 (9)　(10)　　　(11)　　　(12)

(9) 1　うえき　　　　2　うえぎ　　　　3　うわき　　　　4　うわぎ
(10) 1　きめん　　　　2　もくめん　　　3　もめん　　　　4　ぼくめん
(11) 1　せんだくき　2　せんだっき　　3　せんたくき　　4　せんたっき
(12) 1　さそいます　2　いわえます　　3　あらえます　　4　かなえます

4　万一勝ったら、優勝賞金を全額寄付することにした。
　　 (13)　　　　 (14)　(15)　　　(16)

(13) 1　まんいち　　　2　まんいつ　　　3　ばんいち　　　4　ばんいつ
(14) 1　ゆしょう　　　2　ゆうしょう　　3　ぐしょう　　　4　ぐうしょう
(15) 1　しゅうきん　2　しゅきん　　　3　しょうきん　　4　しょきん
(16) 1　きふう　　　　2　きふ　　　　　3　ぎふう　　　　4　ぎふ

5 医師が手術が無事終わったことを明らかにした。
　　　　(17)　(18)　　　　　　　　(19)

(17) 1　すうじゅつ　　2　すじゅつ　　　　3　しゅうじゅつ　　4　しゅじゅつ

(18) 1　ぶじ　　　　　2　むじ　　　　　　3　ぶし　　　　　　4　ぶうじ

(19) 1　めいらかに　　2　ほがらかに　　　3　あきらかに　　　4　あからかに


6 これは全国各地の珍しい名字、読みにくい名字などを集めて紹介した本
　　　　　　(20)　　(21)　(22)　　　　　　　　　　　(23)
です。

(20) 1　かくじ　　　　2　かくち　　　　　3　かっじ　　　　　4　かっち

(21) 1　おとなしい　　2　おそろしい　　　3　さわがしい　　　4　めずらしい

(22) 1　めいじ　　　　2　みょうじ　　　　3　なじ　　　　　　4　べいじ

(23) 1　あつめて　　　2　ふくめて　　　　3　もとめて　　　　4　まとめて


7 20年後には宇宙を経由することも可能だと思う。
　　　　　　　(24)　(25)　　　　　　　(26)

(24) 1　うじゅ　　　　2　うちゅ　　　　　3　うちゅう　　　　4　うじゅう

(25) 1　けいう　　　　2　けいりゅう　　　3　けいゆ　　　　　4　けいゆう

(26) 1　がたい　　　　2　がのう　　　　　3　かたい　　　　　4　かのう


8 長期間家を留守にすることが増える季節となりました。
　　(27)　　　　(28)　　　　　　　(29)　(30)

(27) 1　ちょうき　　　2　じょうき　　　　3　ちゅうき　　　　4　じゅうき

(28) 1　りゅうしゅ　　2　るす　　　　　　3　りゅうす　　　　4　るしゅ

(29) 1　こえる　　　　2　うえる　　　　　3　もえる　　　　　4　ふえる

(30) 1　きせつ　　　　2　きぜつ　　　　　3　けいせつ　　　　4　けいぜつ

## ② 비슷한 모양의 한자 구별

모양이 비슷한 한자를 구별하는 방법 중 첫 번째는 **부수를 보고 판단하는** 것이다. 모든 한자를 그렇게 구별할 수 있는 것은 아니지만, 대체적으로는 부수에 따라 사용되는 대강의 단어를 짐작할 수 있다.
비슷한 모양의 한자를 비교해서 암기할 때 학습자 본인만의 방법으로 한자를 구분하는 요령을 깨우치도록 하자.

**출제예상한자 01**

▮ **像(ぞう)**　　　想像 상상

▮ **象(しょう)**　　現象 현상　印象 인상　対象 대상　抽象 추상

> Tip　「象」은 '**현인은 대추를 좋아한다**'라고 외우자.

▮ **賞(しょう)**　　鑑賞 감상　賞金 상금　賞品 상품

▮ **資(し)**　　　資源 자원　資本 자본　資料 자료

▮ **覚(かく)**　　覚悟 각오　感覚 감각

▮ **輸(ゆ)**　　　輸血 수혈　輸出 수출　輸送 수송　輸入 수입

▮ **輪(りん)**　　車輪 차륜, 타이어

▮ **論(ろん)**　　概論 개론　議論 토론　結論 결론　評論 평론　論争 논쟁　論文 논문

> Tip　「論」은 부수에 「言(말씀 언)」이 있으므로 '말'과 관련된 어휘로 구성된다.

▮ **講(こう)**　　休講 휴강　講演 강연　講義 강의　講師 강사　講堂 강당

▮ **構(こう)**　　構造 구조　構成 구성

> Tip　「講」은 부수에 「言(말씀 언)」이 있으므로 '말'과 관련된 어휘로 구성된다.

| 則（そく） | 規則 규칙　不規則 불규칙　法則 법칙 |
| 測（そく） | 観測 관측　測量 측량 |
| 側（がわ） | 左側 좌측　両側 양측 |

**Tip** 「測」과 「側」은 한자 왼쪽에 부수가 있으므로 '측'으로 읽고, 「則」은 부수가 없으므로 '칙'으로 읽는다고 생각하면 한자의 음독에 대한 구분은 할 수 있다. 그리고 「測」은 부수에 「氵(삼수 변)」이 있으므로 '강수량을 재다'의 뉘앙스로 보기의 어휘를 외우면 된다. 또한 「側」은 부수가 「亻(사람 인)」이므로 '사람의 오른쪽, 왼쪽'을 연상하면 관련 어휘를 쉽게 외울 수 있다.

| 額（がく） | 金額 금액　全額 전액 |
| 格（かく） | 価格 가격　格別 각별　★格好 모습　合格 합격 (★는 촉음화 현상) |
|  | 性格 성격　同格 동격 |

| 転（てん） | 移転 이전　運転 운전　回転 회전　自転車 자전거 |
| 伝（でん） | 宣伝 선전　伝記 전기　伝染 전염　伝統 전통 |

| 繕（ぜん） | 修繕 수선 |
| 善（ぜん） | 改善 개선 |

**Tip** '선'으로 읽는 한자 중 「ぜん」으로 읽는 것은 위의 두 글자뿐이고, 「繕」은 「修繕」 외에 쓰임이 없다.

→ 정답 p.13

1  この国のげんごはちゅうしょう的でせいかくなりかいが難しい。
　　　　　(1)　　　　　　(2)　　　　　　　(3)　　　　(4)

(1) 1  言語　　　　2  言葉　　　　3  葉言　　　　4  言伝
(2) 1  維像　　　　2  維象　　　　3  抽像　　　　4  抽象
(3) 1  性格　　　　2  正確　　　　3  正格　　　　4  性確
(4) 1  利解　　　　2  理解　　　　3  里解　　　　4  離解

2  かんしょうとは、げいじゅつ作品などの美的なたいしょうをしかく
　　　(5)　　　　　　　(6)　　　　　　　　(7)　　　　　(8)

的に味わえることである。

(5) 1  感賞　　　　2  感償　　　　3  鑑賞　　　　4  鑑償
(6) 1  技術　　　　2  芸述　　　　3  技述　　　　4  芸術
(7) 1  対象　　　　2  大象　　　　3  代象　　　　4  体象
(8) 1  視各　　　　2  視資　　　　3  視覚　　　　4  視賞

3  てんこう、かさいなどによるゆそうの中断、日程へんこうが発生した
　　　(9)　　　(10)　　　　　　(11)　　　　　　　(12)

場合、商品を戻します。

(9) 　1  天後　　　2  天侯　　　　3  天喉　　　　4  天候
(10) 1  火災　　　2  火事　　　　3  火財　　　　4  火材
(11) 1  受送　　　2  授送　　　　3  輸送　　　　4  輸送
(12) 1  変便　　　2  変更　　　　3  辺便　　　　4  辺更

4  えんげき部はこうどうでのたいざい時間が長い。
　　　(13)　　　　　(14)　　　　　(15)

(13) 1  演極　　　2  演撃　　　　3  演激　　　　4  演劇
(14) 1  購堂　　　2  講堂　　　　3  購当　　　　4  講当
(15) 1  滞在　　　2  携在　　　　3  滞剤　　　　4  携剤

5 当研究所では上空大気に<u>ふくまれて</u>いる温室<u>こうか</u>ガスの<u>のうど</u>を
(16) (17) (18)

<u>かんそく</u>しています。
(19)

(16) 1 絡まれて　　2 含まれて　　3 望まれて　　4 編まれて
(17) 1 郊課　　　　2 郊果　　　　3 効課　　　　4 効果
(18) 1 濃席　　　　2 濃度　　　　3 農席　　　　4 農度
(19) 1 歓測　　　　2 歓側　　　　3 観測　　　　4 観側


6 <u>せいふ</u>は5日、国内の<u>こじん</u>預金の<u>ぜんがく</u>を<u>ほしょう</u>すると発表した。
(20) (21) (22) (23)

(20) 1 政府　　　　2 政負　　　　3 政符　　　　4 政付
(21) 1 介人　　　　2 堅人　　　　3 個人　　　　4 固人
(22) 1 全額　　　　2 全格　　　　3 全値　　　　4 全各
(23) 1 保証　　　　2 歩証　　　　3 捕証　　　　4 補証


7 <u>うりあげ</u>に直結する<u>こうこく</u>・<u>せんでん</u>活動の<u>じゅうようせい</u>が高まって
(24) (25) (26) (27)

いる。

(24) 1 売上　　　　2 売相　　　　3 買上　　　　4 買相
(25) 1 広古　　　　2 広告　　　　3 拡古　　　　4 拡告
(26) 1 宣転　　　　2 宣伝　　　　3 線転　　　　4 線伝
(27) 1 重様姓　　　2 重様性　　　3 重要姓　　　4 重要性


8 計画的ではない<u>しゅうぜん</u>を<u>くりかえして</u>いると、<u>つねに</u>マンションの
(28) (29) (30)

どこかで工事をしている<u>じょうたい</u>になる。
(31)

(28) 1 修善　　　　2 修繕　　　　3 収善　　　　4 収繕
(29) 1 操り変して　2 操り返して　3 繰り変して　4 繰り返して
(30) 1 常に　　　　2 主に　　　　3 特に　　　　4 別に
(31) 1 装態　　　　2 装体　　　　3 状態　　　　4 状体

**출제예상한자 02**

**主**(しゅ)　主語<sub>しゅご</sub> 주어　主人<sub>しゅじん</sub> 남편　主張<sub>しゅちょう</sub> 주장　主婦<sub>しゅふ</sub> 주부　主役<sub>しゅやく</sub> 주역　主要<sub>しゅよう</sub> 주요
　　　　　　民主<sub>みんしゅ</sub> 민주

**住**(じゅう)　衣食住<sub>いしょくじゅう</sub> 의식주　住居<sub>じゅうきょ</sub> 주거　住所<sub>じゅうしょ</sub> 주소

**注**(ちゅう)　注意<sub>ちゅうい</sub> 주의　注射<sub>ちゅうしゃ</sub> 주사　注目<sub>ちゅうもく</sub> 주목　注文<sub>ちゅうもん</sub> 주문

**往**(おう)　往復<sub>おうふく</sub> 왕복　注来<sub>おうらい</sub> 왕래

**刑**(けい)　刑事<sub>けいじ</sub> 형사　死刑<sub>しけい</sub> 사형

**形**(けい)　形式<sub>けいしき</sub> 형식　形容詞<sub>けいようし</sub> 형용사　図形<sub>ずけい</sub> 도형　正方形<sub>せいほうけい</sub> 정사각형　長方形<sub>ちょうほうけい</sub> 직사각형

**型**(けい)　典型<sub>てんけい</sub> 전형

**制**(せい)　規制<sub>きせい</sub> 규제　制限<sub>せいげん</sub> 제한　制度<sub>せいど</sub> 제도　専制<sub>せんせい</sub> 전제　体制<sub>たいせい</sub> 체제

**製**(せい)　製作<sub>せいさく</sub> 제작　製造<sub>せいぞう</sub> 제조　製品<sub>せいひん</sub> 제품

**Tip** 「制」는 '규제', 「製」는 '만들다'의 뉘앙스를 가지고 있다.

**授**(じゅ)　教授<sub>きょうじゅ</sub> 교수　助教授<sub>じょきょうじゅ</sub> 조교수

**受**(じゅ)　受験<sub>じゅけん</sub> 수험　受話器<sub>じゅわき</sub> 수화기

**真**(しん)　写真<sub>しゃしん</sub> 사진　真空<sub>しんくう</sub> 진공

**慎**(しん)　慎重<sub>しんちょう</sub> 신중

| 森(しん) | 森林 삼림 | | |
| 林(りん) | 山林 산림 | | |

| 察(さつ) | 観察 관찰 | 警察 경찰 | 診察 진찰 |
| 際(さい) | 交際 교제 | 国際 국제 | 実際 실제 |
| 擦(さつ) | 摩擦 마찰 | | |

| 植(しょく) | 植物 식물 | | | |
| 直(ちょく) | 垂直 수직 | 率直 솔직 | 直後 직후 | 直接 직접 | 直線 직선 |
| | 直前 직전 | 直通 직통 | | | |

| 置(ち) | 位置 위치 | 装置 장치 |
| 値(ち) | 価値 가치 | |

| 列(れつ) | 行列 행렬 | 列 열 | ★列車 열차 | ★列島 열도 (★는 촉음화 현상) |
| 例(れい) | 実例 실례 | 例 예 | 例外 예외 | |

→ 정답 p.14

1  今回は時間的せいやくのために、おうふくともひこうきをりようしました。
(1)　　　　　　　　　　　(2)　　　　(3)　　　(4)

(1) 1  製役　　　　2  製約　　　　3  制約　　　　4  制役
(2) 1  注復　　　　2  主復　　　　3  住復　　　　4  往復
(3) 1  飛行奇　　　2  飛行器　　　3  飛行機　　　4  飛行幾
(4) 1  里用　　　　2  利用　　　　3  理用　　　　4  離用


2  日本人のけつえきがたによるてんけい的な性格とのかんれん性について
(5)　　　　　　　　(6)　　　　　　　　(7)

きょうみがあります。
(8)

(5) 1  血液型　　　2  血液刑　　　3  血夜型　　　4  血夜刑
(6) 1  典兄　　　　2  典形　　　　3  典型　　　　4  典刑
(7) 1  簡練　　　　2  簡連　　　　3  関練　　　　4  関連
(8) 1  興未　　　　2  興味　　　　3  供未　　　　4  興末


3  一つのしきちに建てられる建物の大きさはほうりつでせいげんされていて
(9)　　　　　　　　　　　　　　(10)　　　(11)

こまっている。
(12)

(9)  1  数地　　　　2  敷地　　　　3  類地　　　　4  紋地
(10) 1  法率　　　　2  法慄　　　　3  法津　　　　4  法律
(11) 1  制恨　　　　2  制限　　　　3  製恨　　　　4  製限
(12) 1  惑って　　　2  難って　　　3  困って　　　4  迷って


4  母はいつもじゅわきを左手ににぎって、ゆかをふいたりする。
(13)　　　　(14)　　　(15)　　　(16)

(13) 1  受話器　　　2  授話器　　　3  受話機　　　4  授話機
(14) 1  控って　　　2  握って　　　3  抱って　　　4  備って
(15) 1  根　　　　　2  底　　　　　3  軒　　　　　4  床
(16) 1  降いたり　　2  磨いたり　　3  拭いたり　　4  吹いたり

5　社長は新たに人を<u>やとう</u>ことについて<u>しんちょう</u>な<u>しせい</u>を<u>いじ</u>している。
　　　　　　　　　　(17)　　　　　　　　　　　(18)　　　　(19)　　(20)

(17)1　催う　　　　2　雇う　　　　3　顧う　　　　4　辞う
(18)1　進重　　　　2　信重　　　　3　真重　　　　4　慎重
(19)1　自勢　　　　2　姿勢　　　　3　資勢　　　　4　刺勢
(20)1　維持　　　　2　推持　　　　3　抽持　　　　4　唯持


6　<u>もくざい</u>は<u>しんりん</u>の生産力を考え、<u>てきせつ</u>に<u>りよう</u>すれば、再生可
　　(21)　　　　　(22)　　　　　　　　　　　　(23)

能な<u>しげん</u>となります。
　　(24)

(21)1　木栽　　　　2　木在　　　　3　木材　　　　4　木財
(22)1　神森　　　　2　山林　　　　3　林森　　　　4　森林
(23)1　適切　　　　2　滴切　　　　3　敵切　　　　4　摘切
(24)1　資媛　　　　2　資原　　　　3　資源　　　　4　資願


7　貿易<u>まさつ</u>が起こるのは、<u>ゆにゅう</u>される製品が国産品と<u>きょうそう</u>する
　　　(25)　　　　　　　　　　(26)　　　　　　　　　　　　　(27)

場合である。

(25)1　麻察　　　　2　麻擦　　　　3　摩察　　　　4　摩擦
(26)1　輸入　　　　2　輪入　　　　3　論入　　　　4　収入
(27)1　経争　　　　2　競争　　　　3　尊争　　　　4　徑争


8　<u>だんぼう</u><u>そうち</u>の<u>てんけん</u>・<u>せいび</u>・<u>せいそう</u>は毎年11月に行っております。
　　(28)　　(29)　　(30)　　(31)　　(32)

(28)1　暖房　　　　2　穏房　　　　3　緩房　　　　4　温房
(29)1　荘値　　　　2　荘置　　　　3　装値　　　　4　装置
(30)1　点険　　　　2　点験　　　　3　点検　　　　4　点剣
(31)1　正備　　　　2　整備　　　　3　成備　　　　4　政備
(32)1　情掃　　　　2　掃除　　　　3　静掃　　　　4　清掃


9　当社の<u>けんちく</u>の<u>じつれい</u>を<u>しょうかい</u>します。
　　　　　(33)　　　　(34)　　　　(35)

(33)1　建蓄　　　　2　建築　　　　3　健蓄　　　　4　健築
(34)1　実例　　　　2　実列　　　　3　実礼　　　　4　実令
(35)1　超介　　　　2　招介　　　　3　紹介　　　　4　沼介

**출제예상한자 03**

| 歓(かん) | 歓迎 환영 |

| 観(かん) | 観客 관객　観光 관광　観察 관찰　観測 관측　観念 관념 |

| 権(けん) | 権利 권리 |

| 織(しき) | 組織 조직 |

| 職(しょく) | 就職 취직　職業 직업　職人 장인　職場 직장 |

| 識(しき) | 意識 의식　常識 상식　知識 지식　標識 표지판 |

| 枝(えだ) | 枝 가지 |

| 技(ぎ) | 演技 연기　競技 경기　技師 기사　技術 기술 |

| 苦(くるしい・にがい) | 苦しい 괴롭다　苦い 맛이 쓰다 |

| 苦(わかい) | 苦い 젊다 |

| 持(じ) | 維持 유지　持参 지참 |

| 特(とく) | 特殊 특수　特色 특색　特徴 특징　特定 특정　独特 독특 |
|  | 特売 특매　特別 특별　★特急 특급 (★는 촉음화 현상) |

| 爆(ばく) | 爆発 폭발 | | | | |
|---|---|---|---|---|---|

| 類(るい) | 種類 종류 | 書類 서류 | 親類 친척 | 人類 인류 | 分類 분류 |
|---|---|---|---|---|---|
| 数(すう) | 回数 회수 | 半数 과반수 | 奇数 홀수 | 偶数 짝수 | |

| 判<br>(はん·ばん) | 評判 평판 | 裁判 재판 | 審判 심판 | 判事 판사 |
|---|---|---|---|---|
| | 判断 판단 | 批判 비판 | | |
| 半(はん) | 半径 반경 | 半島 반도 | 半分 반분 | 大半 대부분 |

| 推(すい) | 推薦 추천 | 推定 추정 |
|---|---|---|
| 抽(ちゅう) | 抽象 추상 | |
| 維(い) | 維持 유지 | |

| 験(けん) | 経験 경험 | 実験 실험 | 試験 시험 | 体験 체험 | 受験 수험 |
|---|---|---|---|---|---|
| 検(けん) | 検査 검사 | 検討 검토 | | | |
| 険(けん) | 危険 위험 | 冒険 모험 | | | |

→ 정답 p.15

1　くわしいかんさつきろくは来週までにほうこくします。
　　　(1)　　(2)　　(3)　　　　　　　(4)

(1) 1　詳しい　　　2　細しい　　　3　易しい　　　4　悔しい
(2) 1　歓察　　　　2　観察　　　　3　歓際　　　　4　観際
(3) 1　記録　　　　2　記緑　　　　3　記径　　　　4　記続
(4) 1　報考　　　　2　報高　　　　3　報古　　　　4　報告

2　そしきには、そしきにぞくするメンバーの間できょうつうのもくひょうが
　　　(5)　　　　　　　(6)　　　　　　　　　　(7)　　　　　(8)

必要である。

(5) 1　組識　　　　2　組織　　　　3　組職　　　　4　組稙
(6) 1　属する　　　2　俗する　　　3　続する　　　4　束する
(7) 1　共統　　　　2　供統　　　　3　共通　　　　4　供通
(8) 1　目栗　　　　2　目票　　　　3　目漂　　　　4　目標

3　こっきょうなきぎしだんはえんじょなしにどくじの活動を続けている。
　　　(9)　　　　(10)　　　(11)　　　　(12)

(9) 　1　国境　　　2　国鏡　　　　3　国競　　　　4　国経
(10) 1　技史団　　2　枝史団　　　3　技師団　　　4　枝師団
(11) 1　援助　　　2　穏助　　　　3　隠助　　　　4　媛助
(12) 1　督自　　　2　読自　　　　3　独自　　　　4　毒自

4　胃腸のちょうしが悪いときにわざとにがい草を食べて、そのいきおいで
　　　　　(13)　　　　　　　　　　(14)　　　　　　　(15)

はいてスッキリさせる動物もいるらしい。
　(16)

(13) 1　彫支　　　2　調支　　　　3　彫子　　　　4　調子
(14) 1　若い　　　2　苦い　　　　3　辛い　　　　4　渋い
(15) 1　鳴い　　　2　怒い　　　　3　熱い　　　　4　勢い
(16) 1　掃いて　　2　履いて　　　3　吐いて　　　4　敷いて

5 　この病気の<u>しゅじゅつ</u>には<u>とくしゅ</u>な<u>いりょう</u>機器を使わなければならな
　　　　　　　(17)　　　　　　(18)　　　　(19)

いと言う。

(17) 1　手術　　　2　収術　　　3　受術　　　4　首術
(18) 1　持殊　　　2　持授　　　3　特殊　　　4　特授
(19) 1　医療　　　2　医寮　　　3　医労　　　4　医僚


6 　本を<u>らんぼう</u>に<u>あつかう</u>からページが<u>ぬけて</u>いたりする。
　　　　　(20)　　　(21)　　　　　　　　　(22)

(20) 1　乱爆　　　2　乱暴　　　3　難爆　　　4　難暴
(21) 1　扱う　　　2　迷う　　　3　奪う　　　4　襲う
(22) 1　抜けて　　2　欠けて　　3　穴けて　　4　引けて


7 　<u>ぐうすう</u>を<u>じゅんばん</u>に<u>ならべて</u>ください。
　　　(23)　　　(24)　　　(25)

(23) 1　奇数　　　2　整数　　　3　偶数　　　4　宮数
(24) 1　巡番　　　2　順番　　　3　循番　　　4　純番
(25) 1　調べて　　2　比べて　　3　並べて　　4　平べて


8 　<u>ひはん</u>する<u>たいしょう</u>を<u>あやまっ</u>たりすると、<u>ぎゃく</u>に自分がひはんさ
　　(26)　　　　(27)　　　　　(28)　　　　　　　(29)

れる。

(26) 1　比板　　　2　批版　　　3　比判　　　4　批判
(27) 1　対象　　　2　対像　　　3　待象　　　4　待像
(28) 1　違ったり　2　誤ったり　3　謝ったり　4　罪ったり
(29) 1　覆に　　　2　反に　　　3　返に　　　4　逆に


9 　若者が<u>ぼうけん</u><u>せいしん</u>を<u>うしなっ</u>たら、人生もそれで終わるだろう。
　　　　　(30)　　　(31)　　　(32)

(30) 1　冒険　　　2　冒剣　　　3　冒検　　　4　冒倹
(31) 1　清神　　　2　情神　　　3　静神　　　4　精神
(32) 1　無ったら　2　落ったら　3　失ったら　4　忘ったら

**출제예상한자 04**

| 循(じゅん) | 循環 <sub>じゅんかん</sub> 순환 |

**循(じゅん)** 　循環 순환

**盾(じゅん)** 　矛盾 모순

**惑(わく)** 　迷惑 민폐

**域(いき)** 　区域 구역　地域 지역　流域 유역

**害(がい)** 　公害 공해　障害 장애, 방해　損害 손해　被害 피해　利害 이해

**割(わり)** 　時間割 시간표　役割 역할　割合 비율　割算 나눗셈　割引 할인

**燥(そう)** 　乾燥 건조

**操(そう)** 　操作 조작　体操 체조

**繰(くる)** 　繰り返す 반복하다

**衣(い)** 　衣食住 의식주　衣服 의복

**依(い)** 　依頼 의뢰

**評(ひょう)** 　批評 비평　評価 평가　評判 평판　評論 평론

**平(へい·びょう)** 　不平 불평　平和 평화　平凡 평범　平等 평등

71

| **組**(そ) | 組織<br>そしき 조직 |
| **粗**(そ) | 粗末<br>そまつ 변변치 않음, 허술함 |
| **祖**(そ・ぞ) | 祖父<br>そふ 할아버지　祖母<br>そぼ 할머니　祖先<br>そせん 조상　先祖<br>せんぞ 선조 |

| **料**(りょう) | 給料<br>きゅうりょう 급료　原料<br>げんりょう 원료　材料<br>ざいりょう 재료　資料<br>しりょう 자료　食料<br>しょくりょう 식량　送料<br>そうりょう 우송료 |
| | 無料<br>むりょう 무료　有料<br>ゆうりょう 유료　調味料<br>ちょうみりょう 조미료　料金<br>りょうきん 요금　料理<br>りょうり 요리 |
| **科**(か) | 科学<br>かがく 과학　学科<br>がっか 학과　科目<br>かもく 과목　教科書<br>きょうかしょ 교과서 |
| | 外科<br>げか 외과　内科<br>ないか 내과　理科<br>りか 이과　百科事典<br>ひゃっかじてん 백과사전 |

| **源**(げん) | 資源<br>しげん 자원 |
| **原**(げん) | 原因<br>げんいん 원인　原稿<br>げんこう 원고　原産<br>げんさん 원산　原始<br>げんし 원시　原理<br>げんり 원리　原料<br>げんりょう 원료 |
| **願**(がん) | 願い<br>ねがい 바람, 희망　願書<br>がんしょ 원서 |

| **歴**(れき) | 歴史<br>れきし 역사 |
| **禁**(きん) | 禁煙<br>きんえん 금연　禁止<br>きんし 금지 |

1　ふんすいの水はじめんに落ちるとじゅんかんするようにつくられている。
　　(1)　　　　　　　(2)　　　　　　　　　(3)

(1) 1　分水　　　　2　墳水　　　　3　憤水　　　　4　噴水
(2) 1　地面　　　　2　字面　　　　3　地綿　　　　4　字匣
(3) 1　循換　　　　2　盾換　　　　3　循環　　　　4　盾環

2　このりゅういきのせいかくなめんせきをはかるため、いろんな分野の
　　　(4)　　　　(5)　　　(6)　　　(7)

こうむいんが参加した。
　(8)

(4) 1　流駅　　　　2　流域　　　　3　流息　　　　4　流液
(5) 1　丁確　　　　2　定確　　　　3　正確　　　　4　常確
(6) 1　面穏　　　　2　面責　　　　3　面績　　　　4　面積
(7) 1　測る　　　　2　図る　　　　3　画る　　　　4　規る
(8) 1　共務員　　　2　公務員　　　3　供務員　　　4　工務員

3　このきぎょうでの私のやくわりにぎもんがしょうじた。
　　　(9)　　　　　　　　(10)　　　(11)　　　　(12)

(9) 　1　記業　　　2　機業　　　　3　基業　　　　4　企業
(10) 1　役割　　　　2　約割　　　　3　役害　　　　4　約害
(11) 1　疑問　　　　2　疑間　　　　3　凝問　　　　4　凝間
(12) 1　証じた　　　2　生じた　　　3　承じた　　　4　章じた

4　かんそうしやすいこのきせつ、だんぼうで部屋をあたためるだけでなく、
　　(13)　　　　　　　　　(14)　　(15)

おはだのケアも忘れずに。
　(16)

(13) 1　乾燥　　　　2　乾操　　　　3　簡燥　　　　4　簡操
(14) 1　季即　　　　2　季箸　　　　3　季切　　　　4　季節
(15) 1　穏房　　　　2　暖房　　　　3　援房　　　　4　媛房
(16) 1　肌　　　　　2　机　　　　　3　棚　　　　　4　崩

5　専門きかんに社員きょういくやけんしゅうをいらいしたい。
　　　　(17)　　　　　　　(18)　　　　　(19)　　　　(20)

(17) 1　気管　　　　2　器官　　　　3　機関　　　　4　期間
(18) 1　交育　　　　2　数育　　　　3　校育　　　　4　教育
(19) 1　研修　　　　2　研収　　　　3　研秀　　　　4　研就
(20) 1　依来　　　　2　衣来　　　　3　依頼　　　　4　衣頼


6　ゆたかな文化が作られるためには、時代と場所を問わずこうしゅうの
　　(21)　　　　　　　　　　　　　　　　　　　　　　　　(22)

健全なひひょういしきはかかせない。
　　　(23)　　(24)　　(25)

(21) 1　豊かな　　　2　富かな　　　3　農かな　　　4　濃かな
(22) 1　公中　　　　2　公重　　　　3　公衆　　　　4　公仲
(23) 1　比平　　　　2　比評　　　　3　批平　　　　4　批評
(24) 1　意織　　　　2　意識　　　　3　意職　　　　4　意式
(25) 1　足かせない　2　引かせない　3　抜かせない　4　欠かせない


7　おそまつなおかしですが、どうぞみなさんでお召し上がりください。
　　(26)　　(27)

(26) 1　組末　　　　2　阻末　　　　3　粗末　　　　4　祖末
(27) 1　お菓子　　　2　お草子　　　3　お果子　　　4　お栗子


8　きゅうりょうねあげをようきゅうしたが、一言でことわられた。
　　(28)　　(29)　　(30)　　　　　　　　　　(31)

(28) 1　給科　　　　2　級科　　　　3　給料　　　　4　級料
(29) 1　値上げ　　　2　置上げ　　　3　植上げ　　　4　直上げ
(30) 1　要救　　　　2　要求　　　　3　腰救　　　　4　腰求
(31) 1　踏られた　　2　継られた　　3　詫られた　　4　断られた

9  しげんはむげんではないからせつやくしないといけない。
   (32)  (33)           (34)

(32) 1 資元　　　　2 資原　　　　3 資源　　　　4 資願
(33) 1 無限　　　　2 無恨　　　　3 不限　　　　4 不恨
(34) 1 制約　　　　2 接約　　　　3 切約　　　　4 節約


10  この県では犬のはなしがいはきんしされています。
          (35)　　　(36)

(35) 1 話し飼い　　2 放し飼い　　3 話し買い　　4 放し買い
(36) 1 禁示　　　　2 歴示　　　　3 禁止　　　　4 歴上

| 責(せき) | 責任 책임 |
|---|---|
| 績(せき) | 功績 공적　成績 성적 |
| 積(せき) | 積極的 적극적　体積 체적, 부피　面積 면적　容積 용적 |

| 果(か) | 果実 과실, 과일　結果 결과　効果 효과 |
|---|---|
| 課(か) | 課税 과세　課程 과정　日課 일과 |

| 能(のう) | 可能 가능　機能 기능　芸能 예능　才能 재능　性能 성능　知能 지능<br>有能 유능　能率 능률　能力 능력 |
|---|---|
| 態(たい) | 事態 사태　状態 상태　態度 태도 |
| 熊(くま) | 熊 곰 |

| 付(ふ) | 寄付 기부　付近 부근　付属 부속 |
|---|---|
| 府(ふ) | 政府 정부 |

| 幅(はば) | 大幅 큰 폭　小幅 소폭 |
|---|---|
| 副(ふく) | 副詞 부사　副作用 부작용 |
| 福(ふく) | 幸福 행복　福祉 복지 |

| 議(ぎ) | 会議 회의　議員 의원　議会 의회　議長 의장　議論 토론　不思議 불가사의함 |
|---|---|
| 義(ぎ) | 意義 의의　義務 의무　講義 강의 |
| 儀(ぎ) | 儀式 의식　礼儀 예의　行儀 예의, 매너 |
| 犠(ぎ) | 犠牲 희생 |

| 捨(すてる) | 捨てる 버리다 |
|---|---|
| 拾(ひろう) | 拾う 줍다 |

| 請(せい) | 申請 신청　請求 청구 |
|---|---|
| 精(せい) | 精神 정신 |
| 静(せい) | 冷静 냉정 |
| 情(じょう) | 愛情 애정　感情 감정　苦情 불평　事情 사정　純情 순정<br>情報 정보　表情 표정 |
| 晴(せい) | 晴天 청천(맑은 하늘, 날씨) |

| 更(こう) | 変更 변경 |
|---|---|
| 便(びん·べん) | 郵便 우편　航空便 항공편　船便 배편　小便 소변 |

77

→ 정답 p.18

---

**1** 彼の<u>せっきょくてき</u>な<u>たいど</u>にみんな<u>おどろいた</u>。
      (1)         (2)         (3)

(1) 1 積局的　　2 績局的　　3 積極的　　4 績極的

(2) 1 待度　　　2 能度　　　3 体度　　　4 態度

(3) 1 警いた　　2 驚いた　　3 尊いた　　4 験いた


**2** 今年より新しい教科<u>きじゅん</u>に<u>もとづく</u>新<u>かてい</u>を始めます。
      (4)      (5)      (6)

(4) 1 基準　　　2 期準　　　3 基順　　　4 期順

(5) 1 暮づく　　2 基づく　　3 幕づく　　4 慕づく

(6) 1 過程　　　2 家庭　　　3 課程　　　4 仮定


**3** <u>せいのう</u>のいい無線電話機は<u>でんぱ</u>の<u>とどかない</u>ところがないようだ。
   (7)                (8)     (9)

(7) 1 省能　　　2 姓能　　　3 成能　　　4 性能

(8) 1 電波　　　2 電皮　　　3 電派　　　4 電破

(9) 1 配かない　2 達かない　3 届かない　4 屈かない


**4** <u>きふ</u>が<u>ふくし</u>の一部を<u>たんとう</u>しており、社会の中で<u>じゅう</u>ような地位
  (10)   (11)       (12)                (13)

を<u>しめて</u>いる。
  (14)

(10) 1 奇府　　2 寄府　　3 奇付　　4 寄付

(11) 1 幅止　　2 幅祉　　3 福止　　4 福祉

(12) 1 担当　　2 胆当　　3 旦当　　4 単当

(13) 1 主要　　2 緊要　　3 慎要　　4 重要

(14) 1 覚めて　2 閉めて　3 占めて　4 示めて

**5** どんなに<u>すばらしい</u>薬にも光の<u>うらがわ</u>には<u>かげ</u>、すなわち<u>ふくさよう</u>
　　　　　　(15)　　　　　　　　　　　(16)　　　　(17)　　　　　　(18)
があるのです。

(15)　1　素晴らしい　　2　素静らしい　　3　素清らしい　　4　素情らしい

(16)　1　表測　　　　　2　裏測　　　　　3　表側　　　　　4　裏側

(17)　1　根　　　　　　2　影　　　　　　3　崖　　　　　　4　岸

(18)　1　不作用　　　　2　不作容　　　　3　副作用　　　　4　副作容


**6** 子供に<u>れいぎ</u>作法を<u>まなばせたく</u>、<u>ようじ</u>教室へ<u>かよわせて</u>いる。
　　　　　　(19)　　　　　　　(20)　　　　　　(21)　　　　　　(22)

(19)　1　礼犠　　　　　2　礼議　　　　　3　礼義　　　　　4　礼儀

(20)　1　習ばせたく　　2　学ばせたく　　3　教ばせたく　　4　字ばせたく

(21)　1　揺児　　　　　2　優児　　　　　3　遊児　　　　　4　幼児

(22)　1　用わせて　　　2　通わせて　　　3　送わせて　　　4　雇わせて


**7** <u>ゆか</u>とか<u>どうろ</u>に落ちたものを<u>ひろって</u>食べないで、<u>きたない</u>から。
　　　　(23)　　　(24)　　　　　　　　　(25)　　　　　　(26)

(23)　1　底　　　　　　2　床　　　　　　3　泥　　　　　　4　隣

(24)　1　道路　　　　　2　導路　　　　　3　道露　　　　　4　導露

(25)　1　給って　　　　2　舎って　　　　3　拾って　　　　4　捨って

(26)　1　黒い　　　　　2　汚い　　　　　3　散い　　　　　4　染い


**8** 明日は<u>えんそく</u>に行く日だから、<u>せいと</u>のみんなは<u>せいてん</u>を<u>いのった</u>。
　　　　　　(27)　　　　　　　　　　(28)　　　　　　(29)　　　　(30)

(27)　1　宴足　　　　　2　塩足　　　　　3　縁足　　　　　4　遠足

(28)　1　生途　　　　　2　生徒　　　　　3　生歩　　　　　4　生都

(29)　1　清天　　　　　2　静天　　　　　3　青天　　　　　4　晴天

(30)　1　祈った　　　　2　折った　　　　3　析った　　　　4　願った

9　　どうりょうの英会話学校のとうろくをてつだった。
　　　　(31)　　　　　　　　　　(32)　　　　　　(33)

(31) 1　同遼　　　　2　同寮　　　　3　同僚　　　　4　同療

(32) 1　登緑　　　　2　登録　　　　3　登禄　　　　4　登縁

(33) 1　豊転った　　2　手転った　　3　豊伝った　　4　手伝った

memo

**출제예상한자 06**

▌ **効**(こう)  **効果** 효과  **効力** 효력  **有効** 유효

▌ **郊**(こう)  **郊外** 교외

▌ **複**(ふく)  **複雑** 복잡  **複写** 복사  **複数** 복수

▌ **腹**(ふく)  **腹痛** 복통  **腹** 배  **お腹** 배

▌ **復**(ふく)  **往復** 왕복  **回復** 회복  **復習** 복습

▌ **販**(はん)  **販売** 판매

▌ **服**(ふく)  **衣服** 의복  **克服** 극복  **服装** 복장  **洋服** 양복, 옷  **和服** 일본식 옷  **服用** 복용

▌ **章**(しょう)  **文章** 문장

▌ **障**(しょう)  **故障** 고장  **障害** 장애  **障子** 일본식 미닫이 문

▌ **草**(くさ)  **草** 풀

▌ **式**(しき)  **儀式** 의식  **形式** 형식  **公式** 공식  **正式** 정식

　　　　　　　**葬式** 장례식  **方程式** 방정식

▌ **試**(し)  **試合** 시합  **試験** 시험

| 度(ど) | 緯度 위도　温度 온도　角度 각도　加速度 가속도　経度 경도　限度 한도 |
| | 高度 고도　湿度 습도 |
| 席(せき) | 客席 객석　欠席 결석　座席 좌석　出席 출석 |

| 罪(ざい) | 犯罪 범죄 |
| 罰(ばつ) | 罰する 처벌하다 |

| 級(きゅう) | 学級 학급　高級 고급　上級 상급　初級 초급 |
| 給(きゅう) | 給与 급여　給料 급료　供給 공급　月給 월급　支給 지급 |

| 楽(らく・がく) | 音楽 음악　★楽器 악기　娯楽 오락　（★는 촉음화 현상） |
| 薬(やく) | 農薬 농약　薬品 약품　★薬局 약국　（★는 촉음화 현상） |

| 道(どう) | 書道 서도　水道 수도　赤道 적도　鉄道 철도　歩道 보도　道具 도구 |
| | 道徳 도덕　道路 도로 |
| 導(どう) | 指導 지도 |

| 採(さい) | 採点 채점 |
| 菜(さい) | 野菜 야채 |

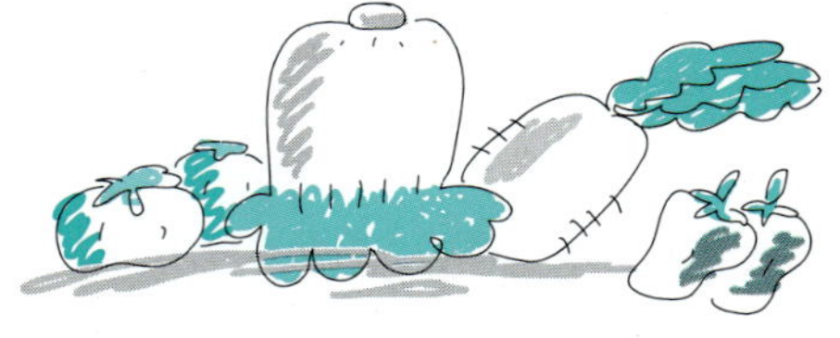

→ 정답 p.20

1　ざっしによる広告はどんなこうかがあるのか、きょうみを持っている人も
　　(1)　　　　　　　　　　　　　　(2)　　　　　　　　　　(3)

おおぜいいるでしょう。
　(4)

(1) 1　雑紙　　　　　2　雑誌　　　　　3　酔紙　　　　　4　酔誌

(2) 1　郊果　　　　　2　郊課　　　　　3　効果　　　　　4　効課

(3) 1　興味　　　　　2　興未　　　　　3　興美　　　　　4　興迷

(4) 1　大塾　　　　　2　多塾　　　　　3　大勢　　　　　4　多勢


2　こしの痛みをこくふくするために必要なことについてお話をうかがいます。
　(5)　　　　　　(6)　　　　　　　　　　　　　　　　　　　(7)

(5) 1　胃　　　　　　2　腰　　　　　　3　脳　　　　　　4　胸

(6) 1　克腹　　　　　2　克服　　　　　3　克販　　　　　4　克複

(7) 1　答います　　　2　司います　　　3　伺います　　　4　問います


3　コンピューターがこしょうしたが、機械に対してのきそ　ちしきがないため、
　　　　　　　　　　(8)　　　　　　　　　　　　　　(9)　　(10)

しゅうりに出した。
　(11)

(8) 1　古章　　　　　2　古障　　　　　3　故章　　　　　4　故障

(9) 1　期礎　　　　　2　基礎　　　　　3　期初　　　　　4　基初

(10) 1　知式　　　　2　知織　　　　　3　知識　　　　　4　知職

(11) 1　殊理　　　　2　収理　　　　　3　修理　　　　　4　秀理


4　数学がにがてなので毎日したしい友だちと、ほうていしきのときかたを
　　　　　(12)　　　　　　　　(13)　　　　　　　(14)　　　　(15)

れんしゅうしている。
　(16)

(12) 1　幸手　　　　2　辛手　　　　　3　若手　　　　　4　苦手

(13) 1　厳しい　　　2　幼しい　　　　3　親しい　　　　4　新しい

(14) 1 方定式　　2 方程式　　3 方正式　　4 方丁式
(15) 1 得き方　　2 説き方　　3 決き方　　4 解き方
(16) 1 煉習　　　2 連習　　　3 練習　　　4 訓習


5　暑さと寒さはきおんにしつどや風のこうかがくわわったしゅかんてきな
　　　　　　　(17)　　　(18)　　　　　　　(19)　　　(20)

ものである。

(17) 1 気温　　2 気暖　　3 期温　　4 期暖
(18) 1 湿席　　2 湿度　　3 質席　　4 質度
(19) 1 掛わった　2 上わった　3 加わった　4 足わった
(20) 1 主観的　　2 主勧的　　3 住観的　　4 住勧的


6　僕のしゅみはがっきのえんそうと登山です。
　　　(21)　　(22)　(23)

(21) 1 超味　　2 越味　　3 趣味　　4 取味
(22) 1 薬器　　2 楽器　　3 薬機　　4 楽機
(23) 1 演奏　　2 演泰　　3 演素　　4 演奉


7　おととしに比べて、しょうねんはんざいがにばいもぞうかした。
　　(24)　　　　　　(25)　　(26)　　(27)　　(28)

(24) 1 一昨日　　2 一作日　　3 一作年　　4 一昨年
(25) 1 素年　　　2 少年　　　3 縮年　　　4 小年
(26) 1 犯罪　　　2 反罪　　　3 犯罰　　　4 反罰
(27) 1 二配　　　2 二賠　　　3 二倍　　　4 二培
(28) 1 増加　　　2 贈加　　　3 憎加　　　4 蒸加

8　やむをえず、のうやくを使用する場合は、しゅうへんのかんきょうに
　　　(29)　　　　(30)　　　　　　　　　　　　　(31)　　　　(32)

十分気をつけてください。

(29)　1　やむを益ず　　2　やむを利ず　　3　やむを得ず　　4　やむを特ず

(30)　1　濃楽　　　　　2　農楽　　　　　3　濃薬　　　　　4　農薬

(31)　1　週辺　　　　　2　周辺　　　　　3　週変　　　　　4　周便

(32)　1　環境　　　　　2　環鏡　　　　　3　還境　　　　　4　還鏡


9　てつどうのせんろにそって美しいなみきがうえられていた。
　　　(33)　　(34)　　　　　　　　(35)　　　(36)

(33)　1　綱道　　　　　2　株道　　　　　3　鉄道　　　　　4　鋼道

(34)　1　綿路　　　　　2　線路　　　　　3　緑路　　　　　4　縁路

(35)　1　苗木　　　　　2　枯木　　　　　3　植木　　　　　4　並木

(36)　1　植えられて　　2　直えられて　　3　置えられて　　4　値えられて


10　さいてんのけっかを発表します。
　　　(37)　　(38)

(37)　1　菜点　　　　　2　採点　　　　　3　彩点　　　　　4　際点

(38)　1　欠果　　　　　2　刺果　　　　　3　結果　　　　　4　決果


memo

攻(こう)　　攻撃 공격　　専攻 전공　　攻める 공격하다

工(こう・く)　　工員 공원　　工業 공업　　工芸 공예　　工事 공사　　工場 공장
人工 인공　　大工 목수　　工夫 아이디어

功(こう)　　功績 공적　　成功 성공

親(しん)　　親戚 친척　　親類 친척　　親友 친한 친구

新(しん)　　新鮮 신선　　新聞 신문　　新ただ 새롭다

防(ぼう)　　消防車 소방차　　防止 방지　　防犯 방범　　予防 예방　　防ぐ 막다, 방비하다

訪(ほう)　　訪問 방문　　訪ねる 방문하다

放(ほう)　　解放 해방　　開放 개방　　放送 방송

難(なん)　　困難 곤란　　災難 재난　　盗難 도난

漢(かん)　　漢字 한자　　漢和 중국과 일본, 중국어와 일본어

増(ぞう)　　激増 급증　　増加 증가　　増減 증감　　増大 증대

贈(ぞう)　　贈与 증여　　贈り物 선물

憎(ぞう)　　憎悪 증오　　憎む 미워하다, 증오하다

▌ **皮(かわ)** 　皮 가죽　毛皮 모피

▌ **被(ひ)** 　被害 피해

▌ **彼(かれ)** 　彼 그(he)　彼女 그녀(she)

▌ **疲(ひ)** 　疲れる 피곤하다　疲労 피로

▌ **因(いん)** 　原因 원인　因果 인과

▌ **困(こん)** 　困難 곤란　困る 곤란하다

▌ **旅(りょ)** 　旅館 여관　旅行 여행

▌ **族(ぞく)** 　家族 가족

▌ **練(れん)** 　訓練 훈련　練習 연습

▌ **連(れん)** 　関連 관련　連合 연합　連想 연상　連続 연속　連絡 연락

▌ **司(し)** 　司会 사회　上司 상사

▌ **何(なん・なに)** 　何 무엇

▌ **伺(うかがう)** 　여쭙다, 찾아뵙다 ('聞く 질문하다, 訪ねる 방문하다'의 겸양어)

1　<u>こうげき</u>をしようとした<u>しゅんかん</u>、<u>ていし</u>の<u>めいれい</u>が出された。
　　(1)　　　　　　　　　　　　(2)　　　　　　(3)　　　　(4)

　　(1) 1　攻激　　　　2　功激　　　　3　攻撃　　　　4　功撃
　　(2) 1　順間　　　　2　循間　　　　3　純間　　　　4　瞬間
　　(3) 1　程止　　　　2　定止　　　　3　停止　　　　4　亭止
　　(4) 1　命鈴　　　　2　命令　　　　3　名鈴　　　　4　名令


2　お<u>せわ</u>になる<u>しんせき</u>ご一家が、一つ<u>やね</u>の下に同居することは<u>ぼうはんめん</u>
　　　(5)　　　　　(6)　　　　　　　　　　(7)　　　　　　　　　　　(8)

　も安心できる。

　　(5) 1　世話　　　　2　世和　　　　3　世輪　　　　4　世環
　　(6) 1　新滅　　　　2　新戚　　　　3　親戚　　　　4　親滅
　　(7) 1　室恨　　　　2　屋恨　　　　3　室根　　　　4　屋根
　　(8) 1　妨犯面　　　2　紡犯面　　　3　防犯面　　　4　坊犯面


3　日本の<u>でんとうてき</u>な<u>りょかん</u>に<u>ほうもん</u>してみたい。
　　　　　　(9)　　　　　　(10)　　　　(11)

　　(9)　 1　転統的　　　2　伝統的　　　3　転通的　　　4　伝通的
　　(10) 1　族管　　　　2　族館　　　　3　旅管　　　　4　旅館
　　(11) 1　訪門　　　　2　訪問　　　　3　訪聞　　　　4　訪間


4　<u>こきゅう</u><u>こんなん</u>とは息が詰まるという<u>しょうじょう</u>です。
　　(12)　　(13)　　　　　　　　　　　　　(14)

　　(12) 1　胡吸　　　　2　互吸　　　　3　呼吸　　　　4　好吸
　　(13) 1　困難　　　　2　困乱　　　　3　混難　　　　4　混乱
　　(14) 1　症装　　　　2　症状　　　　3　症将　　　　4　症荘

**5** 好けいきでしょうひが２ばいもげきぞうした。
   (15)      (16)      (17)      (18)

| | | | |
|---|---|---|---|
| (15) 1 京気 | 2 警気 | 3 影気 | 4 景気 |
| (16) 1 消備 | 2 削備 | 3 消費 | 4 削費 |
| (17) 1 培 | 2 倍 | 3 賠 | 4 陪 |
| (18) 1 撃贈 | 2 撃増 | 3 激贈 | 4 激増 |

**6** じしんによるひがいがせいふの発表よりもっとひどいようだ。
   (19)  (20)  (21)   (22)

| | | | |
|---|---|---|---|
| (19) 1 地振 | 2 地震 | 3 地進 | 4 地珍 |
| (20) 1 寄る | 2 頼る | 3 居る | 4 要る |
| (21) 1 皮害 | 2 彼害 | 3 被害 | 4 疲害 |
| (22) 1 政付 | 2 政府 | 3 政附 | 4 政笘 |

**7** 近年のきこう変化のげんいんをすいていすることができるものが見つけら
   (23)      (24)      (25)

れた。

| | | | |
|---|---|---|---|
| (23) 1 気候 | 2 気喉 | 3 起候 | 4 起喉 |
| (24) 1 嫄因 | 2 願因 | 3 原因 | 4 源因 |
| (25) 1 唯定 | 2 維定 | 3 抽定 | 4 推定 |

**8** くるしい時もあったが、一人たびも自分にとってはいいけいけんとなった。
   (26)            (27)           (28)

| | | | |
|---|---|---|---|
| (26) 1 苦しい | 2 恐しい | 3 怖しい | 4 辛しい |
| (27) 1 隅 | 2 旅 | 3 霜 | 4 袖 |
| (28) 1 経験 | 2 経険 | 3 経剣 | 4 経倹 |

9 来週からは<u>じっさい</u>に<u>ふね</u>を利用した<u>くんれん</u>を始める。
　　　　　　　　(29)　　　(30)　　　　　　　(31)

(29) 1 実察　　　2 実擦　　　3 実祭　　　4 実際

(30) 1 盤　　　　2 般　　　　3 船　　　　4 舶

(31) 1 訓連　　　2 訓練　　　3 勲連　　　4 勲練


10 後輩の結婚式の<u>しかい</u>は<u>えいぎょうぶ</u>の山田さんが<u>たんとう</u>することに
　　　　　　　　　(32)　　　(33)　　　　　　　　(34)

した。

(32) 1 師会　　　2 司会　　　3 何会　　　4 伺会

(33) 1 英業部　　2 営業部　　3 映業部　　4 栄業部

(34) 1 担当　　　2 旦当　　　3 談当　　　4 胆当


memo

**출제예상한자 08**

▌ 徴(ちょう) 　特徴 특징

▌ 徹(てつ) 　徹夜 철야　徹底的だ 철저하다

▌ 激(げき) 　感激 감격　急激 급격　激増 급증　刺激 자극

▌ 門(もん) 　正門 정문　専門 전문

▌ 間
(かん·けん·げん) 　間接 간접　期間 기간　週間 주간　夜間 야간　民間 민간
　瞬間 순간　世間 세상　人間 인간

▌ 聞(ぶん) 　新聞 신문　聞こえる 들리다

▌ 問(もん) 　学問 학문　疑問 의문　質問 질문　訪問 방문　問題 문제　問答 문답

▌ 意(い) 　意外 의외　意義 의의, 의미　意見 의견　意思 의사　意志 의지　意識 의식
　意味 의미　敬意 경의　注意 주의　用意 준비

▌ 憶(おく) 　記憶 기억

▌ 億(おく) 　億 억(숫자)

▌ 停(てい) 　停止 정지　停車 정차　停電 정전　停留所 정류소

▌ 亭(てい) 　料亭 요정

| | |
|---|---|
| **版**(はん) | 出版〔しゅっぱん〕 출판 |
| **板**(ばん) | 看板〔かんばん〕 간판　黒板〔こくばん〕 흑판 |
| **販**(はん) | 販売〔はんばい〕 판매 |
| **坂**(さか) | 坂〔さか〕 비탈길 |

| | |
|---|---|
| **票**(ひょう) | 投票〔とうひょう〕 투표 |
| **標**(ひょう) | 標識〔ひょうしき〕 표지판　標準〔ひょうじゅん〕 표준　標本〔ひょうほん〕 표본　目標〔もくひょう〕 목표 |

| | |
|---|---|
| **役**(やく) | 主役〔しゅやく〕 주역　役者〔やくしゃ〕 배우　役人〔やくにん〕 공무원　役目〔やくめ〕 역할　役割〔やくわり〕 역할 |
| **投**(とう) | 投書〔とうしょ〕 투서　投票〔とうひょう〕 투표　投げる〔な〕 던지다 |

| | |
|---|---|
| **容**(よう) | 形容動詞〔けいようどうし〕 형용동사　内容〔ないよう〕 내용　美容〔びよう〕 미용　容易〔ようい〕 용이　容器〔ようき〕 용기　容積〔ようせき〕 용적 |
| **溶**(よう) | 溶岩〔ようがん〕 용암　溶く〔と〕 (액체를) 풀다, 용해시키다 |

→ 정답 p.23

---

**1** このみずぎははながらがいっぱいついているのがとくちょうです。
   (1)     (2)                     (3)

(1) 1　水着　　　　2　水服　　　　3　水義　　　　4　水技

(2) 1　花殻　　　　2　花柄　　　　3　花控　　　　4　花空

(3) 1　特徴　　　　2　特懲　　　　3　持徴　　　　4　持懲

**2** この本は教育げんばで注意すべき子供のあつかいかたの問題について、
          (4)                    (5)

もんどうけいしきでこうせいされている。
 (6)    (7)    (8)

(4) 1　玄陽　　　　2　現陽　　　　3　玄場　　　　4　現場

(5) 1　汲い方　　　2　及い方　　　3　扱い方　　　4　級い方

(6) 1　問答　　　　2　間答　　　　3　門答　　　　4　聞答

(7) 1　刑式　　　　2　形式　　　　3　刑試　　　　4　形試

(8) 1　講城　　　　2　構城　　　　3　講成　　　　4　構戎

**3** けんこうをいじする上で、大切な生活しゅうかん病をよぼうするため、
  (9)    (10)               (11)      (12)

きそくてきに運動をしている。
  (13)

(9) 1　建綱　　　　2　建康　　　　3　健綱　　　　4　健康

(10) 1　推持　　　　2　維持　　　　3　唯持　　　　4　拍持

(11) 1　習館　　　　2　習管　　　　3　習寛　　　　4　習慣

(12) 1　予防　　　　2　予訪　　　　3　予坊　　　　4　予肪

(13) 1　珪則的　　　2　珪側的　　　3　規則的　　　4　規側的

4 大きなはかの前にバスていがあったが、切符うりばは相当はなれていた。
　　(14)　　　　　　(15)　　　　　　　　　　(16)　　　　(17)

(14) 1 募　　　　2 慕　　　　3 暮　　　　4 墓
(15) 1 バス亭　　2 バス停　　3 バス定　　4 バス正
(16) 1 売り場　　2 飼り場　　3 買り場　　4 得り場
(17) 1 倒れて　　2 分れて　　3 別れて　　4 離れて


5 犯人は警察をさけて、さかのほうがくへにげた。
　　　　　　(18)　　(19)　(20)　　(21)

(18) 1 裂けて　　2 避けて　　3 割けて　　4 咲けて
(19) 1 版　　　　2 板　　　　3 阪　　　　4 坂
(20) 1 方楽　　　2 方額　　　3 方角　　　4 方学
(21) 1 逃げた　　2 桃げた　　3 挑げた　　4 跳げた


6 変なかんばんやひょうしきをあつめててんじかいを開いた。
　　　　(22)　　　　(23)　　　　(24)　　　(25)

(22) 1 簡板　　　2 看板　　　3 完板　　　4 勘板
(23) 1 漂織　　　2 漂識　　　3 標識　　　4 標織
(24) 1 集めて　　2 計めて　　3 寄めて　　4 総めて
(25) 1 展時会　　2 展示会　　3 展次会　　4 展字会


7 古くから「すいみんのやくわりとは何か」ととわれているが、いまだに
　　　　　　　(26)　　　　(27)　　　　　　(28)

まんぞくな答えはない。
　(29)

(26) 1 垂眠　　　2 垂民　　　3 睡眠　　　4 睡民
(27) 1 易害　　　2 役害　　　3 易割　　　4 役割
(28) 1 解われて　2 答われて　3 問われて　4 聞われて
(29) 1 万足　　　2 満足　　　3 万属　　　4 満属

8 水を入れるため、ようきのなかみをからにした。
　　　　　　　　　　　(30)　　(31)　　(32)

(30) 1 容器　　　　2 容機　　　　3 溶器　　　　4 溶機

(31) 1 仲実　　　　2 中実　　　　3 仲身　　　　4 中身

(32) 1 開　　　　　2 空　　　　　3 真　　　　　4 穴

memo

# Part 2
# 실전 대비 집중 훈련

한자 읽기 문제는 총 5문제가 출제된다. 한자어 중 명사가 많이 출제되지만, 동사나 형용사, 형용동사도 소홀히 하여서는 안 된다.

따라서 연습문제를 일정한 기준으로 제시하였다. 1 ~ 3 은 한자어 명사, 4 ~ 5 은 주로 동사로 구성하였는데, 출제될 만한 다른 품사(형용사나 형용동사)도 한 두 문제씩 구성하여, 철저한 대비를 할 수 있도록 하였다.

한자어 명사 읽기는 일정한 규칙을 따르는 어휘가 많다. 그러나 동사나 그 외의 품사는 일정한 규칙이 없으므로 학습자 여러분들의 노력과 시간을 필요로 한다. 꾸준히, 조금씩이라도 암기해 두어야만 실전에서 당황하지 않을 것이다.

첫 시험에 출제된 내용을 살펴 보면 다음과 같다.

相互(そうご) 상호

辛(から)い 맵다

景色(けしき) 경치

備(そな)える 갖추다

防災(ぼうさい) 방재

→ 정답 p.24

**問題1** ______ の言葉の読み方として最もよいものを、1・2・3・4から一つ選びなさい。

1 日本<u>列島</u>は全国的に雨が降るそうです。
　　1 れっとう　　　　2 れいとう　　　　3 れんとう　　　　4 れつどう

2 子供の<u>出生</u>届を出しました。
　　1 しゅっせい　　　2 しゅっしょう　　3 だししょう　　　4 だしせい

3 来週から<u>大会</u>が開かれる。
　　1 だいがい　　　　2 たいがい　　　　3 だいかい　　　　4 たいかい

4 息子はまだ<u>戻って</u>ないですが。
　　1 もどって　　　　2 かえって　　　　3 なおって　　　　4 まよって

5 色があまりにも<u>濃くて</u>いやです。
　　1 あまくて　　　　2 うすくて　　　　3 こくて　　　　　4 つよくて



→ 정답 p.24

**問題1** ______ の言葉の読み方として最もよいものを、1・2・3・4から一つ選びなさい。

1 博覧会が応募者の<u>増加</u>で競争が激しくなった。
　　1 じょうか　　　　2 ぞうか　　　　　3 しょうか　　　　4 そうか

2 長年にわたった<u>裁判</u>に勝った。
　　1 さいばん　　　　2 さいはん　　　　3 ざいばん　　　　4 ざいはん

3 火山の<u>噴火</u>を予知するのはなかなか難しい。
　　1 ふんが　　　　　2 ふんか　　　　　3 ぶんか　　　　　4 ぶんが

4 国会によって福祉予算が大幅に<u>削られた</u>。
　　1 たえられた　　　2 けずられた　　　3 さけられた　　　4 たよられた

5 母はご飯を<u>炊いたり</u>して忙しいようだ。
　　1 たいたり　　　　2 だいたり　　　　3 すいたり　　　　4 まいたり

→ 정답 p.25

**問題1** ______ の言葉の読み方として最もよいものを、1・2・3・4から一つ選びなさい。

1 学校の前にはたくさんの<u>文房具</u>屋があります。
　　1 ぶんぼうく　　　　2 ぶんぼうぐ　　　　3 ふんぼうぐ　　　　4 ぶんぽうぐ

2 事件は新たな<u>展開</u>を見せている。
　　1 てんかい　　　　2 てんがい　　　　3 でんかい　　　　4 でんがい

3 今どきの子供はあまり<u>読書</u>しない。
　　1 どくしょう　　　　2 とくしょう　　　　3 どくしょ　　　　4 とくしょ

4 来週試験だから、<u>怠けて</u>いる暇などない。
　　1 やぶけて　　　　2 なまけて　　　　3 かまけて　　　　4 はぶけて

5 それを実行する勇気がないのが自分ながら<u>悔しかった</u>。
　　1 くるしかった　　　　2 くやしかった　　　　3 まぶしかった　　　　4 くわしかった



→ 정답 p.25

**問題1** ______ の言葉の読み方として最もよいものを、1・2・3・4から一つ選びなさい。

1 来年は<u>南極</u>大陸を探検するつもりだ。
　　1 なんきょく　　　　2 なんぎょく　　　　3 なんこく　　　　4 なんごく

2 今年は台風が多かったため、<u>農産物</u>の価格が上がった。
　　1 のうざんもつ　　　　2 のうさんもの　　　　3 のうさんぶつ　　　　4 のうさんもつ

3 車の<u>付属品</u>はなぜ高いだろう。
　　1 ふそく　　　　2 ふぞく　　　　3 ぶそく　　　　4 ぶぞく

4 組合は、会社側に給料を上げるように<u>求めた</u>。
　　1 つとめた　　　　2 さだめた　　　　3 いためた　　　　4 もとめた

5 いつも変なことを言うから<u>憎い</u>やつだ。
　　1 ずるい　　　　2 にくい　　　　3 おしい　　　　4 つらい

→ 정답 p.26

**問題1** ＿＿＿の言葉の読み方として最もよいものを、1・2・3・4から一つ選びなさい。

1 具体的な例をあげて説明しても彼はなかなか納得しないだろう。
　　1　なっどく　　　　　2　なくどく　　　　　3　なっとく　　　　　4　なくとく

2 その車は速度制限を30キロも超過した。
　　1　しょうが　　　　　2　ちょうが　　　　　3　ちょうか　　　　　4　しょうか

3 電車で行けば時間を節約することになるよ。
　　1　せつやく　　　　　2　せっやく　　　　　3　ぜつやく　　　　　4　せっやく

4 昨年学校の創立50周年記念日を祝った。
　　1　やとった　　　　　2　いわった　　　　　3　わたった　　　　　4　すくった

5 熱帯の太陽が眩しく照りつけた。
　　1　すずしく　　　　　2　けわしく　　　　　3　まぶしく　　　　　4　ただしく



→ 정답 p.26

**問題1** ＿＿＿の言葉の読み方として最もよいものを、1・2・3・4から一つ選びなさい。

1 教授が病気のため、2週間休講した。
　　1　きゅうこう　　　　2　きゅうけい　　　　3　きゅうぎ　　　　　4　きゅこう

2 結論として、私は先生のご意見に賛成です。
　　1　けっりん　　　　　2　けつりん　　　　　3　けつろん　　　　　4　けっろん

3 国籍不明の飛行機が飛んでいた。
　　1　こくせき　　　　　2　こくてき　　　　　3　こくぜき　　　　　4　こくとく

4 彼は危ういところで命を拾った。
　　1　つもった　　　　　2　ひろった　　　　　3　ひねった　　　　　4　わたった

5 子供は絵に色を塗った。
　　1　こった　　　　　　2　ぬった　　　　　　3　ちった　　　　　　4　ほった

→ 정답 p.26

**問題1** ＿＿＿の言葉の読み方として最もよいものを、1・2・3・4から一つ選びなさい。

1 私は大学を卒業してからずっと領事館に勤めている。
　　1 りょうしかん　　2 めいじかん　　3 れいじかん　　4 りょうじかん

2 彼は別荘も持っている金持ちだ。
　　1 べつぞう　　2 べっぞう　　3 べっそう　　4 べつそう

3 彼の作品には自然を愛する心がよく表現されている。
　　1 ひょうけん　　2 ひょうげん　　3 ひょうかん　　4 ひょうがん

4 車に酔って吐きそうになった。
　　1 とき　　2 はき　　3 まき　　4 さき

5 病人の頭を氷で冷やした。
　　1 ひやした　　2 はやした　　3 ふやした　　4 もやした



→ 정답 p.27

**問題1** ＿＿＿の言葉の読み方として最もよいものを、1・2・3・4から一つ選びなさい。

1 あの通りはマラソンのために交通整理が行われている。
　　1 じょうり　　2 しょうり　　3 せいり　　4 ていり

2 二つの線は直角を成している。
　　1 しょっかく　　2 じきかく　　3 ちょくかく　　4 ちょっかく

3 今度の週末に釣りに出掛けよう。
　　1 まり　　2 そり　　3 かり　　4 つり

4 そんなことをすると、後で悔やむことになるぞ。
　　1 もやむ　　2 はやむ　　3 くやむ　　4 なやむ

5 口をすべらせて彼女を怒らせてしまった。
　　1 ゆでらせて　　2 おこらせて　　3 もぐらせて　　4 しからせて

→ 정답 p.27

**問題1** ______の言葉の読み方として最もよいものを、1・2・3・4から一つ選びなさい。

1 英文学概論はとても難しい。
   1 がいりん     2 かいりん     3 かいろん     4 がいろん

2 環境汚染の問題は深刻である。
   1 おぜん     2 おてん     3 おそん     4 おせん

3 私は英語を基礎からやり直すつもりです。
   1 きしょう     2 きそう     3 きそ     4 ぎしょう

4 彼女がコートを脱ぐのを手伝った。
   1 かぐ     2 ぬぐ     3 とぐ     4 こぐ

5 このカレーライスは辛すぎて食べられない。
   1 からすぎて     2 つらすぎて     3 もろすぎて     4 のろすぎて



→ 정답 p.27

**問題1** ______の言葉の読み方として最もよいものを、1・2・3・4から一つ選びなさい。

1 従業員の監督を厳しくする必要がある。
   1 かんとく     2 かんどく     3 がんとく     4 がんどく

2 彼女は原稿を書いて生活している。
   1 げんごう     2 げんこう     3 けんごう     4 けんこう

3 最後の語を本文から削除した。
   1 さっじょ     2 さくじょ     3 さつじょ     4 さくじょう

4 彼はすぐに新しい環境に慣れた。
   1 それた     2 もれた     3 はれた     4 なれた

5 商店街はいつも賑やかだ。
   1 しとやかだ     2 あざやかだ     3 こまやかだ     4 にぎやかだ

ひらがなを見て漢字を찾는 문제인데, 주로 명사 문제가 출제된다. 총 5문제 중에서 3문제 가량은 명사, 2문제는 그 외의 품사, 즉 동사나 형용사, 형용동사가 출제될 것이다.

본 파트의 연습문제는 6 ～ 8 은 명사, 9 ～ 10 은 동사로 구성하였다.

새롭게 바뀐 첫 시험에서는

명사 「礼儀(れいぎ) 예의」, 「出世(しゅっせ) 출세」, 「伝統(でんとう) 전통」와

동사 「焦(あせ)らなくても 초조해 하지 않아도」, 「暮(く)らして 살고」

가 출제되었다.

'한자 읽기'는 명사는 그 한자의 음독을 한국어로 먼저 파악하고, 거기에 맞는 한자를 '**부수**'나 '**두 한자의 조합**' 등으로 파악하여 정답을 찾을 수 있다. 예를 들면, 부수에 「**貝(조개 패)」가 들어가면 '돈'과 관련된 단어**인데, 그것은 옛날의 화폐 단위가 '조개'였기 때문이다. 「賠償(ばいしょう) 배상」, 「販売(はんばい) 판매」 등의 단어를 보면 알 수 있다.

형성문자는 한 부분은 '음'을 나타내고, 또 다른 부분은 '뜻'을 나타낸다. 즉 「其(그 기)」와 「月(달 월)」을 조합하면 「期(기약할 기)」인데, 「其(그 기)」가 '음'을 나타내고 「月(달 월)」이 '뜻'을 나타낸다. 「期」를 사용한 한자어인 「期限(きげん) 기한」, 「期間(きかん) 기간」이라는 단어의 '음'은 '기'이고, '뜻'은 '세월'과 연관이 있다. 이처럼 명사는 일정한 법칙을 적용하면서 한자를 암기하면 외우기 쉽다.

→ 정답 p.28

**問題2** ______の言葉を漢字で書くとき、最もよいものを、1・2・3・4から一つ選びなさい。

6 そこまではおうふく２時間かかります。
   1 往腹　　　　　2 往復　　　　　3 主復　　　　　4 注復

7 きげんは来週までです。
   1 基限　　　　　2 期限　　　　　3 機限　　　　　4 企限

8 こうがいのほうはやっぱり空気が澄んでいますね。
   1 郊外　　　　　2 効外　　　　　3 交外　　　　　4 較外

9 経験豊かな彼をやとってくれるところはなかった。
   1 宿って　　　　2 募って　　　　3 集って　　　　4 雇って

10 進学か就職かでまよっている。
   1 迷って　　　　2 覆って　　　　3 惑って　　　　4 閉って



→ 정답 p.28

**問題2** ______の言葉を漢字で書くとき、最もよいものを、1・2・3・4から一つ選びなさい。

6 この工場では１日500台のコンピュータをせいぞうしている。
   1 制造　　　　　2 製造　　　　　3 製告　　　　　4 制助

7 美術展は1月20日から２月20日までかいさいされる。
   1 開崔　　　　　2 開最　　　　　3 閉催　　　　　4 開催

8 毎月3万円ずつ銀行によきんしている。
   1 預金　　　　　2 貯金　　　　　3 矛金　　　　　4 予金

9 その団体には女性5人がふくまれている。
   1 念まれて　　　2 包まれて　　　3 砲まれて　　　4 含まれて

10 他人の物をだまって使うのはよくない。
   1 黙って　　　　2 沈って　　　　3 墨って　　　　4 静って

→ 정답 p.29

**問題2** ＿＿＿＿の言葉を漢字で書くとき、最もよいものを、1・2・3・4から一つ選びなさい。

**6** いどとは、経度とともに、地球上の位置を示す座標の一つである。
 1 緯度　　　　　　2 違度　　　　　　3 偉度　　　　　　4 衛度

**7** 彼は3時間後にいしきを回復した。
 1 意識　　　　　　2 意職　　　　　　3 意織　　　　　　4 意直

**8** えんじょ交際が社会問題となった。
 1 教助　　　　　　2 円助　　　　　　3 援助　　　　　　4 援造

**9** 手入れがよければ虫歯はふせげる。
 1 訪げる　　　　　2 放げる　　　　　3 防げる　　　　　4 肪げる

**10** 手紙に切手をはるのを忘れた。
 1 盛る　　　　　　2 着る　　　　　　3 貼る　　　　　　4 付る



→ 정답 p.29

**問題2** ＿＿＿＿の言葉を漢字で書くとき、最もよいものを、1・2・3・4から一つ選びなさい。

**6** 議長は意見をちょうせいすべきだ。
 1 彫整　　　　　　2 調定　　　　　　3 調正　　　　　　4 調整

**7** すべてのしょくぶつが霜でだめになった。
 1 値物　　　　　　2 置物　　　　　　3 植物　　　　　　4 直物

**8** あの夫婦は招待客をかんたいした。
 1 歓待　　　　　　2 歓持　　　　　　3 観待　　　　　　4 勧待

**9** 社長は私の不注意をせめた。
 1 責めた　　　　　2 積めた　　　　　3 績めた　　　　　4 絡めた

**10** あの人に生命保険に入るようすすめても無駄だ。
 1 奨めても　　　　2 誘めても　　　　3 勧めても　　　　4 勤めても

→ 정답 p.30

**問題2** ＿＿＿＿の言葉を漢字で書くとき、最もよいものを、1・2・3・4から一つ選びなさい。

6 面接の前にもう一度いふくを整えた。

    1 衣復        2 衣服        3 衣販        4 衣腹

7 手紙の返事を書くのを数日えんきした。

    1 延暮        2 延基        3 延期        4 延勘

8 彼の票は農村地方をきばんとしている。

    1 基盤        2 基反        3 基般        4 基伴

9 新聞にはその事故のことは何もふれられていない。

    1 解れられて        2 接れられて        3 触れられて        4 感れられて

10 彼は人事異動をよろこばなかった。

    1 福ばなかった        2 楽ばなかった        3 嬉ばなかった        4 喜ばなかった



→ 정답 p.30

**問題2** ＿＿＿＿の言葉を漢字で書くとき、最もよいものを、1・2・3・4から一つ選びなさい。

6 このしみはせんたくしても落ちない。

    1 洗擢        2 洗曜        3 洗躍        4 洗濯

7 引っ越すときに家具はそうこに預けた。

    1 倉顧        2 創固        3 倉庫        4 創庫

8 ヨーロッパの映画祭で賞を得たことはあの映画の大きなせんでんになった。

    1 宣伝        2 善伝        3 宣転        4 宣展

9 天井から舞台に紙吹雪をちらした。

    1 散らした        2 降らした        3 分らした        4 舞らした

10 私たちはやっと山の頂上にせまった。

    1 迫った        2 泊った        3 近った        4 届った

→ 정답 p.31

問題2 ＿＿＿＿の言葉を漢字で書くとき、最もよいものを、1・2・3・4から一つ選びなさい。

6　この薬品を加えるとさんせいになる。
　　1　散性　　　　　　2　産性　　　　　　3　俊性　　　　　4　酸性

7　彼に借金の返済をさいそくした。
　　1　再促　　　　　　2　催促　　　　　　3　在促　　　　　4　財促

8　テロ防止のため会場のけいび態勢を強化した。
　　1　敬備　　　　　　2　警費　　　　　　3　警備　　　　　4　驚備

9　引っ越しのため、ダンボールに本をつめた。
　　1　積めた　　　　　2　諾めた　　　　　3　詰めた　　　　4　結めた

10　その知らせを聞いて、彼の口元には皮肉な笑みがうかんだ。
　　1　汗かんだ　　　　2　浮かんだ　　　　3　負かんだ　　　4　乳かんだ



→ 정답 p.31

問題2 ＿＿＿＿の言葉を漢字で書くとき、最もよいものを、1・2・3・4から一つ選びなさい。

6　演技者の中には自分のやくわりが気に入らない者もいた。
　　1　投割　　　　　　2　役害　　　　　　3　没割　　　　　4　役割

7　火災よぼうのため、訓練が行われた。
　　1　矛防　　　　　　2　予放　　　　　　3　予防　　　　　4　予肪

8　彼らは毎週土曜日に集まって、文芸作品のひょうろんをする。
　　1　評論　　　　　　2　平論　　　　　　3　坪論　　　　　4　評輪

9　両国はその領土をめぐってたたかっている。
　　1　叩って　　　　　2　戦って　　　　　3　欧って　　　　4　争って

10　赤ん坊は母にだかれて眠っている。
　　1　砲かれて　　　　2　危かれて　　　　3　包かれて　　　4　抱かれて

→ 정답 p.31

**問題2** ＿＿＿の言葉を漢字で書くとき、最もよいものを、1・2・3・4から一つ選びなさい。

**6** 彼らの関係は非常に<u>ふくざつ</u>である。
　1　腹雑　　　　　2　複雑　　　　　3　復雑　　　　　4　福雑

**7** <u>ゆだん</u>しているすきに財布をすられた。
　1　由断　　　　　2　油断　　　　　3　油段　　　　　4　由団

**8** この写真はいつも私の子供時代を<u>れんそう</u>させる。
　1　連想　　　　　2　連像　　　　　3　連象　　　　　4　連相

**9** この本は有名なフランスの小説を英語に<u>やく</u>したものです。
　1　駅した　　　　2　訳した　　　　3　沢した　　　　4　尺した

**10** 時計の針を3時のところまで<u>まわ</u>した。
　1　週した　　　　2　巡した　　　　3　回した　　　　4　映した



→ 정답 p.32

**問題2** ＿＿＿の言葉を漢字で書くとき、最もよいものを、1・2・3・4から一つ選びなさい。

**6** 展示会場に無料<u>ちゅうしゃ</u>場はありません。
　1　駐車　　　　　2　柱車　　　　　3　宙車　　　　　4　株車

**7** この病気は空気<u>でんせん</u>によって起こる。
　1　転線　　　　　2　伝架　　　　　3　転染　　　　　4　伝染

**8** <u>はいたつ</u>したときお金を払ってください。
　1　配達　　　　　2　栽達　　　　　3　培達　　　　　4　背達

**9** 子供たちは<u>ころ</u>ぶように走っていった。
　1　転ぶ　　　　　2　叫ぶ　　　　　3　運ぶ　　　　　4　喜ぶ

**10** 少年2人が人の物を盗んで<u>つか</u>まった。
　1　獲まった　　　2　捕まった　　　3　哺まった　　　4　浦まった

# ⓄⒶ 問題3 어형성(단어의 구성)

파생어(접두어나 접미어)와 복합동사를 묻는 문제로, 5문제가 출제된다. 우선적으로 복합동사는 전부 암기하고, 그 외 공식화된 형태로 사용되는 복합동사를 알아둘 필요가 있다. 일반적으로 공식화된 형태로 사용되는 복합동사는 '동사 ます형'에 접속되는 경우가 대부분인데, 다음 내용이 주로 출제된다.

1. 동사 ます형 + はじめる : ～하기 시작하다　　　　→ 歩きはじめる 걷기 시작하다
2. 동사 ます형 + だす : 갑자기 ～하기 시작하다　　　→ 笑いだす 웃음을 터뜨리다
3. 동사 ます형 + まわる : ～하면서 돌아다니다　　　→ 飛びまわる 뛰어다니다
4. 동사 ます형 + つける : 몹시 ～하다　　　　　　　→ しかりつける 몹시 꾸짖다
5. 동사 ます형 + きる : 전부(완전히) ～하다　　　　→ 食べきる 전부 먹다
6. 동사 ます형 + かけた : ～하다가 만　　　　　　　→ 書きかけた手紙 쓰다만 편지
7. 동사 ます형 + こむ : 깊숙이 ～하다(영어 into의 개념)　→ 飛びこむ 뛰어들다, 다이빙하다
8. 동사 ます형 + なおす : 새로 ～하다　　　　　　　→ かけなおす 새로 걸다

새롭게 바뀐 첫 시험에서는 파생어 관련 문제가 전부였지만, 앞으로 복합동사도 출제될 것이다. 우선 2010년 상반기 시험의 출제 어휘를 살펴 보면 다음과 같다.

教育(きょういく)の諸問題(しょもんだい) 교육의 제(여러) 문제

商店街(しょうてんがい) 상점가

高収入(こうしゅうにゅう) 고수입

副社長(ふくしゃちょう) 부사장

集中力(しゅうちゅうりょく) 집중력

아울러 자주 나오는 파생어를 꼭 익혀두자.

### 필수 암기 파생어

★急(きゅう)～　　　急上昇(きゅうじょうしょう) 급상승　　急降下(きゅうこうか) 급강하
　　　　　　　　　　急転換(きゅうてんかん) 급전환

★未(み)～　　　　　未開発(みかいはつ) 미개발　　未完成(みかんせい) 미완성　　未成年(みせいねん) 미성년
　　　　　　　　　　未発表(みはっぴょう) 미발표　　未使用(みしよう) 미사용　　未解決(みかいけつ) 미해결

★総(そう)～　　　　総選挙(そうせんきょ) 총선거　　総決算(そうけっさん) 총결산　　総人員(そうじんいん) 총인원

★非(ひ)～　　　　　非科学的(ひかがくてき) 비과학적　　非常識(ひじょうしき) 비상식　　非公開(ひこうかい) 비공개
　　　　　　　　　　非公式(ひこうしき) 비공식　　非衛生(ひえいせい) 비위생　　非現実(ひげんじつ) 비현실

★好(こう)～　好機会(こうきかい) 호기회　好景気(こうけいき) 호경기　好条件(こうじょうけん) 호조건

★無(む・ぶ)～　無条件(むじょうけん) 무조건　無意識(むいしき) 무의식　無意味(むいみ) 무으미
無表情(むひょうじょう) 무표정　無計画(むけいかく) 무계획　無気力(むきりょく) 무기력
無責任(むせきにん) 무책임　無器用(ぶきよう) 재주가 없음

★～先(さき)　旅行先(りょこうさき) 여행처　勤務先(きんむさき) 근무처　行(ゆ)き先(さき) 행선지
宛(あ)て先(さき) 수신처

★当(とう)～　当(とう)ホテル 당 호텔　当銀行(とうぎんこう) 당 은행　当事者(とうじしゃ) 당사자
当社(とうしゃ) 당사

★副(ふく)～　副作用(ふくさよう) 부작용　副社長(ふくしゃちょう) 부사장　副収入(ふくしゅうにゅう) 부수입
副助詞(ふくじょし) 부조사

★不(ふ)～　不可能(ふかのう) 불가능　不平等(ふびょうどう) 불평등　不必要(ふひつよう) 불필요
不一致(ふいっち) 불일치　不景気(ふけいき) 불경기　不完全(ふかんぜん) 불완전
不親切(ふしんせつ) 불친절　不規則(ふきそく) 불규칙　不注意(ふちゅうい) 부주의

★名(めい)～　名場面(めいばめん) 명장면　名講義(めいこうぎ) 명강의　名演技(めいえんぎ) 명연기
名(めい)コンビ 명콤비

★～圏(けん)　英語圏(えいごけん) 영어권　大気圏(たいきけん) 대기권　首都圏(しゅとけん) 수도권
文化圏(ぶんかけん) 문화권

★初(しょ・はつ)～　初対面(しょたいめん) 첫 대면　初任給(しょにんきゅう) 첫 월급
初体験(はつたいけん) 첫 체험(경험)

★～的(てき)　比較的(ひかくてき) 비교적　一般的(いっぱんてき) 일반적　運命的(うんめいてき) 운명적
刺激的(しげきてき) 자극적　魅力的(みりょくてき) 매력적　画期的(かっきてき) 획기적
精神的(せいしんてき) 정신적

★諸(しょ)～　諸問題(しょもんだい) 모든 문제　諸費用(しょひよう) 모든 비용　諸経費(しょけいひ) 모든 경비

★～街(がい)　繁華街(はんかがい) 번화가　商店街(しょうてんがい) 상점가　住宅街(じゅうたくがい) 주택가
中心街(ちゅうしんがい) 중심가

★～力(りょく)　忍耐力(にんたいりょく) 인내력　集中力(しゅうちゅうりょく) 집중력　影響力(えいきょうりょく) 영향력　想像力(そうぞうりょく) 상상력　強制力(きょうせいりょく) 강제력　決断力(けつだんりょく) 결단력　拘束力(こうそくりょく) 구속력

★高(こう)～　高効率(こうこうりつ) 고효율　高機能(こうきのう) 고기능　高血圧(こうけつあつ) 고혈압
高性能(こうせいのう) 고성능　高収入(こうしゅうにゅう) 고수입

★最(さい)～　最優先(さいゆうせん) 최우선　最前線(さいぜんせん) 최전선　最先端(さいせんたん) 최첨단
最優秀(さいゆうしゅう) 최우수

★再(さい)～　再開発(さいかいはつ) 재개발　再教育(さいきょういく) 재교육　再検討(さいけんとう) 재검토
再出発(さいしゅっぱつ) 재출발　再生産(さいせいさん) 재생산　再発見(さいはっけん) 재발견
再利用(さいりよう) 재활용　再評価(さいひょうか) 재평가

★超(ちょう)～　超高層(ちょうこうそう) 초고층　超自然(ちょうしぜん) 초자연
超特急(ちょうとっきゅう) 초특급　超能力(ちょうのうりょく) 초능력

→ 정답 p.32

**問題3** （　　　　）に入れるのに最もよいものを、1・2・3・4から一つ選びなさい。

11 行きたくない地域が旅行（　　　　）に選ばれてしまうことってあります。
　　1 所　　　　　　　2 処　　　　　　　3 先　　　　　　　4 域

12 今回の映画の出演で彼女は人気が（　　　　）上昇した。
　　1 急　　　　　　　2 高　　　　　　　3 名　　　　　　　4 長

13 高校3年生になって東京に引っ（　　　　）きた。
　　1 ぱって　　　　　2 こんで　　　　　3 こして　　　　　4 かかえて

14 山田選手は、怪我しているという不安を今度の活躍で打ち（　　　　）。
　　1 あわせた　　　　2 あった　　　　　3 あけた　　　　　4 けした

15 教授はレポートを5月15日に締め（　　　　）。
　　1 だした　　　　　2 あげた　　　　　3 きった　　　　　4 つけた



→ 정답 p.33

**問題3** （　　　　）に入れるのに最もよいものを、1・2・3・4から一つ選びなさい。

11 どこの組織にも（　　　　）表情の人と感情が表に出やすい人がいる。
　　1 無　　　　　　　2 不　　　　　　　3 非　　　　　　　4 未

12 うちの会社は事実（　　　　）倒産状態となっている。
　　1 形　　　　　　　2 型　　　　　　　3 上　　　　　　　4 線

13 たとえ1分でも、ちょっと立ち（　　　　）自分の人生を眺めてみたほうがいい。
　　1 きって　　　　　2 どまって　　　　3 やめて　　　　　4 どめて

14 決勝戦と開幕戦の入場券はもう売り（　　　　）。
　　1 くずした　　　　2 さげた　　　　　3 きれた　　　　　4 つけた

15 声をかけられて振り（　　　　）みたが、誰もいなかった。
　　1 おとして　　　　2 むいて　　　　　3 かけて　　　　　4 あてて

→ 정답 p.33

**問題3** （          ）に入れるのに最もよいものを、1・2・3・4から一つ選びなさい。

11　（          ）生産的な議論はやるだけ無駄だと思う。
1　未　　　　　　　2　否　　　　　　　3　非　　　　　　　4　不

12　結婚2年目の会社（          ）が、一番離婚率が高いという。
1　員　　　　　　　2　客　　　　　　　3　人　　　　　　　4　者

13　地震が起きても落ち着いて行動する彼を見て、彼を見（          ）。
1　つめた　　　　　2　おくった　　　　3　なおした　　　　4　おろした

14　昨日買ったテレビが壊れていたので取り（          ）もらった。
1　あげて　　　　　2　かえて　　　　　3　いれて　　　　　4　けして

15　この駅を降りて各駅停車に乗り（          ）3つ目が新宿です。
1　すごして　　　　2　きって　　　　　3　こして　　　　　4　かえて



→ 정답 p.34

**問題3** （          ）に入れるのに最もよいものを、1・2・3・4から一つ選びなさい。

11　たばこはやめたつもりなのに、（          ）意識にまた吸っていた。
1　非　　　　　　　2　不　　　　　　　3　無　　　　　　　4　未

12　8月30日、いよいよ注目の（          ）選挙が行われます。
1　総　　　　　　　2　全　　　　　　　3　皆　　　　　　　4　多

13　私の立場で具体のことを申し（          ）のは控えたほうがいいのかなと思いますが。
1　こむ　　　　　　2　いれる　　　　　3　あげる　　　　　4　あわせる

14　生涯での最高の作品と自負できるものがし（          ）。
1　あげた　　　　　2　あがった　　　　3　いれた　　　　　4　こんだ

15　国家代表の監督が観戦しているから、選手たちは張り（          ）試合に臨んだ。
1　わたして　　　　2　つけて　　　　　3　まわして　　　　4　きって

→ 정답 p.34

**問題3** （　　　　　）に入れるのに最もよいものを、1・2・3・4から一つ選びなさい。

11　友だちは（　　　　　）課程を優秀な成績で修了した。
1 総　　　　　　　　2 合　　　　　　　　3 全　　　　　　　　4 計

12　中国の高所得（　　　　　）が納める個人所得税の税率が世界9位だそうだ。
1 界　　　　　　　　2 層　　　　　　　　3 群　　　　　　　　4 散

13　機体の故障のため、出発した空港へ引き（　　　　　）。
1 とめた　　　　　　2 だした　　　　　　3 うけた　　　　　　4 かえした

14　人工衛星は飛び出そうとする力と、ひっぱられる力がつり（　　　　　）いるので、落ちない。
1 あがって　　　　　2 だして　　　　　　3 おとして　　　　　4 あって

15　図書館以外に落ち（　　　　　）勉強できる場所はないですか。
1 あって　　　　　　2 ついて　　　　　　3 かかって　　　　　4 こんで



→ 정답 p.35

**問題3** （　　　　　）に入れるのに最もよいものを、1・2・3・4から一つ選びなさい。

11　（　　　　　）任給の使い道に「家族へのプレゼント」と答えた人が最も多かった。
1 初　　　　　　　　2 始　　　　　　　　3 発　　　　　　　　4 頭

12　ガソリンばかり使う自動車は経済的に（　　　　　）効率である。
1 無　　　　　　　　2 不　　　　　　　　3 未　　　　　　　　4 非

13　行く途中、工事現場に突き（　　　　　）ので、戻るしかなかった。
1 こんだ　　　　　　2 あたった　　　　　3 すすんだ　　　　　4 つめた

14　仕事に役に立ちそうなアイディアが思い（　　　　　）場合はすぐにメモをしてください。
1 だした　　　　　　2 はじめた　　　　　3 ついた　　　　　　4 こんだ

15　食事はできるだけかた（　　　　　）ことなく、いろんなものをとるようにしましょう。
1 づく　　　　　　　2 づける　　　　　　3 よる　　　　　　　4 むいた

→ 정답 p.35

**問題3** （　　　　　）に入れるのに最もよいものを、1・2・3・4から一つ選びなさい。

11 こんな（　　　　　）景気では私を雇ってくれるところはどこの会社もないだろう。
　　1 好　　　　　　2 薄　　　　　　3 不　　　　　　4 太

12 最も小さい水星を除く全ての惑星にはっきりとした大気（　　　　　）が見られる。
　　1 地　　　　　　2 域　　　　　　3 分　　　　　　4 圏

13 あのカップルは1年間に何回も出会いと別れを繰り（　　　　　）。
　　1 かえした　　　　2 あげた　　　　3 ひろげた　　　　4 よせた

14 外国の友達が1年ぶりに帰るので、一緒に出（　　　　　）に空港へ行ってきた。
　　1 いり　　　　　　2 まわり　　　　3 あい　　　　　　4 むかえ

15 世界150カ国の代表が集まって、温暖化対策について話し（　　　　　）。
　　1 かけた　　　　　2 あった　　　　3 すぎた　　　　　4 だした



→ 정답 p.36

**問題3** （　　　　　）に入れるのに最もよいものを、1・2・3・4から一つ選びなさい。

11 結論はいいけど、本文は（　　　　　）構成したほうがいいと思うよ。
　　1 再　　　　　　2 新　　　　　　3 次　　　　　　4 度

12 どんな薬でも（　　　　　）作用は必ずある。
　　1 不　　　　　　2 反　　　　　　3 悪　　　　　　4 副

13 周囲の景色に溶け（　　　　　）ためにはもっと単純な色で描きなさい。
　　1 はしる　　　　　2 こむ　　　　　3 かける　　　　　4 いれる

14 自宅から車を盗もうとしていた男を裸で追い（　　　　　）事件があった。
　　1 こした　　　　　2 ついた　　　　3 かけた　　　　　4 かえした

15 利益から損失を差し（　　　　　）ことで、税金を減らすことができる。
　　1 あげる　　　　　2 ひく　　　　　3 あてる　　　　　4 つかえる

→ 정답 p.36

**問題3** （　　　　　）に入れるのに最もよいものを、1・2・3・4から一つ選びなさい。

11　アメリカの市民（　　　　　）を得るためには、入国管理局で面接を受けなければならない。

　　1　証　　　　　　　2　等　　　　　　　3　権　　　　　　　4　者

12　子供の時から発明（　　　　　）になることが夢でした。

　　1　人　　　　　　　2　家　　　　　　　3　員　　　　　　　4　隊

13　今年度から障害を持つ子供を受け（　　　　　）ことになりました。

　　1　もつ　　　　　　2　つぐ　　　　　　3　とる　　　　　　4　もどす

14　警察は店を飛び（　　　　　）犯人の後を追いかけた。

　　1　おりて　　　　　2　まわって　　　　3　だして　　　　　4　こんで

15　全ての子供にがっかりしたが、最も期待を裏（　　　　　）のは長男だった。

　　1　かえした　　　　2　づけた　　　　　3　むいた　　　　　4　ぎった



→ 정답 p.37

**問題3** （　　　　　）に入れるのに最もよいものを、1・2・3・4から一つ選びなさい。

11　（　　　　　）監督の条件なんですが、優勝監督であるのは最低条件だと考えます。

　　1　名　　　　　　　2　高　　　　　　　3　最　　　　　　　4　真

12　血液（　　　　　）で性格を判断するにはちょっと無理がある。

　　1　形　　　　　　　2　型　　　　　　　3　源　　　　　　　4　原

13　この方が、皆さんに言い（　　　　　）ことは、何でもしてください。

　　1　だす　　　　　　2　あらそう　　　　3　つける　　　　　4　あてる

14　火から取り（　　　　　）鉄はすぐ固まるので、この時が職人の腕の見せどころだ。

　　1　いれた　　　　　2　かえた　　　　　3　けした　　　　　4　だした

15　すごくハンサムな男が、少し早足で私の前を通り（　　　　　）胸がどきどきした。

　　1　すぎて　　　　　2　かかって　　　　3　ぬけて　　　　　4　むいて

# ◯4 問題4 문맥 규정 (공란 메우기)

問題4는 우선 단문에 대한 전체적인 이해가 없으면 빈칸에 들어갈 말을 찾기 어렵다. 그러니 우선 전체적인 의미 파악을 먼저 한 후 의미상 들어갈 어휘를 고르면 된다. 問題4의 보기에는 정답과 헷갈릴 수 있는 내용이 들어 있어 오답을 고를 확률도 높으므로 그 어휘가 문장에서 어떻게 쓰이는가를 정확히 알고 있어야 한다.

2010년 상반기에 실시된 첫 시험에 나온 내용을 살펴 보자.

**のんびり** 느긋하게, 태평하게 → 家でのんびりテレビを見ていた。 집에서 느긋하게 텔레비전을 보았다.

**マイペース** 마이 페이스, 자기 나름의 행동 방식, 또는 일의 진도 → マイペースで走るといい。 자신의 속도대로 달리면 된다.

**評判** 평판 → サービスがいいと評判だ。 서비가 좋다는 평판이다.

**尽きない** 다하지 않다, 떨어지지 않다 → 何時間話しても話が尽きない。 몇 시간이나 이야기해도 이야기가 떨어지지 않는다.

**発揮** 발휘 → 練習の結果が発揮できれば 연습결과가 발휘되면

**あいまい** 애매함 → 曖昧でわかりにくい。 애매해서 이해하기 어렵다.

**有効** 유효 → この切符は明日まで有効です。 이 티켓은 내일까지 유효합니다.

→ 정답 p.37

**問題4** （　　　）に入れるのに最もよいものを、1・2・3・4から一つ選びなさい。

16 この装置は彼が（　　　）したものだ。
　　1 発言　　　　　　2 発明　　　　　　3 発想　　　　　　4 発見

17 私たちはパーティーを開いて参加者の（　　　）を図った。
　　1 交流　　　　　　2 交番　　　　　　3 交替　　　　　　4 交際

18 工場の騒音について付近の住民は（　　　）を訴えた。
　　1 違反　　　　　　2 災難　　　　　　3 反対　　　　　　4 苦情

19 子供が（　　　）何かを引き出しの中に運んだ。
　　1 せっせと　　　　2 うんと　　　　　3 どっと　　　　　4 そうっと

20 笑顔の練習をすると、顔の筋肉のおとろえが少なく、いつまでも（　　　）
　　顔でいられるそうですよ。
　　1 しかくい　　　　2 わかわかしい　3 むしあつい　　　　4 しおからい

21 空に一片の雲が（　　　）いた。
　　1 こころみて　　2 つもって　　　3 うかんで　　　　　4 たすけて

22 （　　　）！宿題があるのを忘れていた。
　　1 やった　　　　　2 なんだ　　　　　3 しまった　　　　4 これはこれは

→ 정답 p.38

**問題4** （　　　）に入れるのに最もよいものを、1・2・3・4から一つ選びなさい。

**16**　（　　　）が来るまで私たちは何時間も待った。
　　1　救助　　　　　2　援助　　　　　3　応援　　　　　4　救急

**17**　君はとても疲れているようだから、十分な（　　　）が必要だ。
　　1　休講　　　　　2　休診　　　　　3　休業　　　　　4　休養

**18**　ドアの（　　　）は僕には手にあまる仕事だ。
　　1　理解　　　　　2　改善　　　　　3　改訂　　　　　4　修理

**19**　正面のドアは前に立つと（　　　）開く。
　　1　はじめに　　　2　ひとりでに　　3　さらに　　　　4　ともに

**20**　妹の（　　　）泣き声で目が覚めた。
　　1　うすぐらい　　2　ひとしい　　　3　そうぞうしい　　4　たまらない

**21**　うちの犬は腹を（　　　）と喜ぶ。
　　1　なでられる　　2　たたまれる　　3　ほえられる　　4　どなられる

**22**　小学校の時から切手の（　　　）をしている。
　　1　クラシック　　2　プラスチック　3　コレクション　　4　ボーナス

→ 정답 p.38

**問題4** （　　　　　）に入れるのに最もよいものを、1・2・3・4から一つ選びなさい。

16　両国間の貿易増加の（　　　　　）が可決された。
　　1　提案　　　　　　2　不安　　　　　　3　案外　　　　　　4　案内

17　星を（　　　　　）するのが私の趣味である。
　　1　観光　　　　　　2　観念　　　　　　3　観客　　　　　　4　観察

18　母親の帰りを、子供たちは（　　）を長くして待っていた。
　　1　首　　　　　　　2　腹　　　　　　　3　頭　　　　　　　4　鼻

19　今度の仕事を（　　　　　）やってしまうと失敗してしまいますよ。
　　1　たまに　　　　　2　やたらに　　　　3　わりに　　　　　4　ついに

20　利益は（　　　　　）少なかったのでがっかりした。
　　1　みじめに　　　　2　へいきに　　　　3　おだやかに　　　　4　あんがい

21　その男優は門を（　　　　　）報道関係者を入れようとしなかった。
　　1　はやって　　　　2　けずって　　　　3　とじて　　　　　4　やとって

22　（　　　　　）。みんなが私の話を納得してくれた。
　　1　よわった　　　　2　こまった　　　　3　しまった　　　　4　しめた

→ 정답 p.39

**問題4** （　　　）に入れるのに最もよいものを、1・2・3・4から一つ選びなさい。

**16** （　　　）の生活費では車を買う余裕なんてない。
1 現象　　　　2 現在　　　　3 現代　　　　4 出現

**17** 「ペンキ塗りたて」と（　　　）に書いてあった。
1 意識　　　　2 知識　　　　3 標識　　　　4 常識

**18** 留学に行くため、会社を（　　　）で辞めた。
1 中心　　　　2 中間　　　　3 中途　　　　4 中身

**19** 彼の意見は（　　　）役立ちます。
1 あまりに　　2 ただちに　　3 おおいに　　4 しだいに

**20** 彼の言葉づかいはばからしくて（　　　）だった。
1 ゆたか　　　2 まれ　　　　3 よけい　　　4 げひん

**21** 彼女は女優に（　　　）映画専門学校に通っている。
1 あこがれて　2 あじわって　3 あきらめて　4 あきれて

**22** 定期を家に置いてきた。（　　　）！
1 おけない　　2 かけない　　3 おけない　　4 いけない

→ 정답 p.39

**問題4** （　　　　）に入れるのに最もよいものを、1・2・3・4から一つ選びなさい。

16 頭がいいからと言って、出世するという（　　　　）はない。
　　1 保証　　　　　2 保護　　　　　3 証明　　　　　4 正体

17 彼は立派な作家になれる（　　　）がある。
　　1 素質　　　　　2 性格　　　　　3 上品　　　　　4 素肌

18 この列車は仙台で新幹線に（　　　）する。
　　1 間接　　　　　2 接触　　　　　3 接着　　　　　4 接続

19 彼女から手紙をもらって胸が（　　　　）して手紙を開けることさえできなかった。
　　1 はきはき　　　2 どきどき　　　3 いきいき　　　4 べつべつ

20 一人息子を亡くしたことは彼には生涯でもっとも（　　　）経験であった。
　　1 かしこい　　　2 のろい　　　　3 つらい　　　　4 あらい

21 会社は東京から100キロ（　　　　）所に位置している。
　　1 はなれた　　　2 わかれた　　　3 たおれた　　　4 はずれた

22 子供は靴を左右（　　　　　）にはいていた。
　　1 でこぼこ　　　2 ぞくぞく　　　3 あべこべ　　　4 あやふや

→ 정답 p.40

問題4 （　　　　）に入れるのに最もよいものを、1・2・3・4から一つ選びなさい。

16 兵隊が通りを（　　　）した。
　　1　進行　　　　　2　行進　　　　　3　行儀　　　　　4　行事

17 委員会は事件の（　　　）結果を発表した。
　　1　調理　　　　　2　調査　　　　　3　順調　　　　　4　順序

18 私の会社には1億円の火災（　　　）がかけてある。
　　1　実験　　　　　2　体験　　　　　3　保険　　　　　4　受験

19 （　　　）私に相談する必要はない。
　　1　いちいち　　　2　ぞくぞく　　　3　いらいら　　　4　あやふや

20 節度ある生活はより（　　　）に決まっている。
　　1　しつこい　　　2　のぞましい　　3　なつかしい　　　4　もったいない

21 父は小さな畑を（　　　）小さな種をまきました。
　　1　たおして　　　2　のばして　　　3　たがやして　　　4　てらして

22 あの会社は幹部と社員の（　　　）がうまくいっている。
　　1　オーケストラ　　　　　　　　2　コミュニケーション
　　3　スケジュール　　　　　　　　4　コーラス

→ 정답 p.40

**問題4** （　　　　）に入れるのに最もよいものを、1・2・3・4から一つ選びなさい。

16 環境破壊がこのまま進むと（　　　　）を招くかもしれない。
　　1 災難　　　　　2 無難　　　　　3 苦難　　　　　4 困難

17 ネコが鳴きながらエサを（　　　　）した。
　　1 催促　　　　　2 促進　　　　　3 開催　　　　　4 主催

18 みんな横断（　　　　）を渡ろうとしている。
　　1 道路　　　　　2 徒歩　　　　　3 街頭　　　　　4 歩道

19 社長はいつも（　　　　）した判断力を見せる。
　　1 こっそり　　　2 ぼんやり　　　3 ぐっすり　　　4 しっかり

20 友人はまた彼女の（　　　　）やり方にだまされた。
　　1 かゆい　　　　2 ずるい　　　　3 くどい　　　　4 おさない

21 やり方を（　　　　）彼も出来るでしょう。
　　1 くわえれば　　2 おそわれば　　3 おさめれば　　4 さめれば

22 戦争の影響で住み慣れた家から離れ、避難生活を送っておられることを大変
　　（　　　　）に思っております。
　　1 お気の毒　　　2 残念　　　　　3 粗大　　　　　4 粗末

→ 정답 p.41

問題4 （　　　　　）に入れるのに最もよいものを、1・2・3・4から一つ選びなさい。

16 今年はじめて労働組合を（　　　　　）した。
　　1 組織　　　　　　2 意識　　　　　　3 標識　　　　　4 認識

17 流れ星を（　　　　　）するため、友達と山へのぼりました。
　　1 観覧　　　　　　2 観測　　　　　　3 観光　　　　　4 観念

18 韓国も南極に観測（　　　　　）を設けた。
　　1 敷地　　　　　　2 団地　　　　　　3 地味　　　　　4 基地

19 試験が近づいたのに、彼は（　　　　　）としている。
　　1 だんだん　　　　2 ゆうゆう　　　　3 ちかぢか　　　　4 どんどん

20 病院のやり方はまったく（　　　　　）。
　　1 ぶっそうだ　　　2 みごとだ　　　　3 でたらめだ　　　4 あたりまえだ

21 その部屋を食堂として使うためにカーテンで（　　　　　）。
　　1 はねた　　　　　2 みのった　　　　3 へだてた　　　　4 ふくらんだ

22 自然を（　　　　　）にした詩の展示会が開かれた。
　　1 カルテ　　　　　2 ロッカー　　　　3 テーマ　　　　　4 パイロット

→ 정답 p.41

**問題4** （　　　　　）に入れるのに最もよいものを、1・2・3・4から一つ選びなさい。

16 団体旅行の（　　　　　）は皆旅行社がやってくれる。
　　1 事柄　　　　　2 仕方　　　　　3 職務　　　　　4 支度

17 （　　　　　）なしで5時間も仕事をした。
　　1 休講　　　　　2 休養　　　　　3 休憩　　　　　4 休暇

18 必要な物は全部買ったかどうか（　　　　　）しなさい。
　　1 確信　　　　　2 確率　　　　　3 確定　　　　　4 確認

19 大学は高校に比べて（　　　　　）としたキャンパスを持っている。
　　1 おのおの　　　2 めいめい　　　3 ひろびろ　　　4 うろうろ

20 （　　　　　）見積もって損害は500万円になる。
　　1 おおざっぱに　2 ていねいに　3 さわやかに　　4 いじわるに

21 3か所応募したが、全部（　　　　　）。
　　1 ことなられた　　　　　　　　2 にごられた
　　3 ことわられた　　　　　　　　4 わびられた

22 A「（　　　　　）。少しおたずねしたいのですが。」
　　B「はい、何でしょうか。」

　　1 ただいま　　　　　　　　　　2 ごめんください
　　3 ごめんなさい　　　　　　　　4 お手数をおかけします

→ 정답 p.42

**問題4** （　　　）に入れるのに最もよいものを、1・2・3・4から一つ選びなさい。

**16** みんな（　　　）な条件で大会に参加した。
1　公共　　　　　2　公務　　　　　3　公平　　　　　4　公式

**17** 企業の経営において（　　　）の業績を維持するには、大変な努力が必要である。
1　現場　　　　　2　実現　　　　　3　現実　　　　　4　現状

**18** そんな（　　　）な考え方ではだめだ。
1　安易　　　　　2　安定　　　　　3　安全　　　　　4　安心

**19** こんな（　　　）な予算では何も出来ない。
1　わずか　　　　2　あきらか　　　3　なまいき　　　4　かって

**20** 掃除のことを考えると、（　　　）なり、やめてしまいました。
1　なさけなく　　　　　　　　2　あつかましく
3　うらやましく　　　　　　　4　めんどうくさく

**21** 馬が（　　　）けが人が出た。
1　ゆれて　　　　2　あばれて　　　3　すぐれて　　　4　なれて

**22** 海外旅行は視野を広げるよい（　　　）だ。
1　チャンス　　　2　アクセント　　3　サンプル　　　4　テキスト

밑줄친 단어와 비슷한 의미를 가진 단어를 4개의 보기 중에서 찾는 문제로, 5문제가 출제된다.

밑줄친 단어와 같은 의미를 가진 단어도 있겠지만, 원래 의미는 다르나 문장에 따라 같은 의미로 사용되는 경우도 있으므로, 반드시 문장을 해석해 보고 그 문장에서 어떻게 사용되는가를 파악해야 한다.

예를 들면, 「きつい」는 '(사이즈가) 작다, 힘들다, (일정 상) 빡빡하다' 등의 여러 가지 의미가 있다. 여기에 대응하는 단어로 「(사이즈가) 작다 : きゅうくつだ」, 「힘들다 : たいへんだ」, 「(일정 상) 빡빡하다 : きびしい」가 있는데, 무턱대고 보기에서 본인이 아는 비슷한 단어만 찾아서 정답으로 체크했을 경우에는 오답을 고를 확률이 있으므로 **반드시 문장을 해석해 보고 정답을 찾도록 하자.**

2010년 상반기 시험에 출제된 내용을 살펴보면 다음과 같다.

とりあえず = 一応(いちおう) 일단

ゆずる = 売(う)る 팔다

雑談(ざつだん) = おしゃべり 잡담

かしこい = 頭(おたま)がいい 머리가 좋다

大(おお)げさ = オーバー 과장

「ゆずる」는 보통 '양보하다, 양도하다'의 뜻으로 많이 쓰이는데, 시험 문제에서는 '팔다'의 의미로 쓰여 「売る」와 같은 뜻으로 쓰였다.

→ 정답 p.43

**問題5** ______ の言葉に意味が最も近いものを、1・2・3・4から一つ選びなさい。

23  この役に適当な人を捜しているんです。
　　1  手打ち　　　　　2  手ぶら　　　　　3  手際　　　　4  手頃

24  チームは決勝で惜しくも1点差でやぶれた。
　　1  まけた　　　　　2  かった　　　　　3  こわれた　　　4  くずれた

25  この一週間は昼食にサンドイッチを食べた。
　　1  デザート　　　　2  ランチ　　　　　3  モーニング　　4  パーティー

26  両親は何か心配事でもあるのか、最近あまりよく眠っていません。
　　1  さっさと　　　　2  至急　　　　　　3  この頃　　　　4  そのうち

27  この魚は安くて、しかも栄養もある。
　　1  それから　　　　2  そして　　　　　3  それに　　　　4  それで



→ 정답 p.43

**問題5** ______ の言葉に意味が最も近いものを、1・2・3・4から一つ選びなさい。

23  彼が話し終わるまで我慢して聞いていなさい。
　　1  たえて　　　　　2  だまって　　　　3  なおって　　　4  こえて

24  先生は学生たちの作品をいちいち調べた。
　　1  適当に　　　　　2  こまかく　　　　3  ほとんど　　　4  あらゆる

25  彼女が死んでもうすぐ10年になる。
　　1  ずっと　　　　　2  ちゃんと　　　　3  まもなく　　　4  しっかり

26  子供はおそらくそのことについて親が何も言わなくても知っているものです。
　　1  つねに　　　　　2  そのうち　　　　3  ぜひ　　　　　4  多分

27  先輩が急に笑い出してびっくりした。
　　1  とうとう　　　　2  つい　　　　　　3  ついに　　　　4  にわかに

→ 정답 p.43

**問題5** ＿＿＿の言葉に意味が最も近いものを、1・2・3・4から一つ選びなさい。

23 息子は黒の<u>スーツ</u>を1着買った。
　　1　マフラー　　　　　2　スカーフ　　　　　3　背広　　　　　4　スカート

24 昼食は先輩とさっき<u>食べた</u>。
　　1　のぞいた　　　　　2　すすんだ　　　　　3　かいた　　　　　4　すんだ

25 <u>この間</u>彼はスピード違反で罰金を取られた。
　　1　先日　　　　　　　2　昔　　　　　　　　3　久しぶりに　　　4　そのうちた

26 最悪の場合に備えて心の<u>準備</u>をした。
　　1　用途　　　　　　　2　用心　　　　　　　3　用事　　　　　　4　用意

27 客に対する応対仕方は国によって<u>さまざま</u>である。
　　1　どきどき　　　　　2　いろいろ　　　　　3　ひさびさ　　　　4　たびたび

→ 정답 p.44

**問題5** ＿＿＿の言葉に意味が最も近いものを、1・2・3・4から一つ選びなさい。

23 高度が高い所では<u>呼吸</u>が困難だ。
　　1　心臓　　　　　　　2　むね　　　　　　　3　のど　　　　　　4　いき

24 彼ほどコンピュータに<u>あかるい</u>人は見たことがありません。
　　1　くわしい　　　　　2　きびしい　　　　　3　最高な　　　　　4　偏見を持っている

25 みんなあのゲームがおもしろいと言うけど、私は<u>べつに</u>やりたくない。
　　1　ひじょうに　　　　2　あまり　　　　　　3　だいたい　　　　4　すべて

26 彼はその映画で<u>主演</u>のみならず、監督もした。
　　1　あるいは　　　　　2　ばかりに　　　　　3　だけでなく　　　4　どころか

27 彼に助ける能力があるかどうか<u>あやしい</u>。
　　1　おそろしい　　　　2　あやうい　　　　　3　うたがわしい　　4　おかしい

→ 정답 p.44

**問題5** ______の言葉に意味が最も近いものを、1・2・3・4から一つ選びなさい。

23 座席に1から100の番号をつけた。
　　1　プリント　　　　　2　ナンバー　　　　　3　ピストル　　　　4　レベル

24 その日は都合が悪いので、べつの日にしましょう。
　　1　ほか　　　　　　　2　つぎ　　　　　　　3　よくじつ　　　　4　まえ

25 彼は財布を盗んだという容疑がある。
　　1　のぞみ　　　　　　2　疑問　　　　　　　3　たすけ　　　　　4　うたがい

26 彼は今まででもっとも偉大なマラソンの選手だ。
　　1　一番　　　　　　　2　とても　　　　　　3　さいわいに　　　4　かなり

27 ちいさい頃はよく彼女と遊んだものだ。
　　1　くるしい　　　　　2　おとなの　　　　　3　おさない　　　　4　たいへんな



→ 정답 p.45

**問題5** ______の言葉に意味が最も近いものを、1・2・3・4から一つ選びなさい。

23 聞いていたのとは全然違っていた。
　　1　いつも　　　　　　2　まったく　　　　　3　ある程度　　　　4　ちょっと

24 選手たちはレースに備えてコンディションを整えた。　　3
　　1　調子　　　　　　　2　心　　　　　　　　3　道具　　　　　　4　肉体

25 この指輪を金にかえたいですが。
　　1　もらいたい　　　　2　崩したい　　　　　3　両替したい　　　4　交換したい

26 社長は製品をいちいち点検した。
　　1　とべた　　　　　　2　ならべた　　　　　3　しらべた　　　　4　くらべた

27 とおりで高校の友達にばったり会った。
　　1　都会　　　　　　　2　田舎　　　　　　　3　町　　　　　　　4　道

➜ 정답 p.45

**問題5** ＿＿＿の言葉に意味が最も近いものを、1・2・3・4から一つ選びなさい。

23 社長の家は<u>ルーム</u>が五つもある広い所でした。
 1　居間    2　障子    3　応接間    4　部屋

24 留学に行った妹から<u>ひさしぶり</u>に手紙をもらった。
 1　ときどき   2　たびたび   3　ひさびさ   4　たまたま

25 <u>ところで</u>、今日の料理の当番は誰ですか。
 1　さて    2　それに    3　ところが   4　それで

26 <u>風のたより</u>によると、彼は新しい仕事についたそうだ。
 1　気味    2　落ち葉    3　うわさ    4　手紙

27 彼は彼女に会ったが、<u>ほんとうは</u>会いたくなかった。
 1　先日は    2　実は    3　たまには   4　日中は



➜ 정답 p.46

**問題5** ＿＿＿の言葉に意味が最も近いものを、1・2・3・4から一つ選びなさい。

23 次の<u>どにち</u>は特別に予定はありません。
 1　週末    2　平日    3　祭日    4　祝日

24 プロのオーケストラは時間に<u>きびしい</u>世界です。
 1　さびしい   2　うるさい   3　かなしい   4　けわしい

25 彼は私にいろいろ<u>ていねい</u>にしてくれた。
 1　はっきり   2　べつに    3　しんせつに   4　じょうひんに

26 現金で払いますから、<u>安く</u>してください。
 1　下げて    2　落ちて    3　負けて    4　逃げて

27 失敗続きの私の<u>ライフ</u>はどうなるでしょうか。
 1　生体    2　会社    3　人生    4　仕事

→ 정답 p.46

**問題5** ＿＿＿の言葉に意味が最も近いものを、1・2・3・4から一つ選びなさい。

**23** さっきテレビで流れたのはホットニュースだった。
1 あたらしい　　　2 古い　　　3 知っている　　　4 おそろしい

**24** 彼が失敗したのはやり方がだめだったからである。
1 計画　　　2 力　　　3 要領　　　4 問題

**25** 私の考えでは今度の仕事はやらないほうがいいと思います。
1 任務　　　2 責任　　　3 予想　　　4 見解

**26** あいつは首になって当然だよ。
1 わがまま　　　2 あたりまえ　　　3 うれしいこと　　　4 おかしいこと

**27** 春はピクニックをするのにもっともよい季節です。
1 遠足　　　2 大会　　　3 花見　　　4 宴会



→ 정답 p.46

**問題5** ＿＿＿の言葉に意味が最も近いものを、1・2・3・4から一つ選びなさい。

**23** このサイトには季節のごあいさつなど、マナーの実用情報がたくさんあります。
1 恋愛　　　2 行儀　　　3 見物　　　4 行為

**24** 日本人はとかくとなりを意識し過ぎる。
1 連中　　　2 素人　　　3 仲間　　　4 近所

**25** 私の家から公園まではあるいて5分です。
1 徒歩　　　2 走行　　　3 往復　　　4 飛行

**26** この本は数ページ飛んでいる。
1 のせて　　　2 ぬって　　　3 かけて　　　4 えがいて

**27** あらゆる手段をつくして解決した。
1 わずかの　　　2 すこしの　　　3 ある程度　　　4 すべての

이 유형이 문자 · 어휘 파트에서 가장 어렵다고 할 수 있다. 단어의 정확한 의미뿐만 아니라 문장에서의 바른 쓰임까지 알아야 하므로 풀기가 쉽지 않다.

이 유형의 문제를 푸는 데 한 가지 힌트는 접속 형태가 잘못된 표현이 출제되기도 한다는 점이다. 명사 뒤에 「な」가 접속되거나, 형용동사인데 「が」가 접속된 표현이 가끔 출제되는데, 이런 보기는 일단 제외시킨 다음 문제를 풀면 된다.

접속형태를 잘 살펴본 후 의미상 바르게 쓰였는지를 판단하자.

2010년 상반기 첫 시험에 나온 내용을 살펴보면 다음과 같다.

様子(ようす)を取材(しゅざい)したとき　모습을 취재했을 때

〜がきっかけで　〜이 계기로

深刻(しんこく)な悩(なや)み　심각한 고민

続出(ぞくしゅつ)した　속출했다

外見(がいけん)で判断(はんだん)する　겉모습으로 판단하다

→ 정답 p.47

연습문제 01

**問題6** 次の言葉の使い方として最もよいものを、1・2・3・4から一つ選びなさい。

**28** やぶる

1　ぶどうを<u>やぶって</u>ぶどう酒を作った。

2　最終契約を<u>やぶった</u>場合、契約金は戻せません。

3　父はいつも飲みすぎるので、体を<u>やぶって</u>しまった。

4　週刊誌を買って1万円を<u>やぶった</u>。

**29** こえる

1　<u>こえ</u>過ぎは健康によくない。

2　私は最近5キロ<u>こえた</u>。

3　秋は馬が<u>こえる</u>季節です。

4　運動しなかったせいで、ウエストが<u>こえて</u>きた。

**30** たとえ

1　<u>たとえ</u>なんでも、あの方にそんなことまでお願いできません。

2　<u>たとえ</u>遠くても、8時には着くでしょう。

3　<u>たとえ</u>お金がたくさんあっても、永遠の若さは買えない。

4　<u>たとえ</u>首になっても、事実を言うつもりだ。

**31** うれしい

1　彼の生存が確認されてとても<u>うれしかった</u>。

2　旅の<u>うれしい</u>思い出を大事にしている。

3　彼女は付き合って<u>うれしい</u>人だ。

4　私は京都で3日間<u>うれしく</u>過ごした。

**32** 最中

1　子供は<u>最中</u>でテレビを見ていた。

2　暑い<u>最中</u>でも、彼女は厚い靴下をはいている。

3　彼女はフランス語の勉強に<u>最中</u>になっている。

4　自分が何をしているのか<u>最中</u>で分からなかった。

**問題6** 次の言葉の使い方として最もよいものを、1・2・3・4から一つ選びなさい。

28 まなぶ

1 タバコはいつまなびましたか。

2 このクッキーの作り方をまなんでください。

3 お酒は大学を卒業してからまなびました。

4 彼は海外旅行から多くをまなんだ。

29 とっくに

1 学校の宿題なんかとっくに終わらせた。

2 今ではとっくに遅すぎるんだよ。

3 彼はとっくにすぐここに来るでしょう。

4 とっくに大人なんだから、大人らしくしなさい。

30 あたらしい

1 みんなあたらしく問題を分析した。

2 その事件で彼は決意をあたらしくした。

3 来年から、制服があたらしいデザインになる。

4 彼に対しての認識をあたらしくした。

31 うろうろ

1 日曜日は家でうろうろしている。

2 あの程度のピアニストなら、この国にはうろうろしている。

3 変な男が公園をうろうろしていた。

4 空は暗くて、かみなりがうろうろ鳴っている。

32 独特

1 現状では犯人を独特するのは難しい。

2 彼女の笑い方には独特がある。

3 その地方には独特なアクセントがある。

4 われわれはその事件を独特に調査した。

→ 정답 p.49

**問題6** 次の言葉の使い方として最もよいものを、1・2・3・4から一つ選びなさい。

**28** きる

1 父は毎日芝生を<u>きっ</u>ています。

2 彼はひげをきれいに<u>きっ</u>た。

3 母はじゃがいもの皮を<u>きっ</u>ている。

4 包丁で指先を<u>きっ</u>た。

**29** みせる

1 彼女は年の割に若く<u>みせる</u>。

2 改札口で駅員に定期券を<u>みせ</u>た。

3 目の手術をして<u>みせる</u>ようになった。

4 水平線に太陽が<u>みせ</u>てきた。

**30** 予防

1 この問題はまだ議論の<u>予防</u>がある。

2 教科書の<u>予防</u>が1冊あります。

3 虫歯を<u>予防</u>するため、毎日歯を磨いています。

4 天気は今夜から悪くなるという<u>予防</u>だ。

**31** やっと

1 <u>やっと</u>5時までに仕事を終えることができた。

2 病人を起こさないように<u>やっと</u>出た。

3 私は<u>やっと</u>新聞に目を通した。

4 <u>やっと</u>考えて行動しなさい。

**32** 適当

1 その日のことは<u>適当</u>には覚えていない。

2 この規則は外国人には<u>適当</u>できない。

3 この語の<u>適当</u>範囲は非常に広い。

4 子供たちに<u>適当</u>な遊び場が欲しい。

→ 정답 p.49

**問題6** 次の言葉の使い方として最もよいものを、1・2・3・4から一つ選びなさい。

28 いらいら

1 スタートを目前にして、胸がいらいらした。

2 海外旅行をすることになって、胸がいらいらした。

3 春が来て、心がいらいらした。

4 妻はいらいらしながら、夫の帰りを待っていた。

29 さらに

1 これよりさらに軽いくつはありませんか。

2 さらに悪いことには、彼は経歴をごまかしたことだ。

3 自由な時間がさらにほしい。

4 外へ出て他の子とさらに遊びなさい。

30 評判

1 評判商品はすぐに売れてしまう。

2 彼は女の子に評判がある。

3 その映画は若者の間では評判がよい。

4 評判を誤ると、また失敗してしまう。

31 熱中

1 彼は読書に熱中していて、彼女が出て行くのに気づかなかった。

2 教授は生命の研究に大変な熱中を示している。

3 みんな私を熱中に支持してくれた。

4 彼は麻薬熱中になって入院している。

32 すなわち

1 彼がそう言ったかすなわち私の聞き違いかです。

2 英語かすなわち日本語かどちらかが必要です。

3 新幹線で行こうとすなわち飛行機に乗ろうと時間はあまり違わない。

4 私の古里は韓国の首都すなわちソウルです。

→ 정답 p.50

**問題6** 次の言葉の使い方として最もよいものを、1・2・3・4から一つ選びなさい。

28 ぬぐ

1 おぼれている少年を救うために彼は上着をぬいで川に飛び込んだ。

2 母に言われて箱のふたをぬいだ。

3 彼の名前は会員リストからぬがれた。

4 彼はいつの間にか席をぬいでいた。

29 きず

1 子供は屋上から落ちて大きずをした。

2 きず人は大体15人ぐらいです。

3 彼はその自動車事故で大きずをした。

4 私は転んで右脚にひどいきずを負った。

30 ふえる

1 木の枝が長くふえた。

2 この町の人口は10年間に3倍にふえた。

3 ラーメンがふえてしまってまずくなった。

4 去年より売上がふえた。

31 うえで

1 心が優しいうえで、顔も美しい。

2 彼女は努力もするうえで、頭もよい。

3 山田さんと相談したうえで、決めます。

4 やると約束したうえで、やらざるをえない。

32 きっと

1 大男がきっと健康だとは限らない。

2 毎朝きっとジョギングをすることにしている。

3 彼女にきっとと勧められたので、その映画を見に行った。

4 息子がいつかきっと帰ってくると信じていた。

**問題6** 次の言葉の使い方として最もよいものを、1・2・3・4から一つ選びなさい。

**28** までに

1 彼女が来るまでにずっと待ったが、彼女はけっきょく来なかった。

2 娘は30才までに結婚したいと思っているらしい。

3 仕事が済むまでにそこを離れられません。

4 先週までに雨が多くて寒かったのに、急に今日から暖かくなった。

**29** ことか

1 あんなことをするなんて、絶対に許すことか。

2 私はあんなうそつきの彼と話すことかと思っていた。

3 ラーメンだけ食べたのに、2000円以上払った。もう二度と行くことか。

4 ここでタバコを吸ってはいけないといくら注意したことか。

**30** ふく

1 81%の小学生が1日2回以上歯をふいている。

2 息子は毎朝父のくつをふいた。

3 風呂から上がって彼は体をタオルでよくふいた。

4 将来のため、自分なりに英語の実力をふいていかなければならない。

**31** 姿

1 さっきから野村さんの姿が見えない。どうしたんだろう。

2 もうちょっと相手会社の姿を見てから決めましょう。

3 この鞄はデザインはいいが、姿が気に入らない。

4 花柄姿のブラウスを着ている人がサチコさんです。

**32** 無限

1 面接時間は30分に無限されている。

2 赤い無限の布がテーブルにあった。

3 事故は信号無限が原因であった。

4 天然資源は無限というわけではない。

→ 정답 p.52

**問題6** 次の言葉の使い方として最もよいものを、1·2·3·4から一つ選びなさい。

28 ためる

1 その歌手は最近若者の人気をためている。

2 校長はすべての学生を講堂にためた。

3 今年は文化の日が日曜日にためる。

4 まさかの時に備えて金をためている。

29 きつい

1 来週までのレポートの提出はちょっときつい。

2 セールスマンはきつく電話をかけてきた。

3 私は彼女が怒るのではないかときつかった。

4 人間は動物よりもかなりきつい。

30 そろそろ

1 彼らは大学を卒業後そろそろ結婚した。

2 彼は橋の上をそろそろ歩いた。

3 角を曲がればそろそろ分かります。

4 春休みもそろそろ過ぎてしまった。

31 ひきょう

1 彼はひきょうなやりかたで試合に勝った。

2 そこへ行くべきかどうかひきょうしている。

3 おかしくも先生の前ではひきょうになってしまう。

4 早く判断を下さなければならない場面ではひきょうしてしまう。

32 連想

1 この写真はいつも私の高校時代を連想させる。

2 どんなことが起こるか連想もつきません。

3 彼は連想していたよりずっと親切だった。

4 あとはご連想にお任せします。

→ 정답 p.52

**問題6** 次の言葉の使い方として最もよいものを、1・2・3・4から一つ選びなさい。

**28** まちがい

1 彼は今まで一度も間違いをしたことがない。

2 ５分間違いで彼に会えなかった。

3 値段はどれくらい間違いますか。

4 野球とクリケットの間違いが分からない。

**29** 確実

1 私の時計はいつも確実だ。

2 彼女は約束通り確実に７時にやって来た。

3 こんな成績では彼が落第するのは確実だ。

4 ニュースは確実さが第一である。

**30** 曲がる

1 台風でたくさんの松の木が曲がった。

2 友だちのいたずらで、鉛筆が曲がってしまった。

3 われわれの熱心な説得にとうとう彼も曲がった。

4 年をとると腰が曲がるのはなぜだろう。

**31** 音

1 本は音を出して読んだ方が覚えやすい。

2 君の新しく買ったステレオは音がいいの。

3 政治家なら、国民の音に耳を傾けるべきだ。

4 彼はとても驚いて、しばらく音が出なかった。

**32** おしい

1 水をそんなに流してはおしい。

2 みんなに誤解されておしかった。

3 くだらない会議に時間を使うのはおしい。

4 これはおしくて捨てられない。

➜ 정답 p.53

**問題6** 次の言葉の使い方として最もよいものを、1・2・3・4から一つ選びなさい。

28 めぐる

1 日本は四方が海にめぐられた国だ。
2 政治情勢をめぐって重大な動きがあった。
3 彼女は友達にめぐられて泣いていた。
4 学校は高い垣根でめぐられている。

29 現象

1 国際関係の現象は危機状態とも言えよう。
2 経済の現象からみて、輸出は伸びないだろう。
3 核兵器の現象によって、戦争の性格が全く変わった。
4 一時的な現象だから、驚く必要はない。

30 象徴

1 この詩の赤いばらは愛を象徴している。
2 友達の笑い方には象徴がある。
3 そういった行動は今日の学生の象徴だ。
4 その地方の気候の象徴は何ですか。

31 ぐうぐう

1 彼はいつも上司にぐうぐう頭を下げる。
2 お腹がぐうぐうでたまらない。
3 空腹になると、ぐうぐうお腹が鳴るんだ。
4 彼女は幸せでぐうぐうしていた。

32 正直

1 この問題だけは全員が正直だった。
2 その俳優はハワイで正直を隠して旅行しようとした。
3 危険に正直してどうしようか迷っている。
4 正直に言って、彼は信頼できない。

**問題6** 次の言葉の使い方として最もよいものを、1・2・3・4から一つ選びなさい。

**28** かえって

1 明日行くよりかえってあさってのほうがいいと思いますが。

2 この道に来たのがかえって早く着いた。

3 課長、佐藤さんよりかえって池田さんに合う仕事じゃないですか。

4 もし私に選べと言われたら、私はかえってこっちにします。

**29** だんだん

1 昼前に終わらせたいから、だんだんやってしまおう。

2 先週から雪がだんだん降ってきた。

3 彼は彼女のことがだんだん好きになった。

4 遠慮しないで、だんだん食べてください

**30** いつも

1 いつも好きな時にいらっしゃい。

2 いつもいいから、質問があったら聞いてください。

3 困ったことがあったら、いつも言いなさい。

4 彼はいつも時間どおりに来ない。

**31** 今にも

1 今にもあの日の思い出を思い出したりする。

2 彼は今にも泣き出しそうな顔をしている。

3 彼の理論は今にも通用している。

4 私は今にもあの階段が何段あるのか知らない。

**32** 常識

1 父は3日間常識不明だった。

2 この二つの製品を常識するのはなかなか難しい。

3 彼には世間の常識というものが欠けている。

4 この建物は消火器を各階に常識している。

# Part 3
# 문자 · 어휘 실전 모의고사

→ 정답 p.55

**問題1** ＿＿＿の言葉の読み方として最もよいものを、1・2・3・4から一つ選びなさい。

1 このような服装が流行している。

   1 ふくしょく　　　2 ふくそく　　　3 ふくそう　　　　4 ふくしょう

2 私は彼の意見を尊重しています。

   1 そんじゅう　　　2 そんちょう　　3 そんしょう　　　　4 そんちゅう

3 この名簿は順序が違っている。

   1 じゅんじょ　　　2 しゅんじょ　　3 じゅんしょ　　　　4 しゅんしょ

4 飛行機の墜落で、50名の命が奪われた。

   1 うばわれた　　　2 やとわれた　　3 あらわれた　　　　4 さらわれた

5 昨日はとても激しい雨だった。

   1 はげしい　　　　2 きびしい　　　3 かなしい　　　　4 さびしい

6  従業員を<u>ぼしゅう</u>しています。

1 募集　　　　　2 模集　　　　　3 暮集　　　　　4 慕集


7  <u>はんばい</u>社員は一人しかいない。

1 販買　　　　　2 板売　　　　　3 販売　　　　　4 坂売


8  うちの会社はコンピュータ関係の機械を<u>せいぞう</u>している。

1 制造　　　　　2 製造　　　　　3 題造　　　　　4 第造


9  決められた<u>きそく</u>はちゃんと守ってください。

1 規測　　　　　2 規制　　　　　3 規側　　　　　4 規則


10  彼の皮肉な話には<u>たえられなかった</u>。

1 耐えられなかった　　　　　　2 絶えられなかった

3 溜えられなかった　　　　　　4 黙えられなかった

11 家の前にある大きな木を父がじゃまになると言って切り（　　　　）。

　　1 たおした　　　　2 たおれた　　　　3 あげた　　　　　4 ひらいた


12 このラーメンはこしょうをふり（　　　　）食べればおいしい。

　　1 あげて　　　　　2 あって　　　　　3 かけて　　　　　4 まわして


13 有名な作家が死んだ後、（　　　　）完成の状態の作品が発見された。

　　1 不　　　　　　　2 反　　　　　　　3 未　　　　　　　4 否


14 安心して使える（　　　　）品質なサービスを1年間提供いたします。

　　1 名　　　　　　　2 良　　　　　　　3 最　　　　　　　4 高


15 山（　　　　）は決して体力のある人にしかできない楽しみではありません。

　　1 上がり　　　　　2 登り　　　　　　3 昇り　　　　　　4 降り

問題4 （　　　　　）に入れるのに最もよいものを、1・2・3・4から一つ選びなさい。

16 メーカーはもっと消費者の意見を（　　　　　）しなければならない。

1 尊敬　　　　　2 敬意　　　　　3 尊重　　　　　4 貴重

17 子孫のために美しい（　　　　　）を保護していかなければならない。

1 場面　　　　　2 現場　　　　　3 自然　　　　　4 田舎

18 あの店は一流の品物を（　　　　　）いる。

1 そろえて　　　2 そなえて　　　3 たとえて　　　4 たくわえて

19 彼は人に一度もおごったことのない（　　　　　）やつだ。

1 おしい　　　　2 あやしい　　　3 あつかましい　　　4 まぶしい

20 （　　　　　）して駅を3つも乗り過ごしてしまった。

1 がっかり　　　2 しっかり　　　3 すっかり　　　4 うっかり

21 公園で彼に（　　　　　）出会った。

1 すっきり　　　2 はっきり　　　3 つい　　　　　4 ばったり

22 友だちと一緒に夏休みの（　　　　　）をたてた。

1 メニュー　　　2 プラン　　　　3 リズム　　　　4 プログラム

23　山田さんほどつめたい人は見たことがありません。

　　1　冷静な　　　　　2　そそっかしい　　3　かしこい　　　　4　背が高い


24　昨日、本屋の前でたまたま高校の先生に出会いました。

　　1　偶然に　　　　　2　時々　　　　　　3　いつも　　　　　4　たまに


25　今日の会議はこれでお開きにさせていただきます。

　　1　行います　　　　2　お伝えします　　3　任せます　　　　4　終わります


26　12月に入って、かなり寒くなりました。

　　1　やや　　　　　　2　まえもって　　　3　ひじょうに　　　4　たしょう


27　誤ちを素直に反省した。

　　1　たがやした　　　2　おかした　　　　3　かえりみた　　　4　ためした

28 せめて

1 海外は行かなくても、せめて国内でも見て回りたい。
2 一生懸命したので、せめて大学に入った。
3 前のテストは、せめて50点でした。
4 いままでがんばってたから、せめて合格できるよ。

29 切断

1 経費の切断のため、つとめている。
2 医者は彼の足をひざの上から切断した。
3 切断すると、また病気になりますよ。
4 先月から雨が降っていないため、みんな水を切断して使っている。

30 たちまち

1 病人はたちまち手術を必要とする。
2 たちまち電報を打った。
3 火はたちまち2階に燃え広がった。
4 彼はたちまち決意した。

31 用意

1 年金担当職員をよそおった不審電話が増えていますのでご用意ください。
2 何事も最初が用意なのですね。
3 照明器具の種類と用意を知りたいのですが。
4 浴衣をサイズ別にご用意いたしております。

32 特徴

1 彼は特徴のある声を持っている。
2 私は人の特徴を見るように努めている。
3 この仕事には特徴な注意を払う必要がある。
4 その地方の特徴なアクセントにちょっとびっくりした。

→ 정답 p.58

**問題1** ＿＿＿＿の言葉の読み方として最もよいものを、1・2・3・4から一つ選びなさい。

1  彼女は大学時代から流行の先端を行った。

   1 せんかん    2 せんだん    3 ぜんたん    4 せんたん

2  資金不足がその企画の頭痛の種であった。

   1 とうつう    2 とうとう    3 ずつう    4 ずとう

3  戦争でパナマ運河が閉鎖された。

   1 うんか    2 うんが    3 くんが    4 てんか

4  船は台風のために沈んだ。

   1 しずんだ    2 たのんだ    3 このんだ    4 からんだた

5  夜遅く外出するのは危うい。

   1 あさうい    2 あぶうい    3 あやうい    4 とおうい

**問題2** ＿＿＿＿の言葉を漢字で書くとき、最もよいものを、1・2・3・4から一つ選びなさい。

[6] 相手の行動の<u>かんさつ</u>を誤ったようだ。

   1 権察　　　　　2 観察　　　　　3 観際　　　　　4 勧察

[7] 空気が大変<u>かんそう</u>していて火事が起きる恐れがある。

   1 乾紹　　　　　2 乾照　　　　　3 乾燥　　　　　4 乾操

[8] 彼とは<u>ぎり</u>の兄弟である。

   1 議理　　　　　2 儀理　　　　　3 犠理　　　　　4 義理

[9] 我が軍は夜間に敵を<u>こうげき</u>した。

   1 攻徹　　　　　2 功撃　　　　　3 攻激　　　　　4 攻撃

[10] 手に汗を<u>にぎって</u>100メートル競走を見守った。

   1 距って　　　　2 据って　　　　3 握って　　　　4 控って

**問題3** （　　　　）に入れるのに最もよいものを、1・2・3・4から一つ選びなさい。

11　今回、発表するのは昨年末に書き（　　　　）作品です。

　　1　あげた　　　　　2　あやまった　　3　いれた　　　　　　4　くわえた


12　オリンピックを目の前にして、政府は市民に対し、世界にいい印象を与えるため、良い面を見せるよう呼び（　　　　）。

　　1　だした　　　　　2　かけた　　　　3　あげた　　　　　　4　おこした


13　この世界は（　　　　）完全であるから、人々は神様に頼るのだ。

　　1　未　　　　　　　2　等　　　　　　3　不　　　　　　　　4　非


14　みんな食事をしているのにたばこを吸うなんて、（　　　　）常識な人だ。

　　1　沈　　　　　　　2　無　　　　　　3　否　　　　　　　　4　非


15　熊本県の海に山に川もある田舎（　　　　）です。

　　1　まわり　　　　　2　はずれ　　　　3　かくれ　　　　　　4　そだち

 （　　　　　）に入れるのに最もよいものを、1・2・3・4から一つ選びなさい。

16 それぞれの器具には（　　　　　）の使い方がある。

1 厳重　　　　　2 慎重　　　　　3 特定　　　　　4 独特

17 その週刊誌は映画俳優のスキャンダル記事で（　　　　　）が悪い。

1 判断　　　　　2 評判　　　　　3 批判　　　　　4 比重

18 3か所応募していたが、全部（　　　　　）。

1 ことわられた　　2 わびられた　　3 ほめられた　　　4 おこられた

19 彼は（　　　　　）農家に生まれた。

1 ひとしい　　　2 けわしい　　　3 いさましい　　　4 まずしい

20 昼食の時間は（　　　　　）過ぎている。

1 とっくに　　　2 なんとか　　　3 おおよそ　　　　4 やたらに

21 彼のことを（　　　　　）と思い出した。

1 せいぜい　　　2 しみじみ　　　3 ひろびろ　　　　4 たびたび

22 みんな黒い（　　　　　）を着ていた。

1 コピー　　　　2 カーブ　　　　3 テーマ　　　　　4 スーツ

23　この件についてご意見を<u>おうかがいします</u>。

　　1　といます　　　　2　しらべます　　　3　かきます　　　4　むしします

24　子供たちは<u>とつぜん</u>大声で叫んだ。

　　1　いつも　　　　　2　いきなり　　　　3　ずっと　　　　4　まいにち

25　試験は<u>案外</u>難しかった。

　　1　とても　　　　　2　非常に　　　　　3　意外に　　　　4　さいわいに

26　うちの会社は<u>倒産</u>した。

　　1　こわれた　　　　2　つぶれた　　　　3　くたびれた　　　4　やぶれた

27　これは私に<u>任せて</u>ください。

　　1　わたして　　　　2かかせて　　　　3　やらせて　　　　4　のませて

[28] きっぱり

1 疲れきってきっぱり倒れた。
2 私は彼のことをきっぱりあきらめた。
3 金庫の金がきっぱりなくなった。
4 今日は晴れていて外の風景がきっぱり見えます。

[29] ざっと

1 芝居が終わるまでざっと見ていた。
2 ざっと以前に君に会ったことがある。
3 私はざっと新聞に目を通した。
4 冷たい夜風にざっとした。

[30] たしかに

1 そんなことはたしかに起こらないだろう。
2 たしかに日にちを忘れたんでしょう。
3 高い物がたしかに良いとは限らない。
4 彼はたしかに頭はよいが、あまりに利己主義だ。

[31] とびこえる

1 彼はハンディキャップをとびこえて大学を卒業した。
2 どろぼうは門をとびこえて逃げた。
3 障害をとびこえて大会に出場した。
4 不自由な体をとびこえてとうとう優勝までした。

[32] むだ

1 いつもよりむだに食べる。
2 それはむだなお世話です。
3 忠告をしてもむだだった。
4 むだなことまでしゃべる。

**問題1** ＿＿＿の言葉の読み方として最もよいものを、1・2・3・4から一つ選びなさい。

1　街角を右に曲がると交番がある。

　　1　がいがく　　　　2　がいかど　　　3　まちかど　　　　4　まちかく

2　毎月15日に防犯訓練が行われる。

　　1　ぼうへん　　　　2　ぼうはん　　　3　ほうへん　　　　4　ぼうばん

3　明日は私が炊事当番だ。

　　1　しゅうじ　　　　2　しゅうし　　　3　すいし　　　　　4　すいじ

4　彼女の遺産を狙って結婚した。

　　1　のぼって　　　　2　やぶって　　　3　ねらって　　　　4　けずって

5　箱を逆さまに置いたので中身が出てしまった。

　　1　ぎゃくさま　　　2　きゃくさま　　3　さかさま　　　　4　ざかさまい

問題2　＿＿＿の言葉を漢字で書くとき、最もよいものを、1・2・3・4から一つ選びなさい。

6　飲酒運転をしてめんきょを停止された。

　　1　勉許　　　　　2　免許　　　　　3　面許　　　　　4　綿許

7　彼のえいきょうを受けて物理学者になった。

　　1　影響　　　　　2　影郷　　　　　3　景響　　　　　4　映響

8　英語の答案を100点満点でさいてんした。

　　1　菜点　　　　　2　採点　　　　　3　彩点　　　　　4　採占

9　事態は一段としんこくになった。

　　1　審刻　　　　　2　心刻　　　　　3　探刻　　　　　4　深刻

10　人気女優の彼女の出現に場内がわいた。

　　1　沸いた　　　　2　働いた　　　　3　熱いた　　　　4　務いた

11 日本と聞いて真っ先に思い（　　　　　）言葉を言ってください。

　1 こんだ　　　　　2 だした　　　　3 ついた　　　　　4 あった

12 みなさん、かばんから辞書を取り（　　　　　）ください。

　1 まぜて　　　　　2 しまって　　　3 いれて　　　　　4 だして

13 （　　　　　）平等は経済的な面だけでなく、人間生活のあらゆる面で現れる。

　1 禁　　　　　2 不　　　　　3 非　　　　　4 無

14 あなたも（　　　　　）講師になれる、うまい教え方・話し方を紹介します。

　1 名　　　　　2 高　　　　　3 真　　　　　4 貴

15 もみじ（　　　　　）を楽しんだ後、のんびりと温泉につかるのも気持ちいいことで
すね。

　1 あそび　　　　　2 がり　　　　3 ぎり　　　　　4 のり

16　この機械は使い始めたころからみると、いろいろ（　　　　）されている。

　　1　改革　　　　　2　改装　　　　　3　改良　　　　　4　改正

17　おばあさんは毎朝いろんな村を廻っているので（　　　　）が広い。

　　1　顔　　　　　2　足　　　　　3　手　　　　　4　胸

18　皆様、お仕事（　　　　）。

　　1　恐れ入ります　　　　　　　2　お疲れ様です

　　3　お世話になります　　　　　4　おじゃまします

19　それを実行する勇気がないのが自分ながら（　　　　）。

　　1　うつくしい　　2　くやしい　　3　うらやましい　　4　ずうずうしい

20　彼の日程は（　　　　）詰まっている。

　　1　にっこり　　　2　ぼんやり　　　3　うっかり　　　4　ぎっしり

21　この山の紅葉は（　　　　）見事ですね。

　　1　べつに　　　　2　じつに　　　3　つねに　　　4　おおいに

22　最近、彼は社交（　　　　）を習っている。

　　1　ユーモア　　　2　ダンス　　　3　ゼミ　　　4　モデル

**23** 山頂からの海の<u>ながめ</u>はとても素晴らしかった。

1 波　　　　　　2 風　　　　　　3 船　　　　　　4 景色

**24** 彼女は<u>ほがらかな</u>性格で、みんなに人気がある。

1 明朗な　　　　2 地味な　　　　3 派手な　　　　4 真面目な

**25** 彼女はいつもドレスに<u>アクセサリー</u>を付ける。

1 名札　　　　　2 飾り　　　　　3 ボタン　　　　4 指輪

**26** 彼はその病院で<u>手当て</u>を受けている。

1 治療　　　　　2 面接　　　　　3 受付　　　　　4 問い合わせ

**27** <u>申し込み</u>は本人が本社へ直接来てください。

1 片付け　　　　2 応募　　　　　3 申請　　　　　4 質問

28 すっかり
1 土台のすっかりした建物だ。
2 髪を短くしてすっかりした。
3 暑い日は冷たい飲物がすっかりする。
4 朝起きたら風邪はもうすっかり治っていた。

29 あらそう
1 探検隊は寒さとあらそいながら進んだ。
2 タバコの誘惑からあらそいながら結局禁煙に成功した。
3 山田さんと吉本さんが成績で先をあらそっています。
4 民衆は自由のために政府とあらそった。

30 寝る
1 昨日は久しぶりに弟と一緒に寝た。
2 この海には石油が寝ている。
3 風邪薬を飲んだせいか、父は寝ている。
4 病気とたたかった彼は昨日、結局寝てしまった。

31 なにも
1 ぼくはなにもいいから、気にしないでね。
2 なにも私だけに言うんですか。
3 この部屋はなにも寒い。
4 無理かもしれないが、なにもやってみる。

32 めざましい
1 彼女のめざましい衣装で目があけられない。
2 夏の太陽はめざましい。
3 彼があげためざましい業績にみんなびっくりした。
4 あんなにめざましい舞台で歌うのが夢だった。

→ 정답 p.63

**問題1** ＿＿＿＿の言葉の読み方として最もよいものを、1・2・3・4から一つ選びなさい。

1  この会議には世界最高の頭脳が集まった。

    1  とうのう     2  とのう     3  ずうのう     4  ずのう

2  彼女は柔らかな皮膚をしている。

    1  ひふう     2  ひふ     3  ひぶう     4  ひぶ

3  野菜を塩づけにして貯蔵している。

    1  ちょうじょう     2  ちょじょう     3  ちょぞう     4  ちょうぞう

4  警官はドアを破って入った。

    1  にごって     2  こおって     3  やぶって     4  かおって

5  うちの子は頭の働きが鈍い。

    1  のろい     2  しぶい     3  かゆい     4  あまい

6 血液は体内を<u>じゅんかん</u>する。

1 循環　　　　　2 境環　　　　　3 順環　　　　　4 瞬璟

7 本に<u>さくいん</u>を付けたほうが読者にとっては便利になるだろう。

1 刷引　　　　　2 索引　　　　　3 索印　　　　　4 素引

8 洗濯しすぎると、衣類は早く<u>しょうもう</u>する。

1 素耗　　　　　2 消毛　　　　　3 消耗　　　　　4 削耗

9 下着は<u>めん</u>100％のほうがいい。

1 緬　　　　　　2 泉　　　　　　3 線　　　　　　4 綿

10 宝石が彼女の指できらきら<u>かがやいて</u>いた。

1 明いて　　　　2 鈴いて　　　　3 光いて　　　　4 輝いて

11 先生は教室で居眠りをした児童をしかり(　　　　)。
1 かけた　　　　2 つけた　　　　3 こんだ　　　　4 まいた

12 彼は姉の結婚相手の家族と顔合わせをするので、昼までに着かなければいけないのにと困り（　　　　）表情をした。
1 きった　　　　2 とった　　　　3 そこねた　　　　4 かけた

13 店員の（　　　　）親切な行動が頭にきて、あんな店は二度と来ないと思った。
1 無　　　　2 未　　　　3 非　　　　4 不

14 占いは、一般的に（　　　　）科学的だと言われている。
1 無　　　　2 未　　　　3 非　　　　4 不

15 話し（　　　　）でお互いの考えが分かるときもある。
1 かけ　　　　2 あい　　　　3 かた　　　　4 ことば

16 調べた結果、参照した（　　　　）は実際に行われた実験結果をもとにした。
　　1 記号　　　　　2 日記　　　　　3 記事　　　　　4 記載

17 多くの場合、（　　　　）は言葉によって表現される。
　　1 思想　　　　　2 感想　　　　　3 手相　　　　　4 空想

18 睡眠を（　　　　）ような騒音を出すな。
　　1 さまたげる　　2 さしつかえる　3 したがう　　　4 さかのぼる

19 （　　　　）に使っては困る。
　　1 かって　　　　2 のんき　　　　3 すなお　　　　4 なまいき

20 （　　　　）彼が試験に落ちるなんて、思いもよらなかった。
　　1 まさか　　　　2 けっこう　　　3 やっと　　　　4 どうせ

21 （　　　　）負けたらどうしよう。
　　1 もしも　　　　2 せっかく　　　3 もっとも　　　4 おそらく

22 誰かドアを（　　　　）した。
　　1 コンクール　　2 シリーズ　　　3 コーラス　　　4 ノック

23　去年の服がきつくなった。

　　1　かっこよく　　　2　小さく　　　　　3　美しく　　　　　4　大きく

24　最初から生きていると思った。

　　1　去年　　　　　　2　この間　　　　　3　はじめ　　　　　4　さっき

25　彼の収入がなくても、何とか暮らせると思います。

　　1　生活できる　　　2　買える　　　　　3　会える　　　　　4　乗れる

26　事故を起こして、通りがかりの車に救いを求めた。

　　1　治療　　　　　　2　助け　　　　　　3　お金　　　　　　4　連絡

27　働きながら子育てをするのは大変だ。

　　1　家事　　　　　　2　育成　　　　　　3　世話　　　　　　4　育児

28 まず

1 仕事はまず6時までにしましょう。

2 ゲームはまずこのへんで止めましょう。

3 まず、ここまでやります。

4 そんなことはまずないだろう。

29 不満

1 彼は体重が多すぎる不満型だ。

2 先生の授業のやり方には不満がある。

3 そんな不満な条件ではやりたくない。

4 借金を返すには1万円不満している。

30 ものだ

1 先生には言わないものだ。

2 明日試験だから、今日は勉強するものだ。

3 風邪を引いたらゆっくり休むものだ。

4 大好きな彼女も来てほしいものだ。

31 はげしい

1 はげしい暴風雨の中に船が浮かんでいた。

2 はげしい残暑でみんなへとへとしている。

3 はげしい親の表情を見てぞっとした。

4 東京で一人暮らしをしたときははげしくてたまらなかった。

32 はじめ

1 彼女に会ってはじめ、愛が何か知った。

2 こんな怖い映画ははじめだ。

3 第1回の卒業生をはじめ、みんな参加した。

4 はじめの経験だったのでなれなかった。

**問題1** ＿＿＿の言葉の読み方として最もよいものを、1・2・3・4から一つ選びなさい。

1 その機械は全国に普及している。

  1 ほきゅう      2 ふきゅう      3 ほうきゅう      4 ふうきゅう

2 森の中は日中でさえ暗かった。

  1 にっちゅう      2 にちじゅう      3 ひなか      4 ひじゅう

3 バスの停留所で彼女を1時間も待っていた。

  1 じょうりゅうしょ      2 じょうりゅうじょ

  3 ていりゅうしょ      4 ていりゅうじょ

4 山腹には木がうっそうと茂っていた。

  1 しげって      2 まざって      3 ねがって      4 つもって

5 彼は貧しいながらもいつもにこにこしている。

  1 とぼしい      2 まずしい      3 さびしい      4 たのしい

 ______の言葉を漢字で書くとき、最もよいものを、1・2・3・4から一つ選びなさい。

6 ピーナッツの<u>から</u>を剥いて食べた。

1 役　　　　　2 没　　　　　3 投　　　　　4 殻

7 大学病院で<u>しんさつ</u>を受けた。

1 診察　　　　2 診祭　　　　3 診擦　　　　4 診際

8 洪水による被害は<u>ばくだい</u>であった。

1 膜大　　　　2 模大　　　　3 幕大　　　　4 莫大

9 危機にあたって<u>れいせい</u>を保つのは重要だ。

1 冷請　　　　2 冷情　　　　3 令静　　　　4 冷静

10 山を<u>ほって</u>トンネルを作っている。

1 刻って　　　2 彫って　　　3 掘って　　　4 届って

問題3 （　　　　）に入れるのに最もよいものを、1・2・3・4から一つ選びなさい。

11 玄関に入ったお客様は傘を壁に立て（　　　　）。

1 かけた　　　　2 こんだ　　　　3 つけた　　　　4 とおした


12 石油会社は、1日からガソリンの価格を一斉に（　　　）さげた。

1 取り　　　　2 つり　　　　3 押し　　　　4 引き


13 地球温暖化の大部分は「回復（　　　）可能」だとする新たな研究結果が発表された。

1 無　　　　2 不　　　　3 肯　　　　4 消


14 地球上の（　　　）開発の石油、天然ガスの4分の1が北極海に眠っている。

1 不　　　　2 非　　　　3 未　　　　4 難


15 その日習った文章と単語は、とにかく（　　　）暗記しようと努力を重ねている。

1 全　　　　2 総　　　　3 丸　　　　4 合

16 彼女が次に何をするか（　　　　）もつかない。

1 見解　　　　　2 見物　　　　　3 見習　　　　　4 見当

17 そんな宿題は（　　　　）にやっておいて、早く遊びに行こう。

1 妥当　　　　　2 適当　　　　　3 担当　　　　　4 相当

18 子供は大人を（　　　　）ものではない。

1 からかう　　　2 あらそう　　　3 ふるまう　　　4 たたかう

19 （　　　　）にも消防署が全焼した。

1 皮肉　　　　　2 適切　　　　　3 粗末　　　　　4 退屈

20 私は彼の良さが（　　　　）分かってきた。

1 すでに　　　　2 じかに　　　　3 めったに　　　4 しだいに

21 親は娘をその男と（　　　　）結婚させた。

1 ごういんに　　2 ななめに　　　3 たいらに　　　4 すなおに

22 その言葉からは不快な（　　　　）しか浮かばない。

1 ビタミン　　　　　　　　　2 プレゼント

3 イメージ　　　　　　　　　4 ジャーナリスト

23 このいすはあまりにも重いので動かせない。

   1　とくに　　　　　2　そんなに　　　　　3　それほど　　　　4　かなり

24 システムが故障した時のドアの開け閉めはどうするのですか。

   1　こわれた　　　　2　なくなった　　　　3　たおれた　　　　4　やられた

25 警官を見つけた彼はいきなり逃げ出した。

   1　熱心に　　　　　2　突然　　　　　　　3　じょじょに　　　　4　ゆっくり

26 昼食の時間はとっくに過ぎている。

   1　いつも　　　　　2　また　　　　　　　3　もう　　　　　　4　まだ

27 今年はみかんがずいぶんよくできた。

   1　くさった　　　　2　みのった　　　　　3　さいた　　　　　4　かれた

28 ねばり強い
1 ねばり強い交渉の結果、契約が成立した。
2 いやだと何回も言ったのに、ねばり強いやつだな。
3 相手があまりにねばり強いので閉口した。
4 ねばり強い小言を言う彼女にあきれてしまった。

29 ばったり
1 中学時代の友だちを本屋の前でばったり会った。
2 進学をばったりあきらめた。
3 山田さんの頼みをばったり断った。
4 窓をばったり閉めないから、すきまから風が入る。

30 ファスナー
1 日が入ってきたので、窓にファスナーをかけた。
2 前に立っている男はファスナーがあいていた。
3 寒いからファスナーを首に巻いてください。
4 ファスナーに水を入れて、彼に渡した。

31 なかば
1 息子は学校でなかばはずれになったらしい。
2 会社のなかばとスキーへ行くことにした。
3 ８月なかばごろ海外旅行をするつもりだ。
4 彼の引き出しのなかばにはたくさんのものが入っている。

32 までに
1 彼が来るまでに待ちましょう。
2 大阪までには列車で行って、あとは飛行機にした。
3 月曜日に試験が二つあるので、きのうは夜遅くまでに勉強した。
4 夏休みの課題は月末までに書きあげよう。

# 2장 문법

# Part 1
# 분석 및 대책

1. 문법의 문제 구성
2. 문제 유형 맛보기

## 1. 문법의 문제 구성

N2는 총 2교시에 걸쳐 시험이 진행되며, '문법'은 첫 번째 시간에 '문자·어휘, 독해'와 함께 진행된다. 총 22문제가 출제되며, '문자·어휘'와 합쳐서 60점 만점이다.

문법은 총 세 파트로 구성되어 있는데, '문법 형식 판단(공란 메우기)' 12문제와 '문장 만들기' 5문제, '문장의 문법(독해문장에서의 공란 메우기)' 5문제가 출제된다.

| 문제 | 출제 의도 | 변형 정도 | 문항 수 | 목표 |
|---|---|---|---|---|
| 問題7 | 문법 형식 판단 | ○ | 12 | 괄호 안에 들어갈 가장 알맞은 문법 기능어를 찾아 문장을 완성하는 문제 |
| 問題8 | 문장 만들기 | ◆ | 5 | 보기 4개를 나열하여 문장을 완성하고 ★에 들어갈 표현을 찾는 문제 |
| 問題9 | 문장의 문법 | ◆ | 5 | 장문의 지문에서 공란에 들어갈 어구를 보기에서 고르는 문제 |

◆ 구 시험에서는 출제되지 않았던 새로운 문제 형식

◇ 구 시험의 문제 형식을 유지하나 형식에 부분적으로 변경됨

○ 구 시험에서도 출제된 문제 형식

## 2. 문제 유형 맛보기

### 問題7 문법 형식 판단 (12문제)

문장의 내용에 맞는 어구를 보기에서 찾아 공란에 메우는 문제로 총 12문제가 출제된다. 이 파트는 문법 파트의 다른 유형보다 쉬운 편이므로, 단 한 문제의 실수도 없이 모두 맞출 수 있도록 노력하자. 이 책에 제시된 170여 개 문법 중에서 90% 이상 출제될 것으로 예상되므로 잘 익혀두도록 하자.

**예제**

問題7　次の文の（　　　　）に入れるのに最もよいものを、１・２・３・４から一つ選びなさい。

1　日本に行った（　　　）絶対富士山へ行ってみたいものだ。

　　1　からといって　　　2　からには　　　3　からいって　　　4　からすると

2　あんな気の弱そうな人が「人殺し」なんて信じ（　　　）。

　　1　つつある　　　　2　がたい　　　　3　がちである　　　4　きれない

1 일본에 간 이상에는 꼭 후지산에 가 보고 싶다.

　✓ 2 ～からには ～한 이상에는

　↪ 絶対(ぜったい) 절대　富士山(ふじさん) 후지산　～からといって ～라고 해서
　　～からいって ～으로는　～からすると ～으로는

2 저렇게 마음이 약할 것 같은 사람이 '살인자'라니 믿기 어렵다.

　✓ 2 동사 ます형 + ～がたい ～하기 어렵다

　↪ 気(き)が弱(よわ)い 마음이 약하다　人殺(ひとごろ)し 살인자　信(しん)じる 믿다
　　동사 ます형 + ～つつある ～하는 중이다　동사 ます형 + ～がち 자주 ～하다, ～하기 쉽다
　　동사 ます형 + ～きれない 전부 ～할 수 없다

출제 예상 문법을 철저하게 암기만 하고 있으면 어렵지 않게 풀 수 있다. 각각의 문법의 의미를 이해하는 것뿐만 아니라, 문장에서 어떤 형태로 사용되는가를 기억해야 하는데, 기능어의 예시와 접속형태에 따른 예문을 'Part2 합격을 위한 문법 훈련'에서 충분히 파악해 두도록 하자.

문장의 의미가 통하도록 문장을 바르게 조합하는 능력을 묻는 문제로, 총 5문제가 출제된다.
단어와 문법의 바른 쓰임과 작문 능력이 없으면 문제를 풀기가 어려울 수 있으나, 제시된 문법 사항들의 의미를 정확하게 파악하고, 주어와 서술어의 관계, 그리고 그 문법을 중심으로 전후의 문장을 조합해 가면 정답을 쉽게 찾을 수 있다. 이 파트는 문제가 두 가지 형태로 출제될 수 있다.

**합격 요령!**

1. 첫 번째는 N2 기능어(문형)가 문장 속에 있고, 나머지 부분의 조합을 찾는 문제이다. 이 유형은 우선 4개의 밑줄을 제외한 부분을 해석하자. 문제의 양이 적기 때문에 가급적이면 일본어 문장 밑에 한글로 써놓는 것도 좋은 방법이다. 그리고 보기의 단어 중, 4개의 밑줄 중 첫 번째나 마지막 밑줄에 오는 단어를 먼저 찾는다. 첫 번째나 마지막 밑줄의 단어가 어떤 것이 오는가를 찾으면 정답을 찾을 확률이 거의 90% 이상이 된다.

2. 두 번째는 N2 기능어(문형)가 보기에 있는 유형이다. 이 문제는 첫 번째보다는 훨씬 수월하게 정답을 찾을 수 있다. 이 경우도 4개의 밑줄을 제외한 부분을 먼저 해석하자. 그리고 보기에 있는 기능어와 접속되는 단어를 찾으면(기능어를 충분히 알고 있으면 어렵지 않게 이 부분을 해결할 수 있다.) 보기의 단어 중 두 가지는 해결되었으므로, 나머지 부분을 앞의 어디에 접속할지 문장을 해석하면서 알아보면 된다.

이론적으로는 이렇게 설명하였지만, 충분한 연습문제를 통해서 자신만의 감각을 키워나가길 바란다.

---

**예제**

**問題8**  次の文の ____★____ に入る最もよいものを、1・2・3・4から一つ選びなさい。

1   5年ぶりの ____ ____★____ ____ いる。

　　1  行こうか　　　　2  迷って　　　　3  同窓会だが　　　4  行くまいか

2   論文を書く ____ ____ ____★____ ____ ルールを教えます。

　　1  守らなくては　　2  にあたって　　3  どうしても　　　4  ならない

1  5年ぶりの同窓会だが 行こうか 行くまいか 迷っている。
5년만의 동창회이지만, 갈지 말지 망설이고 있다.

✓ 1 行こうか 갈까

↪ 同窓会(どうそうかい) 동창회   迷(まよ)う 망설이다
   동사 의지형 + ～か (が・と) + 동사 기본형 + ～まいか (まいが・まいと) ～할지 말지

**Tip** 우선 보기에 나온「동사 의지형 + ～か + 동사 기본형 + ～まいか」를 먼저 이해하고 있어야만 한다. 그러면 보기 1번과 4번의 연결고리를 알 수 있다. 그리고 마지막에 남은 단어「いる」는 동사 て형에 접속되므로, 보기 2번「迷っている」라고 연결할 수 있다. 앞의「5年ぶりの」에서 조사「の」는「명사 の 명사」이므로「5年ぶりの同窓会だが」로 연결된다. 마지막 이 연결고리를 한국어 어순에 맞게 문장을 배치하면 정답을 찾을 수 있다.

2  論文を書くにあたって どうしても 守らなくては ならないルールを教えます。
논문을 씀에 있어서 반드시 지켜야 할 규칙을 가르쳐 드리겠습니다.

✓ 1 守(まも)らなくては 지키지 않고서는

↪ 論文(ろんぶん) 논문   守(まも)る 지키다

A4의 절반이 넘는 분량의 지문을 읽고, 빈칸에 문장의 흐름에 맞는 문장이나 단어를 찾는 문제로, 5문제가 출제된다. 이런 유형은 각종 시험의 독해 문제에서 빈칸에 들어갈 알맞은 어휘나 접속사, 문장 등을 찾는 문제와 유사하지만 문법적인 요소가 좀 더 가미되었다. 단순히 문법의 기능적인 의미를 묻는 기존의 방식과는 전혀 다른 유형이므로 주의해야 한다. 능력시험 출제위원회에서 제시한 예제를 분석해 보면 다음과 같은 문제 유형이 있다.

1. 접속사

2. 조사

3. 문법적인 요소

4. 문장의 흐름에 맞는 문장이나 문형

5. 문장의 흐름에 맞는 서술어

이 유형에 맞추어 문제 푸는 방법에 대한 대비와 충분한 연습을 하면 자신감이 붙을 것이다.

**예제**

**問題9** 次の文章を読んで、 1 から 5 の中に入る最もよいものを、1・2・3・4 から一つ選びなさい。

　「歩きタバコ」とは、公共の場所で歩きながらたばこを吸うことや路上喫煙をいいます。火のついたたばこが街中で凶器に化ける危険性があるため、危険な行為として罰則をつけた立法化が進んでいます。たばこの火が子どもの顔に当たって 1 、衣服を汚したりといった被害が増えています。「歩きタバコ」とはその煙やにおいが周囲の人にとって不快なだけでなく、非常に危険な行為です。特に子どもや車いすの人にとっては、たばこを持つ人の手がちょうど目の高さに 2 。それが子どもの目にあたったら、失明するかもしれないです。また、ポイ捨てされた吸いがらは、まちを汚す原因になります。

　それで、「歩きタバコ」の条例による禁止をもっと多くの自治区で実現していただきたいものです。望ましくは、「公衆の室内環境中での全面禁煙」といったように、日本全国で国の法律として、喫煙そのものを厳しく規制していただきたいものです。

　たばこを楽しんでいる人にとっては、「自分が好きでやっていることを政府が強制に止めさせるというのは何のことだ」と疑問を　3　。でも、人に迷惑をかけながらも自分の趣味を楽しむというのはちょっと自分勝手ではありませんか。この世は自分一人で生きていくところではないですから。

　禁煙しようとしてもたばこがなかなかやめられないニコチン依存症　4　苦しんだり、喫煙で喫煙者本人が一時的な快楽が得られるということからも喫煙者のことが理解できないこともないんです。　5　、自分の健康はもとより、他人の健康も大事ですから、止めてみたらどうですか。

| 1 | 1 やけどをさせたり | 2 やけどをされたり |
|---|---|---|
| | 3 やけどをさせられたり | 4 やけどをしたり |

| 2 | 1 きてもいいでしょう | 2 あわせます |
|---|---|---|
| | 3 あげます | 4 くることもあります |

| 3 | 1 持ってもいいです | 2 持とうではありませんか |
|---|---|---|
| | 3 持ちかねません | 4 持ちがたいです |

| 4 | 1 に | 2 を | 3 でも | 4 とか |
|---|---|---|---|---|

| 5 | 1 ところで | 2 まして | 3 しかし | 4 それに |
|---|---|---|---|---|

1　√1

Tip　앞 문장을 보면 「たばこの火が子どもの顔に当たって 담뱃불이 어린이의 얼굴에 닿아」라는 표현이 있다. 즉, 아이가 스스로 담뱃불을 얼굴에 대는 것이 아니고 어른의 부주의로 아이에게 화상을 입힌 것이므로, 사역표현이 와야 자연스러운 문장이 된다.

2　√4

3　√3

Tip　「동사 ます형 ＋ ～かねない ～일지도 모른다」라는 표현을 알고 있어야 한다. 같은 뜻의 표현으로 「동사 기본형 ＋ ～かもしれない」가 있다. 앞 문장을 보면 개인의 기호를 정부가 강제로 규제한다는 내용이 나와 있는데, 여기에 개인이 의문을 품는다는 뉘앙스를 가진 문장을 찾으면 된다.

4  ✓1

**Tip** 뒤의 동사 「苦しむ」는 '괴로워하다'는 자동사인데, 우리말로 해석하면, '~을(를) 괴로워하다'로 착각할 수 있다. 따라서 2번을 정답으로 잘못 고를 수 있으므로 주의하자.

5  ✓3

'보행 중 담배'라는 것은, 공공장소에서 걸으면서 담배를 피우는 것이나 노상에서 흡연을 하는 것을 말합니다. 불이 붙은 담배가 거리에서 흉기로 바뀔 위험성이 있기 때문에, 위험한 행위로서 벌칙을 가하는 입법화가 진행되고 있습니다. 담뱃불이 어린이의 얼굴에 닿아서 ① 화상을 입히거나, 옷을 더럽히거나 하는 피해가 증가하고 있습니다. '보행 중 담배'란 그 연기나 냄새가 주위 사람에게는 불쾌할 뿐만 아니라, 매우 위험한 행위입니다. 특히 어린이나 휠체어를 탄 사람에게는 담배를 가진 사람의 손이 딱 눈높이에 ② 오는 경우도 있습니다. 그것이 눈에 닿으면 실명할지도 모릅니다. 또 마구 버린 담배꽁초는 거리를 더럽히는 원인이 됩니다.

그래서 '보행 중 담배'의 조례에 의한 금지를 더더욱 많은 자치구에서 실현해 주기를 바라는 것입니다. 바람직한 것은 '공중 실내 환경 내의 전면금지'처럼, 일본 전국에서 국가의 법률로서 흡연 그 자체를 엄하게 규제해 주기를 바라는 것입니다.

담배를 즐기고 있는 사람에게는, '자신이 좋아서 하고 있는 일을 정부가 강제로 제지한다는 것은 무슨 경우인가?'라고 의문을 ③ 가질지도 모릅니다. 하지만, 다른 사람에게 폐를 끼쳐가면서 자신의 취미를 즐기는 것은 좀 제멋대로가 아닐까요? 이 세상은 자기 혼자서 살아가는 곳이 아니니까요.

금연하려고 해도 담배가 좀처럼 끊을 수 없는 니코틴중독증 ④ 에 괴로워하거나, 흡연으로 흡연자 본인이 일시적인 쾌락을 얻을 수 있는 이유에서 흡연자의 마음을 이해 못하는 것은 아닙니다. ⑤ 하지만, 자신의 건강은 물론이고 다른 사람의 건강도 중요하므로 끊어 보면 어떨까요?

↝ 歩(ある)く 걷다　公共(こうきょう) 공공　場所(ばしょ) 장소　吸(す)う 피우다　路上(ろじょう) 노상
喫煙(きつえん) 흡연　火(ひ) 불　街中(まちじゅう) 거리 속　凶器(きょうき) 흉기　化(ば)ける 변하다
危険性(きけんせい) 위험성　行為(こうい) 행위　罰則(ばっそく) 벌칙　立法化(りっぽうか) 입법화
進(すす)む 진행되다　顔(かお) 얼굴　当(あ)たる 닿다　やけど 화상　衣服(いふく) 옷　汚(よご)す 더럽히다
被害(ひがい) 피해　増(ふ)える 늘다　煙(けむり) 연기　におい 냄새　周囲(しゅうい) 주위
不快(ふかい) 불쾌　非常(ひじょう)に 매우　特(とく)に 특히　車(くるま)いす 휠체어　ちょうど 딱
高(たか)さ 높이　失明(しつめい) 실명　ポイ捨(す)て 아무렇게나 버림　吸(す)いがら 담배꽁초
原因(げんいん) 원인　条例(じょうれい) 조례　禁止(きんし) 금지　自治区(じちく) 자치구
実現(じつげん) 실현　望(のぞ)ましい 바람직하다　公衆(こうしゅう) 공중　室内(しつない) 실내
環境(かんきょう) 환경　全面(ぜんめん) 전면　全国(ぜんこく) 전국　法律(ほうりつ) 법률
厳(きび)しい 엄격하다　規制(きせい) 규제　楽(たの)しむ 즐기다　政府(せいふ) 정부
強制(きょうせい) 강제　疑問(ぎもん) 의문　동사 ます형 ＋ ～かねない ~일지도 모른다
迷惑(めいわく)をかける 폐를 끼치다　趣味(しゅみ) 취미　勝手(かって)だ 제멋대로다
この世(よ) 이 세상　生(い)きる 살다　依存症(いぞんしょう) 의존증, 중독증　苦(くる)しむ 괴로워하다
本人(ほんにん) 본인　一時的(いちじてき) 일시적　快楽(かいらく) 쾌락　得(え)る 얻다　理解(りかい) 이해
健康(けんこう) 건강　～はもとより ~은(는) 물론　他人(たにん) 타인　大事(だいじ)だ 소중하다

# Part 2
# 합격을 위한 문법 훈련

1. N2 체크 필수 문형문법 50
2. 접속사
3. 조사
4. 서술어
5. 문법의 기능어 (문형)

## 1. N2 체크 필수 문형문법 50

단순히 문법의 의미를 아는 것에서 나아가 그 문법(문형)이 문장에서 어떻게 쓰이는가를 이해하지 못하면 이번 시험의 문법 문제를 풀기 힘들다. 그러므로 문법(문형)이 문장에서 어떻게 쓰이는지를 이해하는 데 중점을 두어 학습하도록 하자.

① 동사 기본형＋～ようにしたところ　～하도록 했던 바

• 上司の勧めで笑顔セミナーに通う**ようにしたところ**、印象がとてもよくなった。

　상사의 권유로 웃는 얼굴 세미나에 다니도록 했던 바, 인상이 매우 좋아졌다.

• 社員同士が話し合う時間を大切にする**ようにしたところ**、効果はいろいろなところに現れました。　사원들끼리 대화하는 시간을 소중히 하도록 했던 바, 효과가 여러 곳에 나타났습니다.

② 동사 의지형＋～とした時　～하려고 했을 때

• 会社から出よう**とした時**電話がかかってきた。　회사에서 나가려고 했을 때 전화가 걸려왔다.

• こちらのお店は、以前友人と一緒にご飯を食べよう**とした時**きたところです。

　이 가게는 이전에 친구와 함께 밥을 먹으려고 했을 때 온 곳입니다.

③ ～に過ぎないとはいえ　～에 지나지 않는다고는 해도

• たばこは、ある程度普及率の高い嗜好品**に過ぎないとはいえ**、禁煙はすべきである。

　담배는 어느 정도 보급률이 높은 기호품에 지나지 않는다고는 해도 금연은 해야만 한다.

• 会費が一人あたり2000円**に過ぎないとはいえ**、僕としては大変なお金である。

　회비가 1인당 2000엔에 지나지 않는다고는 해도 나로서는 엄청난 돈이다.

④ ～のは …からだ　～하는 것은 …때문이다 (이유나 원인을 설명할 때는 の를 사용)

• 昨日会社を休んだ**のは**、病気になった**からだ**。　어제 회사를 쉬었던 것은 병이 났기 때문이다.

• あなたに言わなかった**のは**、あなたに会える時間がなかった**からだ**。

　당신에게 말하지 않았던 것은 당신을 만날 수 있는 시간이 없었기 때문이다.

▶ ～のは …ためだ　～하는 것은 …때문이다 (이유나 원인을 설명할 때는 の를 사용)

• 死にたくても生きなければならないのは子供のためだ。

죽고 싶어도 살지 않으면 안 되는 것은 아이 때문이다.

• この町で林業が盛んでいるのは独自の林業システムを構築したためだ。

이 마을에서 임업이 성한 것은 독자적인 임업시스템을 구축했기 때문이다.

▶ ～のは …おかげだ　～하는 것은 …덕분이다 (이유나 원인을 설명할 때는 の를 사용)

• 私が再起できたのはみんなのおかけだ。

내가 재기할 수 있었던 것은 모두의 덕분이다.

• 夫も家庭内のことを心配せず、安心して働きに出ることができるのは私のおかけだと言っています。　남편도 집안 일을 걱정하지 않고, 안심하고 일하러 나갈 수 있는 것은 내 덕분이라고 말하고 있습니다.

▶ ～のは …せいだ　～하는 것은 …탓이다 (이유나 원인을 설명할 때는 の를 사용)

• 毎日こんなに忙しいのは誰のせいでもない。自分のせいだ。

매일 이렇게 바쁜 것은 누구의 탓도 아니다, 자신 탓이다.

• 兄さんが今日晩ご飯を全然食べなかったのは風邪を引いたせいだ。

형이 오늘 저녁밥을 전혀 먹지 않았던 것은 감기에 걸린 탓이다.

⑤ ～というものだ　～라는 것이다 (명사나 형용동사)

• 相手の話も聞かずに自分の主張だけ通そうとするなんて、それはわがままというものだ。

상대의 이야기도 듣지 않고 자기 주장만을 고집하려 하다니, 그것은 제멋대로라고 하는 것이다.

• 何でも自分の思いどおりになると思ったら、大間違いというものだ。

뭐든지 자기 생각대로 된다고 생각했다면, 크게 잘못된 것이다.

▶ ～ということだ　～라는 것이다 (문장에서의 인용이나 사실 설명)

• デパートで火事があったが、客は逃げて全員無事だったということだ。

백화점에서 화재가 있었지만, 손님들은 도망가서 전원 무사했다고 한다.

• コーチの話では、彼が試合に出れば、優勝は間違いないということだ。
코치의 이야기로는 그가 시합에 나가면 우승은 틀림없다는 것이다.


⑥ 사역수동의 과거형 + 〜まま　〜해진 채로

• 先生に正座をさせられたまま、1時間も座っていた。
선생님께 정좌를 당한 채로 1시간이나 앉아 있었다.

• 少しは演技のうまい役者もいるだろうと思って我慢して観ていたのですが、結局最後までがっかりさせられたままでした。
조금은 연기를 잘하는 배우도 있을 것이라고 생각해서 참으며 보고 있었습니다만, 결국 마지막까지 실망한 채로 끝났습니다.


⑦ 〜ないことには …ない　〜하지 않으면 …(하)지 않다

• 予約を取れないことには泊まれない。 예약을 할 수 없으면 숙박할 수 없다.

• 調べてみないことには、真偽のほどは分からない。 조사해 보지 않으면, 진위의 정도는 알 수 없다.


⑧ 동사 가능형 + 〜ものなら　〜할 수만 있다면

• 予定が変更できるものなら、絶対に出かけたくない日なのだけど、今日はそうもいかない約束がある。 예정을 변경할 수만 있다면 절대 나가고 싶지 않은 날이지만, 오늘은 그렇게 하지 못하는 약속이 있다.

• 夢っていうか、私はイギリス留学に憧れを抱いていて、行けるものなら行ってみたいと思っていた。 꿈이라고 할까, 나는 영국 유학에 동경을 품고 있어서 갈 수만 있다면 가 보고 싶다고 생각하고 있었다.


⑨ 동사 의지형 + 〜と思う　〜하려고 하다 (주어는 당사자)

• 夏休みにアルバイトで塾の講師をやろうと思っています。
여름방학에 아르바이트로 보습학원의 강사를 하려고 생각하고 있습니다.

• 京都は初めてだし、記念になるので写真もたくさん撮ってこようと思っています。
교토는 처음이고, 기념이 되기 때문에 사진도 많이 찍어 오려고 생각하고 있습니다.

▶ 동사 기본형 ＋ 〜と思う   〜한다고 생각한다 (주어는 제3자)

- 時代によって命の価値は変わってきたし、これからも変わって行くと思います。

  시대에 따라 목숨의 가치는 변해 왔고, 앞으로도 변해 갈 것이라고 생각합니다.

- 彼はいやと言うが、行きたいと何度も言ったので行くと思います。

  그는 싫다고 말하지만, 가고 싶다고 몇 번이나 말했기 때문에 갈 거라고 생각합니다.

⑩ 명사・형용동사 ＋ 〜であるべきだ   〜여야만 한다

- テクノロジーは本来人間のためであり、使いやすく、わかりやすいものであるべきだ。

  테크놀로지는 본래 인간을 위해서이고, 사용하기 쉬우며, 이해하기 쉬운 것이어야만 한다.

▶ 명사・형용동사 ＋ 〜であるべきではないか   〜해야만 하지 않을까?, 〜여야만 하지 않을까

- 大統領は国民の意見を聞くのに、もっと慎重であるべきではないでしょうか。

  대통령은 국민의 의견을 듣는데 더욱 신중해야만 하는 것은 아닐까요?

⑪ 〜にすぎず   〜에 지나지 않고

- 彼女にとって彼は単なる男にすぎず、「友だち以上、恋人未満」どころか「友だち」ですら

  ない。 그녀에게 있어서 그는 단순한 남자에 지나지 않고, '친구 이상, 애인 미만'이기는커녕 '친구'조차 아니다.

- 私は一介の詩人にすぎず、文学について語るにふさわしい知識も経験もありません。

  나는 일개 시인에 지나지 않고, 문학에 대해서 이야기하는데 걸맞은 지식도 경험도 없습니다.

⑫ 〜しなくていいのなら   〜하지 않아도 괜찮은 것이라면

- 品質を気にしなくていいのなら、安いほうを買えばいいんじゃないでしょうか。

  품질을 신경 쓰지 않아도 괜찮은 것이라면, 싼 것을 사면 좋지 않을까요?

- 補助金があり、お金の心配をしなくていいのなら、安心して子供が産めるのに。

  보조금이 있고, 돈 걱정을 하지 않아도 괜찮은 것이라면 안심하고 아이를 낳을 수 있을 텐데.

⑬ ～ないことは(も)ない　～아닌 것은(도) 아니다, ～안 하는 것은(도) 아니다

• 新製品がこのくらいの価格なら、買えないこともない。

신제품이 이 정도 가격이라면, 못 살 것도 없다.

• お酒は飲まないこともないけれど、あまり好きではない。

술은 못 마시는 것도 아니지만, 별로 좋아하지 않는다.


⑭ 긍정문＋～わけにはいかない　～할 수는 없다

• あしたはほかの仕事をしなければならないのだから、この仕事をやりかけのまま帰える
わけにはいかない。내일은 다른 일을 해야 하기 때문에, 이 일을 하다만 채로 돌아갈 수는 없다.


▶ 부정문＋～わけにはいかない　～하지 않을 수는 없다

• 所長にして本社の命令である以上、従わないわけにはいかなかった。

소장으로서 본사의 명령인 이상, 따르지 않을 수는 없었다.


⑮ 必ずしも＋부정문　반드시 ～한 것은 아니다

• 高い物が必ずしも品質が良いわけではないと思う。

비싼 물건이 반드시 품질이 좋은 것은 아니라고 생각한다.

• 生産性を上げても必ずしも経済成長できるわけではありません。

생산성을 올려도 반드시 경제성장을 할 수 있는 것은 아닙니다.


⑯ 명사＋～でなくてはならないだろうか　～가(이) 아니고서는 안 되는 것일까?

• どうして大学の先生はみんな博士でなくてはならないだろうかという疑問が生じた。

왜 대학의 선생님은 모두 박사가 아니면 안 되는 것일까 라는 의문이 생겼다.


▶ 명사＋～であってもいいのだろうか　～라도 좋은 것일까?

• 卒業生みんなまったく中小企業には履歴書を出さなかった。大企業なら、どこであって
もいいのだろうか。

졸업생 모두 중소기업에는 이력서를 전혀 내지 않았다. 대기업이라면 어디라도 좋은 것일까?

⑰ 명사 ＋ 〜でなくてはならないかというと　〜가(이) 아니면 안 되는 것인가 하면

- 山田君が適任者だと言う人もいるが、山田君でなくてはならないかというと必ずしもそうではない。

  야마다 군이 적임자라고 말하는 사람도 있지만, 야마다 군이 아니면 안 되는 것인가 하면 반드시 그렇지는 않다.

- 仕事を選ぶ基準に絶対やりがいでなくてはならないかというと、それは人によって違います。

  일을 선택하는 기준으로 절대 보람이 아니면 안 되는 것인가 하면, 그것은 사람에 따라 다릅니다.

⑱ 동사 과거형 ＋ 〜のか ＋ 부정문　〜했는지

- 母親が家出した息子をいかに心配していたのか、君たちは知らない。

  어머니가 가출한 아들을 얼마나 걱정하고 있었는지, 너희들은 모른다.

- 犯人がどれほど悪いことをしていたのか、想像もつかなかった。

  범인이 얼마만큼 나쁜 짓을 했었는지 상상도 가지 않았다.

⑲ 동사 기본형 ＋ 〜ことが(も)あるが　〜하는 경우가(도) 있지만

- 説明もしないのに売れてしまうこともあるが、「この商品は素晴らしいものだ」といくら熱っぽく語っても、それだけでは商品は売れないことが多い。

  설명도 하지 않았는데 팔려 버리는 경우도 있지만, '이 상품은 멋진 물건이다'라고 아무리 열렬히 말해도, 그것만으로는 상품은 팔리지 않는 일이 많다.

  ▶ 동사 부정형 ＋ 〜ことが(も)あるが　〜하지 않는 경우가(도) 있지만

  - 韓国ではレストランの料理はそんなに辛くないこともあるが、家庭料理にはかなり辛いものが多い。 한국에서는 레스토랑의 요리는 그렇게 맵지 않는 경우도 있지만, 가정요리에는 상당히 매운 것이 많다.

⑳ 〜というようなものだ　〜라고 하는 듯한 것이다

- あなたの理論は両手を打ち合わせたときに出る音が右手から出ているのか左手から出ているのかというようなものだ。

  당신의 이론은 양손을 마주쳤을 때에 나오는 소리가 오른손에서 나오는 것인지 왼손에서 나오는 것인지와 같은 것이다.

- 彼の話は「子どもたちが自分で善し悪しを判断する目を養う必要がある」というようなものだ。 그의 이야기는 '아이들이 스스로 좋고 나쁨을 판단하는 눈을 키울 필요가 있다'라고 하는 듯한 것이다.

㉑ どんなに 〜たところで  아무리 〜라 한들

• 大切な人を見送った。どんなに後悔をしたところで、あの人は戻ってこない。

　소중한 사람을 배웅했다. 아무리 후회를 해 보았자, 그 사람은 돌아오지 않는다.

• 今更どんなにあわてて出発したところで、終電には間に合わない。

　지금에 와서 아무리 급하게 출발해 보았자, 마지막 전철 시간에는 맞지 않는다.


㉒ 〜が …とすれば  〜가 …이라고 하면

• 彼が静かなタイプだとすれば、世の中におしゃべりは誰もいないだろう。

　그가 조용한 타입이라고 하면, 이 세상에 수다쟁이는 아무도 없을 것이다.

• たとえ君が被害者とすれば、どうすべきなのか。 가령 네가 피해자라고 하면, 어떻게 해야만 할까?


㉓ かりにも 〜なら/ 〜以上は  적어도 〜라면/ 〜한 이상은

• かりにも彼女とのお付き合いを考えているなら、もう少し真面目になった方がいい。

　적어도 그녀와의 교제를 생각하고 있다면, 조금 더 성실해지는 편이 좋다.

• かりにも議員になると立候補した以上は、ちゃんとした政策を発表するべきである。

　적어도 의원이 될 것이라고 입후보한 이상은, 제대로 된 정책을 발표해야만 한다.


㉔ 〜といってもいいすぎではない  〜라고 해도 과언은 아니다

• 事実、20世紀文明は石油の上に築かれているといってもいいすぎではない。

　사실 20세기 문명은 석유를 바탕으로 구축된 것이라고 해도 과언은 아니다.

• 人の表情で一番人を引き付ける表情は、おそらく笑顔であるといってもいいすぎではないでしょう。 사람의 표정에서 가장 사람을 끌어당기는 표정은, 아마 웃는 얼굴이라고 해도 과언은 아니겠죠.


㉕ 〜に限ったことではない  〜에 한정된 것은 아니다

• 最近に限ったことではないかもしれませんが、残念なことに、どうも山歩きが「いまどき流行っていない趣味」になったような気がします。

　최근에 한정된 것은 아닐지도 모르겠습니다만, 유감스럽게도 아무래도 산길을 걷는 것이 '요즘에는 유행하지 않는 취미'가 된 듯한 느낌이 듭니다.

- 料理<ruby>料理<rt>りょうり</rt></ruby>に限ったことではないのですが、モノを作るということは作った後の気持ちよさが肝心なんだなと思います。

料理に 한정된 것은 아닙니다만, 물건을 만든다는 것은 만든 후에 기분 좋아지는 것이 중요한 것이라고 생각합니다.

## ㉖ まず 〜だろう　아마 〜일 것이다

- 最初から好きじゃないし、これからも好きになる可能性はまずないだろうと思う相手とでも付き合う事ってあるのですか。

처음부터 좋아하지 않았고, 앞으로 좋아질 가능성은 우선 없을 거라고 생각하는 상대라도 사귀는 일이란 있는 것일까요?

- あなたが何もしてあげなくてもまず大丈夫、うまくいくだろう。

당신이 아무것도 해 주지 않아도 아마 문제없을 것이다, 잘 될 것이다.

## ㉗ とても 〜ない　도저히(아무래도) 〜아니다

- 3日でレポートを書くとは言ったものの、3日ではとても書けなかった。

3일 안에 리포트를 쓴다고는 했지만, 3일로는 도저히 쓸 수 없었다.

- 二日酔いで頭ががんがんし、一日中吐き気がしてとても仕事どころじゃなかった。

숙취로 머리가 지끈거리고 하루 종일 구역질이 나서 도저히 일할 상황이 아니었다.

## ㉘ 동사 의지형 + 〜にも + 가능동사의 부정형　〜하려고 해도 할 수 없다

- 友だちからオフィスに電話がかかってくることになっているので、家に帰ろうにも帰れない。

친구로부터 사무실로 전화가 걸려 오기로 되어 있으므로, 집에 가려고 해도 갈 수가 없다.

- 1ヶ月分が未払いになっていたので、寮を出ようにも出られなかった。

1개월 분이 미납이 되어 있었으므로, 기숙사를 나가려 해도 나갈 수 없었다.

## ㉙ 〜だけしか …ない　〜밖에 …없다 (없다)

- 女子大は大学院の場合も女性だけしか入学が出来ないのでしょうか。

여대는 대학원의 경우도 여성밖에 입학할 수 없는 것입니까?

- 僕は決して音楽を軽く見ているわけではないが、音楽だけしか出来ない人にはなりたくない！ 나는 결코 음악을 가볍게 보는 것은 아니지만 음악밖에 할 수 없는 사람으로는 되고 싶지 않다!

㉚ 〜てばかりいる　〜하기만 하다

- 保護者から『寝てばかりいる中１の娘』に関する相談を受けました。

  보호자로부터 '잠만 자는 중학교 1학년 딸'에 관한 상담을 받았습니다.

- 何を聞いても泣いてばかりいる彼女をどうしたらよいのでしょうか。

  무엇을 물어도 울고만 있는 그녀를 어떻게 하면 좋을까요?

㉛ 〜のは …ぐらいのものだ　〜(한) 것은 …정도인 것이다

- 息を切らすほど運動するのは人間ぐらいのものだ。

  숨을 헐떡일 만큼 운동하는 것은 인간 정도인 것이다.

- 履歴書の資格の欄に書けるのは、せいぜい運転免許証ぐらいのものだ。

  이력서의 자격란에 쓸 수 있는 것은 기껏해야 운전면허증 정도인 것이다.

㉜ 동사 사역형＋〜ていただく　〜하겠다 (겸양 표현)

- 事情により、店をしばらく閉めさせていただきます。

  사정에 의해 가게를 잠시 닫겠습니다.

- 先生から頼まれた事は責任を持ってやらせていただきます。

  선생님으로부터 부탁받은 일은 책임을 가지고 하겠습니다.

㉝ 동사 사역형＋〜てくださいませんか(ていただけませんか)　〜하게 해 주시지 않겠습니까?

- 今とても苦しんでいる状態なので、お知恵を拝借させてくださいませんか。

  지금 상당히 괴로워하고 있는 상태이니까 지혜를 빌려 주시지 않겠습니까?

- 「よければ今度の練習に参加させてくださいませんか」と聞いてみたら、きっぱり断られた。

  '괜찮다면 이번 연습에 참가하게 해 주시지 않겠습니까?'라고 물어 보았더니, 딱 잘라 거절당했다.

㉞ 긍정문＋〜はずがない　〜할 리가 없다

- 楽しいことばかりの毎日なんて、あるはずがないだろう。

  즐거운 일만 있는 나날 따위는 있을 리가 없을 것이다.

▶ 부정문 + 〜はずがない  〜하지 않을 리가 없다

• 彼はあんなにやりたがっていたから、やら**ないはずがない**。

그는 그렇게 하고 싶어 했었기 때문에 안 할 리가 없다.


㉟ 〜べきだ  〜해야만 한다

• 物を売るときは、値段が安ければいいというものではなく、商品の質を第一に考える**べきだ**。

물건을 팔 때는 가격이 싸면 좋다는 것이 아니라, 상품의 질을 제일 먼저 생각해야만 한다.


▶ 〜べきではない  〜해서는 안 된다

• 政治家はどんなことがあっても国民をだます**べきではない**。

정치가는 무슨 일이 있더라도 국민을 속여서는 안 된다.


㊱ 〜とみなされている  〜로 간주되다

• 離婚はまだ否定的なもの**とみなされている**が、それはいずれごく当たり前のものとなるかもしれない。

이혼은 아직 부정적인 것으로 간주되지만, 그것은 언젠가 극히 당연한 것이 될지도 모른다.

• フィラデルフィアはアメリカ独立戦争の本拠地**とみなされている**、アメリカ民主主義の発祥地である。

필라델피아는 미국 독립전쟁의 본거지로 간주되는 미국 민주주의의 발상지이다.


㊲ 〜わけではない  〜한 것(셈)은 아니다

• 別に恋人という**わけではない**わ。彼とは友だちとして付き合っているだけなの。

별로 애인이라는 것은 아니다. 그와는 친구로서 사귀고 있을 뿐이야.

• 君一人が悪い**わけではない**が、君に責任がまったくないわけでもないだろう。

너 혼자가 잘못한 것은 아니지만, 너에게 책임이 전혀 없는 것은 아닐 것이다.


㊳ 〜ては(では)いられない  〜해서는(〜으로는) 있을 수 없다

• みんなが地震の被災を受けているのに、僕だけがこのまま**ではいられない**。

모두가 지진의 피해를 입고 있는데, 나만 이대로 있을 수는 없다.

- 世界がこんなに速く変わっているのに、日本が変わらないまま**ではいられない**。

  세계가 이렇게 빨리 바뀌고 있는데, 일본이 변화하지 않은 채 있을 수 없다.

㊴ お(ご)＋명사＋～ください(いただく) ～해 주십시오 (존경 표현)

- 先日お会いした際にご相談した件でございますが、よろしく**ご検討ください**。

  전날 만나뵈었을 때 상담한 건입니다만, 잘 검토해 주십시오.

- 来週のスケジュールが決まり次第、**ご連絡ください**。

  다음 주 스케줄이 정해지는 대로 연락 주십시오.

㊵ ～ものだ ～법이다 (일반적인 사실, 진리)

- 今年の夏は暑いのに、クーラーがぜんぜん売れていない。暑い夏ほどクーラーは売れる**ものだ**と言われているが、違うのだろうか。

  올해 여름은 더운데도 에어컨이 전혀 팔리지 않는다. 더운 여름일수록 에어컨은 잘 팔리는 것이라고 하는데 틀린 것일까?

- 人間というものは、外見だけでは分からない**ものだ**。

  인간이라는 것은 겉모습만으로는 모르는 법이다.

㊶ ～ことだ ～하는 것이 상책이다, ～해야만 한다 (당연·의무)

- 夜遅くピアノを弾くことは隣の人に迷惑をかけることだからやめる**ことだ**。

  밤늦게 피아노를 치는 것은 이웃 사람에게 폐를 끼치는 일이므로 그만두는 것이 상책이다.

- 勝負は最後まであきらめない**ことだ**。 승부는 마지막까지 포기하지 말아야 한다.

㊷ ～というものではない ～라는 것은 아니다

- 弁償すれば済む**というものではない**。金には換えられないものもある。

  변상하면 해결된다는 것은 아니다. 돈으로는 바꿀 수 없는 것도 있다.

- 結婚ってものは愛情さえあればいい**というものではない**。

  결혼이라는 것은 애정만 있으면 되는 것은 아니다.

㊸ 〜として  〜라고 해서

• 個人加盟の地域労組が申し入れた団体交渉を同社が拒否したのは不当として、労働委員会は交渉に応じるよう命令しました。

개인 가맹의 지역 노조가 신청한 단체교섭을 위 회사가 거부한 것은 부당하다고 해서, 노동위원회는 교섭에 응하도록 명령했습니다.

• 今回、この事業をやったとして、後が続かなければ何の意味も無くなるのではなかろうか。

이번에 이 사업을 했다고 해서 뒷일이 계속되지 않으면 아무런 의미도 없어지는 것이 아닐까요?


㊹ 〜にしても  〜로서도, 〜라고 해도

• 彼にしても、あのように言うしかなかったのだろう。

그로서도 그렇게 말할 수밖에 없었을 것이다.

• 休日はもちろん、平日にしても、日本の旅館に泊まるのにはかなりのお金がかかる。

휴일은 물론 평일이라고 해도, 일본의 료칸에 숙박하려면 꽤 많은 돈이 든다.


㊺ 〜に限る  〜가 최고이다

• よほど巧みに嘘をつけない限り、真実を語るに限る。

어지간히 교묘하게 거짓말을 할 수 없는 한, 진실을 말하는 것이 최고이다.

• 宝石の内部には傷などないに限るのですが、それでも仕方ない時もある。

보석 내부에는 흠집 등이 없는 것이 최고입니다. 그래도 어쩔 수 없을 때도 있다.


㊻ 〜とは限らない  〜라고는 할 수 없다

• 何でも安いからといってよく売れるとは限らない。

뭐든지 싸다고 해서 잘 팔린다고는 할 수 없다.

• 日本に住んでいるからといって、日本語が上手になるとは限らない。

일본에 살고 있다고 해서, 일본어가 능숙해진다고는 할 수 없다.


㊼ 〜にもかかわらず  〜에도 불구하고

• あれほど固く約束したにもかかわらず姿を現わさない。

그만큼 굳게 약속했음에도 불구하고 모습을 드러내지 않는다.

- 旅先では、初めての土地にもかかわらず、なぜかいつか来たようななつかしさを感じることもある。 여행지에서는 처음 간 지역임에도 불구하고, 왠지 언젠가 온 듯한 그리움을 느낄 때도 있다.


## ㊽ ～にしては  ～치고는, ～로서는

- 半年しかテニスを習っていないにしては、彼女はなかなか上手だ。
  반년밖에 테니스를 배우지 않은 것치고는 그녀는 상당히 잘한다.

- 彼女はもう３年もアメリカに住んでいるというが、それにしては英語をあまりしゃべられない。
  그녀는 벌써 3년이나 미국에 살고 있다고 하지만, 그것치고는 영어를 그다지 잘하지 못한다.


## ㊾ ～への  ～에 대한

- 国民への税金が多くなるとともに、国民の不満は高くなる。
  국민에 대한 세금이 많아짐에 따라, 국민의 불만은 높아진다.

- ニューヨクの万国博に出品された「自由の鐘」は、平和への祈りをこめて、フィラデルフィアの独立記念館のオリジナルを模して作製されました。
  뉴욕의 만국박람회에 출품된 '자유의 종'은 평화에 대한 염원을 담아 필라델피아의 독립기념관의 오리지널을 모방해서 제작되었습니다.


## ㊿ ～に(は)及ばない  ～에(는) 미치지 못하다

- 世界的標準に及ばないわが国の予防接種制度を早く改革してほしい。
  세계적 표준에 미치지 못하는 우리나라의 예방접종제도를 빨리 개혁해 주기 바란다.

- 先生の期待に及ばない成績だったが、試験には合格しました。
  선생님의 기대에는 미치지 못하는 성적이었지만, 시험에는 합격했습니다.

→ 정답 p.68

1 知識と頭の回転の速さにかけては誰も彼（　　　　）。
1　に及ぶものはいる　　　　　　　　2　に及ばないではいられない
3　に及ばない　　　　　　　　　　　4　に及ばないものはいる

2 たとえこの空が暗く沈んだ（　　　　）、君への愛は変わらない。
1　としても　　　　　　　　　　　　2　にしても
3　にあたっても　　　　　　　　　　4　におうじても

3 甘えん坊の多いこのところ、いとこはこの年齢の子供（　　　）しっかりしている。
1　にしても　　　　　　　　　　　　2　にしては
3　として　　　　　　　　　　　　　4　にだけあって

4 野球大会の当日は激しい雨が降っていた。（　　　　）、大会は実施された。
1　それにかわって　　　　　　　　　2　それにしたって
3　それにもかかわらず　　　　　　　4　それとしたところで

5 イチロ「あなたがそう言えば、教えて（　　　　）ぜ。」
エリカ「ありがとう。前からずっと気になったの。」
1　やらないこともない　　　　　　　2　やらずにすむ
3　やらないではすむ　　　　　　　　4　やらないこともにすむ

6 外国人が外国に滞在する目的はさまざまであって、移民（　　　　）。
1　だけとは限らない　　　　　　　　2　だけに限っている
3　こそに限っている　　　　　　　　4　こそとは限らない

7 さっき、先生がおっしゃったことはあなたに関係ない（　　　　）。
1　ことだから言うことはない　　　　2　はずだから言うとは限らない
3　ことだから言うとは限らない　　　4　はずだから言うことはない

8 紳士というものは、黒のスーツに黒の靴をそろえ（　　　　）。
1 てから完璧だとはいえない　　　　2 ないことには完璧だとはいえない
3 ないことには完璧ともいえる　　　4 てから完璧だとはいえない


9 日本人だからといって、正しく敬語が（　　　　）。
1 使えないに限る　　　　　　　　　2 使えるに限る
3 使えるとは限らない　　　　　　　4 使えないとは限らない


10 癌に（　　　　）ことに限りますが、万一というときのためにも「癌保険」は
入っておいたほうがいい。
1 すぎないもの　　　　　　　　　　2 さえならない
3 なんてならない　　　　　　　　　4 こそなってない

→ 정답 p.68

**1** これが口で言うほど簡単なことかどうか、まず自分で（　　　　）。

1　やらないでいられない　　　　　　　2　やってみなくてもいい

3　やらないでいることだ　　　　　　　4　やってみることだ

**2** 何でも早く済ませればいい（　　　　）。

1　というものではない　　　　　　　　2　とすることではない

3　というはずではない　　　　　　　　4　とするべきではない

**3** 今は決算期で忙しい最中なので、日を改めて（　　　　）。

1　お電話させてください　　　　　　　2　お電話ください

3　お電話させてもらいます　　　　　　4　お電話くださいます

**4** 演奏会の開始時間も近づいていますし、そろそろ会場（　　　　）。

1　に入ろうじゃありませんか　　　　　2　で入るにしましょう

3　に入るにしましょう　　　　　　　　4　で入ろうじゃありませんか

**5** お客「あのう、この服、デザインが気に入らないんですが…。

　　　払い戻しはできませんか。先月買ったものなんですけど。」

　　店員「すみません。期間もだいぶすぎたし、特別の理由のないかぎり、

　　　（　　　　）。」

1　払い戻しはいたしません　　　　　　2　払い戻しができます

3　払い戻しではないです　　　　　　　4　払い戻しにすぎます

**6** 不況といえどもしっかり者の彼のことだから、どんな会社（　　　　）だろう。

1　であってもなんとかやっていける　　2　であってはなんとかやっていけない

3　であってもなんとかやっていけない　4　であってはなんとかやっていける

**7** 雪崩（　　　　）、無謀な計画のせいだ。

1　に巻き込まれたのに　　　　　　　　2　に巻き込まれたのは

3　に巻き込まれたことは　　　　　　　4　に巻き込まれたことに

[8] 女性だけが昇進の機会を奪われるのは（　　　　）規制緩和を求めた。
1　おかしいにして
2　おかしいだけあって
3　おかしいとして
4　おかしいともあれ

[9] 先生は、成績には試験の点数に加えて授業の出席率も（　　　　）とおっしゃいました。
1　考慮される
2　考慮させられる
3　考慮させる
4　考慮させている

[10] たまには温泉にでも行ってのんびりしたいと思う。だけど、今の私には（　　　　）。
1　お金もなければ、暇もない
2　お金もあれば、暇もない
3　お金さえなければ、暇もない
4　お金さえあれば、暇もない

→ 정답 p.69

1 忙しいと言っても、年中忙しい（　　　　）。
  1 というわけではない　　　　　　　2 とするべきではない
  3 というべきではない　　　　　　　4 とするわけではない

2 知られる（　　　　）隠そうとすると、かえって知られてしまうものだ。
  1 わけはあるまいとして　　　　　　2 わけはあるまいにして
  3 ことはあるまいにして　　　　　　4 ことはあるまいとして

3 日本の物価は高いというが、それはソウル（　　　　）同じだろう。
  1 からいって　　　　　　　　　　　2 にしても
  3 にいたって　　　　　　　　　　　4 といたって

4 大阪（　　　　）、事故の原因を確かめたかったからです。
  1 に行ったのは　　　　　　　　　　2 で行ったことは
  3 に行ったことは　　　　　　　　　4 で行ったのは

5 イチロ「彼女が先に謝らない限り、（　　　　）。」
  ミチ子「彼女も十分反省しているから、今回のことは目をつぶしてやったら…。」
  1 許してやるに限る　　　　　　　　2 許すことだ
  3 許してやるものか　　　　　　　　4 許さざるをえないことだ

6 今度のプロジェクトが任せられる人が杉本さん（　　　　）、必ずしもそうでは
ありません。
  1 でなくてはならないかというと　　2 でなくてもいいからといって
  3 でなくてはならないからといって　4 でなくてもならないかというと

7 電車が遅れたのは、踏切事故（　　　　）。
  1 があるためだ　　　　　　　　　　2 があったためだ
  3 であったためだ　　　　　　　　　4 であるためだ

8 もう１年も水泳を習ったから上手だろうと思って海に行った。しかし実際は、
泳ぐどころか、浮く（　　　　）。
1　ことさえ出来なかった　　　　　2　ことだけ出来るようになった
3　ことだけ出来なかった　　　　　4　ことさえ出来るようになった

9 社長の指示に沿って、建設分野にも進出（　　　　）。
1　したことになった　　　　　　　2　したことであった
3　することであった　　　　　　　4　することになった

10 病気がちの彼があんなにも元気（　　　　）、先生のおかげだと思います。
1　でいられることは　　　　　　　2　でいられるのは
3　にいられるのは　　　　　　　　4　にいられることは

## 2. 접속사

N2에서 출제되는 접속사의 의미와 문장에서의 쓰임을 아래의 예문으로 확인해 두자.

① ところが・しかし・でも・けれども・けれど・だが・だけど  그러나, 하지만

- 杉本はサチコからラブレターをもらった。しかし、彼は全く幸せではなかった。

  스기모토는 사치코로부터 러브레터를 받았다. 하지만 그는 전혀 행복하지 않았다.

- 来年はヨーロッパへ行こうと思っています。でも、お金があればの話です。

  내년에는 유럽에 가려고 생각하고 있습니다. 그러나 돈이 있을 때의 이야기입니다.

② つまり  즉, 바꿔 말하면

- 父の兄の娘、つまり私のいとこが、その会社に勤めています。

  아버지의 형의 딸, 즉 저의 사촌이 그 회사에 근무하고 있습니다.

- 悩みを先生に相談する生徒は1割に満たない。つまり、教師はほとんど信頼されていないことだ。

  고민을 선생님께 상담하는 학생은 10%에 미치지 않는다. 바꿔 말하면, 교사는 거의 신뢰받지 못 한다는 것이다.

③ ところで・さて  그런데

- 今月の営業成績の結果をお知らせしました。ところで、来月からは成績をつけるルールが変更される予定です。

  이번 달 영업 성적의 결과를 알려드렸습니다. 그런데, 다음 달부터는 성적을 매기는 룰이 변경될 예정입니다.

- このごろ忙しくてねえ。さて、最近、駅の前に新しいレストランができたらしいよ。

  요즘 바빠서 말이야. 그런데, 최근에 역 앞에 새로운 레스토랑이 생겼다던데.

④ それに・しかも・そのうえ(に) 게다가

- 今週は予定がぎっしりつまっている。それに、出版社から原稿催促の電話も受けている。

  이번 주는 예정이 꽉 차 있다. 게다가 출판사로부터 원고 재촉의 전화도 받고 있다.

- 母は私の上京を望んでいなかったし、それに、父の病気が長引いて、結局私は夢を断念せざるをえなかった。

  어머니는 나의 상경을 원하지 않았었고, 게다가 아버지의 병이 길어져서 결국 나는 꿈을 단념해야만 했었다.

⑤ それとも 그렇지 않으면

- コーヒーにしますか、それとも紅茶にしますか。

  커피로 하겠습니까? 그렇지 않으면 홍차로 하겠습니까?

- 大学に行こうか、それとも就職しようかと今迷っています。

  대학에 갈까, 그렇지 않으면 취직할까 하고 지금 망설이고 있습니다.

⑥ あるいは = もしくは 혹은 / または 또는

- この書類に英語あるいは日本語で記入してください。

  이 서류에 영어 혹은 일본어로 기입해 주세요.

- この木は風で自然に倒れたのだろうか、または誰かが倒したのだろうか。

  이 나무는 바람으로 자연스럽게 쓰러진 것일까, 또는 누군가가 쓰러뜨린 것일까?

⑦ たとえば 예를 들면

- 我国は外国に依存しすぎる。たとえば、私たちの食糧の大半は輸入品である。

  우리나라는 외국에 지나치게 의존한다. 예를 들면, 우리 식량의 대부분은 수입품이다.

- 緊急事態、たとえば、大地震や火災の時に、いかに大勢の人々の混乱を防ぐかが課題である。

  긴급사태, 예를 들면 대지진이나 화재 시 얼마나 많은 사람들의 혼란을 막을 것인가가 과제이다.

⑧ そして　그리고

- 晴れた日は散歩する。そして雨が降ると読書を楽しむ。

  맑은 날은 산책한다. 그리고 비가 오면 독서를 즐긴다.

- 彼はソファーに腰を下ろしていた。そして間もなく眠ってしまった。

  그는 소파에 앉아 있었다. 그리고 얼마 되지 않아 잠들어 버렸다.

⑨ それで　그래서

- 故郷を離れて時間がだいぶ過ぎた。それで、高校の友達とは20年以上会っていない。

  고향을 떠난지 시간이 상당히 지났다. 그래서 고등학교 친구와는 20년 이상 만나지 않았다.

- 彼はいつも嘘ばかりつく。それで、友達がほとんどいない。

  그는 항상 거짓말만 한다. 그래서 친구가 거의 없다.

⑩ したがって　따라서

- 杉本はとてもハンサムだ。したがって、彼は女の子にとても人気がある。

  스기모토는 매우 잘생겼다. 따라서 그는 여자에게 매우 인기가 있다.

- 会社の事業資金が不足しているのだ。したがって、この計画は取りやめになるだろう。

  회사의 사업 자금이 부족하다. 따라서 이 계획은 취소가 될 것이다.

⑪ すなわち　즉

- 日本の玄関、すなわち成田空港が完成したのは1978年のことである。

  일본의 현관, 즉 나리타공항이 완성된 것은 1973년의 일이다.

- 彼は今年の春に二十歳、すなわち成人に達したということだ。

  그는 올해 봄에 20살, 즉 성인이 되었다는 것이다.

⑫ さらに(言えば) 더 나아가, 더욱이

• 私は杉本さんがハンサムなので、彼と結婚する。さらに言えば、彼は金持ちでもある。

나는 스기모토 씨가 잘생겼기 때문에 그와 결혼한다. 더욱이 그는 부자이기도 하다.

• 目的地までバスで3時間かかった。さらに、そのあとも1時間歩かなければならないそうだ。

목적지까지 버스로 3시간 걸렸다. 게다가 그 후로도 1시간 걷지 않으면 안 된다고 한다.


⑬ むしろ 오히려

• この天候では、先へ進むよりむしろ引き返すべきだ。

이 날씨로는 앞으로 나아가는 것보다 오히려 되돌아가야만 한다.

• 貸し衣装も高いから、借りるよりむしろ買ったほうが安いだろう。

의상 대여도 비싸니까, 빌리는 것보다 오히려 사는 편이 쌀 것이다.


⑭ それどころか 그것뿐만 아니라

• 彼女は独身じゃありません。それどころか、子供が二人もいるんですよ。

그녀는 독신이 아닙니다. 그뿐만이 아니라, 아이가 두 명이나 있습니다.

• 私はどうしても鳥が好きになれません。それどころか、見るだけで鳥肌が立ったりします。

저는 도저히 새가 좋아지지 않습니다. 그뿐만이 아니라, 보는 것만으로 닭살이 돋기도 합니다.


⑮ ついに 마침내, 끝끝내

• 1年間一生懸命勉強し、ついに第一志望の大学に合格した。

1년간 열심히 공부하여, 마침내 1지망 대학에 합격했다.

• 高校受験を受ける中学3年生です。ついに進路希望調査を書かなければならない時が来ました。 고등학교 입시시험을 치르는 중학교 3학년생입니다. 마침내 진로희망조사를 써야 할 때가 왔습니다.

→ 정답 p.70

**問題7** 次の文の（　　　）に入れるのに最もよいものを、1・2・3・4から一つ選びなさい。

1 大学を卒業してから、（　　　）大学院に進んで研究を続ける人もいる。
　1 さらに　　　　　2 あるいは　　　　　3 しかも　　　　　4 たとえば

2 この部屋にはカーテン、家具、電話、（　　　）テレビまで付いている。
　1 ついに　　　　　2 それに　　　　　3 むしろ　　　　　4 すなわち

3 寒くなりましたね。（　　　）、お父さんはお元気ですか。
　1 それとも　　　　2 ただし　　　　　3 ところで　　　　4 そういえば

4 主婦の日常の家事、（　　　）掃除、炊事といった事柄を代行しようという新しい商売が増えているそうだ。
　1 したがって　　　2 それで　　　　　3 ところで　　　　4 すなわち

5 誰か来たのだろうか、（　　　）風の音だろうか。
　1 だけど　　　　　2 かといって　　　3 それどころか　　4 それとも

6 あの教師の態度には同意できない。（　　　）子供達がとったの方が正しいと思う。
　1 ところが　　　　2 ところで　　　　3 むしろ　　　　　4 やがて

7 試験を受けるか、（　　　）レポートを提出しなければならない。
　1 もしくは　　　　2 たとえば　　　　3 ただし　　　　　4 そこで

8 月曜日は休館、（　　　）月曜日が祝日の場合は火曜日を休館とする。
　1 まさか　　　　　2 むしろ　　　　　3 したがって　　　4 ただし

9 毎日電車で水泳教室に通っています。（　　　）、日曜日は行きません。
　1 わざと　　　　　2 だけど　　　　　3 かえって　　　　4 それに

10 学校に行くのが辛いです。（　　　）、この世に存在すること自体が嫌（いや）です。
　1 そうしたら　　　2 それどころか　　3 そういえば　　　4 そのうち

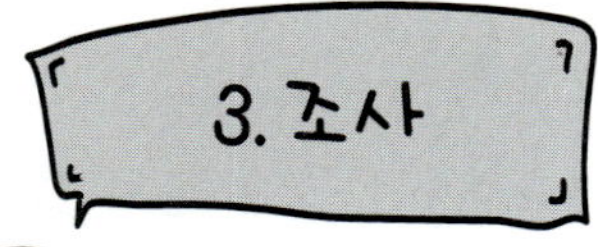


2010년 상반기 시험 문제를 분석한 결과를 토대로 향후 출제될 조사들을 유추하여 예문으로 제시하였다.
제시된 조사들의 정확한 의미와 문장에서의 바른 쓰임을 파악하도록 하자.
참고로 문법과 관련된 조사, 예를 들면「〜さえ…ば 〜만 …(하)면」에서「〜さえ」를 묻는 문제나,「〜ものの 〜입니다만」 등은 N2 문법의 기능어와 관련된 조사이므로 여기에서는 생략하도록 하겠다.

① 〜とは  〜라고 하는 것은

• 温暖化とは、人間の活動が活発になるにつれてだんだんひどくなっていく。

온난화라는 것은 인간의 활동이 활발해짐에 따라 점점 심해져 간다.

• 健康的な食生活とはどのようなものなのでしょうか。

건강한 식생활이라는 것은 어떠한 것일까요?

② 〜にて  〜에서, 〜(으)로

• 新入社員の面接は本社にて行います。

신입사원의 면접은 본사에서 행합니다.

• 心の病気にて病院で治療中です。

마음의 병으로 병원에서 치료 중입니다.

③ 동사 기본형 + 〜には  〜하려면, 〜하기에는

• 戦争を無くすには、世界中の人々の心からの協力が必要である。

전쟁을 없애려면 세계 모든 사람들의 마음으로부터의 협력이 필요하다.

• 定年後の生活を考えるには、どのような勉強をすれば良いでしょうか。

정년 후의 생활을 생각하려면 어떤 공부를 하면 좋을까요?

④ ～とか　～라든지, ～하던데

- たびたび親には内緒で図書館に行くとか嘘ついて、遊びに行った。

  종종 부모님에게는 비밀로 하고 도서관에 간다든지 거짓말을 하고 놀러 갔다.

- 今夜からまた雨で、明日も午前中は雨だとか。

  오늘밤부터 또 비가 오고, 내일도 오전 중에는 비가 온다고 하던데.


⑤ 동사 기본형＋～のに　～(하)는데

- コンビニで買った弁当を家で食べるのに、なぜお箸やスプーンをもらってくるのか分からない。

  편의점에서 산 도시락을 집에서 먹는데, 왜 젓가락이나 숟가락을 받아오는지 모르겠다.


⑥ ～に　～데다가(첨가)

- 彼は高級乗用車にスポーツカーも持っている大金持ちだ。

  그는 고급 승용차에다가 스포츠카도 갖고 있는 큰 부자이다.

- 友だちは頭がいいうえに努力もするので、とうてい追い付けない。

  친구는 머리가 좋은 데다가 노력도 하기 때문에 도저히 따라갈 수 없다.


⑦ ～でも　～라도

- どんなことでもいいので読んだ後のご感想をお願いします。

  어떤 것이라도 좋으니 읽은 후의 감상을 부탁드립니다.

- 最近の若者でも日本の伝統に興味を持っている人が多い。

  요즘 젊은이라도 일본 전통에 흥미를 가지고 있는 사람이 많다.

⑧ 주격 조사 ～の  ～이, ～가

• 雨の降る日は、誰かとお酒を飲んだり温泉でも行きたい。

비가 내리는 날에는 누군가와 술을 마시거나 온천이라도 가고 싶다.

• 彼女の好きな香水を全部そろって誕生日のプレゼントにあげるつもりだ。

그녀가 좋아하는 향수를 전부 갖추어 생일 선물로 줄 생각이다.


⑨ ～までも  ～까지도, ～마저도

• すべてのことを慎重にしないと、大切な友人までも失いかねません。

모든 일을 신중히 하지 않으면 소중한 친구마저도 잃을지 모릅니다.

• あまりにも心配しすぎて、あなたまでも病気にかかってしまうんじゃないかと悩んでいます。

너무 지나치게 걱정해서, 당신마저도 병에 걸려 버리지 않을까 하고 고민하고 있습니다.


⑩ ～も  ～씩(이나)

• 誰もいない海で彼女を1時間も待っていたが、結局現れなかった。

아무도 없는 바다에서 그녀를 1시간이나 기다리고 있었지만, 결국 나타나지 않았다.

• 毎日忙しくてホームページの更新が一週間も延びてしまいました。

매일 바빠서 홈페이지의 갱신이 1주일이나 늦어져 버렸습니다.

→ 정답 p.71

**問題7** 次の文の（　　　）に入れるのに最もよいものを、1・2・3・4から一つ選びなさい。

1　全国大会で優勝できるくらい強くなる（　　　）、監督のいい作戦と選手たちの努力が必要だ。

　　1　では　　　　　2　のに　　　　　3　には　　　　　4　とは

2　留学に行った彼氏と国際電話をする（　　　）電話代がすごくかかって困っている。

　　1　には　　　　　2　ので　　　　　3　では　　　　　4　のに

3　今の彼氏が昔の彼女（　　　）くれたものを身につけていて、複雑な感じです。

　　1　は　　　　　　2　に　　　　　　3　の　　　　　　4　から

4　信じていた友だち（　　　）僕のことを疑っていた。

　　1　でも　　　　　2　なので　　　　3　には　　　　　4　までも

5　あなたは精神障害だ（　　　）で病院に通ったことがありますか。

　　1　とか　　　　　2　に　　　　　　3　さえ　　　　　4　もの

6　海外からの帰りの飛行機（　　　）、隣に座った方といろんなことを話しました。

　　1　にて　　　　　2　では　　　　　3　でも　　　　　4　のに

7　伝統（　　　）古いという意味ではなく、時代に合わせながら生き延びてきたものです。

　　1　が　　　　　　2　に　　　　　　3　とか　　　　　4　とは

8　父からこづかいを一万円（　　　）もらって、とてもうれしかった。

　　1　も　　　　　　2　でも　　　　　3　から　　　　　4　が

9　彼女は別荘（　　　）豪華なボートも持っているそうだ。

　　1　で　　　　　　2　に　　　　　　3　を　　　　　　4　まで

10　みなさん、よく聞いてください。誰（　　　）答えられる簡単な質問です。

　　1　にも　　　　　2　とも　　　　　3　でも　　　　　4　へも

2010년 상반기 출제된 능력시험 문제를 보면 긴 지문의 문장에서 전후 의미에 맞게 연결할 때 알맞은 표현을 묻는 즉, て형에 붙는 서술어를 고르는 문제가 출제될 것으로 예상된다. 기본적으로 독해나 문장을 해석하는 능력이 있으면 어렵지 않게 풀 수 있으나, 기초부터 차근차근 밟아간다는 마음으로 て형이 결합한 서술어의 정확한 쓰임과 문장에서의 의미를 알아보자.

① ～ておく  ～해 두다 / 놓다

• 大事なものは、金庫の中に入れておいたほうがいいです。

중요한 물건은 금고 안에 넣어 두는 편이 좋습니다.

• 注文日に合わせなければならないから、徹夜をしてでもやっておきましょう。

주문일에 맞추어야만 하니까 철야를 해서라도 해 둡시다.

② ～てみる  ～해 보다

• 私の会社では5年も前からこれと同じ計画を立てていろいろ研究してみたんです。

우리 회사에서는 5년이나 전부터 이것과 똑같은 계획을 세워서 여러모로 연구해 보았습니다.

• 先月の売上が利益か損害か計算してみました。

지난달 매상이 이익인지 손해인지 계산해 보았습니다.

③ ～ていく  ～해 가다 (상태의 변화)

• 目の前で大きな石が崖から落ちていった。

눈앞에서 커다란 돌이 절벽에서 떨어져 갔다.

• 新型インフルエンザは時間が経つにつれていろいろな病気になっていった。

신종플루는 시간이 흐름에 따라 여러 가지 병으로 되어 갔다.

④ ～てくる  ～해 오다 (상태의 변화)

• ここ数日、ちょっと暖かくなったせいか、放課後の校庭で遊んでいる子どもたちの姿がよく見られるようになってきました。

요 며칠 좀 따뜻해진 탓인지, 방과 후의 교정에서 노는 아이들의 모습을 자주 볼 수 있게 되었습니다.

- もうすぐ30才になります。結婚が不安になってきました。

  이제 곧 30세가 됩니다. 결혼이 불안해져 왔습니다.

⑤ 〜てみせる  〜해 보이다

- まず生徒にやり方を教えて、やってみせ、それからやらせてみた。

  우선 학생에게 하는 방법을 가르쳐주고, (시범을) 보여주고, 그리고 나서 하게 해 보았다.

- 黙ってみてみろ。必ずダイエットを成功してみせるから。

  잠자코 봐 봐. 반드시 다이어트를 성공해 보일 테니까.

⑥ 〜てしまう  〜해 버리다

- みんなに送る年賀状を二日間にわたって全部書いてしまった。

  모두에게 보낼 연하장을 이틀 간에 걸쳐 전부 써 버렸다.

- アイスクリームを冷蔵庫に入れておかないと、溶けてしまいますよ。

  아이스크림을 냉장고에 넣어 두지 않으면 녹아 버려요.

⑦ 수동형＋〜ている  〜애(어) 있다

- 板には小さいものから順に番号がつけられています。

  널빤지에는 작은 것부터 순서대로 번호가 붙여져 있습니다.

- 癌が死亡原因の１位になったことはよく知られています。

  암이 사망 원인의 1위가 된 것은 잘 알려져 있습니다.

⑧ 타동사＋〜てある  〜해 있다, 〜해 두다 (이미 이루어진 상태를 나타냄)

- 選挙があるのか、政党のポスターが張ってありましたね。

  선거가 있는지, 정당 포스터가 붙어 있었습니다.

- 結婚式は３ヶ月後だけど、もう式場を手配してあります。

  결혼식은 3개월 후이지만, 이미 식장을 준비해 두었습니다.

⑨ 자동사 + ~ている  ~해 있다

- 風が強かったせいか、 閉めておいたはずの窓が開いている。
바람이 강했던 탓인지, 틀림없이 닫아 두었던 창문이 열려 있다.

- どうしてか分からないけど、 コンピュータのデータが全部壊れていた。
어째서인지 모르겠지만, 컴퓨터의 데이터가 전부 망가져 있었다.

→ 정답 p.72

**問題7** 次の文の（　　　）に入れるのに最もよいものを、１・２・３・４から一つ選びなさい。

**1** 彼女と別れてもう半年も過ぎてしまった。頭から彼女の姿が（　　　）。
　　１　消えてきた　　２　消えてみた　　３　消えておいた　　４　消えていった

**2** ああだこうだ言わなくても、子供はそのままおいても（　　　）。
　　１　成長してみる　　２　成長していく　　３　成長してみせる　　４　成長してしまった

**3** 私の家には常備薬がいつも（　　　）。
　　１　置いていった　　２　置いておいた　　３　置いてある　　４　置いている

**4** 分からない言葉にはとりあえず印を（　　　）。
　　１　付けておく　　　　　　　　　　２　付けてしまった
　　３　付けてみせた　　　　　　　　　４　付けられてあった

**5** 3日も雨が降り続いて、ダムの水もだんだん（　　　）。
　　１　増えてみた　　　　　　　　　　２　増えておいた
　　３　増えてきた　　　　　　　　　　４　増えられておいた

**6** 依頼された仕事をやってもいいかと、みんなで（　　　）。
　　１　分析させておきました　　　　　２　分析してみました
　　３　分析してしまいました　　　　　４　分析させられていました

**7** 大事な会議があることをうっかり（　　　）。
　　１　忘れてしまった　　　　　　　　２　忘れてきた
　　３　忘れていった　　　　　　　　　４　忘れておいた

**8** 環境汚染に対する政府の具体的な対策が（　　　）。
　　１　求められています　　　　　　　２　求めています
　　３　求められておきます　　　　　　４　求められておきます

**9** 難しいけど、みんなが応援してくれるので（　　　）。
　　１　クリアしてしまった　　　　　　２　クリアしてみた
　　３　クリアしていった　　　　　　　４　クリアしてみせる

## 5. 문법의 기능어 (문형)

문형을 ひらがな순으로 암기하면, 잘 외워지지도 않고 각 문법의 연관성이나 접속 형태가 헷갈려 학습의 효율성이 떨어질 수도 있어 본서에서는 문법의 기능어를 기능과 형식, 접속 형태에 따라서 나열했다.

### ① 동사 과거형에 접속하는 문형

**① ～あげく / ～あげくに**  ～한 끝에(나쁜 일이 거듭된 끝에 어떠한 결과가 되었다)

> **접속** 「동사 과거형」, 「명사 + の」

- 彼女はいろいろと悩んだあげく、会社を辞めてしまった。

  그녀는 여러모로 고민한 끝에, 회사를 그만두고 말았다.

- どの大学に進学しようかさんざん悩んだあげく、A大学に決めた。

  어느 대학으로 진학할까 몹시 고민한 끝에, A대학으로 결정했다.

☆ 「あまり～한 나머지」와 헷갈릴 수 있지만, 실제 시험에서는 보기에 같이 출제되지 않는다. 일반적으로 뒤에 오는 문장은 '부정의 뉘앙스, 좋지 않은 결과'가 이어진다.

**② ～上で / ～上では / ～上での**  ～하고 나서 / ～한 이유로는 / ～하는 데 있어서의

> **접속** · ～(하)고 나서: 「동사 과거형」
>
> · ～(으)로는, ～한 이유로, ～하는 데 있어서: 「명사 + の」 「동사 연체형」

- よく考えた上で、ご返事いたします。

  잘 생각하고 나서 답변해 드리겠습니다.

- メールを使う上で注意すべきマナーって何ですか。

  메일을 사용하는 데 있어서 주의해야 할 매너는 무엇입니까?

☆ 두 번째 예문처럼 현재형에 접속할 수도 있는데, 의미는 '～하는 데 있어서'이다.

③ 동사 과거형 + 〜かと思うと・かと思ったら　〜하자마자, 〜라고 생각했는데

• 田中さんはいつも忙しそうだ。今来たかと思うともう寝ている。

　다나카 씨는 항상 바쁜 것 같다. 지금 오자마자 벌써 자고 있다.

• 一つの台風が通り過ぎたかと思うと、すぐに次の台風が接近した。

　태풍 하나가 지나가자마자, 바로 다음 태풍이 접근했다.

☆「동사 과거형 + とたん(に)」와 같은 의미이다.

④ 동사 과거형 + 〜きり/きりで/きりだ　〜한 이후로 지금까지 / 여태껏 (〜하지 못했다)

• 今朝はコーヒーを飲んだきりで、何も食べてない。

　오늘 아침은 커피를 마신 이후로 지금까지 아무것도 먹지 않았다.

• 息子は友達の家に行ったきり、帰ってこない。

　아들은 친구 집에 간 이후로 여태껏 돌아오지 않는다.

☆ 독해에서 자주 출제되는 어휘인 「寝たきり」는 '식물인간처럼 누워서 일어나지 못하는 상태 혹은 그런 사람'을 의미한다.

⑤ 동사 과거형 + 〜ところ　〜했더니, 〜하자

• マニュアルの説明通りにやってみたところ、うまくいった。

　사용 설명서의 설명대로 해 보았더니, 잘 되었다.

• 自宅でのインターネット利用について尋ねたところ、「利用している」が82.5％であった。

　자택에서의 인터넷 이용에 대해 질문했더니, '이용하고 있다'가 82.5%이었다.

☆「동사 과거형 + ところ」다음에 오는 문장을 묻는 문제가 자주 출제된다. 「ところ」자체를 묻는 문제에서는 오답으로 ばかり, どころ 등이 나온다.

⑥ 동사 과거형 + 〜とたん(に)　〜하자마자

• 犯人は警官の姿を見たとたん、逃げ出した。

　범인은 경찰의 모습을 보자마자 도망쳤다.

• 疲れていたので、ベットに入ったとたんに眠ってしまった。

　피곤했었기 때문에, 침대에 들어가자마자 잠들어 버렸다.

☆「동사 과거형 + かと思うと」와 같은 의미이다.

⑦ 동사 과거형+ ～とおり(に) ~대로

• 思ったとおり、 あのチームが優勝した。

생각했던 대로 저 팀이 우승했다.

• 彼女はもとどおりに元気になった。

그녀는 원래대로 건강해졌다.

☆ 「思ったとおり」와 「言ったとおり」가 자주 출제된다. 두 번째 예문처럼 명사에도 접속할 수 있는데, 명사에 접
  속할 때는 반드시 「どおり」가 되는 것에 주의하자.

⑧ 동사 과거형+ ～末(に) ~한 끝에

• いろいろ考えた末、 進学をあきらめることにした。

여러 가지 생각한 끝에, 진학을 포기하기로 했다.

• 苦労した末の成功は、 何よりもうれしいものです。

고생한 끝의 성공은 무엇보다도 기쁜 법입니다.

☆ 동작성 명사도 접속이 가능한데, 예를 들면 「悩みの末 고민한 끝에」가 있다.

⑨ 동사 과거형+ ～ばかりに ~한 탓에

• 新車を買ったばかりにお金がありません。

새차를 산 탓에 돈이 없습니다.

• わずかな金を惜しんだばかりにとりかえしのつかないことになった。

얼마 되지 않는 돈을 아낀 탓에 돌이킬 수 없는 일이 되었다.

☆ 보기에 오답으로 「～ばかりか ~뿐만 아니라」 「～どころか ~은커녕」이 출제된다.

→ 정답 p.72

**問題7** 次の文の（　　　）に入れるのに最もよいものを、1・2・3・4から一つ選び
なさい。

1　光が見えてきた（　　　）、いきなり雲行きが怪しくなってきた。
　　1　ばかりに　　　　2　かと思ったら　3　かのうちに　　　4　ものだかう

2　家へ帰って田舎から送られてきた箱を開けてみた（　　　）、りんごが入って
　　いた。
　　1　ところ　　　　　2　ついでに　　　3　おかげで　　　　4　すえに

3　思った（　　　）、彼はいい成績で試験に受かった。
　　1　ばかりに　　　　2　あまり　　　　3　ところに　　　　4　とおりに

4　逃げ道がなくて困った（　　　）、池に飛び込んだ。
　　1　ものの　　　　　2　かぎり　　　　3　ついでに　　　　4　あげく

5　骨折によって一度寝込んでしまうと、そのまま（　　　）になってしまうケー
　　スが多いのです。
　　1　寝たあげく　　　2　寝るもの　　　3　寝たきり　　　　4　寝るよう

6　長い苦しみの（　　　）、やっと自分の生きるべきの道を見つけた。
　　1　末に　　　　　　2　上に　　　　　3　だけに　　　　　4　あまりに

7　スピードの速い列車に乗った（　　　）、乗り物酔いをしてしまった。
　　1　とおりに　　　　2　ついでに　　　3　ばかりに　　　　4　かわりに

8　契約は見本を見た（　　　）、買うかどうかを決めます。
　　1　上に　　　　　　2　上で　　　　　3　上も　　　　　　4　上は

9　犯人は警官の姿を（　　　）とたん、逃げ出した。
　　1　見る　　　　　　2　見た　　　　　3　見て　　　　　　4　見よう

**②** 동사 현재형에 접속하는 문형

① **동사 현재형+〜一方・一方で / 〜一方だ**  〜하는 한편으로 / 〜하기만 한다

　　**접속**「명사 + の」「동사 원형・형용동사 연체형」

- 携帯電話を使う人の数は増える一方です。

　　휴대전화를 사용하는 사람의 수는 늘기만 합니다.

- 彼女は自分や自分の教え子たちはとても豊かであるのに、一方で非常に
  貧しい人々がいるという事実を受け入れることができなかった。

　　그녀는 자신과 자신의 제자들은 매우 풍족한데, 한편으로 매우 가난한 사람들이 있다는 사실을 받아들일 수가 없었다.

　☆ 접속부사로서「一方で」는 '한편으로'라는 의미이다.

② **동사 현재형+〜上で**  〜하는 데 있어서

　　**접속**「명사 + の」「동사 현재형」

- メールを使う上で注意すべきマナーって何ですか。

　　메일을 사용하는 데 있어서, 주의해야 할 매너는 무엇입니까?

- 社会生活をする上で、一番大切なのは人間関係だど思います。

　　사회생활을 하는 데 있어서, 가장 중요한 것은 인간관계라고 생각합니다.

　☆「동사 과거형 + 上で」는 '〜하고 나서'라는 의미이다. 접속 형태에 따라 의미가 달라지므로 주의하자.

③ **동사 현재형+ことはない**  〜필요는 없다

- 毎日遅くまで必死に頑張ることはない。どうせこの会社は辞めるから。

　　매일 늦게까지 필사적으로 열심히 할 필요는 없다. 어차피 이 회사는 그만둘 거니까.

- ただの風邪ですから、心配することはありません。

　　단순한 감기니까 걱정할 필요는 없습니다.

　☆ 같은 표현으로 출제기준 외 문법 중에「〜には及ばない」가 있다. 그리고「〜ものはない」는 N2 문법에서 다루지
　　않는다.

④ **동사 현재형 + ～たび(に)** ～할 때마다

> 접속 「명사 + の～」「동사 기본형」

- 日本に行くたびに温泉に行きます。

  일본에 갈 때마다 온천에 갑니다.

- 会うたびにその子は大きくなっていた。

  만날 때마다 그 아이는 성장했다.

☆ 같은 표현으로 「동사 현재형 + につけ」가 있다. 명사에도 접속할 수 있는데, 예를 들면 「会議のたびに 회의할 때마다」가 있다.

⑤ **동사 현재형 + ～まい** 절대 ～하지 않는다

- 母に言うと心配するから、 このことは母に言うまい。

  어머니에게 말하면 걱정하니까, 이 일은 절대 어머니에게 말하지 않는다.

- 自分の目で確かめない限り、 そんな話は誰でも信じまい。

  자신의 눈으로 확인하지 않는 한, 그런 이야기는 절대 누구도 믿지 않는다.

☆ 같은 표현으로 「동사 원형 + ものか(もんか)」가 있다. 「まい」는 두 번째 예문처럼 「동사 ます형」에도 접속할 수 있다.

⑥ **동사 현재형 + ～ものか(もんか)** 절대 ～하지 않겠다

- あきらめるものか。最後まで頑張りぬくぞ。

  절대 포기하지 않겠다. 끝까지 최선을 다할 것이다.

- 会社の秘密を他人に言うもんか。

  회사의 비밀을 다른 사람에게 절대 말하지 않겠다.

☆ 「ことか 얼마나 ～했던가」도 같이 비교해서 알아두자.

① **동사 의지형 + ～か(が, と) + 동사 원형(부정형) + ～まいか(まいが, まいと)** ～할지 안 할지, ～할까 말까

- 私は彼女にその噂について聞こう**か**聞く**まいか**迷った。

  나는 그녀에게 그 소문에 대해서 물을까 말까 망설였다.

- 彼女は招待を受けよう**が**受け**まいが**迷っていた。

  그녀는 초대에 응할까 말까 망설이고 있었다.

☆ 앞부분에 「동사 의지형」이 출제되며, 「する」는 「しようかすまいか(するまいか・しまいか)」로 활용된다.

② **동사 의지형 + ～ではないか(じゃないか)** ～하자

- みんなで力を合わせて、平和で住みやすい社会を作ろう**ではないか**。

  모두 힘을 합쳐서, 평화롭고 살기 편한 사회를 만들자.

- もう勝負は決まった。男らしく罰を受けよう**ではないか**。

  이제 승부는 결정났다. 남자 답게 벌을 받자.

☆ 정중한 표현으로 「～では(じゃ)ありませんか(=ではないですか) ～합시다」가 있다.

③ **동사 의지형 + ～ものなら** ～라면

- うそをつこう**ものなら**、とんでもない目にあうぞ。

  거짓말을 하면, 험한 꼴을 당할 거야.

- 父はたいへん厳しいんです。夜遅く帰ろう**ものなら**、家に入れてもらえません。

  아버지는 상당히 엄격합니다. 밤늦게 귀가하면, 집에 들여보내 주지 않습니다.

☆ 「동사 가능형 + ものなら」는 '~할 수만 있다면'이라는 뜻이다. 접속 형태에 따라 의미가 달라지므로 주의하자.

→ 정답 p.73

**問題7** 次の文の（　　　）に入れるのに最もよいものを、1・2・3・4から一つ選びなさい。

1 親は実家に行く（　　　）、玄関まで笑顔で走ってきてお出迎えしてくれる。
  1 たびに　　　　　2 ばかりに　　　3 ほかに　　　　4 とおりに

2 5年ぶりの同窓会だが、（　　　）か行くまいか迷っている。
  1 行こう　　　　　2 行かない　　　3 行ったまま　　4 行きそう

3 その高速道路は一度雨が降ろう（　　　）、事故が多発するのである。
  1 ことなら　　　　2 ことには　　　3 ものなら　　　4 ものでも

4 社会生活をする（　　　）一番面倒なのは人間関係である。
  1 上は　　　　　　2 上に　　　　　3 上で　　　　　4 上まで

5 行ったその日からもう二度と行く（　　　）と思った。
  1 ことか　　　　　2 はずか　　　　3 ほかか　　　　4 まい

6 近年指導力不足やわいせつ行為などで処分される教員の数は増える（　　　）。
  1 以上だ　　　　　2 気味だ　　　　3 次第だ　　　　4 一方だ

7 愛を続けたいと願うならば、急ぐ（　　　）。
  1 ことはない　　　2 ことはある　　3 ことでない　　4 ことである

8 あんな怠け者の彼が、任せられた仕事をする（　　　）。
  1 ことだ　　　　　2 ものか　　　　3 ものだ　　　　4 ことか

9 心配しても仕方ないから、もう少し様子を見て（　　　）。
  1 みるわけがないか　　　　　　2 みることはないか
  3 みようじゃないか　　　　　　4 みようともしないか

## ④ 동사 부정형에 접속하는 문형

① 동사 부정형 + 〜ざるを得ない  〜해야만 한다, 〜할 수밖에 없다

• みんなで決めた規則だから、守らざるを得ない。

    모두 함께 정한 규칙이기 때문에 지켜야만 한다.

• この状態では予定を変更せざるを得ないだろう。

    이 상태로는 예정을 변경할 수밖에 없을 것이다.

☆ 접속 형태에 주의해야 하고, 「する」는 「せざるを得ない」로 표현함에 주의하자.

② 동사 부정형 + 〜ずには(ないでは)いられない  〜하지 않고는 있을 수 없다

• 彼はストレスがたまった時は酒を飲まないではいられないらしい。

    그는 스트레스가 쌓였을 때는 술을 마시지 않고는 있을 수 없는 것 같다.

• いつもうそばかりついている自分を恥じないではいられなかった。

    항상 거짓말만 하고 있는 자신을 부끄러워하지 않고는 있을 수 없었다.

☆ 「〜ないでは 〜않고는」과 「いる」의 가능형의 부정형인 「いられない 있을 수 없다」가 합쳐져 만들어진 문형이다.

③ 동사 부정형 + 〜ないうちに  〜하기 전에

  接続 「동사·형용사·형용동사 부정형」

• 暗くならないうちに帰らないと、 この辺りの夜道は迷いやすいですよ。

    어두워지기 전에 집에 가지 않으면, 이 주변의 밤길은 헤매기 쉬워요.

• 先生がいらっしゃらないうちに掃除を終えよう。

    선생님이 오시기 전에 청소를 끝내자.

☆ 「〜うちに」는 '〜동안에'라는 의미인데, 예를 들면 「私が日本にいるうちに〜 내가 일본에 있는 동안에〜」와 같이 쓰인다.

④ 동사 부정형＋～ない限<sub>かぎ</sub>り　～않는 한 ／ ～ない限<sub>かぎ</sub>り　～없는 한

接続 「명사·형용동사＋でない」「동사·형용사 부정형」

・隠<sub>かく</sub>れていれば、音<sub>おと</sub>を立<sub>た</sub>てない限り、見<sub>み</sub>つからないだろう。

숨어 있으면, 소리를 내지 않는 한, 발견되지 않을 것이다.

・脱退<sub>だったい</sub>はメンバー全員<sub>ぜんいん</sub>の納得<sub>なっとく</sub>がいかない限り、個人勝手<sub>こじんかって</sub>な行動<sub>こうどう</sub>は許<sub>ゆる</sub>しません。

탈퇴는 멤버 전원의 납득이 없는 한, 개인 멋대로의 행동은 허락하지 않습니다.

☆ 「限る」가 '한정하다'의 의미이므로, 「～限り」는 '～한'이라는 뜻이 된다. 여기에 「ない」가 접속되어 '～않는 한'이라는 의미가 된다.

⑤ 동사 부정형＋～ないことには　～(하지) 않으면 ／ ～ないことには　～없으면

・季節<sub>きせつ</sub>のおいしいものを食<sub>た</sub>べないことには、グルメとは言えません。

제철의 맛있는 음식을 먹지 않으면, 미식가라고는 할 수 없습니다.

・お金<sub>かね</sub>がないことには何<sub>なに</sub>も始<sub>はじ</sub>まりません。将来<sub>しょうらい</sub>の不安<sub>ふあん</sub>の多<sub>おお</sub>くは充分<sub>じゅうぶん</sub>なお金<sub>かね</sub>があることで解決<sub>かいけつ</sub>することが実<sub>じつ</sub>に多<sub>おお</sub>くあります。

돈이 없으면 아무것도 할 수 없습니다. 장래의 불안의 대부분은 충분한 돈이 있으면 해결되는 일이 실로 많이 있습니다.

☆ 시험에서는 「～ないことには」 중에서 「ことには」가 출제되는데, 오답으로 「わけには」가 있다. 「わけには」는 「～わけにはいかない ～할 수는 없다」라는 의미로 사용된다.

⑥ 동사 부정형＋～ないことは(も)ない　～못 할 것은(도) 없다, ～할 수는(도) 있다

・納豆<sub>なっとう</sub>は食<sub>た</sub>べないこともないんですが、あまり好<sub>す</sub>きじゃないんです。

낫토는 못 먹을 것도 없습니다만, 별로 좋아하지 않습니다.

・お箸<sub>はし</sub>は使<sub>つか</sub>えないことはないんですが、ナイフとフォークの方<sub>ほう</sub>が使<sub>つか</sub>いやすいです。

젓가락은 사용 못할 것은 없습니다만, 나이프와 포크 쪽이 사용하기 편합니다.

① ～て以来 ～한 이래

> 접속 「동사 て형」

- 彼とは10年前の同窓会で会って以来、一度も連絡を取っていない。

  그와는 10년 전의 동창회에서 만난 이래, 한번도 연락을 취하지 않았다.

- 第２次世界大戦に負けて以来、日本国民は本来の意味での「愛国心」を失ってしまった。

  제2차 세계대전에 패배한 이래, 일본 국민은 진정한 의미에서의 '애국심'을 잃어리고 말았다.

✿ 반드시 「동사 て형」으로 사용하는 것에 주의하자. 오답으로 「～た以来」가 출제되는데, 그것은 「以来」를 명사로 착각하기 때문에 「동사 종지형」에 접속할 것이라고 착각했기 때문이다.

② ～てからでないと ＝ ～てからでなければ ～하고 나서가 아니면

- あなたと会う前のことは全部こなす。そうしてからでないと、会ってはいけない気がする。

  당신과 만나기 전의 일은 전부 정리하겠다. 그렇게 하고 나서가 아니면, 만나서는 안 된다는 생각이 든다.

- 上司に相談してからでないと、お返事できません。

  상사에게 상담하고 나서가 아니면 답변할 수 없습니다.

✿ 「～てからでないと」는 「～てから ～하고 나서」와 「～でないと ～가(이) 아니면」이 합쳐져 만들어진 문형이다.

→ 정답 p.74

**問題7** 次の文の（　　　）に入れるのに最もよいものを、1・2・3・4から一つ選びなさい。

**1** 特別の理由のないかぎり、（　　　）。
1 払い戻しはいたしません　　　　2 払い戻しができます
3 払い戻しではないです　　　　　4 払い戻しにすぎます

**2** このままでは無理ですが、条件が変わればもう一度（　　　）。
1 考えないものだ　　　　　　　　2 考えないことはない
3 考えそうでもない　　　　　　　4 考えることもない

**3** 環境に関するたくさんの応募作品を、一つ一つていねいに読ませていただいて、改めて環境の大切さを（　　　）でした。
1 考えずにはすぎません　　　　　2 考えずにはなりません
3 考えずにはできません　　　　　4 考えずにはいられません

**4** 実は毎日お酒を飲むのを（　　　）以来、よく眠れるようになった。
1 やめ　　　　　2 やめる　　　　3 やめて　　　　4 やめた

**5** 今の状況だと、病院で正月を（　　　）ざるをえない。
1 迎え　　　　　2 迎える　　　　3 迎えよう　　　　4 迎えた

**6** 部長に聞いてみてからでないと（　　　）。
1 ひとりでできます　　　　　　　2 大丈夫です
3 あり得ないです　　　　　　　　4 何とも言えません

**7** すべて見切れない（　　　）終わりの時間になった。
1 間に　　　　　2 うちに　　　　3 前に　　　　　4 うえに

① 동사 ます형＋～得る　～할 수 있다

• 彼女の取った態度は、みんなには十分理解し得るものだった。

그녀가 취한 태도는 모두에게는 충분히 납득할 수 있는 것이었다.

• 冗談を言うほど賢いコンピュータがあり得るだろうか。

농담을 할 만큼 똑똑한 컴퓨터가 있을 수 있을까?

☆ 「あり得ない」는 부정문에서는 「得る」가 「得ない」로 읽힌다.

② 동사 ます형＋～かけだ / ～かけの・～かける　～하는 도중이다 / ～하는 도중의

• テーブルの上においた書きかけの手紙を妹がかたづけてしまった。

테이블 위에 둔 쓰다 만 편지를 여동생이 치워 버렸다.

• 雑誌を読みかけて、そのままうとうと寝てしまった。

잡지를 읽다 말고, 그대로 꾸벅꾸벅 자 버렸다.

☆ 청해에서도 자주 출제되는 「飲みかけのコーラ 마시다 만 콜라」의 경우는, 그림에서 콜라를 반쯤 마신 것을 골라야 한다.

③ 동사 ます형＋～がたい　～하기 어렵다

• どの辞書を買ったらよいか、なかなか一つには決めがたい。

어떤 사전을 사면 좋을지, 좀처럼 하나로 결정하기 어렵다.

• いつも無口でやさしい彼がそんなことを言ったなんて、ちょっと信じがたい。

언제나 말이 없고 상냥한 그가 그런 말을 했다니, 좀 믿기 어렵다.

☆ 「동사 ます형 ＋ かねる」와 같은 의미이다. 「동사 ます형」에 접속하는 문법은 매년 출제되었으므로 반드시 암기해야 한다.

④ 동사 ます형 + 〜がちだ / 〜がちの  〜하기 쉽다, 〜하기 쉬운 경향이 있다 / 〜하기 쉬운

• 学生たちは同じ間違いをおかしがちだ。

  학생들은 똑같은 잘못을 범하기 쉽다.

• 運動が健康のカギであることを、私たちはとかく忘れがちだ。

  운동이 건강의 열쇠인 것을, 우리들은 여하튼 자주 잊는 경향이 있다.

  ☆ 형용동사 어간에도 접속하여 같은 의미가 되는데, 예를 들면 「病気がち 자주 병이 드는」이 있다.

⑤ 동사 ます형 + 〜かねる  〜하기 어렵다

• 彼女に本当の事を言いかねて彼は黙った。

  그녀에게 사실을 말하기 어려워서 그는 침묵했다.

• こういう事情ですから、残念ながらせっかくのご招待をお受けいたしかねるのです。

  이러한 사정이기 때문에, 유감스럽게도 모처럼의 초대를 받아들이기 어렵습니다.

  ☆ ③「동사 ます형 + がたい」와 같은 용법으로 사용된다.

⑥ 동사 ます형 + 〜かねない  〜할지 모른다

• この手の雑誌は若者に害を与えかねない。

  이런 종류의 잡지는 젊은이에게 해를 끼칠지 모른다.

• まじめそうに見えるが、彼はいつ嘘をつきかねない。

  성실한 듯이 보이지만, 그는 언제 거짓말을 할지 모른다.

  ☆ 접속 형태에 주의해야 한다. 같은 의미인 「〜かもしれない」는 「동사 종지형」에 접속한다.

⑦ 동사 ます형 + 〜気味  〜낌새, 기미, 경향

• このところ残業が多くて疲れ気味だから、今日は早く帰ることにした。

  요즈음 잔업이 많아 피곤한 것 같아서, 오늘은 일찍 돌아가기로 했다.

• 風邪気味だから、行きたくない。

  감기 기운이 있어서 가고 싶지 않다.

  ☆ 단독으로 사용하는 경우는 드물며, 「명사, 형용사·형용동사 기본형」에 접속한다. 구 시험에서 가장 많이 출제되었던 문제는 「風邪気味 감기기운」이다.

⑧ 동사 ます형 + ～きる / ～きれる / ～きれない　전부(완전히) ～하다 / ～할 수 있다 / ～할 수 없다

• こんなたくさんの料理は一人で食べきれないよ。

이렇게 많은 요리는 혼자서 다 먹을 수 없어.

• 100%完璧だというんですか。本当に言いきれますか。

100% 완벽하다는 것입니까? 정말로 장담할 수 있습니까?

☆「동사 ます형 + きる」만 알면 나머지는 가능동사의 활용임을 알 수 있다. 위의 두 번째 예문은 숙어적인 개념으로
　　외우자.

⑨ 동사 ます형 + ～さえ …ば　～만 …(하)면

• 最近、自分さえよければ他人のことはどうでもいいという考えの人が増えている。

최근 자기만 좋으면 남은 어떻게 되어도 좋다고 생각하는 사람이 늘고 있다.

• 専門家の彼に聞きさえすれば、すぐ解決できる。

전문가인 그에게 묻기만 하면 바로 해결할 수 있다.

☆ 다른 품사에 접속될 때는 「명사 + ～」「형용사 어간 + く + ～」「형용동사 어간 + でさえ + ～」의 형태가 된다.
　　예를 들면, 「彼さえいれば 그만 있으면」, 「おいしくさえすれば 맛있기만 하면」 등으로 쓰인다.

⑩ 동사 ます형 + ～次第　～하는 대로

• 雨がやみ次第、家に向かって出発しよう。

비가 그치는 대로, 집 쪽으로 출발하자.

• その結果を聞き次第、親は喜んで飛び上がった。

그 결과를 듣자마자, 부모님은 기뻐서 뛰어올랐다.

☆ 주로 접속 형태가 출제된다. 그리고 접속사로 「次第に 점차로」, 「명사 + 次第では ～에 따라서는」, 「명사 + 次第
　　だ ～에 달려 있다」도 함께 알아두자.

⑪ 동사 ます형 + ～っこない　절대 ～할 리가 없다

• ノーベル賞なんて、僕はもらえっこない。

노벨상이라니, 나는 절대 받을 수 있을 리가 없다.

• そんなことはあり得っこない！

그런 일은 절대 있을 리가 없다.

☆ 접속 형태에 주의해야 하고, 구 시험에 자주 출제되었던 문제는 「間に合いっこない 절대 시간에 맞을 리가 없다」
　　이다.

⑫ 동사 ます형 + 〜つつ(も) = 동사 ます형 + 〜ながら(も) ~하면서(도)

• コマーシャルのマーケティングの仕事<ruby>仕事<rt>しごと</rt></ruby>をやりつつ、音楽<ruby>音楽<rt>おんがく</rt></ruby>の仕事<ruby>仕事<rt>しごと</rt></ruby>もやっています。

　광고 마케팅 일을 하면서, 음악 일도 하고 있습니다.

• 道<ruby>道<rt>みち</rt></ruby>を歩<ruby>歩<rt>ある</rt></ruby>きつつ、本<ruby>本<rt>ほん</rt></ruby>を読<ruby>読<rt>よ</rt></ruby>んだ。

　길을 걸으면서 책을 읽었다.

☆ 「〜ながら(も)」와 같은 표현인데, 차이점은 「〜つつ(も)」는 반드시 동사에만 접속해야 하고, 「〜ながら(も)」는 모든 품사에 접속한다는 점이다.

⑬ 동사 ます형 + 〜つつある ~하는 중이다

• さまざまな種類<ruby>種類<rt>しゅるい</rt></ruby>の生物<ruby>生物<rt>せいぶつ</rt></ruby>が絶滅<ruby>絶滅<rt>ぜつめつ</rt></ruby>しつつある。

　다양한 종류의 생물이 멸종되고 있는 중이다.

• 老人<ruby>老人<rt>ろうじん</rt></ruby>の現在<ruby>現在<rt>げんざい</rt></ruby>のこうした低<ruby>低<rt>ひく</rt></ruby>い地位<ruby>地位<rt>ちい</rt></ruby>も変<ruby>変<rt>か</rt></ruby>わりつつあるのかもしれない。

　노인의 현재의 이러한 낮은 지위도 바뀌고 있는 중일지도 모른다.

☆ 일반적으로 상태의 변화를 나타내는 동사와 접속하는데,「増<ruby>増<rt>ふ</rt></ruby>えつつある 증가하는 중이다」,「減<ruby>減<rt>へ</rt></ruby>りつつある 감소하는 중이다」와 같이 사용된다.

⑭ 동사 ます형 + 〜っぽい ~경향이 짙다

• 後輩<ruby>後輩<rt>こうはい</rt></ruby>は怒<ruby>怒<rt>おこ</rt></ruby>りっぽい性格<ruby>性格<rt>せいかく</rt></ruby>で、みんなに嫌<ruby>嫌<rt>きら</rt></ruby>われている。

　후배는 쉽게 화를 내는 성격이라서, 모두가 싫어한다.

• 僕<ruby>僕<rt>ぼく</rt></ruby>のあきっぽいところを直<ruby>直<rt>なお</rt></ruby>したいのですが、どうしたら良<ruby>良<rt>よ</rt></ruby>いのですか。

　저의 쉽게 질리는 성격을 고치고 싶습니다만, 어떻게 하면 좋을까요?

☆ 다른 품사에 접속할 때는 「명사 + 〜」「형용사·형용동사 어간 + 〜」의 형태가 된다. 예를 들면, 「男<ruby>男<rt>おとこ</rt></ruby>っぽい 남자 같다」「新切<ruby>新切<rt>しんせつ</rt></ruby>ぽい 친절한 것 같다」로 쓰인다.

⑮ 동사 ます형 + 〜抜<ruby>抜<rt>ぬ</rt></ruby>く 끝까지 ~하다, 몹시 ~하다

• あなたは多<ruby>多<rt>おお</rt></ruby>くの困難<ruby>困難<rt>こんなん</rt></ruby>に耐<ruby>耐<rt>た</rt></ruby>えぬかねばならない。

　당신은 많은 곤란을 끝까지 참아야만 한다.

• これは迷<ruby>迷<rt>まよ</rt></ruby>いぬいたあげく、決<ruby>決<rt>き</rt></ruby>めたことです。

　이것은 몹시 망설인 끝에 결정한 것입니다.

☆ 「走<ruby>走<rt>はし</rt></ruby>り抜く 끝까지 달리다」「信<ruby>信<rt>しん</rt></ruby>じ抜いた 몹시 믿었다」도 알아두자.

⑯ 동사 ます형＋〜よう　〜할 방법

• 道は通行止めだし、これではそこへ行きようがない。

길은 통행금지이고, 이래서는 그곳에 갈 방법이 없다.

• その会社はまた赤字になった。救いようがない。

그 회사는 또 적자가 났다. 구할 방법이 없다.

☆「使いようによっては 사용 방법에 따라서는」도 같이 암기하자.

→ 정답 p.75

**問題7** 次の文の（　　　　）に入れるのに最もよいものを、1・2・3・4から一つ選びなさい。

1　考え（　　　　）方法は全部試してみたが、それでもだめだった。
　　1　得る　　　　　　2　かける　　　　　3　とける　　　　　4　のる

2　経営のやり（　　　　）によって、中小企業でも大手と戦える。
　　1　がち　　　　　　2　よう　　　　　　3　っぽい　　　　　4　しだい

3　日本の政治は、21世紀になってだんだん（　　　　）つつある。
　　1　変わろう　　　　2　変わる　　　　　3　変わって　　　　4　変わり

4　君の愛を相手が（　　　　）さえすれば、幸せになるだろう。
　　1　受け入れ　　　　2　受け入れる　　　3　受け入れて　　　4　受け入れた

5　先生は「でき（　　　　）と言わずにやってみろ」と言いながら怒った。
　　1　とおる　　　　　2　かねない　　　　3　っこない　　　　4　っぽい

6　いくら考えても自分が悪いとは思わないので、謝り（　　　　）。
　　1　きれない　　　　2　きれる　　　　　3　かねない　　　　4　かねる

7　税金をあげると、国民の生活に影響を与え（　　　　）。
　　1　そこなう　　　　2　かける　　　　　3　かねない　　　　4　かもしれない

8　家に帰ってもやり（　　　　）仕事が頭の中に残っていて、何もできなくなった。
　　1　こしの　　　　　2　かけの　　　　　3　あまりの　　　　4　あげくの

9　あれこれと悩み、考え（　　　　）結果、大学への進学はあきらめました。
　　1　ぬいた　　　　　2　だした　　　　　3　ついた　　　　　4　ぬけた

10　食欲の秋を迎え、つい食べ過ぎて（　　　　）がちだが、太りすぎにはご注意ください。
　　1　しまう　　　　　2　しまい　　　　　3　しまって　　　　4　しまった

## ⑦ 「…に ～て」형태의 문형

① ～に当たって·～に当たり　～에 즈음하여, ～에 임해서

- 私の留学に当たり、父は自分の経験を話してくれた。

  내가 유학 갈 즈음해서, 아버지는 자신의 경험을 이야기해 주었다.

- 研究部長はその部門が新製品のテストをするに当たって、徹底的に仕事をさせた。

  연구부장은 그 부문이 신제품 테스트를 할 즈음하여, 철저하게 일을 시켰다.

☆「～に際して」와 같은 의미이고, 해석은 다르지만「～に先立って」와 같은 개념으로 사용되므로 보기에 함께 나오는 경우에는 둘 다 정답이 아니다.

② ～において / ～においては / ～においても / ～における

　～에서(으로) / ～에서는(으로는) / ～에서도(으로도) / ～에서의

- 入試において、英語は欠かせない科目である。

  입시에서 영어는 뺄 수 없는 과목이다.

- ボーリング場は、住居地域においては建設することができない。

  볼링장은 주거지역에서는 건설할 수가 없다.

☆ 조사「で」를 넣어서 문장이 성립되면「～において」가 정답이 된다. 또한「～における」는 시험에는 자주 출제되지 않지만, 독해에서 자주 나오는 표현이므로 반드시 익혀 두자.

③ ～に応じて / ～に応じた　～에 부응하여, ～에 따라 / ～에 부응한, ～에 따른

- 無理しないで体力に応じた運動をしてください。

  무리하지 말고 체력에 맞는 운동을 해 주세요.

- 車の速さに応じてガソリンの消費量が変わる。

  차의 스피드에 따라 가솔린의 소비량이 바뀐다.

☆ 한자「応(응)」이 있으므로 의미를 암기하기에 어렵지 않을 것이다.「～に答えて」와 같은 의미이다.

④ ～に限<ruby>限<rt>かぎ</rt></ruby>って / ～に<ruby>限<rt>かぎ</rt></ruby>り  ～에 한해서

- <ruby>傘<rt>かさ</rt></ruby>を<ruby>持<rt>も</rt></ruby>っていない<ruby>日<rt>ひ</rt></ruby>に<ruby>限<rt>かぎ</rt></ruby>り、<ruby>雨<rt>あめ</rt></ruby>が<ruby>降<rt>ふ</rt></ruby>る。

  우산을 가지고 있지 않은 날에 한해서 비가 내린다.

- うちの<ruby>子<rt>こ</rt></ruby>どもに<ruby>限<rt>かぎ</rt></ruby>って、そんなひどいことはしませんよ。

  우리 집 아이에 한해서 그런 심한 짓은 하지 않습니다.

  ☆ 「<ruby>限<rt>かぎ</rt></ruby>る 한하다」라는 동사의 의미만 정확하게 파악하면 관련 문형의 의미를 바로 알 수 있을 것이다. 다른 예로는 「～ない限り ～하지 않는 한」 등이 있다.

⑤ ～にかけては / ～にかけても  ～에 있어서는 / ～에 있어서도

- Ａ<ruby>社<rt>しゃ</rt></ruby>のテレビは、<ruby>画面<rt>がめん</rt></ruby>の<ruby>美<rt>うつく</rt></ruby>しさにかけては<ruby>他社<rt>たしゃ</rt></ruby>の<ruby>製品<rt>せいひん</rt></ruby>より<ruby>優<rt>すぐ</rt></ruby>れている。

  A사의 텔레비전은 화면의 아름다움에 있어서는 타사 제품보다 뛰어나다.

- <ruby>数学<rt>すうがく</rt></ruby>にかけては<ruby>彼女<rt>かのじょ</rt></ruby>はクラスでいつも<ruby>一番<rt>いちばん</rt></ruby>だった。

  수학에 있어서는 그녀는 반에서 항상 1등이었다.

  ☆ 「～にとって ～에 있어서(～의 경우)」와 비교해서 외워야 하는데, 「～にかけて」 뒤에 '뛰어난 기량'을 나타내는 표현이 온다는 것을 알아두자.

⑥ ～に<ruby>代<rt>か</rt></ruby>わって・～に<ruby>代<rt>か</rt></ruby>わり  ～을(를) 대신해서

- この<ruby>工場<rt>こうじょう</rt></ruby>では、<ruby>人間<rt>にんげん</rt></ruby>に<ruby>代<rt>か</rt></ruby>わってロボットが<ruby>作業<rt>さぎょう</rt></ruby>をしている。

  이 공장에서는 인간을 대신해서 로봇이 작업을 하고 있다.

- <ruby>社長<rt>しゃちょう</rt></ruby>に<ruby>代<rt>か</rt></ruby>わり、<ruby>私<rt>わたし</rt></ruby>が<ruby>会議<rt>かいぎ</rt></ruby>に<ruby>参加<rt>さんか</rt></ruby>します。

  사장님을 대신해서 제가 회의에 참가하겠습니다.

  ☆ 명사에 접속할 때는 「～の代わりに」가 되는데, 예를 들면 「<ruby>先輩<rt>せんぱい</rt></ruby>に代わって ＝ 先輩の代わりに 선배 대신에」가 있다.

⑦ ～に関して / ～に関する　～에 관해서 / ~에 관한

• それに関してはすべてのことを知ってるよ。

그것에 관해서는 모든 것을 알고 있어.

• 彼は鳥に関しての調査を始めた。

그는 새에 관한 조사를 시작했다.

☆「～について」와 같은 의미이다. 비교 문형으로「～に対して」가 있는데,「～に対して」는 〈대상〉이 있고 '~을 (를) 향하다'라는 뉘앙스를 갖는다.

⑧ ～に比べて・～に比べ　～에 비해서

• この作品は君の前のに比べて進歩している。

이 작품은 자네의 전 작품에 비해 진보해 있다.

• コンピュータに比べ、ワープロは一つの目的にしか使えない。

컴퓨터에 비해, 워드프로세서는 하나의 목적으로 밖에 사용할 수 없다.

☆「比べる」가 '비교하다'는 의미이므로 쉽게 외울 수 있을 것이다.「～と比べて」라고 표현해도 된다.

⑨ ～に加えて / ～に加え　～에 더해(서)

• 毎朝、野菜ジュースに加えて、スタミナジュースまで飲んでいる。

매일 아침 야채 주스에 더해, 스테미너 주스까지 마시고 있다.

• あの会社は面接に加えて、業務能力試験もやるらしい。

저 회사는 면접에 더해, 업무능력시험도 보는 것 같다.

☆「加える」는 '더하다'는 의미이다. 자동사는「加わる 더해지다」로, 독해에서 자주 나오는 표현이다.

⑩ ～に答えて・～に答え / ～に答える　～에 부응하여 / ~에 부응하는

• 日本は憲法で戦争をしないと宣言しているのに、アメリカの要求に答えて戦争に参加した。　일본은 헌법으로 전쟁을 하지 않는다고 선언하고 있음에도, 미국의 요구에 부응해서 전쟁에 참가했다.

• 企業は社員に大いに期待し、社員はその期待に答えていくのが当たり前です。

기업은 사원에게 크게 기대하고, 사원은 기대에 부응해 가는 것이 당연합니다.

☆ 같은 표현으로「～に応じて」가 있다.

⑪ ～に際して・～に際し　～에 즈음하여, ~에 임해서

• 卒業に際して、私たちは感謝の印として先生に腕時計を贈りました。

졸업할 즈음해서, 우리들은 감사의 표시로서 선생님에게 손목시계를 선물했습니다.

• ご予約に際し、クレジットカードの番号および有効期限などの情報が必要です。

예약할 즈음해서, 신용카드의 번호 및 유효기한 등의 정보가 필요합니다.

☆ 같은 표현으로 「～に当たって」가 있다. 「～に先立って　~에 앞서서」는 의미는 다르지만 쓰임이 비슷하여 헷갈
릴 수 있으므로 주의하자.

⑫ ～に先立って・～に先立ち　~하기에 앞서

• 映画の一般公開に先立って、主演女優のサイン会が開かれた。

영화의 일반 공개에 앞서, 주연 여배우의 사인회가 열렸다.

• ミーティングに先立ち、皆様からいただいた提案をとりまとめてみました。

회의하기에 앞서, 여러분들로부터 받은 제안을 정리해 보았습니다.

☆ 「先 앞」과 「立つ 서다」가 합쳐져서 「～に先立って ~에 앞서」라는 표현이 된 것이다.

⑬ ～に従って・～に従い　～함에 따라, ~에 따라

• 南に行くに従って、気温が高くなる。

남쪽으로 내려감에 따라 기온이 높아진다.

• 人口の増加に従って、様々な問題が起きてきた。

인구의 증가에 따라, 다양한 문제가 일어나게 되었다.

☆ '~함에 따라'의 의미로 쓰일 경우는 같은 뜻으로 「～と共に」「～につれて」「～に伴って」가 있는데, 「～に従っ
て」에는 '지시와 명령에 따라'라는 의미도 있다.

⑭ ～に沿って / ～に沿い　~을(를) 따라, ~에 따라

• 彼の計画に沿って、物事を進めた。

그의 계획에 따라 일을 진행했다.

• 川に沿って歩いてください。そうすれば、学校が見えるでしょう。

강을 따라 걸으세요. 그렇게 하면 학교가 보일 거예요.

☆ 「～に沿って」 앞에 오는 명사는 구체적인 형태(강, 길, 도로 등)가 온다. 또한 「～に従って」와 마찬가지로 '지시
와 명령에 따라'라는 의미도 있다.

⑮ ～に対して / ～に対し　～에 대해서

• 戦争に対して、批判の声が世界のあっちこっちで高まっている。

전쟁에 대해서 비판의 목소리가 세계 여기저기에서 고조되고 있다.

• 少年期によく見られる同姓に対するあこがれは恋愛の予行練習と言われている。

소년기에 흔히 볼 수 있는 동성에 대한 동경은 연애의 예행연습이라고 일컬어진다.

☆ 「～に関して」와 「～について」를 구분하는 문제가 출제되는데, 「～に対して」는 대상이 있고 '~을 향해'라는 뉘 앙스를 띤다.

⑯ ～について・～につき / ～については　～에 대해서 / ~에 대해서는

• 文学についてみんなと長い時間話し合った。

문학에 대해서 모두와 긴 시간 이야기를 나눴다.

• 先生の教育政策についての率直な意見をお聞かせください。

선생님의 교육정책에 대한 솔직한 의견을 들려 주세요.

☆ 「～に関して」와 같은 의미이다.

⑰ ～につれて・～につれ　～함에 따라 (자연스러운 변화)

• 車の数の増加につれて、地球温暖化が問題になってきたと言われている。

자동차 수가 증가함에 따라, 지구 온난화가 문제되어 왔다고 일컬어진다.

• 試合が近づくにつれて、緊張が高まった。

시합이 다가옴에 따라, 긴장감이 높아졌다.

☆ '~함에 따라'의 의미로 쓰일 경우, 같은 뜻으로 「～と共に」「～に従って」「～に伴って」가 있다.

⑱ ～にとって / ～にとっては / ～にとっても　～에 있어서 / ~에 있어서는 / ~에 있어서도

• 外国人にとって納豆は食べにくい。

외국인에게 있어서 낫토는 먹기 힘들다.

• この写真は私にとって何よりも大切なものです。

이 사진은 저에게 있어서 무엇보다도 중요한 것입니다.

☆ 「～にかけて ~에 있어서」와 비교해서 외워야 하는데, 「～にとって」는 '~의 경우'라는 의미이다.

⑲ **〜に伴（ともな）って・〜に伴（ともな）い**　〜와(과) 함께, 〜함에 따라 (부수적으로 같이 발생하는 변화)

- 現代（げんだい）の医学（いがく）が進歩（しんぽ）しているに伴って、平均寿命（へいきんじゅみょう）も伸（の）びている。

  현대 의학이 진보하고 있음에 따라, 평균 수명도 늘고 있다.

- 地震（じしん）に伴って火災（かさい）が発生（はっせい）することが多（おお）い。

  지진과 함께 화재가 발생하는 경우가 많다.

☆ '〜함에 따라'의 의미로 쓰일 경우, 「〜と共（とも）に」, 「〜に従（したが）って」, 「〜につれて」와 바꿔쓸 수 있다.

⑳ **〜に反（はん）して**　〜와는 반대로, 〜에 반해서 (예상이나 기대를 저버리고)

- 両親（りょうしん）の期待（きたい）に反して、男（おとこ）の子（こ）が生（う）まれた。

  부모님의 기대와는 반대로, 남자아이가 태어났다.

- 昨日（きのう）に反して、今日（きょう）は6時（じ）30分（ぶん）起床（きしょう）というかなり早（はや）い時間（じかん）に起（お）きて、学校（がっこう）へ行（い）く支度（したく）を始（はじ）めた。

  어제와는 반대로, 오늘은 6시 30분 기상이라는 꽤 이른 시간에 일어나 학교에 갈 준비를 시작했다.

☆ '반대로'라는 뜻인데, '(예상과 기대, 양심)을 저버리고'라는 뉘앙스를 갖고 있다.

㉑ **〜に基（もと）づいて・〜に基（もと）づき**　〜을(를) 근거로 하여

- ひらがな、かたかなの形（かたち）は漢字（かんじ）に基づいている。

  히라가나, 가타카나의 형태는 한자를 근거로 하고 있다.

- 受賞（じゅしょう）したのは、小説（しょうせつ）に基づいて作（つく）られた映画（えいが）です。

  수상한 것은 소설을 근거로 해서 만들어진 영화입니다.

☆ 같은 의미로 「〜を基（もと）に(して)」가 있다.

㉒ **〜によって(は) / 〜により**　〜에 의해・따라(서는) / 〜에 의해・따라

- アメリカ大陸（たいりく）はコロンブスによって発見（はっけん）された。

  미국 대륙은 콜럼버스에 의해서 발견되었다.

- 列車（れっしゃ）の代（か）わりに飛行機（ひこうき）に乗（の）ることによって、失（うしな）った時間（じかん）を埋（う）め合（あ）わすことができる。

  열차 대신 비행기를 타는 것에 의해, 잃어버린 시간을 메울 수가 있다.

☆ 「〜による」는 '〜에 의한, 〜에 따른'이라는 의미이다.

㉓ ～にわたって・～にわたり / ～にわたった　～에 걸쳐 / ～에 걸친(기간·횟수·공간)

- 三日間にわたって雨が降ってきた。

  3일간에 걸쳐 비가 내렸다.


- 数十年間にわたって、地震の研究が続いている。

  수십 년간에 걸쳐, 지진 연구가 계속되고 있다.

☆「～にかけて」와 함께 알아두자.「～にかけて」는 '시작과 끝의 지점'을 나타내는 말이 있어야 하고,「～にわたって」는 '기간이나 횟수'를 나타내는 말이 앞에 나온다.

→ 정답 p.76

**問題7** 次の文の（　　　　）に入れるのに最もよいものを、1・2・3・4から一つ選びなさい。

1　街の中央に近づく（　　　　）、人通りが少なくなってくる。
　　1　につれて　　　　2　にかけて　　　3　にかかわって　　4　にさきだって

2　論文を書く（　　　　）どうしても守らなくてはならないルールを教えます。
　　1　にあたって　　2　において　　　3　にかけて　　　　4　について

3　頂上のほうに登る（　　　　）視界が開けた。
　　1　について　　　2　にとって　　　3　にして　　　　　4　にしたがって

4　頭のよさ（　　　　）、誰も彼に追い付けない。
　　1　をもとに　　　2　はともかく　3　にかけては　　　4　につれて

5　美しい海岸（　　　　）、彼女と一緒に歩いた。
　　1　にあたって　　2　において　　　3　にそって　　　4　にかけて

6　新聞は政府（　　　　）するどい攻撃を加えた。
　　1　によって　　　2　にたいして　3　にそって　　　　4　につれて

7　自分の描いた絵を一枚一枚検討するのは、私（　　　　）素晴らしい時間でした。
　　1　にさいして　　2　にかけて　　　3　にこたえて　　4　にとって

8　失業した夫（　　　　）、妻は一日中食堂で働いた。
　　1　につれて　　　2　にかわって　3　について　　　　4　にかえて

9　学術情報センター（　　　　）、平成9年度から電子図書館サービスの提供を行っている。
　　1　にさいしては　2　においては　3　にとっては　　4　にくわえては

⑧ 「…を ～て」형태의 문형

① ～を ～として  ～을(를) ～로 해서 / ～を ～とする  ～을(를) ～하는(하다)

• 管理業務主任を責任者として、定期的なアンケートを入居者のみなさまに実施しています。

  관리업무 주임을 책임자로 해서, 정기적인 앙케트를 입주자 여러분에게 실시하고 있습니다.

• 岡田教授をリーダーとして海外の大学を訪問し、交流会を開催します。

  오카다 교수를 리더로, 해외 대학을 방문하여 교류회를 개최하겠습니다.

  ☆「～として」는 자격을 나타내는 단어와 함께 사용된다.

② ～をきっかけに・～をきっかけとして  ～을(를) 계기로

• 子どもが生まれたのをきっかけにタバコを止めました。

  아이가 태어난 것을 계기로 담배를 끊었습니다.

• 引っ越しをきっかけに家具を買い換えた。

  이사를 계기로 가구를 새로 사서 바꾸었다.

  ☆「～を契機に(して)」와 같은 의미이다.

③ ～を契機に(して)  ～을(를) 계기로 (해서)

• ある日、偶然に私のもとに届いた1通のメール。そのメールを契機に私の人生が変わっていった。

  어느 날, 우연히 내 앞으로 온 1통의 메일. 그 메일을 계기로 내 인생이 바뀌어 갔다.

• 新校舎ができたのを契機に、クラブ活動が盛んになった。

  새로운 학교 건물이 생긴 것을 계기로 동아리 활동이 활발해졌다.

  ☆「～をきっかけに」와「～を契機に(して)」는 같은 의미이다.

④ ～を込めて　～을(를) 담아

- 彼女は心を込めて歌ったので、観衆は深い感動をうけた。

  그녀는 마음을 담아 노래를 불렀기에, 관중은 깊은 감동을 받았다.

- 彼女のテクニックはすばらしいが、もっと感情を込めて演奏する必要がある。

  그녀의 기술은 훌륭하지만, 더욱 감정을 담아서 연주할 필요가 있다.

  ☆ '눈에 보이지 않는 뭔가를 담아'라는 뉘앙스를 갖는다. 또한 눈에 보이는 것을 담을 때는 「入れる」를 사용한다.

⑤ ～を中心に(して)　～을(를) 중심으로

- 世界経済はアメリカ経済を中心に動いているという事情は誰も否定できない。

  세계 경제는 미국 경제를 중심으로 움직이고 있다는 사정은 아무도 부정할 수 없다.

- その家のことはすべておばさんを中心に動いていた。

  그 집의 일은 전부 아주머니를 중심으로 움직이고 있었다.

  ☆ 우리말을 생각하며 직역하면 쉽게 이해될 것이다.

⑥ ～を通じて / ～を通して　～을(를) 통해서, (어떤 시간이나 기간) 내도록

- 山田とよし子はお互いの友人を通じて知り合った。

  야마다와 요시코는 서로의 친구를 통해서 알게 되었다.

- 教育は若い時代に限られてはならず、われわれの全生涯を通じて継続して行われるものでなければならない。

  교육은 젊은 시절에 한정되어서는 안 되고, 우리들의 평생을 통해 계속해서 행해지는 것이여야 한다.

  ☆ '어떤 매개체를 통해 뭔가를 이루었다'는 뉘앙스를 갖는다. 「1 年を通じて 1년 내도록」처럼 시간적인 개념을 나타내는 단어와 함께 사용하며, '～내도록'이라는 개념이 포함되어 있다.

⑦ ～を問わず / ～は問わず  ～을(를) 불문하고 / ～는(은) 불문하고

• ジャンルを問わず、 いい映画があったら絶対見に行きます。

  장르를 불문하고 좋은 영화가 있으면 무조건 보러 갑니다.

• 経験、 学歴は問わず、 やる気のある社員を募集します。

  경험, 학력은 불문하고, 의욕이 있는 사원을 모집합니다.

☆ 「問う 묻다」의 의미만 알면, 부정문의 형태인 「問わず」도 이해할 수 있다. 「ず = ない」이다.

⑧ ～を抜きに(して)  ～을(를) 제외하고 / 빼고서

• 食べることなら、 主婦をぬきには語れない。  먹는 것이라면 주부를 빼고서는 말할 수 없다.

• 19世紀の偉大な科学者であるチャールズ・ダーウィンをぬきにして、 進化論を語ることは
  できない。  19세기의 위대한 과학자인 찰스 다윈을 빼고, 진화론을 말할 수는 없다.

☆ 「～ぬきで・～ぬきに(して) ～을 빼고」와 같은 의미이다.

⑨ ～をはじめ(として)  ～을(를) 비롯해서

• あの歌手は最新のヒット曲をはじめ、 25の新曲を歌った。

  저 가수는 최신 히트곡을 비롯해서 25개의 신곡을 불렀다.

• 本日退社することになりました。 社長をはじめ、 皆様には本当にお世話になりました。

  오늘 퇴사하게 되었습니다. 사장님을 비롯한 여러분에게는 정말 신세 많이 졌습니다.

☆ 「～てはじめて」는 '～해서 비로소'라는 의미이다. 「はじめて」는 '경험상의 처음'을, 「はじめに」는 '순서 상의 제
   일 먼저'를 의미한다.

⑩ ～をめぐって  ～을(를) 둘러싸고

- 委員会はその計画をめぐって意見が分かれた。

  위원회는 그 계획을 둘러싸고 의견이 나누어졌다.

- 彼の死をめぐって、変なうわさが広まっている。

  그의 죽음을 둘러싸고 이상한 소문이 퍼지고 있다.

  ☆ 위의 문형은 '눈에 보이지 않는 것'을 둘러싸는 경우에 사용하고, '눈에 보이는 것'을 둘러싸는 경우에는 「囲む」라는 동사를 사용한다.

⑪ ～を基に(して)  ～을(를) 근거로 (해서), ～을 토대로 (하여)

- ファンの人気投票を基に審査し、今年の歌のベストテンが決まります。

  팬의 인기투표를 토대로 심사하여, 올해 노래의 베스트 텐이 정해집니다.

- 「川」はどんな形を基にしてできた字でしょう。

  '강'은 어떤 형태를 근거로 해서 만들어진 글자일까요?

  ☆ 같은 표현으로 「～に基づいて」가 있다.

→ 정답 p.77

**問題7** 次の文の（　　　）に入れるのに最もよいものを、1・2・3・4から一つ選びなさい。

1 運動会で一番前の真ん中で手をあげると、彼（　　　）みんなが集まってきた。
　　1 に加えて　　　2 を通じて　　　3 に反して　　　4 を中心に

2 企業の活動（　　　）、現代社会を語ることはできません。
　　1 を中心に　　　2 をはじめ　　　3 を抜きにして　　4 を問わず

3 彼と友人は同じ女性（　　　）ケンカしたらしい。
　　1 を通じて　　　2 をまわって　　3 をこめて　　　4 をめぐって

4 ご社をビジネス·パートナー（　　　）認めます。
　　1 として　　　　2 によって　　　3 にかけて　　　4 において

5 この作品は事実（　　　）しているが、すべてが事実というわけでもない。
　　1 をさきに　　　2 を限って　　　3 をもとに　　　4 を中心に

6 彼女はミスコンテストに参加したの（　　　）、芸能界にデビューした。
　　1 をはじめ　　　2 をめぐって　　3 をこめて　　　4 をきっかけに

7 愛（　　　）、留学に行った彼女に手紙を送った。
　　1 を入れて　　　2 をかけて　　　3 をわたって　　　4 をこめて

8 人気女優の死がマスコミ（　　　）人々に知らされた。
　　1 を通じて　　　2 をはじめ　　　3 をけいきに　　4 をもとにして

9 この学校には山田先生（　　　）、厳しい先生がたくさんいらっしゃいます。
　　1 をはじめ　　　2 を中心に　　　3 をめぐって　　　4 をもとに

10 この会社は男女（　　　）、能力のある人を受け入れている。
　　1 のみならず　　2 もかまわず　　3 はもとより　　4 を問わず

## ⑨ 헷갈리기 쉬운 문형

① ㋐ 〜から …にかけて  〜부터 …에 걸쳐 (시작과 끝 지점)

　㋑ 〜にわたって  〜에 걸쳐 (기간 / 횟수 / 공간)

- 今年の秋から来年にかけてオリンピックの競技場が作られる。

  올해 가을부터 내년에 걸쳐 올림픽 경기장이 만들어진다.

- 彼は腰からひざにかけてびしょぬれになった。

  그는 허리에서 무릎에 걸쳐 흠뻑 젖었다.

- 生涯にわたってお客様に「安心と信頼」をお届けするサービスを目指してきた。

  평생에 걸쳐 손님에게 '안심과 신뢰'를 전달하는 서비스를 목표로 해 왔다.

- テレビの放送が約1時間にわたって中断された。

  텔레비전 방송이 약 1시간에 걸쳐 중단되었다.


② ㋐ 〜にとって  〜에 있어서 (〜의 경우)

　㋑ 〜にかけて  〜에 있어서 (뒤에 '뛰어난 기량'을 나타내는 말이 옴)

- 気候の厳しい国土の人間にとっては「自然は敵」です。

  기후가 혹독한 국토에 사는 사람에게 있어서는 '자연은 적'입니다.

- 今度の旅行は子どもたちにとっても、一生忘れることのない素敵な思い出になるでしょう。

  이번 여행은 아이들에게 있어서도 평생 잊을 수 없는 멋진 추억이 될 것입니다.

- 成績はよくないが、やる気にかけては世界一である。

  성적은 좋지 않지만, 의욕에 있어서는 세계 최고이다.

- 彼は語学力はだめだが、数学にかけてはとても優れている。

  그는 어학 실력은 좋지 않지만, 수학에 있어서는 매우 뛰어나다.

③ ⑦ 〜上に　〜한 데다가

　④ 〜上は　〜한 이상에는

　⑦ 동사 과거형＋〜上で　〜하고 나서

　　동사 현재형＋〜上で　〜하는 데 있어서

- 昨日は寒かった上に、風も強かった。

  어제는 추운 데다가, 바람도 강했다.

- 道に迷った上に、雨にまで降られた。

  길을 잃은 데다가, 비까지 맞았다.

- 動物を飼う上は責任をもって世話をするべきです。

  동물을 기르는 이상은 책임을 가지고 돌봐야만 합니다.

- まじめな彼のことだから、「やる」と言った上は絶対にやるだろう。

  성실한 그이니까, '한다'고 말한 이상은 무조건 할 것이다.

- よく考えた上でご返事いたします。

  잘 생각한 후에 답변해 드리겠습니다.

- 外国と取引する上で注意する点には何がありますか。

  외국과 거래하는 데 있어서 주의할 점에는 무엇이 있습니까?

④ ⑦ 동사 ます형＋〜かねる　〜하기 어렵다

　④ 동사 ます형＋〜かねない　〜일지도 모른다

- こんな高価な贈り物はいただきかねます。

  이런 비싼 선물은 받기 어렵습니다.

- 冬に暖かい服装をしていないと、ひどい風邪をひくことになりかねない。

  겨울에 따뜻한 복장을 하지 않으면, 심한 감기에 걸리게 될지도 모른다.

- 規則にうるさいレフェリーは試合を台無しにしかねない。

  규칙에 까다로운 심판은 시합을 엉망으로 만들지도 모른다.

⑤ ㋐ ～について  ～에 대해서 ( '～와(과) 관련된'이라는 뉘앙스를 가짐)

㋑ ～に対して  ～에 대해서 (대상이 나오며, '향하다'라는 뉘앙스를 가짐)

• 税制改革についてみんなの前で意見を述べた。

  세금제도 개혁에 대해서 모두 앞에서 의견을 말했다.

• この件について質問はありませんか。

  이 건에 대해 질문은 없습니까?

• 国の政策に対する反発が激しい。

  국가의 정책에 대한 반발이 심하다.

• 先生に対してぞんざい語を使ってはならない。

  선생님에 대해 반말을 사용해서는 안 된다.


⑥ ㋐ ～あげく(に)  ～한 끝에 (주로 좋지 않은 뉘앙스로 사용)

㋑ ～末 / ～末に  ～한 끝에

㋒ ～あまり  ～한 나머지 (주로 감정에 사용)

• 迷ったあげく、彼の誘いを断ってしまった。

  망설인 끝에, 그의 권유를 거절하고 말았다.

• 彼女はみんなにさんざん迷惑をかけたあげく、あいさつもしないで会社を辞めた。

  그녀는 모두에게 몹시 폐를 끼친 끝에, 인사도 하지 않고 회사를 그만두었다.

• 激しい議論の末、ようやく結論を出した。

  격렬한 토론 끝에, 겨우 결론을 냈다.

• 二人は激しいけんかとなった末、別れてしまった。

  두 사람은 격렬한 싸움이 된 끝에, 헤어지고 말았다.

☆「あげく」와「すえ」의 차이점을 묻는 문제는 출제되지 않는다.

• 感動のあまり、彼は一言も発することができなかった。

  감동한 나머지, 그는 한마디도 할 수가 없었다.

• 彼女は一番会いたかった先生に会って、うれしさのあまり飛び上がった。

  그녀는 가장 만나고 싶었던 선생님을 만나서 기쁜 나머지 펄쩍 뛰었다.

⑦ ㉠ ～ことか  얼마나 ～했던가

　㉡ ～ものか (=～もんか / ～まい) 절대 ～하지 않는다

- 3人の子どもを教育するには、 どれだけお金がかかることか。

  3명의 자식을 교육하려면, 얼마 만큼 돈이 드는 것인가?

- 彼が帰ってくるのを何年待ったことか。

  그가 돌아오기를 몇 년이나 기다렸던 것인가?

- 「どんなに悲しい映画でも泣くもんか」と思ったが、 知らず知らずのうちに泣いていた。

  '아무리 슬픈 영화라도 절대 울지 않을 것이다'라고 생각했지만, 알게 모르게 울고 있었다.

- こんな汚いレストランで食べるもんか。

  이런 더러운 레스토랑에서 절대 먹지 않을 것이다.


⑧ ㉠ ～ことだから  ～이니까 (문장 속에서 반드시 「～のことだから」의 형태로 사용)

　㉡ ～ものだから (=ことから) ～한 이유에서

　㉢ ～ことから  ～한 이유에서

- 心臓の悪い父のことだから、 あの山には登れないだろう。

  심장이 나쁜 아버지이니까, 저 산에는 올라갈 수 없을 것이다.

- 真面目な彼のことだから、 遅刻はしない。

  성실한 그이니까, 지각은 안 한다.

- 家が狭いものだから、 大きい家具は置けません。

  집이 좁으니까 큰 가구는 놓을 수 없습니다.

- このことから彼は当然無罪に違いないということになる。

  이러한 이유로 그는 당연히 무죄임에 틀림없다는 말이 된다.

- 利用者の多いことから、 1日2往復の運転が行われた。

  이용자가 많다는 이유에서, 하루 2번 왕복 운전이 행해졌다.

- 野菜と果物は生のまま食べられることも多いことから、 生産から消費までの全ての段階で衛生管理の徹底を図る必要がある。

  야채와 과일은 날것으로 먹게 되는 경우도 많다는 이유로, 생산부터 소비까지의 모든 단계에서 위생 관리의 철저함을 도모할 필요가 있다.

⑨ ㉠ ～ことだ  ～해야만 하다, ～하는 편이 좋다

　㉡ ～ものだ  ～하곤 했었지 (과거 회상)

　　　　　　　～하고 싶다 (＝ ～たいものだ · ～ほしいものだ)

　　　　　　　～하기 마련이다 (일반적인 사실)

• 大学に入りたければ一生懸命勉強することだ。

　대학에 들어가고 싶으면 열심히 공부해야만 한다.

• 風邪気味なら、早く寝ることだ。

　감기 기운이 있으면 일찍 자는 편이 좋다.

• 子供の頃、よく泣いたものだ。

　어렸을 때, 잘 울곤 했었지.

• 来年は日本へ留学に行きたいものだ。

　내년에는 일본에 유학 가고 싶다.

• 親は子供を愛するものだ。

　부모는 자식을 사랑하기 마련이다.


⑩ ㉠ ～ということだ  ～라는 것이다 (「～ということだ」앞에는 '서술형 문장'이 옴)

　㉡ ～というものだ  ～라는 것이다 (「～というものだ」앞에는 '명사 / 형용동사'가 옴)

• その報告書によると、来年は不況になるということだ。

　그 보고서에 의하면, 내년은 불황이 될 것이라고 한다.

• 誰か相手がいて対話する時に、まず最初にしなければならないことは、相手の存在を認めるということだと思います。

　누군가 상대가 있어 대화할 때, 우선 제일 처음 해야 할 일은 상대방의 존재를 인정하는 것이라고 생각합니다.

• あなたが彼に援助を求めても無駄というものです。

　당신이 그에게 원조를 요구해도 소용없다는 것입니다.

• これ以上待つのはそれこそ時間の浪費というものだ。

　이 이상 기다리는 것은 그것이야말로 시간의 낭비라는 것이다.

→ 정답 p.77

**問題7** 次の文の（　　　　）に入れるのに最もよいものを、1・2・3・4から一つ選びなさい。

1　被害にあった彼らの証言が一致した（　　　　）、容疑者の名前があがってきた。
　　1　ことには　　　　2　ことか　　　　　3　ことから　　　　4　ことだから

2　内容を確認の（　　　　）、サインをお願いいたします。
　　1　上で　　　　　　2　上に　　　　　　3　上は　　　　　　4　上も

3　私はうれしさの（　　　　）、空にまで飛んでいきそうな気分だった。
　　1　ともに　　　　　2　ばかり　　　　　3　あまり　　　　　4　たびに

4　昨日から今日（　　　　）、関東を中心に大雪だったらしいが、私の住んでいる関西は全然積もっていません。
　　1　に際して　　　　2　に比べて　　　　3　に関して　　　　4　にかけて

5　あの山田さん（　　　　）勉強は趣味のひとつだという。
　　1　において　　　　2　にわたって　　　　3　にとって　　　　4　にかけて

6　このままでは、病状が悪化（　　　　）。
　　1　しきらない　　　2　しかねない　　　3　しきれる　　　　4　しかねる

7　1ヶ月間（　　　　）、領土問題についての議論が続けられた。
　　1　にかけて　　　　2　にわたって　　　3　におうじて　　　4　において

8　日本料理にかけては彼女の右に出るものは（　　　　）。
　　1　いるはずだ　　　　　　　　　　2　いないだろう
　　3　いないだろうか　　　　　　　　4　いるだろう

9　一人で苦しんだって、どうにもならないだろ？今君に必要なのは頑張ることじゃなくてゆっくり休む（　　　　）よ。
　　1　せいだ　　　　　2　そうだ　　　　　3　おかげだ　　　　4　ことだ

⑩ **같은 의미의 문형**

## 01  ~한 이상에는

① ~以上（は）

- 人間である以上、過ちを犯す可能性があることを、彼は認識している。
  인간인 이상, 잘못을 범할 가능성이 있는 것을 그는 인식하고 있다.

- 先生である以上は学生のために一生懸命すべきだ。
  선생님인 이상은 학생을 위해 열심히 해야 한다.

② ~上は

- この仕事を引き受ける上はみんなで全力でやろう。
  이 일을 받아들인 이상은 모두 함께 전력으로 하자.

- もうタバコは吸わないと決めた上は、どんなに誘われても絶対にそれを守りたい。
  이제 담배는 피우지 않겠다고 결정한 이상에는, 아무리 권유받더라도 절대로 그것을 지키고 싶다.

③ ~からには

- 彼がいなくなったからにはもう怖いものはない。
  그가 없어진 이상에는 이젠 무서운 것은 없다.

- 日本語を習っているからには言葉だけに限らず、文化についても学びたい。
  일본어를 배우고 있는 이상에는 말에만 한정하지 않고, 문화에 대해서도 배우고 싶다.

## 02  ~하기 어렵다

① 동사 ます형 + ~がたい

- その景色の美しさは言葉には現わしがたい。
  그 경치의 아름다움은 말로는 표현하기 어렵다.

- 彼の抑えがたい行動に驚いた。
  그의 억제하기 어려운 행동에 깜짝 놀랐다.

② 동사 ます형 + ～かねる

- この資料からでは判断しかねる。
  이 자료로서는 판단하기 어렵다.

- 数量に限りがございますので、ご要望に応えかねることもございます。
  수량에 한정이 있기 때문에, 요망에 부응하기 어려운 경우도 있습니다.


## 03  ～하자마자

① 동사 과거형 + ～かと思うと・～かと思ったら

- 雨が降ってきたかと思ったら、もう止んだ。
  비가 내리자마자 벌써 그쳤다.

- 授業のベルが鳴ったかと思うと、もう先生は入ってきた。
  수업 벨이 울리자마자 벌써 선생님이 들어왔다.


② ～か …ないかのうちに

- 電車のドアが開くか開かないかのうちに乗客が飛び出してきた。
  전철의 문이 열리자마자 승객이 뛰어나왔다.

- 選手たちはピストルの音が鳴ったか鳴らないかのうちにスタートしました。
  선수들은 피스톨 소리가 울리자마자 스타트했습니다.


③ 동사 과거형 + ～とたん(に)

- 彼が出て行ったとたんに彼女が帰ってきた。
  그가 나가자마자 그녀가 돌아왔다.

- ドアを開けたとたん、猫が家に飛び込んできた。
  문을 열자마자 고양이가 집으로 뛰어들어왔다.

## 04  ～으로는, ～(으로)부터 말하자면

① ～から言うと・～から言えば・～から言って

- 現状から言って、すぐその計画を行うのは無理です。
  현 상황으로는, 바로 그 계획을 행하는 것은 무리입니다.

- 価格から言えば、日本の方が倍以上高い。
  가격으로 말하자면 일본 쪽이 배 이상 비싸다.

② ～からすると・～からすれば

- 部長のあの表情からすると、この企画はあんまり進めたくないようだ。
  부장님의 저 표정으로는 이 기획은 별로 진행하고 싶지 않은 것 같다.

- 話し方からからすると、彼は京都の人ではないようだ。
  말투로 보면, 그는 교토 사람이 아닌 것 같다.

③ ～から見ると・～から見れば・～から見て

- 山の頂上から見れば、その島はとても美しい。
  산의 정상에서 보면, 그 섬은 매우 아름답다.

- 私たちの家は西欧の基準から見ると、小さすぎるとのことです。
  우리 집은 서양의 기준에서 보면 너무 작다고 합니다.


## 05  ～을(를) 대신에

① ～の代わりに

- 今朝はコーヒーの代わりにココアを飲んだ。
  오늘 아침은 커피 대신에 코코아를 마셨다.

- まことにすみませんが、私の代わりにそれをやっていただけませんか。
  정말로 죄송합니다만, 제 대신에 그것을 해 주실 수 없겠습니까?

② ～に代わって

- 私があなたに代わって全て行いますから、あなたはただここで待っているだけでいいのです。
  제가 당신을 대신해서 전부 할 테니, 당신은 단지 여기서 기다리기만 하면 됩니다.

- あなたに代わり、スポンサー企業が寄付をするので、あなたは一切お金がかかりません。
  당신 대신에 스폰서 기업이 기부할 것이니, 당신은 일절 돈이 들지 않습니다.


## 06 ～한 이유에서

① ～ことから

- めがねの形をしていることから、その橋を「めがね橋」と呼ぶ。
  안경 모양을 하고 있어서, 그 다리를 '안경교'라고 부른다.

- 彼はいつも約束に遅れてくることから、みんなに嫌われる。
  그는 항상 약속에 늦게 오기 때문에 모두에게 미움받는다.

② ～ものだから

- 彼女は僕には何とも言わないものだから、彼女の気持ちがよく分からない。
  그녀는 나에게는 아무 말도 하지 않아서 그녀의 기분을 잘 모르겠다.

- いつもの電車に乗り遅れるものだから、遅刻して部長に叱られた。
  늘 타는 전철에 늦게 타서, 지각을 하여 부장님에게 혼났다.


## 07 ～밖에 없다

① ～しかない

- 親友に頼まれたら、やるしかないじゃん。
  친한 친구에게 부탁받았다면 할 수밖에 없지 않느냐.

- 親の遺言で、彼女と結婚するしかなかった。
  부모님의 유언으로 그녀와 결혼할 수밖에 없었다.

② ～(より)ほか(は)ない

- 風邪をひいた。暖かくして寝るよりほかない。
  감기에 걸렸다. 따뜻하게 해서 잘 수밖에 없다.

- 真実を明らかにするため、本当のことを言うほかない。
  진실을 밝히기 위해, 사실을 말할 수밖에 없다.


## 08  절대 ～할 리가 없다

① 동사 ます형 + ～っこない

- 私がどんな目にあったか、君には分かりっこない。
  내가 어떤 일을 당했는지, 너는 절대 알 리가 없다.

- 将来何が起こるかなんて、誰にも分かりっこない。
  앞으로 어떤 일이 일어날지는, 아무도 알 리 없다.


② 동사 기본형 + ～ものか(もんか)

- 二度とあそこに行くものか。
  두 번 다시 저곳에 안 갈 것이다.

- カニって食べるのが面倒くさい。おいしいけど、あれほど苦労して食べるもんか。
  게는 먹는 것이 성가시다. 맛있지만, 그만큼 고생해서는 먹지 않을 것이다.


## 09  ～하면서(도)

① 동사 ます형 + ～つつ(も)

- 来る来ると言いつつ、来なかったじゃない。
  온다온다 하면서, 안 오지 않았느냐.

- 二人はほほえみつつ、夜景を見つめるばかりだった。
  두 사람은 미소를 띄면서, 야경을 바라볼 뿐이었다.

② 동사 ます형 + ～ながら(も)

- 私はその薬が危険だと知りながら、飲み続けていた。
  나는 그 약이 위험하다는 것을 알면서 계속 먹고 있었다.

- 体に悪いと知りながらもタバコを吸い続けている。
  몸에 나쁘다는 것을 알면서도 담배를 계속 피우고 있다.


## 10 매우 ～하다, ～해서 견딜 수 없다

① ～て(で)しようがない

- 睡眠不足のせいで、眠くてしようがない。
  수면부족 탓으로 졸려서 견딜 수가 없다.

- その知らせを聞いて気が重くてしようがない。
  그 소식을 듣고 매우 마음이 무거웠다.


② ～て(で)たまらない

- もう12時だ。娘のことで不安でたまらない。
  벌써 12시이다. 딸의 일로 매우 불안하다.

- 一番大切な健康状態が心配でたまらない。
  가장 중요한 건강상태가 걱정되어 견딜 수가 없다.


③ ～て(で)ならない

- 幸福にしている人を見ると、うらやましくてならないのである。
  행복하게 지내고 있는 사람을 보면, 부러워서 견딜 수가 없다.

- 戦争が始まるかもしれない。国民は不安でならない様子だ。
  전쟁이 시작될지도 모른다. 국민은 매우 불안한 모습이다.


④ ～て(で)しかたない

- 子どもはみんな外国へ留学に行って、毎日がさびしくてしかたない。
  자식은 모두 외국에 유학 가서, 하루하루가 외로워서 견딜 수 없다.

- 犯罪を犯したとはいえ、この少女がかわいそうでしかたない。
  범죄를 저질렀다고는 해도, 이 소녀가 매우 불쌍하다.

## 11　〜함에 따라

### ① 〜と共に

- 大阪は東京と共に日本経済の中心地である。
  오사카는 도쿄와 함께 일본 경제의 중심지이다.

- 病気が回復すると共に食欲も出てきた。
  병이 회복함에 따라 식욕도 생기게 되었다.

### ② 〜に従って

- 人口が減るに従って、経済活動の人口も減っていった。
  인구가 줄어듦에 따라, 경제활동을 하는 인구도 줄어들었다.

- 情報技術が発展するに従って、様々なところでデジタルという言葉や、その対比としてのアナログという言葉を耳にするようになりました。
  정보기술이 발전함에 따라, 다양한 곳에서 디지털이라는 말과, 그 대비로서의 아날로그라는 말을 듣게 되었습니다.

### ③ 〜につれて

- 人口の増加につれ、住宅が不足してくる。
  인구 증가에 따라 주택이 부족해졌다.

- 物価上昇につれて、暮らしが苦しくなった。
  물가 상승에 따라 생활이 힘들어졌다.

### ④ 〜に伴って

- 年を取るに伴って、人は数多くの肉体的な試練に直面します。
  나이를 먹음에 따라, 사람은 수많은 육체적인 시련에 직면합니다.

- 事業活動に伴って生じた廃棄物は自らの責任で処理しなければなりません。
  사업활동에 따라 생긴 폐기물은 스스로 책임감을 가지고 처리해야만 합니다.

## 12 ～에 임해서, ～함에 즈음하여

### ① ～に当たって

- サイトのご利用に当たって、下記の事項はお守りください。
  사이트 이용에 즈음하여, 아래의 사항은 지켜 주십시오.

- 科学論文を書くに当たり、教授から助言を受けた。
  과학 논문을 씀에 즈음하여, 교수님으로부터 조언을 받았다.

### ② ～に際して

- 入会に際しての年齢制限は特にありません。
  입회에 임해서의 연령 제한은 특별히 없습니다.

- ご利用に際して、このホームページをご利用になる前に、以下のご利用条件をよくお読みください。
  이용에 즈음해서, 이 홈페이지를 이용하시기 전에, 아래의 이용조건을 잘 읽어 주십시오.


## 13 ～에 부응해서

### ① ～に応じて

- わが社は消費者のニーズに応じて新製品を開発しました。
  우리 회사는 소비자의 요구에 부응해서 신제품을 개발했습니다.

- 勤務年数に応じて退職金が異なる。
  근무연수에 따라 퇴직금이 다르다.

### ② ～に答えて

- 国民の声援に答え、オリンピックで金メダルを取った。
  국민의 성원에 부응하여, 올림픽에서 금메달을 땄다.

- 観衆の応援に答える成績をあげられなくて申し訳ないと思っている。
  관중의 응원에 부응하는 성적을 올리지 못해서 죄송스럽게 생각하고 있다.

## 14 ～에 관해서

### ① ～に関して

- 図書館にも社会福祉に関しての論文は置いていなかった。
  도서관에도 사회 복지에 관한 논문은 놓여 있지 않았다.

- そのことに関して長くいろいろと考えた。
  그 일에 관해서 오랫동안 여러 가지로 생각했다.

### ② ～について

- 最近流行っているインフルエンザについて調べてみましょう。
  최근 유행하고 있는 인플루엔자(독감)에 대해 조사해 봅시다.

- 環境汚染についてレポートを書くのが夏休みの課題です。
  환경오염에 대해 리포트를 쓰는 것이 여름방학 과제입니다.


## 15 ～임이 틀림없다

### ① ～に決まっている

- 「やってもどうせ無駄だ。失敗するに決まっている」と思えば、意欲を失うのは当然でしょう。
  '해도 어차피 소용없어. 실패할 게 뻔해'라고 생각하면 의욕을 잃는 것은 당연하겠죠.

- いずれ人間は死ぬに決まっているのではないでしょうか。
  어차피 인간은 죽는 것임에 틀림없는 것은 아닐까요?

### ② ～に相違ない

- 表記の登録申請者は、本人に相違ないことを証明します。
  표기의 등록신청자는, 본인임이 틀림없음을 증명합니다.

- 誰から言われることもなく、これは山田さんがしたに相違ない。
  누군가에게 들을 필요도 없이, 이것은 야마다 씨가 했음에 틀림없다.

③ ～に違いない

- いつも大人しいあの人が怒っているのだから、何かわけがあるに違いない。
  언제나 얌전한 저 사람이 화를 내고 있기 때문에, 무언가 이유가 있음이 틀림없다.

- あの人にはほかに好きな人がいるに違いない。
  저 사람에게는 따로 좋아하는 사람이 있음이 틀림없다.

④ ～にほかならない

- ここでやめるのは敗北を認めることにほかならない。
  여기서 그만두는 것은 패배를 인정하는 것임이 틀림없다.

- 彼の成功は努力の結果にほかならない。
  그의 성공은 노력의 결과임이 틀림없다.

## 16 ～을(를) 따라, ～에 따라

① ～に従って

- 自分の良心に従って行動したとしても、それが相手のためになるとは限りません。
  자신의 양심에 따라 행동했다고 해도, 그것이 상대방을 위한 것이라고만은 할 수 없습니다.

- 常識に従って生きていくことが人として正しいことだ。
  상식에 따라 살아가는 것이 사람으로서 옳은 일이다.

② ～に沿って

- 通りに沿い、桜が植えられている。
  길을 따라 벚꽃이 심어져 있다.

- 私たちはパレードが通りに沿って進んでいくのを見た。
  우리들은 퍼레이드가 길을 따라 나아가고 있는 것을 보았다.

## 17 ～할 때마다

① ～につけ

- この本を読むにつけ、子供の頃が思い出される。
  이 책을 읽을 때마다 어린 시절이 떠오르게 된다.

- この会に出る**につけ**、いろんなことを学ぶ。
  이 모임에 나올 때마다 여러 가지를 배운다.


② 동사 기본형 ＋ 〜たび(に)

- この写真を見る**たび**、彼女との思い出が思い浮かぶ。
  이 사진을 볼 때마다 그녀와의 추억이 떠오른다.

- あのお客様はいらっしゃる**たびに**文句を言う。
  저 손님은 오실 때마다 불평을 한다.


## 18  〜을(를) 근거로 하여

① 〜に基づいて

- 地球上の生命は太陽のエネルギー**に基づいて**いる。
  지구 상의 생명은 태양 에너지를 근거로 하고 있다.

- ニュースは事実**に基づいて**報道し、公正でなければならない。
  뉴스는 사실을 근거로 해서 보도하고, 공정해야만 한다.


② 〜を基に(して)

- この本は学習指導要領**を基に**、４年生以上を対象に作られた問題集です。
  이 책은 학습 지도요령을 근거로 해서, 4학년 이상을 대상으로 만들어진 문제집입니다.

- 何**を基にして**私を疑うのか。
  무엇을 근거로 해서 나를 의심하는 것인가?


## 19  〜을(를) 빼고

① 〜ぬきで / 〜ぬきに

- 彼らは昼飯**ぬきで**仕事をした。
  그들은 점심밥을 먹지 않고 일을 했다.

- わさび**ぬきの**にぎり１人前ください。
  고추냉이를 뺀 주먹밥 1인분 주세요.

② 〜を抜きに(して)

- 国家を抜きにして、市民権の保障は考えられない。
  국가를 빼고, 시민권의 보장은 생각할 수 없다.

- 幸福になるためには、心を抜きに考えることはできません。
  행복해지기 위해서는, 마음을 빼고 생각할 수는 없습니다.


## 20  〜뿐만 아니라

① 〜のみならず

- 彼は日本のみならず、世界においても有名な物理学者である。
  그는 일본뿐만 아니라, 세계에서도 유명한 물리학자이다.

- 彼女のみならず、彼女の息子も幸せだった。
  그녀뿐만 아니라, 그녀의 아들도 행복했다.

② 〜だけでなく

- 彼は怒りっぽいだけでなく疑い深い。
  그는 쉽게 화를 낼 뿐 아니라 의심도 많다.

- 彼女は美人であるだけでなく才能もある。
  그녀는 미인일 뿐 아니라 재능도 있다.

③ 〜ばかりでなく

- 柔道は若者の健康に良いばかりでなく、人格形勢にも役立つ。
  유도는 젊은이의 건강에 좋을 뿐만 아니라, 인격 형성에도 도움이 된다.

- この報告書は字が汚いばかりでなく、間違いもたくさんある。
  이 보고서는 글자가 지저분할 뿐만 아니라, 틀린 것도 많이 있다.

④ 〜ばかりか

- 彼女は美しいばかりか、心もやさしく、しかも頭もいい。
  그녀는 아름다울 뿐만 아니라, 마음도 착하고, 게다가 머리도 좋다.

- 労働はただ単に必要なものであるばかりか、楽しみでもある。
  노동은 그저 단순히 필요한 것일 뿐 아니라, 즐거움이기도 하다.

## 21 ～은(는) 물론

### ① ～はもちろん

- 国が違うと、言葉や文化はもちろん、人々の考え方まで違う。
  나라가 다르면, 말과 문화는 물론, 사람들의 사고방식까지 다르다.

- 彼女は言語はもちろん、文化も研究している。
  그녀는 언어는 물론, 문화도 연구하고 있다.

### ② ～はもとより

- 友達は英語はもとより、フランス語も中国語もできる。
  친구는 영어는 물론이고, 프랑스어도 중국어도 할 수 있다.

- 彼はピアノはもとより、バイオリンも弾ける。
  그녀는 피아노는 물론이고, 바이올린도 켤 수 있다.

## 22 ～용이다, ～에게 적합하다

### ① ～向きだ

- この小説を子ども向きに書き改めるのは難しい。
  이 소설을 어린이용으로 다시 고쳐 쓰는 것은 어렵다.

- こういう本は若い読者向きではない。
  이러한 책은 젊은 독자용이 아니다.

### ② ～向けだ

- この工場ではフランス向けの輸出品を作っています。
  이 공장에서는 프랑스용 수출품을 만들고 있습니다.

- 子ども向けの絵本は増えつつある。
  어린이용 그림책은 계속 늘어나는 중이다.

### 23　～할 리가 없다

① ～わけがない

- 私にそんな責任の重い仕事ができる**わけがない**。
  내가 그런 책임이 무거운 일을 할 수 있을 리가 없다.

- あんなにまずい物が売れる**わけがない**と思うほうが普通です。
  저렇게 맛없는 것이 팔릴 리가 없다고 생각하는 것이 일반적입니다.

② ～はずがない

- その事件はもう10年も前のことだから、覚えている**はずがない**。
  그 사건은 벌써 10년이나 전의 일이기 때문에 기억하고 있을 리가 없다.

- 資本金のない店がこんな不景気に耐えられる**はずがない**。
  자본금이 없는 가게가 이런 불경기에 견딜 수 있을 리가 없다.


### 24　～을(를) 계기로

① ～をきっかけに / ～をきっかけとして

- 「冬ソナ」**をきっかけに**、韓国に興味を持ち始めました。
  '겨울연가'를 계기로, 한국에 관심을 가지기 시작했습니다.

- 課長に昇進したの**をきっかけに**、うつ病にかかりました。
  과장으로 승진한 것을 계기로, 우울증에 걸렸습니다.

② ～を契機に / ～を契機にして

- 病気になったの**を契機に**、酒もたばこもやめた。
  병이 난 것을 계기로 술도 담배도 끊었다.

- 今度のこと**を契機にして**心を改めなさい。
  이번 일을 계기로, 해서 마음을 새로 먹어라.

## 25 ～을(를) 통해서

### ① ～を通じて

- ニュースを通じて、インドで大きな地震が起きたことを知りました。
  뉴스를 통해서, 인도에서 큰 지진이 일어난 것을 알았습니다.

- インターネットを通じて得た情報でも全てが正しいとは言えない。
  인터넷을 통해서 얻은 정보라도 모든 것이 옳다고는 할 수 없다.

### ② ～を通して

- カタログを通して郵便で買い物をすることによって、人々は商品を幅広く選ぶことができる。
  카탈로그를 통해서 우편으로 쇼핑하는 것에 의해, 사람들은 상품을 폭넓게 고를 수가 있다.

- 言葉を通して多くの知識が習得される。
  말을 통해서 많은 지식이 습득되어진다.

→ 정답 p.78

**問題 7** 次の文の（　　　　）に入れるのに最もよいものを、1・2・3・4から一つ選びなさい。

1　どちらもよさそうで（　　　）のですが、どちらがお勧めですか。
　　1　決めがたい　　　　　　　　　　　2　決めかねない
　　3　決めるしかない　　　　　　　　　4　決めてたまらない

2　新制度の導入（　　　）企業革新を行おう。
　　1　をとわず　　　　　　　　　　　　2　にかかわって
　　3　をきっかけに　　　　　　　　　　4　のもとに

3　こんな多額な寄付には（　　　）。
　　1　応じきれないです　　　　　　　　2　応じきれます
　　3　応じかねないです　　　　　　　　4　応じかねます

4　デパートの階段で転んでしまって、恥ずかしくて（　　　）。
　　1　いられなかった　　　　　　　　　2　たまらなかった
　　3　ちがいなかった　　　　　　　　　4　ほかはなかった

5　朝夕（　　　）、外出先から帰ったらすぐに洗顔をしましょう。
　　1　をめぐり　　　2　はもちろん　　　3　もかまわず　　　4　にさきだって

6　約束した（　　　）、どんなことがあっても守るべきだ。
　　1　わけは　　　2　以上は　　　3　はずは　　　4　しだいは

7　漫画の好きな子供のことだから、今ごろはまたどこかで読んでいる（　　　）。
　　1　よりほかない　　　　　　　　　　2　に決まっている
　　3　とは限らない　　　　　　　　　　4　おそれがある

8　試合日に雨が降ることが多い（　　　）、選手たちの調子は整っていない。
　　1　ばかりだから　　　2　ことだから　　　3　はずだから　　　4　ことから

9 今回の発売延期は、ゲームを楽しみにしているユーザーにとっては残念（　　　）。

1　しかない　　　　2　にちがいない　　3　でならない　　　4　よりない

10 この申請者は本人（　　　）ことを保証します。

1　だからといって　2　ほかならない　　3　に相違ない　　　4　に決めている

11 いくら頑張っても原稿が１日で終わる（　　　）。

1　までがない　　　2　わけがない　　　3　うえがない　　　4　ほどがない

12 人件費が安い中国でも、とても高い携帯電話が売れるのが不思議（　　　）。

1　なわけではない　　　　　　　　2　でしかたない

3　ということはない　　　　　　　4　なものではない

13 こんな時間に訪れてくるとしたら、きっとあの人（　　　）。

1　に違いない　　　　　　　　　　2　ということだ

3　どころではない　　　　　　　　4　だけのことはある

14 世界の一流選手たちの試合をテレビで見る（　　　　）、「本物のプレーは違うな」と思った。

1　とも　　　　　　2　にあり　　　　3　につけ　　　4　でも

15 毎日金魚にえさを（　　　）その日の１日を始める。

1　やりながら　　　2　やりかけて　　3　やりかねて　　4　やりつつあって

16 人口の増加（　　　）、様々な問題が起きてきた。

1　にさいして　　　2　にいたって　　3　にたいして　　4　につれて

17 世界禁煙デー（　　　）の厚生労働大臣からのメッセージがありました。

1　にかぎって　　　2　において　　　3　にさいして　　4　につれて

18 このたび、子供（　　　）のコンピュータが開発された。

1　向き　　　　　　2　抜き　　　　　3　最中　　　　4　次第

## ⑪ 「から〜」형태의 문형

① 〜から言うと / 〜から言えば / 〜から言って 〜으로는, 〜부터 말하면
- 建築デザインの立場から言うと、このアプローチにはもっと多くの代案が考えられる。
  건축디자인의 입장으로 말하면, 이 접근방법에는 더 많은 대안을 생각할 수 있다.

- 結論から言うと、今回の投資はお断りします。
  결론부터 말하자면, 이번 투자는 거절하겠습니다.

☆「〜からすると / 〜から言うと / 〜から見ると」도 같은 표현이다.

② 〜からすると / 〜からすれば 〜의 입장(관점·생각)으로는
- この見地からすれば、君の言うことは正しい。
  이 견지로는, 자네가 말하는 것이 옳다.

- 空模様からすれば、今夜あたりに雪になるかもしれない。
  구름 사진으로는, 오늘밤 즈음에 눈이 내릴지도 모른다.

☆「〜からすると/すれば」에서「〜すると/すれば」를 묻는 문제가 출제되기도 하므로 정확하게 암기해야 한다.

③ 〜から見ると / 〜から見れば / 〜から見て 〜로 (견주어) 보면
- 現在の空模様から見ると、いつ土砂降りになるか分からない。
  현재의 구름 사진으로 보면, 언제 억수같은 비가 쏟아질지 모른다.

- 私の目から見て、彼なんかまだ赤ん坊だ。
  내 눈에서 보면, 그는 아직 아기이다.

☆「〜から見ると」는 '〜부터 보면'이라고 직역해도 문장의 의미는 통한다.

④ **～からといって** ～라고 해서

- 人を単に貧しいからといって見下ろしてはならない。
  사람을 단순히 가난하다고 해서 멸시해서는 안 된다.

- いくらお金がたくさんあるからといって、無駄づかいはよくない。
  아무리 돈이 많이 있다고 해서, 낭비하는 것은 좋지 않다.

  ☆ 「～から言って」와 철자는 비슷하지만 의미가 다르므로 반드시 구분해야 한다. 일반적으로 「といって」부분을 묻는 문제가 자주 출제된다.

⑤ **～からして** ～부터가, ～으로는(기본적인 자세, 태도, 상태 등)

- 彼の健康状態からしてスポーツは無理でしょう。
  그의 건강상태로는 스포츠는 무리겠죠.

- 彼の計画はその発想からして他の人より独特だ。
  그의 계획은 그 발상부터가 다른 사람보다 독특하다.

  ☆ 「～からして」에서 「して」를 묻는 문제가 출제되기도 하므로 정확하게 암기해야 한다.

⑥ **～からこそ** ～때문이야말로

- あなたのことが心配になるからこそ、毎日電話をするのです。
  당신의 일이 걱정되기 때문에 매일 전화를 하는 것입니다.

- 社員が本当に会社のことを思っているからこそ、多くの意見が出るのです。
  사원이 정말로 회사 일을 생각하고 있기 때문에 많은 의견이 나오는 것입니다.

  ☆ 「～から ～때문에」와 「～こそ ～이야말로」의 조합이다.

⑦ **～からには** ～이상에는

- マラソン大会に出場するからには、3時間以内にはゴールインしたい。
  마라톤대회에 출전하는 이상에는, 3시간 이내에는 골인하고 싶다.

- いったん仕事を引き受けたからには、最善を尽くしましょう。
  일단 일을 받아들인 이상에는 최선을 다합시다.

  ☆ 「～以上は」「～上は」와 같은 의미의 문법이다.

→ 정답 p.80

**問題 7** 次の文の（　　　　）に入れるのに最もよいものを、1・2・3・4から一つ選びなさい。

1 　同じ日本人だ（　　　　）、日本にいるすべての日本人とうまくいくとは限らない。
　　1　からには　　　　　　　　　　　　2　からといって
　　3　からして　　　　　　　　　　　　4　からいって

2 　結果が悪かったことよりも、全然努力しなかった（　　　　）問題だと思います。
　　1　はずこそ　　　　2　からこそ　　　　3　ことには　　　　4　からには

3 　さっきの彼女の態度（　　　　）、今度のプロジェクトにはたぶん賛成しないだろう。
　　1　からこそ　　　　　　　　　　　　2　からといって
　　3　からすると　　　　　　　　　　　4　からには

4 　実力から（　　　　）、Aチームが勝つに決まっている。
　　1　おいて　　　　2　にも　　　　3　見て　　　　4　とって

5 　A国は食料（　　　　）欠乏状態だから、衣類・燃料も欠乏しているに違いない。
　　1　として　　　　2　をもって　　　　3　からして　　　　4　からは

6 　約束した（　　　　）、それを守るのが当たり前だと思う。
　　1　からいって　　　2　からこそ　　　　3　からとは　　　　4　からには

7 　健康という観点（　　　　）、激しい運動はよくない。
　　1　からいって　　　2　をのぞいて　　　3　に限って　　　4　として

## ⑫ 기타 문형

### ① 〜おかげで / 〜おかげだ 〜덕분으로 / 〜덕분이다

- 家の近くに新しいコンビニができたおかげで、便利になってうれしい。

  집 근처에 새로운 편의점이 생긴 덕분어 편리해져서 기쁘다.

- あの先輩のおかげで、命が助かった。

  저 선배 덕분에 목숨을 구했다.

☆ 「〜せいで 탓으로」와 구분을 해야 한다. 「おかげさまで」는 단독으로 사용되므로, 「先生のおかげさまで」라는 표현은 틀린 것이다.

### ② 〜恐れがある 〜할 우려가 있다

- この販売方法は法律に触れる恐れがある。

  이 판매방법은 법률에 저촉될 우려가 있다.

- 油断すると、そういう事故は再発する恐れがある。

  방심하면 그러한 사고는 재발할 우려가 있다.

☆ 「恐れ」를 묻는 문제가 출제된다. 동사인 「恐れる 두려워하다, 우려하다」도 같이 알아두자.

### ③ 〜限り(では) 〜한(으로는), 〜배(로는)

- 私が知る限りでは、あの人は無罪です。

  내가 아는 한으로는, 저 사람은 무죄입니다.

- あなたは静かにしている限り、ここにいてもいい。

  당신은 조용히 하고 있는 한, 여기에 있어도 좋다.

☆ 부정문인 「〜ない限り 〜않는(없는) 한」도 같이 암기하자.

### ④ 〜か 〜ないかのうちに 〜하자다자

- その一行が出発するかしないかのうちに、雨が降り出した。

  그 일행이 출발하자마자, 비가 내리기 시작했다.

• 私がホールに入るか入らないかのうちに、式が始まった。

내가 홀에 들어가자마자, 식이 시작되었다.

☆ 시험에서 출제되는 문제는 「〜うちに」이다. 그리고 「〜か 〜ないかのうちに」 다음에 오는 문장을 찾는 문제
도 출제된다.


⑤ 〜かのようだ(ようで・ように・ような) 〜인 것 같다 (같고・같이・같은)

• このロボットはとてもよく作られていて、生きているかのようだ。

이 로봇은 매우 잘 만들어져 있어서, 살아있는 것 같다.

• 彼はまるで上司かのように同僚に命令している。

그는 마치 상사인 것처럼 동료에게 명령하고 있다.

☆ 일반적으로 부사 「まるで 마치」와 같이 사용되는 공식적인 표현인데, 조사 「か」에 주의하자. 그리고 명사에 접
속할 때는 「か」를 생략해도 무방하다.


⑥ 〜くせに 〜인 주제에, 〜이면서(도)

• お金もないくせに、高いものばかり欲しがる。

돈도 없는 주제에, 비싼 물건만 갖고 싶어 한다.

• 彼は弱いくせにいつも強がりを言う。

그는 약한 주제에 항상 허세를 부린다.

☆ 「〜くせに」 다음에 오는 문장을 묻는 문제가 많이 출제된다.


⑦ 〜くらい・〜ぐらい / 〜くらいだ・〜ぐらいだ 〜정도 / 〜정도이다

• 人に会ったら、あいさつぐらいはして欲しい。

사람을 만나면, 인사 정도는 해 주기를 바란다.

• 子どもでもそれくらいのことは出来る。

아이라도 그 정도의 일은 할 수 있다.

☆ 분량이나 수량을 나타낸다.

⑧ 형용사·형용동사 어간 + ～げ  좀 ～한 듯

- 彼は寂しげな表情で笑った。

  그는 좀 쓸쓸한 듯한 표정으로 웃었다.

- あの子どもは楽しげに話した。

  저 아이는 즐거운 듯이 이야기했다.

☆ 감정이 있는 형용사나 형용동사와 같이 사용된다는 것을 알아두자.


⑨ ～こそ  ～야말로

- しばらく休みましたが、今年こそは英語力を向上させましょう。

  잠시 쉬었습니다만, 올해야말로 영어 실력을 향상시킵시다.

- これこそわれわれが探し求めていたものだ。

  이것이야말로 우리들이 찾아서 구하고 있었던 것이다.

☆ 자기소개를 할 때, 그 답으로 「こちらこそ 이쪽이야말로」를 알고 있으므로, 「～こそ」는 암기하기에 어렵지 않을 것이다.


⑩ ～ことなく  ～하지 않고

- 彼女は止めることなく、何時間も泣き続けた。

  그녀는 멈추지 않고 몇 시간이나 계속 울었다.

- 雨は途切れることなく、一日中降り続いた。

  비는 끊기지 않고 하루 종일 계속 내렸다.

☆ 오답으로 「～ものなく」「～はずなく」「～ところなく」「～ばかりなく」가 나오는데, 오답의 보기는 아무런 의미가 없다.


⑪ ～ことに  ～하게도

- 嬉しいことに、4月から給料が1割ほど上がる。

  기쁘게도, 4월부터 급료가 10% 정도 오른다.

- ここに引っ越してからは不思議なことに、毎日いろんなことが起きる。

  이곳으로 이사하고 나서는 이상하게도 매일 여러 가지 일이 일어난다.

☆ 항상 '감정의 품사'와 같이 출제되는데, 일반적으로 「うれしいことに」「悲しいことに 슬프게도」가 출제된다.

⑫ ～ことになっている・～こととなっている <sup></sup>～하기로 되어 있다

- ここでは野球をしてはいけないことになっている。

  여기에서는 야구를 해서는 안 되게 되어 있다.

- この契約によって、私は彼らに１千万円を払わなければならないことになっている。

  이 계약에 의해서, 나는 그들에게 천만 엔을 지불하지 않으면 안 되게 되어 있다.

- ☆ '규정, 방침'에서 사용하는 문법이다. 비슷한 형태의 「～ことにしている ～하기로 하고 있다」는 습관적인 일에 사용하는 문법이다.

⑬ ～際(に) / ～際は ～할 때(에) / ～할 때는(에)

- 入院の際は、いろいろお世話になりました。

  입원할 때는, 여러 가지 신세를 지었습니다.

- このサイトをご利用いただく際にご了解いただきたい事項がございます。

  이 사이트를 이용하실 때에 양해해 주실 사항이 있습니다.

- ☆ 「～時 때」와 「～際」는 같은 의미이다.

⑭ ～最中に / ～最中だ 한창 ～중에 / 한창 ～중이다

- ゲームをやっている最中に、友達が遊びに来た。

  한창 게임을 하고 있는 중에 친구가 놀러 왔다.

- 雨が降っている最中に外へ出てはいけない。

  비가 많이 내리고 있는 중에 밖에 나가선 안 된다.

- ☆ 출제 예상되는 문제는 동사가 「～ている最中」「～ていた最中」처럼 「현재 진행형」이나 「과거 진행형」에 접속된다는 것이다.

⑮ ～(で)さえ ～조차, ～마저

- お腹がいっぱいで、イチゴさえ食べられない。

  배가 불러서 딸기조차 먹을 수 없다.

• 食べ物がなくなると、人間はネズミさえ食べるかもしれない。

음식이 없어지면, 인간은 쥐마저 먹을지도 모른다.

☆「~さえ …ば ~만 …(하)면」과는 전혀 관계없는 문법이다. 문법 자체가 보기에 출제되므로 정확한 의미를 파악하고 있어야 한다.

⑯ ~さえ …ば ~만 …(하)면

• 地図さえあれば、何の迷いもなく目的地に到着します。

지도만 있으면, 아무런 헤맴 없이 목적지에 도착합니다.

• 風邪くらいは薬さえ飲めば治ります。

감기 정도는 약만 먹으면 낫습니다.

☆「~(で)さえ ~조차, ~마저」와 함께 암기하자.

⑰ ~次第だ / ~次第で / ~次第では ~여하이다 / ~여하로(따라서) / ~여하로는(따라서는)

• お暇なわけじゃないけど、お話次第では手伝ってあげないものでもない。

한가한 것은 아니지만, 이야기에 따라서는 도와주지 못할 것도 없다.

• 作家の考え次第で物語は意外な方向に進むかもしれません。

작가의 생각에 따라 이야기는 의외의 방향으로 진행될지도 모릅니다.

☆ 오답으로「~次第には」가 있는데, 아무 의미가 없다.「동사 ます형 + 次第 ~하는 대로」로 함께 암기하자.

⑱ ~上 / ~上は / ~上も ~상 / ~상으로는 / ~상으로도

• この映画は教育上良くない。

이 영화는 교육 상 좋지 않다.

• 健康上の理由で、引退することにしました。

건강 상의 이유로, 은퇴하기로 했습니다.

☆ 위의 예문에서「上」은「うえ」로 읽을 수도 있다. 구 시험에서「見かけ上 외관 상」이 출제된 적이 있다.

⑲ ~せいだ / ~せいで / ~せいか ~탓이다 / ~탓으로 / ~탓인지

• あいつのせいで、先生に叱られた。

그 녀석 탓으로, 선생님에게 꾸중을 들었다.

• お酒をたくさん飲まされたせいか、今日は気分が悪い。

술을 많이 마신 탓에, 오늘은 속이 안 좋다.

☆ 「おかげ 덕분」과 비교해서 암기해 두자. 참고로 「せい」 다음에 오는 문장은 반드시 '나쁜 결과'가 오는 것은 아니다.


⑳ ~だけ・~だけあって・~だけに / ~だけの　~인(한) 만큼 / ~인(한) 만큼의

• さすが毎日トレーニングしているだけあって、彼はすごい体力を持っている。

과연 매일 트레이닝하고 있는 만큼, 그는 엄청난 체력을 가지고 있다.

• 彼はずっと運動していないだけに太ってしまった。

그는 계속 운동하지 않고 있었던 만큼 살쪄 버렸다.

☆ 일반적으로 「さすが ~だけあって 과연 ~인 만큼」의 형식으로 많이 출제된다.


㉑ たとえ ~ても(でも)　비록 ~라도

• たとえ医者でもガンには勝てません。

비록 의사라도 암에게는 이길 수 없습니다.

• たとえこのことに詳しい彼が手伝ってくれなくても、みんなで頑張ってみます。

비록 이 일을 잘 아는 그가 도와주지 않더라도, 모두 함께 노력해 보겠습니다.

☆ 「たとえ」를 묻는 문제가 출제되는데, 오답의 보기로 나오는 「たとえて」는 아무 의미가 없다.


㉒ ~だらけ　~투성이

• 彼女の顔は高校時代からにきびだらけだった。

그녀의 얼굴은 고등학교 시절부터 여드름투성이었다.

• この本は間違いだらけだ。

이 책은 틀린 것투성이다.

☆ 「~だらけ」는 「汗 땀」「泥 진흙」「ほこり 먼지」「傷 상처」와 접속하여 많이 출제된다.


㉓ ~ついでに　~하는 김에

• 故郷に帰ったついでに、昔の学校に行ってみた。

고향에 돌아간 김에, 옛날에 다니던 학교에 가 보았다.

• 会社へ行くついでに、郵便局で手紙を出した。

회사에 가는 김에, 우체국에서 편지를 부쳤다.

☆ 문법 그 자체를 묻는 문제와 뒤에 오는 문장을 묻는 문제가 출제된다. 오답으로 「〜ばかりに」「〜ところに」가 있는데, 「동사 과거형 + ばかりに 〜한 바람에」는 알아두도록 하자.

## ㉔ 〜っけ  〜인가? (의문)

• 彼も受験生だったっけ。

그도 수험생이었나?

• 今日は何の日だったっけ。

오늘은 무슨 날이었지?

☆ 문법 문제에서는 한번도 출제된 적이 없지만, 청해에서는 두 사람의 대화문에서 매번 출제되었다.

## ㉕ 〜っぽい  〜경향이 짙다, 쉽게 〜하다

• なんかこのジュース、水っぽくない？これで500円もするのよ。

뭔가 이 주스, 물처럼 밍밍하지 않니? 그런데도 500엔이나 해.

• あの人の話、なんかうそっぽく聞こえない？あんなことが本当にありっこないもの。

저 사람의 이야기, 뭔가 거짓말처럼 들리지 않니? 그런 일이 정말 있을 리 없잖아.

☆ 「〜っぽい」가 동사에 접속될 때는 「ます형」이 붙는데, 「あきっぽい 쉽게 질리다」「怒りっぽい 쉽게 화내다」가 출제될 가능성이 높다.

## ㉖ 〜というと / 〜といえば / 〜といったら  〜라고 하면

• スイスというと、何をイメージしますか。

스위스라고 하면 무엇을 떠올립니까?

• なぜ首にならないかといえば、彼は難事件を解決する能力を持っているからだ。

왜 해고가 되지 않았냐고 하면, 그는 어려운 사건을 해결하는 능력을 갖고 있기 때문이다.

## ㉗ 〜というものではない / 〜というものでもない

〜라고 하는 것은 아니다 / 〜라고 하는 것도 아니다

• この品物はどこにでもあるというものではない。

이 물건은 어디에도 있는 것이 아니다.

- 小説は必ずしも現実を描けばよいというものではないと思う。

  소설은 반드시 현실을 그리면 되는 것은 아니라고 생각한다.

☆ 오답으로 「〜というところではない」「〜ということではない」「〜というばかりではない」가 있는데, 아무 의미가 없다.


㉘ **〜というより** 〜라고 하기보다

- 今年の夏は涼しいというより、寒いと言ったほうがいいくらいです。

  올 여름은 선선하다고 하기보다 춥다고 하는 편이 좋을 정도입니다.

- 彼は天才というよりむしろ変人だ。

  그는 천재라고 하기보다 오히려 별난 사람이다.


㉙ **〜といっても** 〜라고 해도

- 大変だといっても、３ヶ月間だけですから我慢しよう。

  힘들다고 해도 3개월뿐이니까 참자.

- 日本語ができるといっても、ひらがなやカタカナしか読めないから、難しい漢字が出ると困る。

  일본어를 할 수 있다고 해도 히라가나와 가타카나밖에 읽을 수 없어서, 어려운 한자가 나오면 난처해진다.

☆ 「〜という 〜라고 하는」만 알고 있으면, ㉖, ㉗, ㉘, ㉙를 전부 해석할 수 있다.


㉚ **〜とか** 〜라든가, 〜하던데

- 友達は家族が病気だとかで困っているらしい。

  친구는 가족이 병들은 것으로 힘들어 하고 있는 것 같다.

- みんなあの映画を見るとか見ないとか、騒いでいる。

  모두 그 영화를 본다던가 안 본다던가 시끄럽다.

☆ 「〜や 〜랑」은 명사에만 접속할 수 있는데, 「〜とか」는 모든 품사에 접속할 수 있다.


㉛ **〜どころか** 〜은(는)커녕

- 間違いを指摘すると、感謝されるどころか、怒られてしまった。

  틀린 것을 지적하자, 감사받기는커녕 혼이 나고 말았다.

• ダイエットしていたのに、やせる<ruby>どころか</ruby>、<ruby>太<rt>ふと</rt></ruby>ってしまいました。

다이어트하고 있었는데, 마르기는커녕 살쪄 버렸습니다.

☆ 보기에 같이 출제되는 「〜ばかりか 〜뿐만 아니라」「ところが 그러나」도 알아두자.


㉜ 〜どころではない  〜할 때가 아니다, 〜하지는 않다, 〜는 아니다

• <ruby>引<rt>ひ</rt></ruby>っ<ruby>越<rt>こ</rt></ruby>しをしたばかりなので、<ruby>旅行<rt>りょこう</rt></ruby>どころではなく<ruby>家<rt>うち</rt></ruby>の<ruby>整理<rt>せいり</rt></ruby>に<ruby>手一杯<rt>ていっぱい</rt></ruby>です。

막 이사를 했기 때문에, 여행갈 때가 아니라 집 정리만으로 벅찹니다.

• <ruby>彼<rt>かれ</rt></ruby>はあんな<ruby>小<rt>ちい</rt></ruby>さい<ruby>字<rt>じ</rt></ruby>が<ruby>読<rt>よ</rt></ruby>めるのだから、<ruby>近視<rt>きんし</rt></ruby>どころではない。

그는 저런 작은 글자를 읽을 수 있으니까, 근시는 아니다.

☆ 「〜ところではない」가 아니고 「〜どころではない」임에 주의해야 한다. 즉, 「ど」에 주의하자.


㉝ 〜ところに(へ) / 〜ところを  딱 〜할 때에 (좋게 되었다) / 〜하는 와중에, 〜하는데

• これから<ruby>寝<rt>ね</rt></ruby>ようとしたところへ<ruby>友達<rt>ともだち</rt></ruby>が<ruby>訪<rt>たず</rt></ruby>ねてきた。

지금부터 자려고 하는데 친구가 찾아왔다.

• こっそりたばこを<ruby>吸<rt>す</rt></ruby>っているところを<ruby>妹<rt>いもうと</rt></ruby>に<ruby>見<rt>み</rt></ruby>られた。

몰래 담배를 피우고 있는 와중에 여동생에게 들켰다.

☆ 「ところ」 자체를 묻는 문제가 출제되는데, 오답의 보기로 「〜ばかり 〜뿐, 〜만」「〜ついでに 〜하는 김에」 등
이 나온다.


㉞ 〜としたら / 〜とすれば  〜라고 하면

• <ruby>温泉<rt>おんせん</rt></ruby>に<ruby>行<rt>い</rt></ruby>くとしたら、どこがいいでしょうね。

온천에 간다고 하면 어디가 좋을까요?

• <ruby>人生<rt>じんせい</rt></ruby>、<ruby>戻<rt>もど</rt></ruby>れるとすれば<ruby>何才<rt>なんさい</rt></ruby>に<ruby>戻<rt>もど</rt></ruby>りたいですか。

인생, 돌아갈 수 있다면 몇 살로 돌아가고 싶습니까?

☆ 직역을 해도 풀 수 있는 문법이다.


㉟ 〜として / 〜としては / 〜としても  〜로서(〜치고) / 〜치고(는, 도), 〜로서(는, 도) / 〜라고 해도

• <ruby>彼<rt>かれ</rt></ruby>は<ruby>単<rt>たん</rt></ruby>に<ruby>冗談<rt>じょうだん</rt></ruby>としてそれを<ruby>言<rt>い</rt></ruby>った。

그는 단순히 농담으로서 그것을 말했다.

• あの子は１年生としては英語が上手だ。

저 아이는 1학년치고는 영어를 잘한다.

☆ '~라고 해도'는 직역을 해도 되지만, '자격'을 나타내는 '~로서, ~치고'는 암기하자.


㊱ ～など / ～なんか / ～なんて ~등, ~따위, ~은(는)

• この着物なんかあなたさまにお似合いです。

이 기모노는 당신에게 잘 어울립니다.


• 彼の言うことなんか絶対聞くな。

그가 말하는 것은 절대 듣지 마.

☆ 위의 문법이 명사에 접속할 때는 주격조사 「は 은(는)」으로 해석된다. 그리고 「なんて」가 서술어에 접속되면 '~하다니'로 해석된다.


㊲ ～に(も)かかわらず ~에(도) 상관없이, ~에(도) 불구하고

• このデパートは曜日にかかわらず、いつも混んでいる。

이 백화점은 요일에 상관없이 항상 붐비고 있다.


• そのような境遇であったにもかかわらず、彼は自分一人で道を切り開いた。

그러한 경우를 당했음에도 불구하고, 그는 자신 혼자서 길을 개척했다.

☆ ㊾「～もかまわず ~도 상관없이」와 비교해서 암기해야 한다. 의미는 비슷하지만, 보기에서 함께 출제되지 않으므로 헷갈리지는 않는다.


㊳ ～にしたら・～にすれば / ～にしても ~로서는 / ~로서도, ~로 해도

• 弟にしたら、私のようなうるさい姉は嫌でたまらないかもしれない。

남동생으로서, 나같은 잔소리가 심한 누나는 매우 싫을지도 모른다.


• 消費者の立場にすれば、バーゲンセールは大変ありがたいサービスと言える。

소비자의 입장으로서, 바겐세일은 매우 고마운 서비스라고 할 수 있다.

☆ 직역을 하면 의미가 통하지 않는다. 철자가 쉽게 보이기 때문에 그냥 대충 외우고 넘어가는 경향이 있는 문법인데, 반드시 정확하게 암기하자.

㊴ 〜にしては  〜치고는, 〜로서는

• 年寄りにしては若く見える。

노인치고는 젊게 보인다.

• お金持ちにしては古い車に乗っている。

부자치고는 오래된 차를 타고 있다.

☆ 문법의 전후 문장은 서로 상반되는 의미가 온다.


㊵ 〜にしろ・〜にせよ / 〜にしろ(にせよ) 〜にしろ(にせよ)  〜라고 하더라도 / 〜든지 〜든지

• たとえ貧乏にせよ盗みはいけない。

비록 가난하다고 해도 도둑질은 안 된다.

• 失敗するにしろやるだけのことはやる。

실패하더라도 할 만큼의 일은 한다.

☆ 일반적으로 밑줄 선(괄호) 두 개 속에 넣는 문제에 출제된다. ㊷의 「〜につけ」, ㊻의 「〜やら」도 마찬가지이다.


㊶ 〜に過ぎない  〜에 불과하다, 〜에 지나지 않는다

• 先週の事件で明らかになったことは、実際に起こったことの一部に過ぎない。

지난주 사건으로 밝혀진 것은, 실제로 일어난 일의 일부에 불과하다.

• その新聞の発行部数は競争紙の三分の一に過ぎない。

그 신문의 발행부수는 경쟁 신문의 3분의 1에 지나지 않는다.

☆ 「過ぎる」를 직역하면 '지나다'이다. 그래서 부정문인 「過ぎない」는 '지나지 않는다'는 의미이므로, '〜에 불과하다'라는 해석이 가능한 것이다.


㊷ 〜につけ 〜につけ / 〜につけ  〜든지 〜든지 / 〜할 때마다

• 雨につけ風につけ、ふるさとが思い出される。

비든 바람이든, 고향이 떠오르게 된다.

• 僕が行くにつけ、担当者がいなかった。

내가 갈 때마다 담당자가 없었다.

☆ 일반적으로 밑줄 선(괄호) 두 개 속에 넣는 문제에 출제된다. ㊵의 「〜にしろ」, ㊻의 「〜やら」도 마찬가지이다.

㊸ ～のもとで / ～のもとに　～아래에서, ~하에

• 先生の指導のもとに試験に受かることができました。

　선생님의 지도 하에 시험에 합격할 수가 있었습니다.

• 国連から派遣された医師団のもとで救助活動が続けられた。

　국제연합(UN)에서 파견된 의사단 아래에서 구조활동이 계속되었다.

☆ 「もと」의 한자가 「下」이므로, 「～のもとで」의 의미가 '~아래에서, ~하에'가 된다.


㊹ ～ば …ほど　～면 …(할)수록

• 「急げば急ぐほど遅くなる」は逆説である。

　'서두르면 서두를수록 늦어진다'는 역설이다.

• 本を読めば読むほど、たくさんのことを知るだろう。

　책을 읽으면 읽을수록, 많은 것을 알 것이다.

☆ 앞부분의 「ば」는 가정형을 의미한다. 그리고 「형용사 어간」에 접속할 수도 있다. 예를 들면 「安ければ安いほど 싸면 쌀수록」이 있다.


㊺ ～はともかく(として)　～은(는) 어쨌든 (간에)

• あの店は雰囲気はともかく、味はいい。

　저 가게는 분위기는 어쨌든, 맛은 좋다.

• 旅行をいつにするかはともかく、どこにしましょうか。

　여행을 언제로 할까는 어찌됐든, 어디로 할까요?

☆ 오답의 보기로 「～はもとより/～はもちろん ～은(는) 물론」이 출제된다.


㊻ ～反面　～한 반면

• この木は水に強い反面、熱に弱い。

　이 나무는 물에 강한 반면, 열에 약하다.

• この町は物価が安いが、その反面公共施設に乏しい。

　이 마을은 물가가 싸지만, 그 반면 공공시설이 빈약하다.

☆ 한자 자체를 직역해도 알 수가 있다. 그 외의 오답으로는 전혀 관계없는, 예를 들어 「反対 반대」 「反映 반영」 등이 출제된다.

㊼ ～べきだ / ～べきではない ～해야만 한다 / ～해서는 안 된다

- もう<ruby>成人<rt>せいじん</rt></ruby>になったから、<ruby>親<rt>おや</rt></ruby>に<ruby>頼<rt>たよ</rt></ruby>ろうとするべきではない。

  이제 성인이 되었으니, 부모에게 의지하려고 해서는 안 된다.

- <ruby>子供<rt>こ ども</rt></ruby>たちには<ruby>真実<rt>しんじつ</rt></ruby>を<ruby>話<rt>はな</rt></ruby>すように<ruby>教<rt>おし</rt></ruby>えるべきです。

  아이들에게는 진실을 말하도록 가르쳐야만 합니다.

  ☆ 오답의 보기로「～はずだ 틀림없이 ～일 것이다」「～わけだ ～인(한) 셈이다」가 출제된다.

㊽ ～ほど / ～ほどの ～정도(로), ~만큼 / ~정도의, ~만큼의

- この<ruby>家具<rt>か ぐ</rt></ruby>のほうが<ruby>比較<rt>ひ かく</rt></ruby>にならないほど<ruby>上等<rt>じょうとう</rt></ruby>である。

  이 가구 쪽이 비교가 되지 않을 만큼 품질이 좋다.

- この<ruby>英語<rt>えい ご</rt></ruby>の<ruby>小説<rt>しょうせつ</rt></ruby>は、<ruby>君<rt>きみ</rt></ruby>が<ruby>一週間<rt>いっしゅうかん</rt></ruby>で<ruby>読<rt>よ</rt></ruby>めるほど<ruby>易<rt>やさ</rt></ruby>しくはない。

  이 영어 소설은, 자네가 1주일만에 읽을 수 있을 만큼 쉽지는 않다.

  ☆ ㊾과 함께 암기해야 하는데, ㊹의「～ば …ほど ～면 …수록」도 함께 외우자.

㊾ ～ほど ～(할)수록

- この<ruby>本<rt>ほん</rt></ruby>は<ruby>読<rt>よ</rt></ruby>めば<ruby>読<rt>よ</rt></ruby>むほど、<ruby>何<rt>なん</rt></ruby>の<ruby>内容<rt>ないよう</rt></ruby>か<ruby>分<rt>わ</rt></ruby>からなくなる。

  이 책은 읽으면 읽을수록 무슨 내용인지 모르게 된다.

- その<ruby>問題<rt>もんだい</rt></ruby>について<ruby>考<rt>かんが</rt></ruby>えれば<ruby>考<rt>かんが</rt></ruby>えるほど、<ruby>一層<rt>いっそう</rt></ruby><ruby>難<rt>むずか</rt></ruby>しくなるような<ruby>気<rt>き</rt></ruby>がした。

  그 문제에 대해서 생각하면 생각할수록 한층 더 어려워지는 것 같은 느낌이 들었다.

  ☆「～ほど」는 '～정도, ~만큼, ~수록'으로 묶어서 암기하자.

㊿ 동사 의지형 + ～か(が, と) + 동사 기본형(부정형) + ～まいか(まいが, まいと)

  ～할지 안 할지, ～할까 말까

- お<ruby>前<rt>まえ</rt></ruby>が<ruby>望<rt>のぞ</rt></ruby>もうが<ruby>望<rt>のぞ</rt></ruby>むまいが、お<ruby>前<rt>まえ</rt></ruby>が<ruby>幸福<rt>こうふく</rt></ruby>になるために<ruby>俺<rt>おれ</rt></ruby>が<ruby>役<rt>やく</rt></ruby>に<ruby>立<rt>た</rt></ruby>てるのなら、<ruby>俺<rt>おれ</rt></ruby>は<ruby>喜<rt>よろこ</rt></ruby>んで<ruby>力<rt>ちから</rt></ruby>を<ruby>貸<rt>か</rt></ruby>そう。

  네가 바라든 바라지 않든, 네가 행복해지기 위해 내가 도움이 될 수 있다면 나는 기꺼이 힘을 보태겠다.

- どこの大学へ行こうと行くまいと、自分のやりたいことをやっていればいいと思うよ。
  어느 대학에 가든 말든, 자신이 하고 싶은 것을 하고 있으면 된다고 생각해.

☆ 앞부분에 「동사 의지형」이 출제되는데, 「する」는 「しようかすまいか(するまいか・しまいか)」로 활용된다.

(51) ～も …ば ～も～ ~도 …하거니와 ~도 …하다 (가정형 「ば」는 열거할 때 사용)

- 杉本さんは英語もできればフランス語もできる。
  스기모토 씨는 영어도 할 수 있고 프랑스어도 할 수 있다.

- この店は値段も安ければ味もなかなかいい。
  이 가게는 가격도 싸고 맛도 상당히 좋다.

(52) ～もかまわず ~도 상관없이

- 子どもは服がぬれるのもかまわず、川に入って遊んでいる。
  아이는 옷이 젖는 것도 상관없이 강에 들어가 놀고 있다.

- 人への迷惑もかまわず、電車の中で携帯電話で話している人がいる。
  남에게의 민폐도 상관없이, 전철 안에서 휴대전화로 이야기하고 있는 사람이 있다.

☆ 「かまう 상관하다」의 부정형인 「かまわない」에서 「ない」는 「ず」와 같은 표현이므로, 「～もかまわず」가 '~도 상관없이'라고 해석된다.

(53) だって ～もの(もん) 왜냐하면 ~걸 (「だって」 뒤에는 「もの」가 옴)

- だってクリスマスは家族が一緒になって祝うものだろう。
  왜냐하면 크리스마스는 가족이 함께 모여 축하하는 날인걸.

- とても来週までは間に合わない。だって人手が足りないもん。
  도저히 다음 주까지는 시간이 맞지 않는다. 왜냐하면 일손이 부족한 걸.

☆ 앞부분의 접속부사 「だって」에 주의해야 하며, 「なぜなら 왜냐하면」 뒤에는 「から·ので」가 온다.

(54) ～ものがある ~할 만한 것이 있다, ~할 만하다, ~한 것이 있다

- 彼の学問的な業績には感動を与えるものがある。
  그의 학문적인 업적에는 감동을 줄 만한 것이 있다.

- 先輩の性格には単なる正直以上のものがある。

  선배의 성격에는 단순한 정직 이상의 것이 있다.

- ☆ 비교 문법인 「〜ことがある ~한 적이 있다」는 N2 문법에서는 잘 출제되지 않는다.


⑤⑤ 〜ものの　~였(했)지만, ~했음에도 불구하고

- あの本は一度読んだものの、話の筋がまったく分からない。

  저 책은 한 번 읽었지만, 이야기의 줄거리를 전혀 모르겠다.

- 彼は大学を卒業したものの、30歳になった今も職に就かず、アルベイトを続けている。

  그는 대학을 졸업했지만, 30세가 된 지금도 직업이 없이 아르바이트를 계속하고 있다.

- ☆ 역접관계를 나타내는 문법이므로, 뒤에는 부정적인 의미의 문장이 온다.


⑤⑥ 〜やら 〜やら　~라든가(지) ~라든가(지) (병렬·나열)

- 嬉しいやら悲しいやら、複雑な気持ちだ。

  기쁘고도 슬픈, 복잡한 심정이다.

- りんごやらみかんやら、果物をたくさん買った。

  사과며 귤이며, 과일을 많이 샀다.

- ☆ 일반적으로 밑줄 선(괄호) 두 개 속에 넣는 문제에 출제된다.


⑤⑦ 〜ように　~하도록

- 忘れ物をしないようにご注意下さい。

  잊은 물건이 없도록 주의해 주십시오.

- あなたが元気になりますようにお祈りします。

  당신이 건강해지도록 기도하겠습니다.

- ☆ 앞으로 나올 가능성이 아주 많은 문법이다. 그리고 원활한 독해를 위해서도 알아두어야 할 문법이다.


⑤⑧ 〜わけだ　~셈(것)이다 (이유를 설명함)

- 友だちの話を聞いたら、なるほど彼が怒るわけだ。

  친구의 이야기를 들으니, 과연 그가 화낼 만하다.

- 昨日は10時間も寝たから、今日は寝れないわけだ。

  어제는 10시간이나 잤기 때문에 오늘은 못 잘 것이다.

☆ 「～わけだ」가 독해 지문에서 나오면 '～것이다'라고 해석해야 부드러운 해석이 될 수 있다.


⑤⑨ ～わけではない / ～わけでもない  ～셈(것)은 아니다 / ～셈(것)도 아니다 (이유를 설명함)

- 別に彼の意見に反対するわけではない。

  특별히 그의 의견에 반대하는 것은 아니다.

- 有名なクラシック音楽でもみんなが知っているわけではない。

  유명한 클래식 음악이라도 모두가 알고 있는 것은 아니다.

☆ 「わけ」는 원래 '이유'라는 의미를 가지고 있다.


⑥⓪ ～わけにはいかない / ～わけにもいかない  ～할 수는 없다 / ～할 수도 없다

- 社長の命令だからやらないわけにはいかない。

  사장님의 명령이라서 안 할 수는 없다.

- 訳もなく断るわけにはいかない。

  이유도 없이 거절할 수는 없다.

☆ 존경어로는 「～わけにはいきません」인데, 괄호 오른쪽에 「いかない」나 「いきません」이 있어야만 「わけには」가 정답이 된다.


⑥① ～割に(は)  ～에 비해서(는)

- 日本に長く住んでいる割に日本のことを知らない。

  일본에 오랫동안 살고 있는 것에 비해서 일본에 관한 것을 모른다.

- この布は値段の割には品質が良い。

  이 천은 가격에 비해서는 품질이 좋다.

☆ 「わりに」가 부사로 쓰이면 '비교적'이라는 의미가 된다.

→ 정답 p.81

問題7 次の文の（　　　　）に入れるのに最もよいものを、1・2・3・4から一つ選びなさい。

1 保険料が安ければ安いほど（　　　　）。高くてもそれに合った十分なサービスを受けられれば、それにこしたことはない。
1 いいというものではない　　　　2 いいというものである
3 よくないものである　　　　4 わるいものではない

2 最終戦の結果（　　　）2位のチームにも本選行きの可能性があります。
1 次第に　　　　2 次第には　　　　3 次第も　　　　4 次第では

3 事故で死んだと思っていた彼が生きていた。とても信じられなくて、まるで夢を見ている（　　　）。
1 ほかなかった　　　　2 うえであった
3 かのようだった　　　　4 おそれがあった

4 たとえあなたが（　　　）、私はあなたを愛します。
1 貧しいし　　　　2 貧しくても　　　　3 貧しいなら　　　　4 貧しいさえ

5 キャンプに行くときは地図（　　　）ランプ（　　　）を持って行きなさい。
1 とか/とか　　　　2 まいか/まいか
3 ようか/ようか　　　　4 なんか/なんか

6 曜日・時間帯（　　　）、お問い合わせいただきます。
1 にもとづき　　　　2 にしたら　　　　3 にかかわらず　　　　4 に際して

7 親の小言（　　　）、子供はゲームばかりやっている。
1 をきっかけに　　　　2 はもとより　　　　3 もなしに　　　　4 もかまわず

8 「どうか父の病気が早く治る（　　　）」と、彼女は神様に祈った。
1 ために　　　　2 ように　　　　3 かぎり　　　　4 なんて

| 9 | コンピュータの本質というものは結局道具（　　　　）というのである。

1　にかぎらない　　2　に先立つ　　　　　3　にわたる　　　　　4　にすぎない

| 10 | 家へ帰って田舎から送られてきた箱を開けてみた（　　　　）、りんごが入っていた。

1　ところ　　　　　2　ついでに　　　　3　おかげで　　　　4　すえに

| 11 | 彼は何にでもあき（　　　　）性格だ。

1　らしい　　　　　2　っぽい　　　　　3　気味　　　　　　4　ような

| 12 | 棚から物が落ちる（　　　　）に大きい地震があった。

1　こと　　　　　　2　べき　　　　　　3　とおり　　　　　4　くらい

| 13 | お仕事中、何かあった（　　　　）は、この番号のほうに問い合わせてください。

1　際　　　　　　　2　ごろ　　　　　　3　ばかり　　　　　4　どころ

| 14 | まさかあんなに仲の悪ったあの二人が結婚する（　　　　）、信じられない。

1　なんぞ　　　　　2　なんて　　　　　3　なんで　　　　　4　なんと

| 15 | 初めてパンを作ったにしては、（　　　　）。

1　上手なわけですね　　　　　　　　2　上手じゃないわけですね

3　上手にできましたね　　　　　　　4　上手じゃありませんね

| 16 | 周りに人がいること（　　　　）、彼は彼女を抱きしめた。

1　もあって　　　　　　　　　　　　2　もかまわず

3　をぬきに　　　　　　　　　　　　4　もとわず

| 17 | 毎日仕事で疲れている。暇さえ（　　　　）旅行したい。

1　なれば　　　　　2　すれば　　　　　3　あれば　　　　　4　いれば

| 18 | 彼は毎年忘れる（　　　　）、高校の先生に年賀状を送る。

1　わけなく　　　　2　ものなく　　　　3　ほどなく　　　　4　ことなく

# Part 3
# 실전 대비 집중 훈련

01 **問題7** 문법 형식 판단

02 **問題8** 문장 만들기

03 **問題9** 문장의 문법

➔ 정답 p.82

**問題7** 次の文の（　　　）に入れるのに最もよいものを、1・2・3・4から一つ選びなさい。

33 先週できた店は値段も（　　　）おいしい。
　　1 安くても　　　　2 安ければ　　　　3 安いで　　　　4 安いと

34 たとえあなたが（　　　）、私は責任をもってやります。
　　1 やらないし　　　2 やらなくても　　3 やらないなら　　4 やらないさえ

35 環境汚染は日本（　　　）、世界でも深刻な問題である。
　　1 のみならず　　　2 ことか　　　　3 ものか　　　　4 さえ

36 社長は1時間前にもう（　　　）。
　　1 お帰りしました　　　　　　　　2 お帰りになりました
　　3 お帰りにしました　　　　　　　4 お帰りになさいました

37 先生のおかげで、日本へ行ける（　　　）なりました。
　　1 らしく　　　　　2 ものに　　　　3 そうに　　　　4 ように

38 当社はお客様へのサービスは（　　　）、安全と環境を第一に考えています。
　　1 どころか　　　　2 ばかりか　　　　3 とにかく　　　　4 もとより

**39** 若者はお年寄りに席を譲る（　　　　）。

1　わけだ　　　　　2　べきだ　　　　　3　ものだ　　　　　4　ほどだ

**40** この申請者は本人に（　　　　）ことを保証します。

1　相違ない　　　　2　あたる　　　　　3　おける　　　　　4　かぎらない

**41** 美しい海岸（　　　　）彼女と一緒に歩いた。

1　にあたって　　　2　において　　　　3　に沿って　　　　4　にかけて

**42** 人口の増加（　　　　）、様々な問題が起きてきた。

1　にさいして　　　2　にいたって　　　3　につれて　　　　4　にたいして

**43** 労働は人間の積極的な意思の表明（　　　　）。

1　にほかならない　　　　　　　　2　にほかしかない

3　にほかでもない　　　　　　　　4　にほかではない

**44** オンラインゲームを（　　　　）最中に、突然停電になった。

1　する　　　　　　2　している　　　　3　した　　　　　　4　して

問題7 次の文の（　　　　）に入れるのに最もよいものを、1・2・3・4から一つ選びなさい。

33 先生はいつも黒っぽいスーツを（　　　）。
1　お目にかかる
2　お目にかける
3　お召しになる
4　お召し上がりになる

34 教育（　　　）、国の発展はあり得ない。
1　ぬいて　　　　2　しないで　　　　3　しても　　　　4　ぬきで

35 彼の作品はドイツ（　　　）、ヨーロッパでも高い評価を受けている。
1　のみならず　　2　ことか　　　　3　ものか　　　　4　さえ

36 仕事（　　　）何（　　　）、一生懸命やるべきだ。
1　につけ/につけ　2　にいい/にいい　3　とせよ/とせよ　4　としろ/としろ

37 こんなに絵のたくさんある本は子供（　　　）と思うのは大間違いだ。
1　向けだ　　　　2　向かいだ　　　3　向こうだ　　　4　向いた

38 いそがしくて、休みをとる（　　　）食事をする時間もない。
1　ものなら　　　2　ことなく　　　3　どころか　　　4　ばかりか

39 この発明は従来の常識を破る画期的なものだ（　　　）無理ではない。
1　としたら　　　2　といっても　　　3　としっても　　　4　といえば

40 ときどきこういう時期があったが、時を待つ（　　　　）。
1 ほかない　　　　2 ばかりだ　　　　3 どころではない　4 たまらない

41 行ったその日からもう二度と行く（　　　）と思った。
1 ことか　　　　2 はずか　　　　3 ほかか　　　　4 まい

42 今度の旅行で一人をのぞいてあと全員は（　　　）ほど悪いことをしてきた。
1 数えかねない　2 数えつけない　3 数えきれない　4 数えかけない

43 会社を経営してみるなら、まずは、サイト運営をやってみる（　　　）。
1 ことだ　　　　2 ほどだ　　　　3 はずだ　　　　4 わけだ

44 よく電話（　　　）最中に、相手から「今、何してるの?」と聞かれて、「あなたと
電話している」と答えるケースが多い。
1 する　　　　2 している　　　　3 した　　　　4 して

→ 정답 p.84

**問題7** 次の文の（　　　　　）に入れるのに最もよいものを、1・2・3・4から一つ選びなさい。

33 彼の話を聞くと、誰でも感動（　　　　　）いられないだろう。
　　1 通じて　　　　　2 まわって　　　　3 こめて　　　　4 せずには

34 頑固な親の（　　　　　）、彼女は好きな人と結婚できなかった。
　　1 うえで　　　　　2 せいで　　　　　3 もので　　　　4 ほどで

35 会社に通い（　　　　　）居酒屋の副業をしています。
　　1 ながら　　　　　2 かけて　　　　　3 っぽくて　　　　4 たてて

36 紅茶を飲みますか。（　　　　　）、コーヒーを飲みますか。
　　1 それから　　　　2 そのうえに　　　3 それでは　　　　4 それとも

37 日銀の介入がありそうだ（　　　　　）言う情報が流れ、金融市場は様子見の状況だ。
　　1 やら　　　　　　2 とか　　　　　　3 なんと　　　　4 ばかり

38 親子4人で帰省しよう（　　　　　）交通費だけでも約30万円を超えます。
　　1 ことなら　　　　2 ことには　　　　3 ものなら　　　　4 ものでも

39 時間とお金があったら、ぜひ世界一周をしたい（　　　　　）。
　　1 ものだ　　　　　2 ことだ　　　　　3 ところだ　　　　4 ばかりだ

**40** 怒りをこらえている姿を見ると、気の毒としか言い（　　　）。

1　わけがない　　　2　はずがない　　　3　ことがない　　　4　ようがない


**41** 雨が降るからといって、彼との約束をキャンセルする（　　　）にはいかない。

1　わけ　　　　　2　こと　　　　　3　もの　　　　　4　はず


**42** 値段の（　　　）品質も性能もよい。

1　かわりに　　　2　だけに　　　　3　わりに　　　　4　かぎりに


**43** この事件（　　　）「少年法」が見直された。

1　を問わず　　　2　をきっかけに　　3　を向かいに　　4　をともに


**44** 外がうるさくて落ち着いて勉強する（　　　）。

1　はずではない　　　　　　　　　2　べきではない

3　ものではない　　　　　　　　　4　どころではない

→ 정답 p.85

**問題7** 次の文の（　　　　）に入れるのに最もよいものを、1・2・3・4から一つ選び なさい。

33　近所の人と土地の所有権を（　　　　）裁判をした。
　　1　通じて　　　　　　2　まわって　　　　　3　こめて　　　　　4　めぐって

34　彼のアイデア（　　　　）して研究が進められた。
　　1　をもとに　　　　　2　をはじめ　　　　　3　のおかげ　　　　4　からして

35　仕事をし（　　　　）大学院に通っています。
　　1　ながら　　　　　　2　かけて　　　　　　3　っぽくて　　　　4　たてて

36　諸外国に（　　　　）日本は一人が出すごみの量が多い。
　　1　よって　　　　　　2　しらべ　　　　　　3　くらべ　　　　　4　はじめ

37　店員に水を（　　　　）。
　　1　こぼれられた　　2　こぼされた　　　　3　こぼれた　　　　4　こぼさられた

38　彼女は人の物を（　　　　）くせがある。
　　1　ほしく　　　　　　2　ほしがっている　3　ほしい　　　　　4　ほしがる

39　この仕事はお金にはなる（　　　　）、自分の時間がとれないんだ。
　　1　場合　　　　　　　2　内面　　　　　　　3　反面　　　　　　4　反対

**40** 机の上に書き（　　　　）手紙がある。
1　かわりの　　　　2　途中の　　　　　3　ばかりの　　　　4　かけの

**41** 友達と電話している（　　　　）だから、ちょっと待ってください。
1　際　　　　　2　最中　　　　　3　中　　　　　4　うち

**42** 今の状況だと、病院で正月を（　　　　）ざるをえない。
1　迎え　　　　2　迎える　　　　　3　迎えよう　　　　4　迎えた

**43** （　　　　）この空が暗く沈んだとしても君への愛は変わらない。
1　たとえ　　　　2　たとえて　　　　3　たとえれば　　　　4　たとえると

**44** 絶対的な健康はあり得ない（　　　　）。
1　ということだ　　2　というものだ　　3　というはずだ　　4　というべきだ

➜ 정답 p.86

**問題7** 次の文の（　　　）に入れるのに最もよいものを、1・2・3・4から一つ選びなさい。

33 予想していた（　　　）、彼は試験に受かった。
1 はず　　　　　2 べき　　　　　3 よう　　　　　4 とおり

34 国民への税金が多くなる（　　　）、国民の不満は高くなる。
1 とともに　　　2 にかけて　　　3 にとって　　　4 によって

35 仕事が忙しくて、旅行（　　　）。
1 はずではない　2 べきではない　3 ものではない　4 どころではない

36 今朝、バスの中で足を（　　　）。
1 踏まれた　　　2 踏んだ　　　　3 踏まされた　　4 踏ました

37 私は怒りの（　　　）、体が震えた。
1 ばかり　　　　2 たびに　　　　3 あまり　　　　4 ともに

38 わが課が引き受けた（　　　）、立派にやり遂げたいと思うよ。
1 からには　　　2 からに　　　　3 かぎりに　　　4 かぎりで

39 すべて見切れない（　　　）終わりの時間になった。
1 間に　　　　　2 うちに　　　　3 前に　　　　　4 うえに

40 演奏会の開始時間も近づいていますし、そろそろ会場に（　　　　）じゃありま
せんか。
1　入る　　　　　　　2　入った　　　　　3　入り　　　　　　4　入ろう

41 書き（　　　　）メールやメッセージはここに保管してください。
1　つつ　　　　　　2　かけの　　　　　3　ながら　　　　　4　ちゅう

42 この飲物は不足（　　　　）のミネラルを補充してくれます。
1　がち　　　　　　2　ふう　　　　　　3　だけ　　　　　　4　ぐせ

43 このままでは、病状が悪化（　　　　）。
1　しきらない　　　2　しかねない　　　3　しきれる　　　　4　しかねる

44 この病気は伝染する（　　　　）から、気をつけてほしい。
1　わけもある　　　2　こともある　　　3　ものがある　　　4　おそれもある

→ 정답 p.87

**問題7** 次の文の（　　　　）に入れるのに最もよいものを、1・2・3・4から一つ選びなさい。

**33** これは19世紀から1920年代に（　　　　）のジャズの用語辞典です。
　　1　とって　　　　　2　おいて　　　　　3　わたって　　　　4　かけて

**34** けんかをして出た（　　　　）、何の消息もない。
　　1　ばかり　　　　　2　ところ　　　　　3　わけ　　　　　　4　きり

**35** 日本に住んでいるから（　　　　）、日本語が上手になるとは限らない。
　　1　といえば　　　　2　といって　　　　3　としても　　　　4　としたら

**36** 私の数え（　　　　）愛を君にやりたい。
　　1　かねない　　　　2　かけない　　　　3　きれない　　　　4　つけない

**37** 子供を亡くした親は子供の写真を、（　　　　）に見ていた。
　　1　寂びしめ　　　　2　寂びしみ　　　　3　寂びしさ　　　　4　寂びしげ

**38** 不況といえどもしっかり者の彼の（　　　　）どんな会社でもなんとかやっていける。
　　1　はずだから　　　2　ものだから　　　3　ことだから　　　4　ばかりだから

**39** 彼女との結婚はだめだとどんなに言った（　　　　）。
　　1　ことか　　　　　2　ものか　　　　　3　はずか　　　　　4　ところか

40 実は毎日お酒を飲むのを（　　　　）以来、よく眠れるようになった。
　　1　やめ　　　　　　2　やめる　　　　　　3　やめて　　　　　4　やめた

41 私は先輩にお酒を（　　　　）。
　　1　飲まされた　　　2　飲んだ　　　　　　3　飲ませた　　　　4　飲んでしまった

42 昨日買ったかばんを（　　　　）いただきます。
　　1　お目にかかって　2　お目にかけて　　　3　お目にして　　　4　お目になって

43 感謝の気持ち（　　　　）お世話になった先生にプレゼントを送った。
　　1　をつけて　　　　2　をこめて　　　　　3　をめぐって　　　4　をもとに

44 ほとんどの人は自己中である（　　　　）、自分だけが得をしようと思っている。
　　1　ことこそ　　　　2　からこそ　　　　　3　ことには　　　　4　からには

→ 정답 p.88

**問題7** 次の文の（　　　　）に入れるのに最もよいものを、1・2・3・4から一つ選びなさい。

33 彼の突然の結婚を（　　　）、いろんなうわさが流れた。
1 いれて　　　　　2 かこんで　　　　　3 はじめとして　　　4 めぐって

34 今度は残念（　　　）すべったが、来年は絶対に受かる。
1 ことに　　　　　2 がちに　　　　　　3 ながら　　　　　　4 がてら

35 「どうか父の病気が早く治る（　　　）」と、彼女は神様に祈った。
1 ために　　　　　2 ように　　　　　　3 かぎり　　　　　　4 なんて

36 個人情報のご登録に（　　　）は他人が知らないようにしてください。
1 関して　　　　　2 対して　　　　　　3 際して　　　　　　4 面して

37 若い人（　　　）平日と休日の睡眠時間の差が大きいという。
1 だけ　　　　　　2 ほど　　　　　　　3 ばかり　　　　　　4 あまり

38 環境問題は、現代社会（　　　）最も重要な課題の一つであろう。
1 をめぐる　　　　2 にする　　　　　　3 による　　　　　　4 における

39 時間が許す（　　　）、このままみんなと議論を続けて結論をつけたいと思います。
1 ばかりに　　　　2 かぎりに　　　　　3 ばかり　　　　　　4 かぎり

**40** 母はペットショップに行く（　　　　）犬を購入してくるので困る。

1 たびに　　　　　2 ばかりに　　　　　3 ほかに　　　　　4 とおりに

**41** 自転車をよけようとした（　　　）転んだ。

1 とたんに　　　　　2 ついでに　　　　　3 わりに　　　　　4 ままに

**42** 年（　　　）都会の人口が増え続けている。

1 にしても　　　　　2 とともに　　　　　3 について　　　　　4 としたら

**43** コンピュータはやればやる（　　　）分からなくなる。

1 より　　　　　2 ことに　　　　　3 ほど　　　　　4 かぎり

**44** 二人はそこで出会う（　　　）運命になっていた。

1 ため　　　　　2 べき　　　　　3 きり　　　　　4 まい

**問題7** 次の文の（　　　　）に入れるのに最もよいものを、1・2・3・4から一つ選びなさい。

33 乳酸菌を利用した食品は、日本は（　　　　）世界中で古くから体によいものとして知られている。
1 もとまで　　　　2 もとには　　　　3 もとでは　　　　4 もとより

34 彼は面倒見のいい（　　　　）、いろいろ迷惑事件を起こします。
1 反面　　　　2 部分　　　　3 半分　　　　4 反対

35 国際情勢がこのまま続くと戦争が起きる（　　　　）。
1 次第だ　　　　2 おそれがある　　　　3 限りだ　　　　4 ついでである

36 この事業が繁盛しているのは彼の（　　　　）。
1 くせだ　　　　2 ためだ　　　　3 おかげだ　　　　4 おかげさまだ

37 見つかった（　　　　）仕方がない。正直に話そう。
1 ばかりは　　　　2 上は　　　　3 ことには　　　　4 あげく

38 時期が時期なだけに、それについて真剣に考えて（　　　　）ではないか。
1 みよう　　　　2 みる　　　　3 みた　　　　4 みろ

39 近年指導力不足やわいせつ行為などで処分される教員の数は増える（　　　　）。
1 以上だ　　　　2 気味だ　　　　3 次第だ　　　　4 一方だ

40 この用紙に（　　　　）場合、裏面または用紙を追加してください。
　　1 書きかけない　　　2 書きかねない　　　3 書きつけない　　　4 書ききれない

41 今あなたに必要なのは旅行にでも行ってゆっくり休む（　　　）よ。
　　1 せいだ　　　　　　2 そうだ　　　　　　3 おかげだ　　　　4 ことだ

42 君（　　　　）いれば、どんな勝負にも勝ち続ける。
　　1 かぎり　　　　　　2 さえ　　　　　　　3 こそ　　　　　　4 ほど

43 自分が弱っているときに、その姿を見せたくないのが男（　　　　）。
　　1 というからだ　　　　　　　　　　2 ということではない
　　3 というものだ　　　　　　　　　　4 というわけではない

44 私は彼女に１時間も（　　　　）。
　　1 待つように言った　　　　　　　　2 待たせた
　　3 待たされた　　　　　　　　　　　4 待ってしまった

→ 정답 p.90

**問題7** 次の文の（　　　　）に入れるのに最もよいものを、1・2・3・4から一つ選びなさい。

33 人気女優の死が、マスコミ（　　　　）人々に知らされた。
1 をつうじて　　　　2 をはじめ　　　　3 をけいきに　　　　4 をもとにして

34 交流会（　　　　）、先生の講演が行われます。
1 につけて　　　　2 にこたえて　　　　3 にかけて　　　　4 にさきだち

35 事実の伝達（　　　　）ニュースは死んだものだといっても言い過ぎではない。
1 にかぎらない　　2 に先立つ　　　　3 にわたる　　　　4 にすぎない

36 日時（　　　　）は後日連絡いたします。
1 について　　　　2 にとって　　　　3 にして　　　　4 にしたがって

37 経営者の最終的な責任は売上高と利益だが、売上高とはお客の満足の結果（　　　　）のだ。
1 ではいられない　　　　　　　　2 にほかならない
3 のかいがない　　　　　　　　　4 になくてはならない

38 大学には200年計画というものがあり、その計画に（　　　　）、大学の施設を増やしたり、環境の整備を行ったりします。
1 つれて　　　　2 とって　　　　3 もとづいて　　　　4 ともなって

39 この会社は輸出入（　　　　）世界各地でさまざまな事業展開を行っています。
1 ばかりで　　　　2 どころか　　　　3 のみならず　　　　4 あげく

**40** 同窓会の席で弁護士をしていると言った（　　　　）友人から依頼が殺到した。

　　1 とおりに　　　　　2 かぎりに　　　　　3 ところに　　　　　4 ばかりに


**41** 見た目は（　　　　）品質はとてもよかった。

　　1 ともかく　　　　　2 あいにく　　　　　3 なにしろ　　　　　4 あくまで


**42** この件についての責任はすべて幹部がとる（　　　　）。

　　1 ほどだ　　　　　2 べきだ　　　　　3 ものだ　　　　　4 わけだ


**43** 事態が悪化することはある（　　　　）。

　　1 はずか　　　　　2 ことか　　　　　3 まい　　　　　4 べきか


**44** パーティーの場所を聞いた（　　　　）、手伝いを頼まれてしまった。

　　1 かぎりに　　　　　2 ばかりに　　　　　3 ところに　　　　　4 とおりに

→ 정답 p.91

**問題7** 次の文の（　　　）に入れるのに最もよいものを、1・2・3・4から一つ選びなさい。

[33] 実際にこのような事を可能としている技術の進歩には驚かされる（　　　）。
　　　1 ほどである　　　　2 ことがある　　　　3 はずである　　　　4 ものがある

[34] 不登校の状況にある子どもの多くは「学校には行ける（　　　）行きたい」と考えています。
　　　1 ものなら　　　　2 わりには　　　　3 わけなら　　　　4 ことには

[35] 新制度の導入を（　　　）企業革新を行おう。
　　　1 きっかけに　　　　2 かぎりに　　　　3 もって　　　　4 さいわいに

[36] 東洋、西洋（　　　）犬を卑下する言葉は多くある。
　　　1 にとどまらず　　　2 を問わず　　　　3 ばかりか　　　　4 にしろ

[37] 公営放送の民営化を（　　　）議論が続いた。
　　　1 通じて　　　　2 まわって　　　　3 めぐって　　　　4 こめて

[38] 浪人した（　　　）、夢にまで見たあの大学に絶対合格したい。
　　　1 からには　　　　2 からに　　　　3 かぎりに　　　　4 かぎりで

[39] あまりやりたくない仕事だが、社長の命令だから（　　　）。
　　　1 やるしかない　　　2 やりきれない　　　3 やるわけがない　　　4 やることはない

|40| あの先生はハンサムで優しいのはいいが、女性に対してだけ優しいのでは不公平（　　　）。
1 ということだ　　2 というはずだ　　3 というものだ　　4 というつもりだ


|41| 海は危ないから、母は子供をプールで（　　　）。
1 泳がれた　　　　2 泳いだ　　　　3 泳がせた　　　　4 泳いでもらった


|42| 先生もこの事件は（　　　）いらっしゃいますか。
1 うかがって　　　　　　　　2 ごぞんじで
3 うけたまわって　　　　　　4 ごぞんじになって


|43| あの二人は満員電車の中で、人目（　　　）けんかをしたりする。
1 もかまわず　　　2 もしらず　　　3 もみずに　　　4 いわず


|44| 会議をしている（　　　）に、携帯電話が鳴って困ってしまった。
1 現在　　　　　　2 夢中　　　　　　3 半面　　　　　　4 最中

연습문제 01

➜ 정답 p.93

**問題8** 次の文の ＿★＿ に入る最もよいものを、1・2・3・4から一つ選びなさい。

**45** 国が守ってくれる＿＿＿ ＿＿＿ ＿★＿ ＿＿＿ 私たちは平和に生活ができるのだ。
　　1　からこそ　　　　2　危険な　　　　　3　世界で　　　　　4　こんなに

**46** 私たち少数の者が、いくら ＿＿＿ ＿★＿ ＿＿＿ ＿＿＿ 国会通過はもはや時間の問題です。
　　1　唱えてみた　　　　　　　　　　2　反対を
　　3　ところで　　　　　　　　　　　4　法案の

**47** 2曲だけでしたが、＿＿＿ ＿＿＿ ＿★＿ ＿＿＿ 演奏でした。
　　1　しっかりした　　2　しては　　　　　3　結成した　　　　4　ばかりに

**48** いかに ＿＿＿ ＿★＿ ＿＿＿ ＿＿＿ 心豊かになれるものだからである。
　　1　しだいでは　　　2　であっても　　　3　考え方　　　　　4　嫌なこと

**49** 社会的に ＿＿＿ ＿＿＿ ＿＿＿ ＿★＿ すら認められていないのが現状である。
　　1　女性にもかかわらず　　　　　　2　女性は
　　3　自立できない　　　　　　　　　4　人間として

→ 정답 p.93

**問題8** 次の文の ___★___ に入る最もよいものを、1・2・3・4から一つ選びなさい。

**45** 皆さんの ＿＿＿ ＿★＿ ＿＿＿ ＿＿＿ 調整します。
　　1　ご都合　　　　　2　であっても　　　　3　昼間の時間帯　　4　次第では

**46** 外国語で ＿＿＿ ＿＿＿ ＿★＿ ＿＿＿ 日本語の訳文を付け、また、誰が翻訳したのかを記入しておかなければならない。
　　1　そのすべてに　2　際　　　　　　　　　3　書類を提出する　4　書かれた

**47** 主人は ＿＿＿ ＿＿＿ ＿★＿ ＿＿＿ ことにしようと言って、みんながっかりした。
　　1　食べる　　　　　2　自宅で　　　　　　3　かわりに　　　　4　外食をする

**48** さすがに ＿＿＿ ＿★＿ ＿＿＿ ＿＿＿ 違う。
　　1　もうかっている2　からして　　　　　3　会社の人は　　　4　服装

**49** あなたが ＿＿＿ ＿＿＿ ＿★＿ ＿＿＿ きっと今度の面接がうまくいったでしょう。
　　1　ところを　　　　2　喜んでいる　　　　3　そんなに　　　　4　みると

→ 정답 p.94

**問題8** 次の文の ＿★＿ に入る最もよいものを、１・２・３・４から一つ選びなさい。

45 うちの子は一人で行動することを好み、外出するより＿＿＿ ★ ＿＿＿ ＿＿＿ 友人が少ない。
　　1 こもることが　　2 ことから　　　　3 多い　　　　　4 家に

46 彼は話し方 ＿＿＿ ＿＿＿ ★ ＿＿＿ 実は20代になったばかりだ。
　　1 完全に　　　　　2 ようだが　　　　3 からすると　　4 老人の

47 鈴木さんには ＿＿＿ ＿＿＿ ★ ＿＿＿ 会っていません。
　　1 その後　　　　　2 きりで　　　　　3 会った　　　　4 先月

48 大手企業とベンチャーの役割の違いは ＿＿＿ ★ ＿＿＿ ＿＿＿ まず安定雇用がある。
　　1 大手企業の　　　2 役割　　　　　　3 として　　　　4 何かというと

49 大学時代の友達の ＿＿＿ ＿＿＿ ★ ＿＿＿ 引っ越してそこには住んでいなかった。
　　1 行った　　　　　2 遊びに　　　　　3 家に　　　　　4 ところ

→ 정답 p.94

**問題8** 次の文の ___★___ に入る最もよいものを、1・2・3・4から一つ選びなさい。

**45** 彼の顔は怖そうに ____ ____ ★ ____ おだやかだった。
1 見える　　　　2 優しく　　　　3 反面　　　　4 彼の声は

**46** 鈴木さんに ____ ____ ★ ____ 催促しても返してくれない。
1 貸そう　　　　2 お金を　　　　3 いくら　　　　4 ものなら

**47** 掃除を ____ ____ ____ ★ 掃除機が故障だった。
1 ことに　　　　2 困った　　　　3 するのだが　　　　4 しようと

**48** ささいな約束だったの ____ ★ ____ ____ 大切な約束だった。
1 わたしに　　　　　　　　2 かもしれないけど
3 とても　　　　　　　　　4 とって

**49** 自分のことを自分で ____ ★ ____ ____ と思う。
1 責任を持つ　　　2 べきだ　　　3 以上は　　　　4 決めた

**問題8** 次の文の ___★___ に入る最もよいものを、1・2・3・4から一つ選びなさい。

45 いつまでも ___ ___★___ ___ ___ というのは、口では簡単だけれども、なかなか難しい。
　　1　いよう　　　　2　絶える　　　　3　友達で　　　　4　ことなく

46 機械が、___ ___ ___★___ ___ 動きました。
　　1　やったら　　　2　とおりに　　　3　言われた　　　4　先生の

47 ___ ___ ___★___ ___ ことはできません。
　　1　ぬきにして　　2　語る　　　　　3　企業の活動を　　4　現代社会を

48 ___ ___ ___★___ ___ みんな満足しているようだ。
　　1　うまく　　　　2　できて　　　　3　初ライブ　　　　4　にしては

49 元気な子供たちのパワーの源は ___ ___★___ ___ ___ と思います。
　　1　きちんと　　　2　やっぱり　　　3　おかげだ　　　　4　食べる

→ 정답 p.95

問題8 次の文の ＿★＿ に入る最もよいものを、1・2・3・4から一つ選びなさい。

45 最近のニュース ＿＿＿ ＿★＿ ＿＿＿ ＿＿＿ 宿題が出た。
　　1　レポートにする　2　自分の考えを　　　3　という　　　　　　4　に関して

46 たくさんのことを知っている ＿＿＿ ＿＿＿ ＿★＿ ＿＿＿ 教授が少なくない。
　　1　能力が　　　　　　2　おとる　　　　　　3　説明する　　　　4　に比べて

47 この道路は、＿＿＿ ＿＿＿ ＿★＿ ＿＿＿ いつもこんでいます。
　　1　狭い上に　　　　　2　多いので　　　　　3　交通量も　　　　4　他のより

48 池田さんの料理はとてもすばらしい。＿＿＿ ＿★＿ ＿＿＿ ＿＿＿ と言った方がいいだろう。
　　1　芸術　　　　　　　2　料理　　　　　　　3　というより　　　4　これはもう

49 この会社は ＿＿＿ ＿★＿ ＿＿＿ ＿＿＿ 人を受け入れている。
　　1　学歴とか男女　　　2　能力のある　　　　3　を問わず　　　　4　昔から

→ 정답 p.96

**問題8** 次の文の＿★＿に入る最もよいものを、１・２・３・４から一つ選びなさい。

**45** 家へ帰って田舎から ＿＿＿ ＿＿＿ ＿★＿ ＿＿＿ りんごが入っていた。
　１　きた　　　　　　２　送られて　　　　３　みたところ　　　４　箱を開けて

**46** 体に悪いと ＿＿＿ ＿★＿ ＿＿＿ ＿＿＿ しまうので困る。
　１　手が伸びて　　　２　ついまた　　　　３　タバコに　　　　４　思いながらも

**47** 理論だけではよく分からない。実際に使って ＿＿＿ ＿＿＿ ＿★＿ ＿＿＿ 判断できる。
　１　かどうか　　　　２　通じる　　　　　３　はじめて　　　　４　みて

**48** 彼が長年、描いてきた作品が完成した。苦労して ＿＿＿ ＿＿＿ ＿★＿ ＿＿＿ 大きかったようだ。
　１　だけに　　　　　２　喜びも　　　　　３　また人一倍　　　４　がんばった

**49** 心配しても ＿＿＿ ＿＿＿ ＿★＿ ＿＿＿ 。
　１　様子を見て　　　２　もう少し　　　　３　みようじゃないか　４　仕方ないから

→ 정답 p.97

**問題8** 次の文の ★ に入る最もよいものを、1・2・3・4から一つ選びなさい。

**45** 今からでは ＿＿＿ ★ ＿＿＿ ＿＿＿ タクシーしかないだろう。

　　1　行ける　　　　　　2　終電に　　　　　　3　間に合わないし　4　としたって

**46** 被害に ＿＿＿ ＿＿＿ ★ ＿＿＿容疑者の名前があがってきた。

　　1　ことから　　　　　2　あった　　　　　　3　一致した　　　　4　彼らの証言が

**47** 彼女からの電話を待ちかねていた彼は、＿＿＿ ★ ＿＿＿ ＿＿＿受話器を取り上げた。

　　1　のうちに　　　　　2　鳴らないか　　　　3　電話のベルが　　4　鳴るか

**48** 半年しか ＿＿＿ ★ ＿＿＿ ＿＿＿ 上手だ。

　　1　にしては　　　　　2　彼女はなかなか　3　習っていない　　4　テニスを

**49** 頭の ＿＿＿ ★ ＿＿＿ ＿＿＿ 一番の大事である。

　　1　あるかどうかが2　よさは　　　　　　3　ともかく　　　　4　やる気が

→ 정답 p.97

**問題8** 次の文の ___★___ に入る最もよいものを、1・2・3・4から一つ選びなさい。

**45** みんなが理解していないから ＿＿＿ ＿★＿ ＿＿＿ ＿＿＿ と言われた。

　　1　具体的な　　　　2　例をあげて　　　　3　べきではないか　4　説明する

**46** 彼はみんなの前では ＿＿＿ ＿＿＿ ＿★＿ ＿＿＿ にちがいない。

　　1　知らないと　　　2　本当は　　　　　　3　知っている　　　4　言ったけど

**47** 外国人が外国に滞在する ＿＿＿ ＿★＿ ＿＿＿ ＿＿＿ と思う。

　　1　移民だけ　　　　2　とはかぎらない　3　目的は　　　　　4　さまざまであって

**48** 事故で死んだと思っていた彼が生きていた。＿＿＿ ＿★＿ ＿＿＿ ＿＿＿ かのようだった。

　　1　まるで　　　　　2　夢を見ている　　3　信じられなくて　4　とても

**49** 大企業のA社が ＿＿＿ ＿★＿ ＿＿＿ ＿＿＿ と思った。

　　1　他の人の考えは　　　　　　　　　　2　十分ありうることだ

　　3　知らないけど　　　　　　　　　　　4　倒産したが

➜ 정답 p.98

**問題8** 次の文の　★　に入る最もよいものを、1・2・3・4から一つ選びなさい。

**45** 誰でも ＿＿＿ ＿＿＿ ★ ＿＿＿ するでしょうが、不法行為は許されません。

　1　ことには　　　　2　行かない　　　　3　思い通りに　　　4　むしゃくしゃ

**46** 特別に魅力が ＿＿＿ ＿＿＿ ★ ＿＿＿ ものがある。

　1　人をひきつける　2　彼女には何か　　3　わけではないが　4　ある

**47** どんなに ＿＿＿ ★ ＿＿＿ ＿＿＿ 教えようがない。

　1　生徒には　　　　2　先生でも　　　　3　実力のある　　　4　やる気のない

**48** よほどのことがない ＿＿＿ ★ ＿＿＿ ＿＿＿ と思う。

　1　ことはない　　　2　あきらめる　　　3　友だちを　　　　4　限り

**49** 最近、＿＿＿ ＿＿＿ ★ ＿＿＿ 休みをとることにした。

　1　ぎみだから　　　　　　　　　　　2　疲れ

　3　上司に頼んで　　　　　　　　　　4　残業続きで

→ 정답 p.99

**問題9** 次の文章を読んで、 50 から 54 の中に入る最もよいものを、 1・2・3・4から一つ選びなさい。

---

　ペット・ロスはそのまま訳せば、ペットを失うことなのですが、実際には愛する動物を失った家族の悲しみを表現する言葉として使われています。ここで一つ強調しておきたいのは、ペット・ロスは愛する動物を失った人の正常な悲しみの反応であり、 50-a 特別なこと 50-b 。そのなかでもたまに、専門家の助けが必要になるケースもありますが、このような場合、バックグラウンドにペット・ロス以外の問題があることが多いと思われます。

　最愛のペットを亡くした 51-a の中には、こんなに悲しいのは 51-b だけではないか、こんなにいつまでも悲しみをずっと持っている 51-c は異常なのではないかと思ってしまう人がたくさんいます。また、一般社会の受けとめ方として、「たったペットが死んだくらいで」ということがまだまだ根強く残っています。周囲の人たちの心ない一言でひどく傷ついている人たちがいることも事実です。何年間も共に暮らした動物に亡くなれば、悲しいのは当たり前であり、自分の親が亡くなった時よりもずっと悲しいという人もたくさんいます。しかしながら、ペットを失ったことで一時期ひどく落ち込んだとしても、そのダメージから正常なプロセスで回復していくのであれば全く問題はありません。大切なのは、ペット・ロスに対する 52 、ペットを失った家族の「共に暮らした動物の死」に対する理解を深めることだと思います。

　ペットを失った人は悩みをそのままにせずに、人に話したり、家族とペットのことを思い出しながら話し合ったりすることもペット・ロスに勝ち抜けるいい方法です。いつまでも 53 何もならないですから、 54 解決方法をお探しください。

50

1 a 決して ／ b ことではないということです
2 a やはり ／ b でもあるということです
3 a さいわい ／ b であろうと思います
4 a どうせ ／ b であると決まっています

51

1 a 家族 ／ b 家族 ／ c 自分
2 a 家族 ／ b 自分 ／ c 自分
3 a 自分 ／ b 家族 ／ c 家族
4 a 自分 ／ b 自分 ／ c 家族

52

1 社会全体の認識をもとにして
2 社会全体の反応を気にせず
3 社会全体の認識とともに
4 社会全体の反応にもかかわらず

53

1 ペット・ロスを楽しんでいれば
2 新しいペットを買ったら
3 親にたよりになっては
4 悲しんでばかりいては

54

1 自分なりの
2 自分勝手に
3 自分らしい
4 自分みたいに

→ 정답 p.99

問題9　次の文章を読んで、　50　から　54　の中に入る最もよいものを、１・２・３・４から一つ選びなさい。

　　人間関係に関するコミュニケーション能力は日常生活からビジネスのあらゆる場面で必要な能力です。例えば日常的な場面では家庭、友人関係、恋愛において、ビジネスの上では、営業力、上司や同僚との調整力において、要求されるでしょう。

　　もし人間関係を築くのが苦手だ　50-a　、これらの場面で不利になってしまうことは説明する　50-b　。その意味で、人間関係を構築する力は社会で　51　、欠かせない能力であると言えます。では人から好意を持たれ、たくさんの人と充実した人間関係を築くためにはどうすれば良いのでしょうか。

　　人間関係においては、会話の展開が得意になることが重要です。特に人間関係が苦手な方の多くが「何を話していいのかわからない」という切実な悩みを抱えています。この悩みを持っていると、人間を恐れ、人と気軽に接することが　52　。

　　そこでコミュニケーション講座では初対面の方との会話から、仲良くなった人にいたるまでの会話の展開法について学んでいきます。暗記することもありますが、しっかりと練習すれば、自信を持って会話に望むことができるようになるでしょう。

　　次に大事なのが、人の話をよく聞くことです。会話上手と言われると、一般的には　53　を思い浮かべるものですが、　54　話がうまいかどうか以上に大事なことは、相手の話をしっかりと聞いて、共感し、肯定する能力です。

50

1　a といえども　　／ b ことはない
2　a としたら　　　／ b までもないでしょう
3　a からといって　／ b とはかぎらない
4　a からこそ　　　／ b のです

51

1　生きていく以上は
2　生きていく上で
3　生きていくとともに
4　生きていくにかぎって

52

1　何よりも簡単になります
2　とてもよい勉強になります
3　いつでも楽しみになります
4　難しくなってしまいます

53

1　頭がいい人
2　勉強のよくできる人
3　本をたくさん読んだ人
4　話がうまい人

54

1　実に
2　実は
3　したがって
4　まさに

→ 정답 p.100

**問題9** 次の文章を読んで、50 から 54 の中に入る最もよいものを、1・2・3・4から一つ選びなさい。

---

「授業の取り方」「サークルってどうやって入るの？」「友だちや恋人ができるか」「バイトと学校の両立」「初めて独り暮らしするから、お金のやりくりが心配」などなど、新入生は初めてのことだらけが多いだけに、小さいことから大きなことまでいろいろな 50 を感じています。こんな不安感を解消するためにはやっぱり先輩に聞いてみたほうが一番いいでしょう。もちろん先輩の助けもいいですが、とりあえず自分が、本当に興味がある授業、単位が楽に取れる授業。午前中が空きの日、午後が空きの日。バランスよく履修して、51-a せず1年目でなるべくたくさんの 51-b が取れるよう、51-c して授業のスケジュールを考えましょう！

　サークルは、サークル自体のノリが自分に合うかどうかを考えてみましょう。1〜4年生まで一緒に活動するので、先輩と後輩の距離感もポイントです。いろいろなサークルの歓迎コンパにどんどん参加しましょう。

　友だち作りは、その人の様子を聞いてから、その人が「迷惑」と思わない程度に話しかけてみるのが大事ですね。また、自分のことをたくさん話すのも相手の警戒心を無くすのにいいです。またわかっていることでも 52 質問したり、授業や飲み会で近くの席をキープしたりし、きっかけを作りましょう。 53 は友だちとグループでお近づきになるのもいいですよ。

　大学に入った 54-a 、勉強ばかりするとかアルバイトばかりするのも 54-b 。自分の時間に合わせて、適当なアルバイトは社会の経験のためにもいいです。

---

50

1　点

2　結果

3　不安

4　具合

1　a 工夫 ／ b 授業 ／ c 勉強
2　a 無理 ／ b 授業 ／ c 勉強
3　a 工夫 ／ b 単位 ／ c 無理
4　a 無理 ／ b 単位 ／ c 工夫

52

1　ただちに
2　あえて
3　もしも
4　やがて

53

1　恥ずかしがり屋の人
2　勇気のある人は
3　友だちのいない人は
4　社交性のある人は

54

1　a わけだから　　／ b のぞましいです
2　a ばかりなのに　／ b あんまりよくないです
3　a からには　　　／ b いいことではないでしょうか
4　a うえで　　　　／ b ちょっと考えてほしいことです

**問題9** 次の文章を読んで、 50 から 54 の中に入る最もよいものを、1・2・3・4から一つ選びなさい。

　僕は朝起きるといつもコーヒーを飲みます。普通はコーヒーはカフェインが入っていて体に悪いと言われますが、僕はあんまり感じません。もちろん数十年が経つとその影響が現れるかもしれませんが、今のところ、好きなコーヒーを止めたい気持ちは少しもありません。人の習慣 50-a 簡単に変えられる 50-b 。それでは、体に悪いと知りながらもやっているのはどうだろうか。人によってはさまざまな意見があると思いますが、僕は体に悪いとしても自分が好きでやるならば 51 と思います。もちろんやりすぎるのはよくないでしょう。

　いつか本で読んだことがありますが、命の危ない病気にかかった患者にある薬を渡しながら、医者がこう言ったそうです。「この薬はあなたの病気を完全に治せるものだから、一日も欠かさずずっと飲み続くと一ヶ月で完治するよ」と。もちろん 52 。患者に心理的に落ち着かせるためにそう言ったのです。それから、患者は医者から渡された薬を一生懸命飲み続けたのです。一ヶ月後、その薬が 53 、患者の病気は、病院のほうも驚くほど相当よくなりました。

　この話から分かるように、物事は人の考え次第でよくもなるし、悪くもなるのです。

　 54 、コーヒーをたくさん飲んでもいいというものではありません。だけど、自分の好きなものを我慢してまで生きる必要はないということです。自分の好きで楽しんでいるものなら、適当な範囲で、人に迷惑をかけないぐるいで、やってもいいじゃないでしょうか。強引に止めさせられるより計画を立てて、ちゃんとそれに従えば大きな被害はないと思います。

50

1　a というものは　／ b ものではないですから
2　a だからこそ　　／ b ものですから
3　a にかぎって　　／ b にほかならない
4　a であっても　　／ b とはいえない

51

1　どうでもいい
2　知らず知らずうちに悪くなる
3　たいへんな影響がある
4　別にたいしたものではない


52

1　医者も知らなかったのです
2　医者の話はうそでした
3　医者も信じていました
4　医者も他の人から聞いた話でした


53

1　悪かったのか
2　本当の薬だったのか
3　効いたおかげか
4　おかしかったのか


54

1　それどころか
2　ぜひとも
3　かといって
4　いずれ

問題9 次の文章を読んで、50 から 54 の中に入る最もよいものを、1・2・3・4から一つ選びなさい。

　私は小説家で書くことが仕事であり、そして生きがいでもある。出版社や新聞社などから本とか社説を頼まれたりする。サラリーマンのようにちゃんとした給料をもらう 50-a 毎月計画を立てて 50-b 。妻はそれが不満らしいが、文句を言っても仕方がない。もちろん妻には申し訳ないという気持ちだけは持ってるけど、そのことをなかなか言えない。

　51 数日前、後輩がやっている新聞社からコラムを頼まれた。毎日書くものではないので楽しみながら書いている。だけど、先週からなかなかコラムが書けないんだ。なぜか分からない。

　今日も夕食を食べて机の前に座っていた。気がつくと時計はもう午前の四時を指していた。

　52 、目の前には何も書いてないままの原稿用紙が置いてあった。何かを書くつもりだったのだが何も書けずに一日を過ごしてしまったようだ。何かを書こうとしても書けない。ということは体が書こうとしないのだろうから今日は何もするべきではない日なのだろう。そう思うと気が楽になったので私はゆっくりと 53 。起きたらまた午前の四時を指していた。それは不思議なことだ。午前四時を指している時計を見て寝たのに、起きてみたらまた四時を指している。私の記憶には『午前四時』を指す時計を見て眠りについただけなのだ。なぜだろう？それは眠いからだ。体が眠ろうとしているからだ。だけど、やらなければならないことがあるから脳だけが眠りについたのだ。精神的には寝たつもりだけど、実際は全然寝てなかったのだった。このように体と脳が別々に動くということを経験してみると、人間の体って 54 と思われる。

50

1 a わけではないから　／ b 生活することができない
2 a わけではないから　／ b 生活できると思う
3 a わけだから　　　　／ b 生活することができるのだ
4 a わけだから　　　　／ b 生活に合わせるのだと思う


51

1 いつか
2 ついに
3 いよいよ
4 つい


52

1 それどころか
2 それにもかかわらず
3 そればかりか
4 そのうちに


53

1 眠りに落ちた
2 目が覚めた
3 本を書いた
4 本を読んだ


54

1 相当普通過ぎないものだ
2 どうにもならないものだ
3 不思議ですばらしいものだ
4 とんでもないものだ

# Part 4
# 문법 실전 모의고사

**問題7** 次の文の（　　　　）に入れるのに最もよいものを、1・2・3・4から一つ選びなさい。

**33** 生きている（　　　）、いろんな文化を楽しめる。
　　1 からこそ　　　　2 からいって　　　3 からすると　　　4 からといって

**34** ダイエットは美しさを守る（　　　）、体にストレスを与える場合も少なくありません。
　　1 ところが　　　　2 どころか　　　　3 ばかりか　　　　4 だけでなく

**35** 愛（　　　）彼女に恋愛手紙を書いたが、まったく返事がない。
　　1 をめぐって　　　2 をかこんで　　　3 をこめて　　　4 をいれて

**36** 迷惑なの（　　　）、彼らは電車の中で大きい声で話している。
　　1 をきっかけに　　2 はもとより　　　3 もなしに　　　　4 もかまわず

**37** 動物を飼ったら最後まで面倒を見る（　　　）。
　　1 ようだ　　　　　2 ところだ　　　　3 べきだ　　　　　4 はずだ

**38** スーパーの前に水族館ができたので、お買い物（　　　）行ってみた。
　　1 わりに　　　　　2 くせに　　　　　3 ばかりに　　　　4 ついでに

**39** 人間は完全（　　　）、いつも本を読んだり勉強したりするものです。
　　1 であるからには　　　　　　　　　2 ではないからこそ
　　3 であるからこそ　　　　　　　　　4 ではないからには

40 熱が上がったり下がったり、よくわからない日々です。でも、いつまでも寝て
（　　　　）、昨日から外に出ていました。
1 いたわけにはいかないので　　　　　2 いたにもかかわらず
3 いるにもかかわらず　　　　　　　　4 いるわけにはいかないので

41 池田「昨日、彼女に1時間も（　　　　）のよ。」
野口「そういえば、僕も彼女にそういう目にあったことがある。」
1 待つように言った　　　　　　　　　2 待たせた
3 待ってしまった　　　　　　　　　　4 待たされた

42 あれほど固く約束（　　　　）、姿を現わさなかった。
1 したにもかかわらず　　　　　　　　2 するにもかかわらず
3 にしたって　　　　　　　　　　　　4 にするって

43 残業をしても残業代が出ないとは、とんでもない（　　　　）労働者は強く反発
した。
1 にして　　　　　　　　　　　　　　2 にかかわって
3 とあいまって　　　　　　　　　　　4 として

44 彼らが急いで国（　　　　）、子供たちに会うためだ。
1 で帰ったのは　　　　　　　　　　　2 で帰ったことは
3 に帰ったのは　　　　　　　　　　　4 に帰ったことは

45 _____ _____ _____ __★__ ケーブルTVまたはインターネットを介して提供しています。

1 受講生　　　　2 通常の　　　　　　3 はもとより　　　4 講義内容は


46 先月、_____ __★__ _____ _____ アンケート調査が行われた。

1 発表された　　2 に関する　　　　　3 新製品　　　　4 今回


47 今日は _____ _____ __★__ _____ 上映後には質疑応答があった。

1 にさきだって　2 があり　　　　　　3 映画の上映　　4 監督のあいさつ


48 近年わが国では_____ _____ __★__ _____ います。

1 平均寿命は　　2 につれて　　　　　3 医学の進歩　　4 非常に延びて


49 仕事上で大切なことは、_____ __★__ _____ _____ と思います。

1 それに向かって　　　　　　　　　　2 ことだ

3 目標を設定して　　　　　　　　　　4 努力をしつづける

　テレビというとNHKがほとんどと言う家庭で育てられました。もちろん、高校生になって人並みにドラマや歌番組も見てはいましたが、かなり少ない方だったと思います。

　大人になっておもちゃ関連の業界の開発部に就職して自分が 50-a 遊びと言うものを子供の時に 50-b 知りました。子供の頃、あんまり、51 の番組を見なかったことが新製品開発にかなりマイナスになりました。おもちゃを持ったことがないのも非常にいたかったです。

　まあ、おもちゃに関する仕事をしなければ、関係ないかもしれません。親は、「あなたに全然向いていない仕事だから辞めたらいいじゃない?」とか言うのです。

　自分たちの好みで、今の私が大変苦労していることを 52 。でも、親を恨んだりはしたくありません。どうせ自分が選んだ仕事だから一生懸命頑張りたいと思います。

　流行物にはその時代その時代に対した旬と言うものがあるし、流行と言うものは繰り返すものなので、子供が大人になったときまたその世界が 53 、今の旬の流行物をタイムリーに子供に教えてあげたいと言う気持ちがあります。 54-a がそれを受けるかどうかは別にして、 54-b なりに 54-c の心を理解しようと思っています。

　子供の時の経験が今の仕事に全然役に立たないと思っているみなさん、あるいは自分自身の育った環境が開発の仕事においてすごくマイナスだったな、と思っているみなさんに一言。自分のやるすべてのことはすべてが自分の責任だし、自分の好きでやるものだから頑張ってください。

50

　　1 ａ いかに　　／ｂ 知らなかったか
　　2 ａ どんなに　／ｂ やったか
　　3 ａ いつも　　／ｂ 楽しんでいたのか
　　4 ａ たとえ　　／ｂ 知らなくてもと

51

 1 子供きり

 2 子供がち

 3 子供っぽい

 4 子供向け


52

 1 分かっていないにかぎりです

 2 分かっていないそうです

 3 分かっていなくてたまらないです

 4 分かっていないようです


53

 1 流行りつつありますから

 2 流行らなければならないから

 3 流行るかもしれないから

 4 流行ってはいけないから


54

 1 a 自分 ／ b 子供 ／ c 両親

 2 a 子供 ／ b 自分 ／ c 子供

 3 a 自分 ／ b 自分 ／ c 両親

 4 a 子供 ／ b 子供 ／ c 両親

**問題7** 次の文の（　　　　　）に入れるのに最もよいものを、1・2・3・4から一つ選びなさい。

**33** メロンは95％が水分でダイエットにもいい（　　　　）ビタミンCも豊富である。
　　1　上に　　　　　　2　上で　　　　　　3　上も　　　　　　4　上は

**34** アメリカ人とのペンパルを（　　　　）英語の勉強をしはじめた。
　　1　はじめに　　　　2　はじめて　　　　3　きっかけに　　　4　さいわいに

**35** 弟（　　　　）兄のほうがずっと背が高い。
　　1　にこたえて　　　2　につれて　　　　3　にくらべて　　　4　にかわって

**36** 悲しい（　　　　）愛している彼女が交通事故で死んでしまった。
　　1　ことに　　　　　2　ほかに　　　　　3　あげく　　　　　4　かぎり

**37** 若い（　　　　）読んでおきたい本は星の数ほど多かった。
　　1　あとに　　　　　2　ところに　　　　3　うちに　　　　　4　なかに

**38** 注意報は災害の起こる（　　　　）のを注意喚起するために発表します。
　　1　ことである　　　2　しだいである　　3　おそれがある　　4　わけがある

**39** このままでは無理ですが、条件が変われば、もう一度考え（　　　　）。
　　1　ないものだ　　　　　　　　　　2　ないことはない
　　3　そうでもない　　　　　　　　　4　ることもない

40 結婚情報サービスに入会しても、結婚（　　　）出会いも（　　　）。
　　1　どころか　　／そんなにないのよ
　　2　はもとより／よくあるのよ
　　3　のみならず／できたのよ
　　4　ばかりか　　／たまにあるのよ


41 （事務所で）
　　後輩「先輩、これちょっと分からないんですが…。」
　　先輩「私は今、ちょっと教える時間がないので、他の人に（　　　）。」
　　1　教えてもらってください　　　　　　2　教えられてもらってください
　　3　教えてやってください　　　　　　　4　教えさせられてください


42 差し支えなければ、今度のプロジェクトを私に（　　　）。
　　1　やらせていただけませんか　　　　　2　やられていただけませんか
　　3　やっていただけませんか　　　　　　4　やってくださいませんか


43 みんなからの忠告を聞く（　　　）、彼は自分のことを反省して涙を流した。
　　1　ものにしたところ　　　　　　　　　2　ものにしたところへ
　　3　ようにしたところへ　　　　　　　　4　ようにしたところ


44 現状ではまだ、女性会員は全会員の６％程度（　　　）、この伸び率が続くと
　　すれば来年は30％は越えるだろう。
　　1　にすぎないとすると　　　　　　　　2　にかかわらないとすると
　　3　にすぎないとはいえ　　　　　　　　4　にかかわらないとはいえ

45 チケットは旅行会社で ＿＿＿ ＿＿＿ ★ ＿＿＿ いろいろな制限がある。

   1 当然安いが　　　2 安いからには　　3 それだけ　　　4 買うほうが

46 気象庁の ＿＿＿ ＿＿＿ ★ ＿＿＿ 寒いと感じる日もわりと少なかった。

   1 気候で　　　　2 ここまでは　　3 予報どおり　　4 暖冬気味の

47 大事な試験が ＿＿＿ ＿＿＿ ★ ＿＿＿ 学校を休むわけにはいかない。

   1 あっても　　　2 たとえ熱が　　3 あるので　　　4 今日は

48 先生は詩人だが、＿＿＿ ＿＿＿ ★ ＿＿＿ かもしれません。

   1 哲学者と　　　　　　　　　　2 的確

   3 言った方が　　　　　　　　　4 芸術家というより

49 自分で言うのも ＿＿＿ ＿＿＿ ★ ＿＿＿ めちゃめちゃ嬉しいです。

   1 合格して　　　　　　　　　　2 勉強を

   3 なんですが　　　　　　　　　4 がんばっただけに

　ラジオ、テレビ、ビデオ、ゲーム、パソコン、携帯電話…など、現在子供たちの周りには実に様々なメディアがあふれていますね。特にテレビは、朝起きた時から夜眠るまで、生活に欠かせない存在のようになっており、大人も子供もメディア付け状態です。50-a 乳幼児に対する「子守り」「しつけ」機能 50-b 、テレビやビデオとの接触が加速しており、テレビに合わせた生活の中で、生活リズムの破壊が目立ってきました。

　早寝早起き、適度な運動、食事など基本的な生活習慣は、体の発達に大切であるのはもちろんですが、脳や心の発達にも大きく影響するんですよ。25年前、子供たちの足や筋肉、脳の活動や体温調節など、人間としての基本的な部分が、今までは見たことのないほど危機的状態にいると 51 。それと一緒に、子供たちの心や人格の発達に問題があると思われる「不登校」「ひきこもり」などの現象も増え始め、子供による犯罪事件も増加しています。まさに、心も体も深刻な状況にあると 52 のではないでしょうか？

　子供が心と体を育てるべき時期に、部屋にこもって１人で画面に向き合い、一方的に投げ出されてくる光と音の刺激を受け止めていることになるのです。外遊びの時間が激減し、自然 53 接触も減り、ともだちと思いっきり体を使って遊ぶ経験がほとんどないのですから、足がおかしい、まっすぐ立っていられない、汗をかかない、手先が器用でないなど、体への悪い影響が出てくるのは明らかです。54-a 、それを防ぐため、みんなが頑張っている 54-b 。

50

1　a さらに　　／ b として
2　a たとえば　／ b であって
3　a しかし　　／ b だけでなく
4　a そして　　／ b もあれば

1　警告しようとしました
2　警告されつつあります
3　警告されていました
4　警告しがちです


52

1　言いつけがない
2　言いきれない
3　言ってはいけない
4　言わざるを得ない


53

1　にて
2　との
3　が
4　で


54

1　aでも　　　　　　　／bわけではないです
2　aそれで　　　　　　／bわけです
3　aだからといって　／bわけにはいかないです
4　aつまり　　　　　　／bわけではないです

**問題7** 次の文の（　　　　）に入れるのに最もよいものを、1・2・3・4から一つ選びなさい。

[33] あなたに関係ないことだから言う（　　　　）。
1　ことはない　　　2　ことはある　　　3　ことでない　　　4　ことである

[34] （　　　　）次第、報告いたします。
1　決まった　　　2　決まって　　　3　決まる　　　4　決まり

[35] 女性が設計したホテル（　　　　）、全体的に優しいナチュラルな雰囲気のホテルでした。
1　のみで　　　2　にとって　　　3　だけあって　　　4　かというと

[36] 職場でのストレスを解消するために、酒を飲まないでは（　　　　）。
1　とわない　　　2　かまわない　　　3　いられない　　　4　おけない

[37] 家を出ようとした（　　　　）、母に呼び止められた。
1　ところ　　　2　たびに　　　3　ばかり　　　4　うちに

[38] キャンプの（　　　　）、周辺を観光することにした。
1　ついでに　　　2　ところに　　　3　とおりに　　　4　ばかりに

[39] 体を丈夫にしたかったら、好き嫌いを（　　　　）。
1　しないでなんでも食べるものだ　　　2　しないでなにも食べることだ
3　しないでなんでも食べることだ　　　4　しないでなにも食べるものだ

40 最近の若者は結婚と恋愛とは別物（　　　　）、という考えを持っているらしい。
1　でなくてはならないべきだ
2　でなくてはならないものだ
3　であるものだ
4　であるべきだ

41 高橋「せっかく海へ行ったのに、寒くて泳ぐどころではなかったのよ。」
井上「それは残念ですね。それで（　　　　）のですか。」
1　そのうち帰るしかではなかった
2　そのうち帰るべきではなかった
3　そのまま帰るべきなかった
4　そのまま帰るしかなかった

42 もっとお客様（　　　　）、ていねいにやりなさい。
1　への感謝の気持ちをこめて
2　への感謝の気持ちをいれて
3　での感謝の気持ちをこめて
4　での感謝の気持ちをいれて

43 人材のインフラの面ではまだ先進国（　　　　）、近い将来その差は急速に小さくなるだろう。
1　に及ばないとして
2　に当たらないとして
3　に及ばないものの
4　に当たらないものの

44 この本によると、民主主義のルールとは自分のルールを（　　　　）。
1　自分にして決めるということだ
2　自分で決めるというものだ
3　自分にして決めるというものだ
4　自分で決めるということだ

45 彼女は特別に ＿＿＿＿ ＿＿＿＿ ★ ＿＿＿＿ 発音が良かった。
1 いない　　　　　　　　　　　2 にしては
3 意外なほど　　　　　　　　　4 英語の勉強をして

46 このごろ、＿＿＿＿ ★ ＿＿＿＿ ＿＿＿＿ 都会にあこがれる。
1 悪くなる　　　　2 一方なのに　　　3 都市の環境は　　4 若者は

47 彼は ＿＿＿＿ ★ ＿＿＿＿ ＿＿＿＿ 今は病院に通っている。
1 毎日　　　　　　　　　　　　2 あげく
3 働きすぎた　　　　　　　　　4 病気になってしまって

48 こんな不景気では、＿＿＿＿ ＿＿＿＿ ★ ＿＿＿＿ 情勢だ。
1 倒産しかねない　2 中小企業　　　3 将来性のある　　4 さえ

49 結果が悪かったことよりも、＿＿＿＿ ★ ＿＿＿＿ ＿＿＿＿ と思います。
1 ことこそが　　　2 努力しなかった　3 問題だ　　　　4 全然

 次の文章を読んで、[50] から [54] の中に入る最もよいものを、1・2・3・4から一つ選びなさい。

---

　近年、都市住民を中心として、豊かな自然を味わおうと山間地域などを訪れ、自然とのふれあいやゆったりした時間の流れを満喫しようとする方々が[50]。また、なかには今までの宿泊施設では満足できず、農山漁家に宿泊してみたいという要望も増えつづけています。

　このような中、各農村や漁村地域におきましては都市住民に自然を体験[51-a]、使えなくなった学校を利用した宿泊施設などの整備や農林漁業体験プログラムづくりなどを[51-b]。

　[52-a]の中では子供を[52-b]に留学を送らせていますが、一部の子供が[52-c]体験を通じて精神的にもっと成長したという話を聞いて、費用も安いし、地域的にも近いという利点を考えながら山間地域体験に子供をだんだん送らせています。もちろん、冬休みとか夏休みにかぎりますが。それではどうして都市住民は田舎にあこがれているのですか。それはたぶん、あわただしい日々を送っている自分たちの生活を、子供にはさせたくないからでしょう。厳しい競争の中で、全然余裕のない[53]に完全に飽きているようです。

　[54-a]、自分たちも田舎に帰って、田舎の豊かな緑とゆったりとした生活を楽しもうとも思っている[54-b]。しかしそのいつかを、今すぐにしたらどうですか。都市生活をきっぱりと止めて人間らしい生き方はどうですか。

[50]

   1　増えるかもしれません

   2　増えつつあります

   3　増えなければなりません

   4　増えてしかたがないです

51

1 aするために　　／b行っておきました
2 aさせるために　／b行っておきました
3 aするために　　／b行ってまいりました
4 aさせるために　／b行ってまいりました


52

1 a山間住民／b外国／c外国
2 a山間住民／b都市／c都市地域
3 a都市住民／b外国／c山間地域
4 a都市住民／b田舎／c外国


53

1 社会生活や職場
2 田舎生活
3 農山漁家の生活
4 子供との生活


54

1 aどうしても／bわけがないです
2 a絶対　　　／bはずがないです
3 aいつでも　／bわけがないです
4 aいつかは　／bはずです

제4회 실전 모의고사　→ 정답 p.110

**問題7** 次の文の（　　　　）に入れるのに最もよいものを、1・2・3・4から一つ選びなさい。

33 日本にいる知人（　　　）、T大学入学の申請をした。
　1 をきっかけに　2 を通じて　　　3 をかまわず　　4 を問わず

34 先生は、成績には試験の点数（　　　）授業の出席率も考慮されるとおっしゃった。
　1 にこたえて　　2 にしたがって　3 にさいして　　4 にくわえて

35 息子は一体どこへ行ったのだろう。父とけんかした（　　　）、一ヶ月も家に帰っていないらしい。
　1 だけに　　　　2 あげく　　　　3 ばかりか　　　4 ところで

36 みんなに嫌われる彼が言うと、まじめな話もなんだか（　　　）聞こえます。
　1 うそっぽく　　2 うそがちに　　3 うそそうに　　4 うそらしく

37 あの会社は、このたび、障害者（　　　）の、とても便利な車を開発しました。
　1 夢中　　　　　2 向き　　　　　3 最中　　　　　4 次第

38 あの山田さん（　　　）、勉強は趣味のひとつだという。
　1 において　　　2 にわたって　　3 にかけて　　　4 にとって

39 好きな番組を（　　　）停電となった。
　1 見ようとしたときに　　　　　　2 見たとしたわりに
　3 見ようとしたわりに　　　　　　4 見たとしたときに

40 この事業が（　　　　）、みんなが力を合わせて頑張ったおかげだ。
1　成功したものは　　　　　　　　2　成功されたものは
3　成功されたのは　　　　　　　　4　成功したのは

41 池田「難しいけど、やり方次第（　　　）だろう。」
野口「でも、これははじめてやるもんだから…。」
1　にはできないものもない　　　　2　ではできないこともない
3　ではできないものもない　　　　4　にはできないこともない

42 庶民の生活に興味を持って理解をするのが大統領（　　　）。
1　ということであろう　　　　　　2　とするものであろう
3　というものであろう　　　　　　4　とすることであろう

43 見知らぬ人から変な薬を（　　　　）、車に乗せられた。
1　飲ませたまま　　　　　　　　　2　飲ませたばかりに
3　飲まされたばかりに　　　　　　4　飲まされたまま

44 どんな人なのか、実際会って（　　　）。
1　みないからには、よくわからない　2　みないことには、よくわからない
3　みないことには、よくわかる　　　4　みないからには、よくわかる

45　社会の激しい変化の中で、＿＿＿＿＿＿＿＿★＿＿＿＿、得なければなりません。
　　1　社会における　　2　生き方を　　　　3　自らの　　　　　4　自分が

46　あなたは日本で＿＿＿＿＿★＿＿＿＿＿＿＿＿べきです。
　　1　からには　　　2　生活している　　3　したがう　　　　4　日本の習慣に

47　親の＿＿＿＿＿＿＿＿＿★＿＿＿＿と思います。
　　1　とはかぎらない2　思い通りに　　　3　子供の幸せ　　　4　なることが

48　滞在許可＿＿＿＿＿＿＿＿★＿＿＿＿日本人が多くなったという。
　　1　長期にわたって2　無しで　　　　　3　滞在している　　4　ヨーロッパに

49　試合に＿＿＿＿＿＿＿★＿＿＿＿と思う。
　　1　明確な目標が　　2　得られる　　　　3　敗れた　　　　　4　からこそ

　いろいろな人が人々の幸せを実現するため、いろいろな政治を行ってきました。どうすればみんなが幸せになれるんだろう。どういうシステムが公平なんだろう。宗教や思想にも関わっているし、永遠のテーマとして、よりよい姿を求めて努力してきたのです。でも、本当にそれでみんなが幸せになったのでしょうか。 50 。人々を幸せにしてきたのは、科学そして技術なんです。少ない富をみんなに分かち合って、みんなが貧乏になるのではなく、より多くの富を生み出し、いちばん不公平な扱いを 51 、昔の金持ちよりももっと素晴らしい生活を送れるようになったと言われます。そんな働きをした「科学」こそが、人々を幸せにした最高の知識体系なのです。

　祈りは心の痛みを無くせるかもしれませんが、科学は痛みを取り除きます。真実に至る道は科学の先にのみ開けています。そんな科学と出会って、わたしは変わりました。あなたにもぜひ変わってほしいのです。簡単な道ではありません。でも、誰にでも行ける道です。この話に一部は否定するかもしれませんが、科学は真実を求める学問ですから、この真実 52-a 、誰でも簡単に科学に接する 52-b 。ここで問題なのが、「真実は何か」ということなんですが、真実は自分の心の中でただしいと思うものではないでしょうか。

　ほかの人は分からなくても、自分はこうだと思うこと、これこそが真実でしょう。この 53-a を求めるのが 53-b ですので、みなさんが思う 53-c はいつも身近にあるものです。心の中にある真実と現実にある科学を 54 。

50

  1　違います

  2　そのとおりです

  3　まったくただしいです

  4　そうですか

51

　　1　受ける人こそ

　　2　受ける人でさえ

　　3　受ける人というより

　　4　受ける人だけあって


52

　　1　aのもとに　　　　／bおそれがあります

　　2　aでさえ　　　　　／bことができないです

　　3　aをもとにして　／bようになります

　　4　aさえ分かれば　／bことができます


53

　　1　a真実／b科学／c科学

　　2　a真実／b宗教／c宗教

　　3　a自分／b科学／c科学

　　4　a自分／b宗教／c宗教


54

　　1　無視してもいいでしょう

　　2　一つずつ取り除きましょう

　　3　うまく調和していきましょう

　　4　全然考えなくてもいいでしょう

➜ 정답 p.112

**問題7** 次の文の（　　　）に入れるのに最もよいものを、1・2・3・4から一つ選びなさい。

33 息子の死の知らせを聞いた母親はショックの（　　　）倒れ、その日に死んでしまった。

  1　ともに　　　　　2　ばかり　　　　　3　あまり　　　　　4　たびに

34 彼女はなぜか分からないが（　　　）存在だ。

  1　近寄りがたい　　　　　　　　2　近寄りかねない

  3　近寄るしかない　　　　　　　　4　近寄ってたまらない

35 男として生まれた（　　　）自分の命をかけるくらいの仕事がしたいと思います。

  1　うえには　　　　2　からには　　　　3　ためには　　　　4　わけには

36 あいにく所長は外出中ということで、（　　　）一報をいただくことになった。

  1　戻りながら　　　2　戻るままに　　　3　戻りしだい　　　4　戻るとおり

37 タバコを買いに行く（　　　）、ちょっと近所を散歩した。

  1　とおりに　　　　2　ばかりに　　　　3　うちに　　　　4　ついでに

38 自分や周りを振り返る事も将来を考える事も、（　　　）現代に生きる我々はいったい何を考え、目指せばよいか。

  1　失いつつある　　2　失いがたい　　　3　失いがちである　　4　失いきれない

39 高校時代に（　　　　）戻って、やり直したい場面がたくさんあるんです。
1　戻れるものなら　　　　　　　　　　2　戻ろうことなら
3　戻れることなら　　　　　　　　　　4　戻ろうものなら


40 予備校は「授業を見に行く場」ではなく、「自分の成績を上げに行く場」（　　　　）。
1　にあるだけではないでしょうか　　　2　であるべきではないでしょうか
3　にあるべきではないでしょうか　　　4　であるだけではないでしょうか


41 人権を害する性的な言動は避けるべきであり、職場のみならず学校（　　　　）
同様です。
1　だけにかけても　　　　　　　　　　2　などにおいても
3　だけにおいても　　　　　　　　　　4　などにかけても


42 無理をせず、自分のできることを精一杯（　　　　）。
1　やってこようと思います　　　　　　2　やってくると思います
3　やっていこうと思います　　　　　　4　やっていくと思います


43 試合（　　　　）私がミスをしたせいだ。
1　に負けたものは　　　　　　　　　　2　が負けたのは
3　が負けたものは　　　　　　　　　　4　に負けたのは


44 あの歴史学者の話によると、カルチャーが変わる（　　　　）人が変わるという
ことだ。
1　ということは　　　　　　　　　　　2　からというものは
3　というものは　　　　　　　　　　　4　からということは

45 家族みんな ＿＿＿＿ ＿＿＿＿ ＿＿＿＿ ＿★＿ おいしくないと思ったことがけっこうあります。
1 購入しますが　　2 よく　　　　　3 値段のわりに　　4 果物が好きで

46 最近 ＿＿＿＿ ＿★＿ ＿＿＿＿ ＿＿＿＿ 欧州通貨であるユーロが上昇している。
1 米国の　　　　　2 引き下げ　　　3 金利　　　　　　4 にともなって

47 なんだか捨てるのは ＿＿＿＿ ＿★＿ ＿＿＿＿ ＿＿＿＿ 食べたいと思っています。
1 と感じて　　　　2 食べられる　　3 ものなら　　　　4 もったいないな

48 やはり実際に ＿＿＿＿ ＿＿＿＿ ＿＿＿＿ ＿★＿ たくさんあります。
1 ことには　　　　2 ことが　　　　3 分からない　　　4 行かない

49 毎日、＿＿＿＿ ＿＿＿＿ ＿★＿ ＿＿＿＿ 試験に落ちてしまった。
1 ばかり　　　　　2 遊んで　　　　3 いた　　　　　　4 あげく

50-a が 50-b にならないと 50-c の気持ちは分からない。親が死んでからいくら後悔してもどうしようもないとよく言われます。それで親が生きているときに、親孝行しようという人がけっこういらっしゃると思います。親孝行したいとか親は大切だとか、「思っている」だけでは気持ちは相手に伝わりません。親孝行は、具体的に行動しないと意味がないのです。普段から親がどういうことに喜ぶか、どういうことに興味があるかをよく調べなければならないのです。51-a 徹底的に親を 51-b 。そこで忘れてはならないのは、相手が親だからこそ「誰よりも気を遣い、誰よりもサービス精神を持ち、誰よりも接待感覚を忘れてはならない」ということです。とにかく行動するのが大事です。初めは恥ずかしくてもいいじゃないですか。

52-a 恥ずかしいのは 52-b 。親は子供がおいしいものを買ってくれたり、いい衣服を買ってくれるという単純なことでも喜びますが、53 自分の子供が元気で、どこででも認めてもらえるのをのぞんでいます。すなわち、自分が死んでからも一人で生きていくような人間になってほしいと願っているからです。具体的な行動もいいですが、親が願っていることが何かを知って 54 とても大切でしょう。

「親孝行したいときには親はなし」ということわざがあります。自分が年老いて親の気持ちが分かるようになり、大切にしようと思ったときには、すでに親はなくなってしまってもうこの世にはいないから親が生きているうちにもっと親孝行しましょう。

50

1　a 自分　／b 親　　　／c 親
2　a 自分　／b 子供　　／c 子供
3　a 子供　／b 親孝行　／c 親
4　a 親　　／b 子供　　／c 子

51

1  a なぜなら　　／b 成長させたい
2  a だから　　　／b 信じましょう
3  a どうせなら／b 喜ばせてあげたい
4  a しかし　　　／b 喜ばせてばかりではいけない


52

1  a よくやっていないから／b ないはずです
2  a よくやったから　　　／b 当たり前です
3  a 慣れているから　　　／b ないはずです
4  a 慣れていないから　　／b 当たり前です


53

1  どうせ
2  たとえ
3  およそ
4  何よりも


54

1  それに合わせてやるのが
2  親から助言をうけるのが
3  いい会社に入るのが
4  友だちとなかよくなるのが

memo

memo

# 저자 소개

## 이장우

현 종로 파고다 외국어 학원에서 JPT 및 일본어능력시험 전문강사로 활동 중

### 저서

'일본어능력시험 필출문제' 1, 2, 3, 4급 시리즈

점수별 '딱 JPT' 시리즈

'JPT 지배하는 법' 파트별 시리즈 그 외 다수

## 유토리 일본어능력시험 N2 언어지식

저자 이장우
초판 1쇄 인쇄 2010년 9월 3일
초판 1쇄 발행 2010년 9월 10일

발행인 박효상
편집책임 임수진
편집 김진아
디자인책임 손정수
디자인 이명애
마케팅책임 이종선
마케팅 이태호, 이전희

발행처 사람in
출판등록 제 10-1835호
주소 121-839 서울 마포구 서교동 378-16 4F
전화 02-338-3555
팩스 02-338-3545
이메일 saramin@netsgo.com
홈페이지 www.saramin.com



ISBN  978-89-6049-177-9  13730
       978-89-6049-178-6  (set)

# 일본어의 재미와 감동을 사람in이 드립니다.

## 러브스토리 일본어

저자 : 오쿠무라 유지, 임단비  판형 : B5  정가 : 13,600원 (MP3 음원 제공)

- 러브 스토리라는 흥미로운 소재를 이용하여 독해를 재미있게 배울 수 있습니다.
- 다양한 에피소드들 속에 어휘는 물론 문화까지 소개하였습니다.
- 최신 일본어로 일본어 감각도 끌어올릴 수 있습니다.

## 일본어다운 생활문화 일본어

저자 : 오쿠무라 유지, 임단비  판형 : B5  정가 : 12,000원 (MP3 음원 제공)

일상생활에서 전통문화까지 한층 풍성한 일본어 어휘와 표현을 익히는 책!

일본어다운 생활문화 일본어는 '집안거리, 먹을거리, 자랑거리, 느낄거리, 큰일거리, 일거리, 길거리, 하늘거리, 놀거리, 1년 놀거리'의 10가지 테마별 생활과 문화를 담은 어휘 표현집입니다.

※ 사람in 교재의 모든 정보는 사람in 홈페이지(**www.saramin.com**)에서 확인할 수 있습니다.

넓게 생각하는 힘
유토리
일본어
능력시험
N2
언어지식
길잡이 해설서
사람in
saram in com

넓게 생각하는 힘

# 유토리 일본어 능력시험

## N2

## 언어지식

# 길잡이 해설서

사람in
saram
in com

# 차례 Contents

# 언어지식

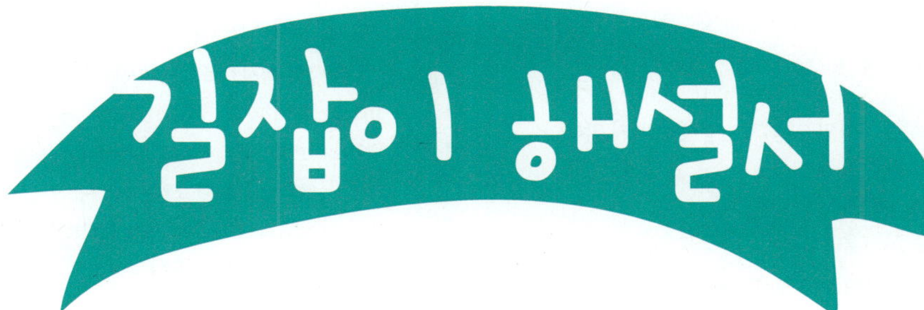

## Part 1 분석 및 대책

### 3. 문자·어휘 필수 암기 한자

#### ① 음독이 둘 이상인 한자의 정확한 구별

**확인문제 01**  ➡ p.25

✓ **정답**

| 1 | (1) ① (2) ③ (3) ④ | 2 | (4) ② (5) ③ (6) ② |
|---|---|---|---|
| 3 | (7) ③ (8) ① (9) ③ | 4 | (10) ② (11) ③ (12) ③ |
| 5 | (13) ③ (14) ④ (15) ④ | 6 | (16) ② (17) ① (18) ① |
| 7 | (19) ③ (20) ② (21) ① | 8 | (22) ② (23) ① (24) ③ |

1 핵은 일본의 장래를 좌우하는 영향력을 가지고 있다.

(1) ① 将来(しょうらい) 장래

(2) ③ 左右(さゆう) 좌우

　📖 N2 수준에서 「右」의 음독을 「ゆう」로 읽는 것은 「左右」뿐이다.

(3) ④ 影響力(えいきょうりょく) 영향력

　📖 「○○力」은 예외 없이 무조건 「○○りょく」로 읽는다.

　**어휘총정리** 核(かく) 핵　持(も)つ 가지다, 들다

2 내년의 경제성장 목표인 6%의 달성은 용이하지 않다.

(4) ② 経済(けいざい) 경제

(5) ③ 達成(たっせい) 달성

(6) ② 容易(ようい) 용이

　📖 「易」의 음독이 '이'이면 「い」로 읽고, '역'이면 「えき」로 읽는다. 「えき」로 읽는 대표적인 단어는 「貿易(ぼうえき) 무역」이다.

　**어휘총정리** 来年(らいねん) 내년　成長(せいちょう) 성장　目標(もくひょう) 목표

3 식사가 딸려 있는 하숙을 찾는다면 기숙사에 들어가는 편이 좋다.

(7) ③ 下宿(げしゅく) 하숙

　📖 N2 수준에서 「下」의 음독을 「げ」로 읽는 명사는 「下旬(げじゅん) 하순 / 下水(げすい) 하수 / 下車(げしゃ) 하차 / 上下(じょうげ) 상하 / 下宿」뿐이다.

(8) ① 探(さが)す 찾다

(9) ③ 寮(りょう) 기숙사

　**어휘총정리** 食事付(しょくじつ)き 식사가 딸려 있음　入(はい)る 들어가다

4 유럽에서 운하는 중요한 교통수단이다.

(10) ② 運河(うんが) 운하

　📖 N2 수준에서 「河」를 「が」로 읽는 것은 「運河」뿐이다.

(11) ③ 大切(たいせつ)だ 중요하다, 소중하다

(12) ③ 手段(しゅだん) 수단

　📖 「しゅ」로 읽는 '수'는 「手」「首」「守」「殊」이다.

　**어휘총정리** 交通(こうつう) 교통　〜である 〜이다

5 이 화가의 회화를 선택해 준 것은 매우 기쁜 일입니다.

(13) ③ 絵画(かいが) 회화

　📖 「画」는 음이 '화'로 읽히면 「が」이지만, '획'이면 「かく」인데, 대표적인 단어가 「計画(けいかく) 계획」이다.

(14) ④ 選(えら)ぶ 선택하다

(15) ④ 嬉(うれ)しい 기쁘다

　📖 「喜(よろこ)ぶ 기뻐하다」와 한자가 헷갈리지 않도록 주의하자.

　**어휘총정리** 画家(がか) 화가

6 그는 외과 전문의로서 활약하고 있다.

(16) ② 外科(げか) 외과

　📖 「外」를 「げ」로 읽는 명사는 「外科」뿐이다.

(17) ① 専門医(せんもんい) 전문의

　📖 '의'로 읽는 한자 중, 음독이 「い」인 것은 「医」「意」「依」「衣」뿐이고, 「依」의 쓰임은 N2 수준에서 「依存(いぞん) 의존」이 있다. 그 밖에 '의'로 읽는 한자는 전부 「ぎ」로 읽는다.

(18) ① 活躍(かつやく) 활약

　**어휘총정리** 〜として 〜로서

7 좋은 방향이라면 어떤 땅, 집으로 이사해도 괜찮다는 것입니다.

(19) ③ 方角(ほうがく) 방향, 방위

　📖 「角」은 「方角」을 제외하고는 음독이 전부 「かく」이다.

(20) ② 土地(とち) 땅, 토지

　📖 「土」는 「土地」를 제외하고는 음독이 전부 「ど」이다.

(21) ① 大丈夫(だいじょうぶ)だ 괜찮다, 문제없다

　**어휘총정리** 良(よ)い 좋다　引(ひ)っ越(こ)す 이사하다

8 우리들은 아직까지 세상을 떠나서는 살아갈 수 없는 존재이다.

(22) ② 世間(せけん) 세상

　📖 「間」을 「けん」으로 읽는 명사는 N2 수준에서 「世間」뿐이다.

(23) ① 離(はな)れる 벗어나다, 멀어지다

(24) ③ 存在(そんざい) 존재

　**어휘총정리** いまだ 아직도, 지금까지　生(い)きる 살다

✓**정답**

| 1 | (1) ② (2) ④ (3) ④ (4) ③ | 2 | (5) ① (6) ④ (7) ② |

3 (8) ④ (9) ② (10) ③

4 (11) ② (12) ③ (13) ② (14) ①

5 (15) ③ (16) ② (17) ④

6 (18) ① (19) ② (20) ④ (21) ③

7 (22) ④ (23) ② (24) ④

8 (25) ② (26) ④ (27) ③ (28) ① (29) ④

---

**1** 작년과 比較해서, 물가가 올라갈 것 같은 기색이 강하다.

(1) ② 比(くら)べる 비교하다

(2) ④ 物価(ぶっか) 물가

(3) ④ 気配(けはい) 기색

> N2 수준에서「気」의 음독을「け」로 읽는 것은「気配」「湿気(しっけ) 습기」「吐気(はきけ) 구역질」「寒気(さむけ) 오한」뿐이다.

(4) ③ 濃(こ)い 진하다

> 어휘총정 去年(きょねん) 작년

**2** A4사이즈의 종이를 커터로 절단할 때, 15센티미터(짜리) 자로는 길이가 부족하다.

(5) ① 切断(せつだん) 절단

(6) ④ 定規(じょうぎ) 자

> N2 수준에서「規」의 음독을「ぎ」로 읽는 것은「定規」뿐이다. 그리고「定」의 음독은「てい」와「じょう」가 있는데,「定規」「勘定(かんじょう) 계산」「案(あん)の定(じょう) 생각했던 대로」만「じょう」로 읽는다.

(7) ② 不足(ふそく) 부족

> 어휘총정 紙(かみ) 종이　長(なが)さ 길이

**3** 작년에는 가출을 했지만, 지금은 집에 돌아와 있다.

(8) ④ 去年(きょねん) 작년

> N2 수준에서「去」의 음독을「こ」로 읽는 것은「過去(かこ) 과거」뿐이다.

(9) ② 家出(いえで) 가출

(10) ③ 戻(もど)る 되돌아오다

**4** 어업에서의 기술 등, 어부는 높은 전문성을 필요로 하는 직업이다.

(11) ② 漁業(ぎょぎょう) 어업

(12) ③ 技術(ぎじゅつ) 기술

(13) ② 漁師(りょうし) 어부

> N2 수준에서「漁」의 음독을「りょう」로 읽는 것은「漁師」뿐이다.

(14) ① 職業(しょくぎょう) 직업

> 어휘총정 ～における ～에서의　高(たか)い 높다
> 専門性(せんもんせい) 전문성　必要(ひつよう) 필요

**5** 점원에게 부엌칼을 들이대고 돈을 빼앗는 강도사건이 일어났다.

(15) ③ 包丁(ほうちょう) 부엌칼

(16) ② 奪(うば)う 빼앗다

(17) ④ 強盗(ごうとう) 강도

> N2 수준에서「強」의 음독을「ごう」로 읽는 것은「強盗」뿐이다.

> 어휘총정 店員(てんいん) 점원　突(つ)きつける 들이대다
> 事件(じけん) 사건　起(お)きる 일어나다

**6** 상대팀과의 경쟁에 이기기 위해 매일 노력하고 있다.

(18) ① 相手(あいて) 상대방

(19) ② 競争(きょうそう) 경쟁

> N2 수준에서「競」의 음독을「けい」로 읽는 것은「競馬(けいば) 경마」뿐이다.

(20) ④ 勝(か)つ 이기다

(21) ③ 努力(どりょく) 노력

> 「○力」은「○りょく」와「○りき」가 있는데, N2 수준에서는 전부「○りょく」로 읽는다. 그리고「力○」은 전부「りき○」로 읽는다.

**7** 수험의 도형 문제에는 주로 다음과 같은 것이(문제가) 나옵니다.

(22) ④ 受験(じゅけん) 수험

(23) ② 図形(ずけい) 도형

> N2 수준에서「形」의 음독을「ぎょう」로 읽는 것은「人形(にんぎょう) 인형」뿐이다.

(24) ④ 主(おも)に 주로

**8** 광산에서 열심히 일하고 있는 사람들의 표정은 인상에 남는 광경이었다.

(25) ② 鉱山(こうざん) 광산

> N2 수준에서「山」의 음독을「ざん」으로 읽는 것은「火山(かざん) 화산」「登山(とざん) 등산」「鉱山」뿐이다.

(26) ④ 表情(ひょうじょう) 표정

(27) ③ 印象(いんしょう) 인상

> 「象」은 '코끼리'라는 의미로 사용될 때는「ぞう」로 읽는다.

(28) ① 残(のこ)る 남다

(29) ④ 光景(こうけい) 광경

> N2 수준에서「景」의 음독을「け」로 읽는 것은「景色(けしき) 경치」뿐이다.

> 어휘총정 一生懸命(いっしょうけんめい) 열심히
> 働(はたら)く 일하다

✓**정답**

|  |  |  |
|---|---|---|
| **1** (1) ① (2) ④ (3) ② (4) ③ | **2** (5) ② (6) ② (7) ① |
| **3** (8) ① (9) ③ (10) ② | **4** (11) ③ (12) ④ (13) ② |
| **5** (14) ② (15) ③ (16) ② (17) ② | **6** (18) ② (19) ① |
| **7** (20) ④ (21) ① (22) ④ | **8** (23) ③ (24) ② (25) ① |

**1** 1월 1일은 전국 각지에서 여러 가지 행사가 있다.

(1) ① 元日(がんじつ) 1월 1일

N2 수준에서 「元」의 음독을 「がん」으로 읽는 것은 「元日」뿐이다.

(2) ④ 全国(ぜんこく) 전국

(3) ② 各地(かくち) 각지

(4) ③ 行事(ぎょうじ) 행사

N2 수준에서 「行」의 음독을 「ぎょう」로 읽는 것은 「行儀(ぎょうぎ)」「行事 행사」「行列(ぎょうれつ) 행렬」뿐이다.

**2** 일반적으로 전자(앞에 있는 사람)는 강하고, 후자(뒤에 있는 사람)는 약하다고 생각하기 쉽다.

(5) ② 一般(いっぱん)に 일반적으로

(6) ② 前者(ぜんしゃ) 전자

(7) ① 後者(こうしゃ) 후자

N2 수준에서 「後」의 음독을 「こう」로 읽는 것은 「後者」「後輩(こうはい) 후배」뿐이다.

**어휘충전** 強(つよ)い 강하다　弱(よわ)い 약하다
동사 ます형 + がちだ 자주 ～하다, ～하기 쉽다

**3** 궁리를 해서 수고와 시간을 멋지게 절약합시다.

(8) ① 工夫(くふう) 아이디어, 궁리

N2 수준에서 「工」의 음독을 「く」로 읽는 것은 「工夫」「大工(だいく) 목수」뿐이다.

(9) ③ 手間(てま) 수고

(10) ② 節約(せつやく) 절약

**4** 야생동물의 걸작선 전시회가 이번 주말까지 열린다.

(11) ③ 野生(やせい) 야생

(12) ④ 傑作(けっさく) 걸작

N2 수준에서 「作」의 음독을 「さ」로 읽는 것은 「作業(さぎょう) 작업」「作法(さほう) 예의범절」「操作(そうさ) 조작」「動作(どうさ) 동작」뿐이다.

(13) ② 展示会(てんじかい) 전시회

**어휘충전** 動物(どうぶつ) 동물　今週末(こんしゅうまつ) 이번 주말
開(ひら)く 열리다, 개최하다

**5** 도덕이 (구체적인) 형태로 나타난 것이 예의범절인 것입니다.

(14) ② 形(かたち) 형태

(15) ③ 現(あらわ)れる 나타나다

「表(あら)われる 표현되다」와 구분하도록 하자.

(16) ③ 礼儀(れいぎ) 예의

(17) ② 作法(さほう) 예의범절

N2 수준에서 「作」의 음독을 「さ」로 읽는 것은 「作業(さぎょう) 작업」「作法」「操作(そうさ) 조작」「動作(どうさ) 동작」「副作用(ふくさよう) 부작용」뿐이다.

**어휘충전** 道徳(どうとく) 도덕

**6** 회사 동료들과 후지산 등산을 했다.

(18) ② 同僚(どうりょう) 동료

'동'으로 읽는 한자 중 「とう」로 읽히는 한자는 N2 수준에서 「冬・東・凍」 세 가지가 있다.

(19) ① 登山(とざん) 등산

「登」의 음독을 「と」로 읽는 것은 「登山」뿐이고, N2 수준에서 「山」의 음독을 「ざん」으로 읽는 것은 「火山(かざん) 화산」「登山」「鉱山(こうざん) 광산」뿐이다.

**어휘충전** 会社(かいしゃ) 회사　富士山(ふじさん) 후지산

**7** 나눗셈은 배우지 않아도 알 수 있을 만큼 단순한 것은 아닐 것이다.

(20) ④ 割(わ)り算(ざん) 나눗셈

N2 수준에서 「算」의 음독을 「ざん」으로 읽는 것은 「かけ算(ざん) 곱셈」「引(ひ)き算(ざん) 뺄셈」「割り算」「暗算(あんざん)」 암산뿐이다.

(21) ① 教(おそ)わる 배우다

(22) ④ 単純(たんじゅん) 단순

'순'으로 읽는 한자 중 「瞬 → 瞬間(しゅんかん) 순간」만 「しゅん」으로 읽고, 나머지는 「じゅん」으로 읽는다.

**어휘충전** ～ほど ～정도, ～만큼, ～수록

**8** 자랑은 아니지만, 나의 연설은 성공이었다.

(23) ③ 自慢(じまん) 자랑

N2 수준에서 「自」의 음독을 「し」로 읽는 것은 「自然(しぜん) 자연」뿐이다.

(24) ② 演説(えんぜつ) 연설

「説」의 음독을 「ぜつ」로 읽는 것은 「演説」뿐이다.

(25) ① 成功(せいこう) 성공

✓정답

| 1 | (1) ③ (2) ④ (3) ③ (4) ② |
| 2 | (5) ① (6) ③ (7) ④ (8) ③ |
| 3 | (9) ② (10) ④ (11) ② (12) ③ |
| 4 | (13) ① (14) ② (15) ④ (16) ③ |
| 5 | (17) ② (18) ④ (19) ② (20) ① |
| 6 | (21) ③ (22) ④ (23) ① |
| 7 | (24) ③ (25) ④ (26) ① (27) ② |

1 대학원에 진학해서 국제 정치에 대해 공부할 생각입니다.

(1) ③ 大学院(だいがくいん) 대학원

(2) ④ 進(すす)む 진학하다

(3) ③ 国際(こくさい) 국제

(4) ② 政治(せいじ) 정치

　🐍 N2 수준에서 「治」의 음독을 「じ」로 읽는 것은 「政治」뿐이다. 나머지는 전부 「ち」로 읽어야 한다.

　【어휘총전】 ~について ~에 대해서　勉強(べんきょう) 공부

2 환자의 상태가 갑자기 나빠져서 간호사가 의사를 부르러 갔습니다.

(5) ① 患者(かんじゃ) 환자

　🐍 N2 수준에서 「者」의 음독을 「じゃ」로 읽는 것은 「患者」뿐이다. 나머지는 전부 「しゃ」로 읽어야 한다.

(6) ③ 具合(ぐあい) 몸 상태

(7) ④ 看護婦(かんごふ) 간호사

(8) ③ 医師(いし) 의사

　🐍 「医者(いしゃ) 의사」와 헷갈리지 않도록 주의하자.

　【어휘총전】 急(きゅう)に 갑자기　呼(よ)ぶ 부르다

3 할지 말지의 판단을 하지 않고, 신중한 자세를 나타냈다.

(9) ② 判断(はんだん) 판단

(10) ④ 慎重(しんちょう) 신중

　🐍 N2 수준에서 「重」의 음독을 「ちょう」로 읽는 것은 「貴重(きちょう) 귀중」 「慎重」 「尊重(そんちょう) 존중」이고, 나머지는 전부 「じゅう」로 읽어야 한다.

(11) ② 姿勢(しせい) 자세

(12) ③ 示(しめ)す 나타내다

　【어휘총전】 ~かどうか ~할지 말지　　~せずに = ~しないで ~하지 않고

4 승차・하차하는 정류장 이름을 결정하여 문의해 주세요.

(13) ① 乗車(じょうしゃ) 승차

(14) ② 下車(げしゃ) 하차

　🐍 N2 수준에서 「下」의 음독을 「げ」로 읽는 명사는 「下旬(げじゅん) 하순 / 下水(げすい) 하수 / 下車 / 上下(じょうげ) 상하 / 下宿(げしゅく) 하숙」뿐이다. 외울 때 '순수하(한) 차상숙 씨'라고 외우자.

(15) ④ 停留所(ていりゅうじょ) 정류소

　🐍 N2 수준에서 「所」의 음독을 「じょ」로 읽는 것은 「停留所」 「近所(きんじょ) 이웃」 「便所(べんじょ) 변소」이고, 그 외에 「余所(よそ) 다른 곳」이 있으며 나머지는 전부 「しょ」로 읽어야 한다.

(16) ③ 決定(けってい) 결정

　【어휘총전】 問(と)い合(あ)わせる 문의하다

5 교육의 개선에 힘을 쏟고, 특색 있는 우수한 대학을 만들고 싶다고 생각합니다.

(17) ② 教育(きょういく) 교육

(18) ④ 改善(かいぜん) 개선

　🐍 '선'으로 읽는 한자 중, 「ぜん」으로 읽는 것은 「善」과 「繕 - 修繕(しゅうぜん) 수선」뿐이고, 나머지는 「せん」으로 읽는다.

(19) ② 特色(とくしょく) 특색

　🐍 N2 수준에서 「色」의 음독을 「しき」로 읽는 것은 「景色(けしき) 경치」뿐이고, 나머지는 전부 「しょく」로 읽는다.

(20) ① 優(すぐ)れる 우수하다, 뛰어나다

　【어휘총전】 力(ちから)を入(い)れる 힘을 쏟다　大学(だいがく) 대학　作(つく)る 만들다

6 심장은 평생 끊임없이 반복해서 움직이고 있다.

(21) ③ 心臓(しんぞう) 심장

　🐍 N2 수준에서 「心」의 음독을 「じん」로 읽는 것은 「用心(ようじん) 조심」뿐이고, 나머지는 전부 「しん」으로 읽는다.

(22) ④ 一生(いっしょう) 일생

(23) ① 繰(く)り返(かえ)す 반복하다

　【어휘총전】 たえまない 끊임없다　動(うご)く 움직이다

7 인문과학이라는 것은 인간의 정신활동과 관련되는 학문이다.

(24) ③ 人文(じんぶん) 인문

　🐍 N2 수준에서 「人○」의 음독을 「にん○」로 읽는 것은 「人気(にんき) 인기」 「人形(にんぎょう) 인형」 「人間(にんげん) 인간」뿐이고, 나머지는 전부 「じん○」로 읽는다.

(25) ④ 精神(せいしん) 정신

(26) ① 関(かか)わる 관련되다

(27) ② 学問(がくもん) 학문

　【어휘총전】 科学(かがく) 과학　人間(にんげん) 인간　活動(かつどう) 활동

✓정답
| 1 | (1) ① (2) ④ (3) ② |
| 2 | (4) ② (5) ③ (6) ④ (7) ① (8) ③ |
| 3 | (9) ④ (10) ① (11) ③ (12) ② |
| 4 | (13) ④ (14) ② (15) ① (16) ② |
| 5 | (17) ④ (18) ② (19) ③ (20) ① |
| 6 | (21) ③ (22) ① (23) ① |
| 7 | (24) ① (25) ② (26) ② (27) ④ |

**1** 아이들에게 강당 안에서는 침묵하도록 신호를 보냈다.

(1) ① 講堂(こうどう) 강당

(2) ④ 黙(だま)る 침묵하다

(3) ② 合図(あいず) 신호

〰 「図」가 '그림'의 뉘앙스를 가진 의미로 사용되면 「ず」로 읽고, 그 외에는 「と」로 읽는데, 「合図」는 어느 것에도 해당되지 않으므로 주의하도록 하자.

**2** 승용차가 관광버스와 정면(으로) 충돌하여 1명 사망, 14명이 부상을 입었다.

(4) ② 乗用車(じょうようしゃ) 승용차

(5) ③ 正面(しょうめん) 정면

〰 N2 수준에서 「正」의 음독을 「しょう」로 읽는 것은 「正月(しょうがつ) 정월」「正午(しょうご) 정오」「正直(しょうじき) 정직」「正味(しょうみ) 정량」「正面」뿐이다. 나머지는 전부 「せい」로 읽어야 한다.

(6) ④ 衝突(しょうとつ) 충돌

(7) ① 死亡(しぼう) 사망

(8) ③ 怪我(けが) 부상

**3** 나는 교실의 위생상태의 유지를 담당하고 있다.

(9) ④ 衛生(えいせい) 위생

〰 N2 수준에서 「生」을 「しょう」로 읽는 경우는 「一生(いっしょう) 일생」「じょう」로 읽는 경우는 「誕生(たんじょう) 탄생」이 있고, 나머지는 「せい」로 읽어야 한다.

(10) ① 状態(じょうたい) 상태

(11) ③ 維持(いじ) 유지

(12) ② 担当(たんとう) 담당

**4** 생략 기호는, 글자나 그림 등으로 생략을 하는 경우에 사용하는 기호이다.

(13) ④ 省略(しょうりゃく) 생략

〰 「省」이 한국어 음독으로 '생'이 되면 「しょう」로 읽고, '성'이 되면 「せい」로 읽는다.

(14) ② 記号(きごう) 기호

(15) ① 文字(もじ) 글자, 문자

(16) ② 用(もち)いる 사용하다

〔어휘총정리〕 図(ず) 그림　行(おこな)う 행하다, 하다, 행동하다　場合(ばあい) 경우

**5** 지구 그 자체도 자석이고, 북극지방에 S극이, 남극지방에 N극이 있다.

(17) ④ 地球(ちきゅう) 지구

(18) ② 磁石(じしゃく) 자석

〰 N2 수준에서 「石」의 음독을 「しゃく」로 읽는 것은 「磁石」뿐이다. 나머지는 전부 「せき」로 읽어야 한다.

(19) ③ 北極(ほっきょく) 북극

〰 「く」 다음에 「か・き・く・け・こ」가 오면 「く」는 「っ」로 바뀐다.

(20) ① 地方(ちほう) 지방

〔어휘총정리〕 極(きょく) 극

**6** 오카다 씨는 스포츠 해설 이외에도 프로그램 사회와 강연회 등의 활동도 한다.

(21) ③ 解説(かいせつ) 해설

〰 N2 수준에서 「説」의 음독을 「ぜつ」로 읽는 것은 「演説(えんぜつ) 연설」뿐이다. 나머지는 전부 「せつ」로 읽어야 한다.

(22) ① 番組(ばんぐみ) 프로그램

(23) ① 司会(しかい) 사회

〰 N2 수준에서 「司」를 사용하는 명사는 「司会」와 「上司(じょうし) 상사」 두 가지뿐이다.

〔어휘총정리〕 以外(いがい) 이외　講演会(こうえんかい) 강연회　活動(かつどう) 활동

**7** 두 사람은 작년까지는 친한 친구였지만, 올해 들어와서 서로에게 증오심을 품고 있다.

(24) ① 親友(しんゆう) 친한 친구

(25) ② 相互(そうご) 상호

〰 N2 수준에서 「相」의 음독을 「しょう」로 읽는 것은 「首相(しゅしょう) 수상」뿐이다. 나머지는 전부 「そう」로 읽어야 한다.

(26) ② 憎(にく)しみ 증오(심)

(27) ④ 抱(いだ)く 품다, 안다(정신적)

〰 물리적으로 '껴안다'라고 할 때는 같은 한자를 써서 「だく」로 읽는다.

→ p.45

✓정답

1  (1) ③ (2) ② (3) ④ (4) ④
2  (5) ① (6) ② (7) ③ (8) ①
3  (9) ② (10) ③ (11) ① (12) ④
4  (13) ② (14) ④ (15) ③
5  (16) ④ (17) ② (18) ④ (19) ①
6  (20) ① (21) ③ (22) ① (23) ② (24) ③
7  (25) ③ (26) ④ (27) ④ (28) ②

1  학생 여러분에게 고생과 걱정을 끼친 것은 솔직히 사과하고 싶다.

(1) ③ 生徒(せいと) 학생(중고생)

(2) ② 苦労(くろう) 고생

(3) ④ 率直(そっちょく) 솔직

　📖 「率」의 한국어 음이 '솔'이면 「そつ」, '률'이면 「りつ」이다. 「直」은 N2 수준에서 예외 읽기는 「正直(しょうじき) 정직」뿐이다.

(4) ④ 詫(わ)び 사과

　📖 皆(みな)さん 여러분
　　心配(しんぱい)をかける 걱정을 끼치다

2  서류의 보존기간은, 마음대로 정해지는 것만은 아니고, 법률로 정해진 것입니다.

(5) ① 保存(ほぞん) 보존

　📖 N2 수준에서 「存」의 음독을 「そん」으로 읽는 것은 「存在(そんざい) 존재」뿐이다. 나머지는 전부 「ぞん」으로 읽어야 한다.

(6) ② 勝手(かって)に 제멋대로

(7) ③ 決(き)める 정하다

(8) ① 法律(ほうりつ) 법률

　📖 書類(しょるい) 서류　期間(きかん) 기간

3  큰 나무가 있는 농가 앞에서 소가 경지를 갈고 있었다.

(9) ② 大木(たいぼく) 큰 나무

　📖 N2 수준에서 「大○·大○○」의 음독을 「だい」로 읽는 것은 「大工(だいく) 목수」 「大小(だいしょう) 대소」 「大臣(だいじん) 대신」 「大統領(だいとうりょう) 대통령」 「大部分(だいぶぶん) 대부분」 「大学院(だいがくいん) 대학원」이고, 나머지는 전부 「たい」로 읽어야 한다. 그리고 「木」은 「大木」와 「木綿(もめん) 솜」을 제외하고는 전부 「もく」로 읽어야 한다.

(10) ③ 農家(のうか) 농가

(11) ① 耕地(こうち) 경지

(12) ④ 耕(たがや)す 경작하다, 갈다

　📖 牛(うし) 소

4  배우로서 처음 무대에 서서 엄청 긴장했다.

(13) ② 役者(やくしゃ) 배우

　📖 N2 수준에서 「者」의 음독을 「じゃ」로 읽는 것은 「患者(かんじゃ) 환자」뿐이다. 나머지는 전부 「しゃ」로 읽어야 한다.

(14) ④ 舞台(ぶたい) 무대

　📖 N2 수준에서 「台」의 음독을 「たい」로 읽는 것은 「台風(たいふう) 태풍」 「舞台」뿐이다. 나머지는 전부 「だい」로 읽어야 한다.

(15) ③ 緊張(きんちょう) 긴장

　📖 初(はじ)めて 처음　立(た)つ 서다

5  장남답게 행동하도록 항상 노력하고 있습니다.

(16) ④ 長男(ちょうなん) 장남

　📖 N2 수준에서 「男」의 음독을 「なん」으로 읽는 것은 「長男」뿐이다. 나머지는 전부 「だん」으로 읽어야 한다.

(17) ② 振(ふ)る舞(ま)う 행동하다

(18) ④ 常(つね)に 늘, 항상

(19) ① 努(つと)める 노력하다

　📖 동음이의어 「勤(つと)める 근무하다」와 헷갈리지 않도록 하자.

6  당 점은 고급 신사 정장용 옷감과 천을 판매하고 있다.

(20) ① 当店(とうてん) 당 점

(21) ③ 高級(こうきゅう) 고급

　📖 '급'으로 읽는 한자는 전부 「きゅう」로 읽는다.

(22) ① 生地(きじ) 옷감

　📖 N2 수준에서 「地」의 음독을 「じ」로 읽는 것은 「生地」 「地震(じしん) 지진」 「地盤(じばん) 지반」 「地面(じめん) 지면」 「無地(むじ) 무늬가 없음」이고, 나머지는 전부 「ち」로 읽어야 한다.

(23) ② 布(ぬの) 천

(24) ③ 販売(はんばい) 판매

7  차분한 분위기, 향기가 짙은 커피가 자랑인 커피숍입니다.

(25) ③ 落(お)ち着(つ)く 안정되다, 진정되다, 가라앉다, 나아지다

(26) ④ 雰囲気(ふんいき) 분위기

(27) ④ 香(かお)り 향기

(28) ② 喫茶店(きっさてん) 커피숍

　📖 「茶」의 음독이 '차'이면 「ちゃ」, '다'이면 「さ」이다.

✓ **정답**

　1 (1) ① (2) ③ (3) ④ (4) ②
　2 (5) ④ (6) ③ (7) ① (8) ②
　3 (9) ① (10) ② (11) ① (12) ②
　4 (13) ① (14) ④ (15) ②
　5 (16) ① (17) ③ (18) ④ (19) ①
　6 (20) ③ (21) ② (22) ③ (23) ①

1 이쪽 시스템은 1년 내내 쾌적하게 온도를 조절해 주기 때문에 기분 좋게 지낼 수 있다.

(1) ① 一年中(いちねんじゅう) 1년 내내

　➰ 「中」을 「じゅう」로 읽는 경우는 '전체'라는 뉘앙스를 가질 때만이고, 나머지는 「ちゅう」로 읽어야 한다.

(2) ③ 快適(かいてき) 쾌적

(3) ④ 調節(ちょうせつ) 조절

(4) ② 過(す)ごす 보내다

　**어휘총정리** 温度(おんど) 온도

2 솔직히(정직하게) 말해서, 주택의 기초는 목수의 마음에 있다고 생각한다.

(5) ④ 正直(しょうじき) 정직

　➰ N2 수준에서 「直」의 음독을 「じき」로 읽는 것은 「正直」뿐이고, 나머지는 「ちょく」로 읽는다.

(6) ③ 住宅(じゅうたく) 주택

(7) ① 基礎(きそ) 기초

(8) ② 大工(だいく) 목수

　➰ N2 수준에서 「工」의 음독을 「く」로 읽는 것은 「大工」「工夫(くふう) 아이디어, 생각」뿐이고, 나머지는 「こう」로 읽는다.

3 어느 정도 능숙해진 제자를 독립시켰다.

(9) ① 程度(ていど) 정도

(10) ② 上達(じょうたつ) 숙달, 학문·기술 등이 향상됨

(11) ① 弟子(でし) 제자

　➰ N2 수준에서 「弟」의 음독을 「で」로 읽는 것은 「弟子」뿐이고, 나머지는 「だい」로 읽는다.

(12) ② 独立(どくりつ) 독립

　➰ N2 수준에서 '독'으로 읽는 한자 중, 「とく」로 읽는 것은 「監督(かんとく) 감독」뿐이고, 나머지는 「どく」로 읽는다.

4 부족한 부분을 모두 얼마씩 내서 계산을 마쳤다.

(13) ① 足(た)りない 부족하다

(14) ④ 勘定(かんじょう) 계산

　➰ N2 수준에서 「定」의 음독을 「じょう」로 읽는 것은 「勘定」「定規(じょうぎ) 자」뿐이고, 나머지는 「てい」로 읽는다.

(15) ② 済(す)ませる 마치다, 끝내다

　**어휘총정리** 分(ぶん) 분, 몫　出(だ)す 내다

5 전쟁은 개인의 사정과는 관계없이, 국가 간의 문제로 일어난다.

(16) ① 戦争(せんそう) 전쟁

(17) ③ 個人(こじん) 개인

(18) ④ 都合(つごう) 사정, 형편

　➰ N2 수준에서 「都」의 음독을 「つ」로 읽는 것은 「都合」뿐이고, 나머지는 「と」로 읽는다.

(19) ① 国家(こっか) 국가

　➰ 「く」 다음에 「か·き·く·け·こ」가 오면 「く」는 「っ」로 바뀐다. 대표적인 예가 「学校(がっこう) 학교」이다.

　**어휘총정리** 関係(かんけい) 관계　〜間(かん) 〜간
　　　　起(お)きる 일어나다

6 근대(에서)의 시장경제에서는, 토지는 시장에서의 거래 대상이 된다.

(20) ③ 近代(きんだい) 근대

(21) ② 土地(とち) 토지, 땅

　➰ N2 수준에서 「土」의 음독을 「と」로 읽는 것은 「土地」뿐이고, 나머지는 「ど」로 읽는다.

(22) ③ 取引(とりひき) 거래

(23) ① 対象(たいしょう) 대상

　**어휘총정리** 〜における 〜에서의　市場(しじょう) 시장
　　　　経済(けいざい) 경제　〜においては 〜에서는



✓ **정답**

　1 (1) ① (2) ② (3) ① (4) ④
　2 (5) ② (6) ① (7) ③ (8) ④
　3 (9) ① (10) ③ (11) ① (12) ③
　4 (13) ④ (14) ③ (15) ④
　5 (16) ③ (17) ① (18) ③ (19) ①
　6 (20) ② (21) ④ (22) ① (23) ③
　7 (24) ② (25) ③ (26) ④ (27) ①
　8 (28) ② (29) ④ (30) ①

1 여러분 덕분에, 다행스럽게도 오늘밤의 파티 준비는 전부 완료했다.

(1) ① 幸(さいわ)い 다행(스럽게도)

(2) ② 支度(したく) 준비

🐍→ N2 수준에서 「度」의 음독을 「たく」로 읽는 것은 「支度」뿐이고, 나머지는 「ど」로 읽는다.

(3) ① 全(すべ)て 전부

(4) ④ 完了(かんりょう) 완료

어휘총전 おかげで 덕분에　今夜(こんや) 오늘밤

② 이 소설은 등장인물의 표정을 잘 잡고 있다.

(5) ② 小説(しょうせつ) 소설

🐍→ N2 수준에서 「説」의 음독을 「ぜつ」로 읽는 것은 「演説(えんぜつ) 연설」뿐이고, 나머지는 「せつ」로 읽는다.

(6) ① 登場(とうじょう) 등장

🐍→ N2 수준에서 「登」의 음독을 「と」로 읽는 것은 「登山(とざん) 등산」뿐이고, 나머지는 「とう」로 읽는다.

(7) ③ 人物(じんぶつ) 인물

(8) ④ 表情(ひょうじょう) 표정

어휘총전 つかむ 잡다

③ 할아버지는 토지의 면적을 2등분해서, 자식들에게 나누어주었다.

(9) ① 祖父(そふ) 할아버지

(10) ③ 面積(めんせき) 면적

(11) ① 二等分(にとうぶん) 2등분

🐍→ N2 수준에서 「等」의 음독을 「どう」로 읽는 것은 「平等(びょうどう) 평등」뿐이고, 나머지는 「とう」로 읽는다.

(12) ③ 分(わ)ける 나누다, 나누어주다

어휘총전 土地(とち) 땅, 토지　子供(こども) 아이, 자식

④ 일본 두뇌스포츠 협회에서는 두뇌스포츠 경기 위원회를 만들었다.

(13) ④ 頭脳(ずのう) 두뇌

🐍→ N2 수준에서 「頭」의 음독을 「とう」로 읽는 것은 「先頭(せんとう) 선두」뿐이고, 나머지는 「ず」로 읽는다.

(14) ③ 競技(きょうぎ) 경기

🐍→ N2 수준에서 「競」의 음독을 「けい」로 읽는 것은 「競馬(けいば) 경마」뿐이고, 나머지는 「きょう」로 읽는다.

(15) ④ 委員会(いいんかい) 위원회

어휘총전 協会(きょうかい) 협회

⑤ 당사는 50년 이상의 전통을 가진, 화장품 및 일상용품 업계의 최고기업입니다.

(16) ③ 伝統(でんとう) 전통

(17) ① 化粧品(けしょうひん) 화장품

(18) ③ 及(およ)び 및

(19) ① 日用品(にちようひん) 일상용품

🐍→ 「○○日」는 무조건 「○○び」로 읽는다.

어휘총전 当社(とうしゃ) 당사　業界(ぎょうかい) 업계
企業(きぎょう) 기업

⑥ 스페인 국왕 부처가 다음 주 일본에 오기 때문에, 정부는 환영 준비로 분주하다.

(20) ② 夫妻(ふさい) 부처, 남편과 아내

🐍→ N2 수준에서 「夫」의 음독을 「ふ」로 읽는 것은 「夫妻」뿐이고, 나머지는 「ふう→工夫(くふう) 아이디어, 夫婦(ふうふ) 부부」「ぶ→大丈夫(だいじょうぶ) 문제없음, 丈夫(じょうぶ) 튼튼함」으로 읽는다.

(21) ④ 来日(らいにち) 일본에 옴

(22) ① 政府(せいふ) 정부

(23) ③ 歓迎(かんげい) 환영

어휘총전 国王(こくおう) 국왕　準備(じゅんび) 준비

⑦ 풍선에 기업명의 인쇄, 동물 그림을 그리는 등, 풍선에 관한 것이라면 무엇이든 맡겨 주세요.

(24) ② 風船(ふうせん) 풍선

🐍→ N2 수준에서 「風」의 음독을 「ふ」로 읽는 것은 「風呂(ふろ) 목욕」「風呂敷(ふろしき) 보자기」뿐이고, 나머지는 「ふう」로 읽는다.

(25) ③ 印刷(いんさつ) 인쇄

(26) ④ 描(えが·か)く 그리다

(27) ① 任(まか)せる 맡기다

어휘총전 企業名(きぎょうめい) 기업명　動物(どうぶつ) 동물
絵(え) 그림　何(なん)でも 무엇이든지

⑧ 국제 화물 수송은 허가 없이는 할 수 없다.

(28) ② 貨物(かもつ) 화물

🐍→ N2 수준에서 「○物」의 음독을 「○もつ」로 읽는 것은 「貨物」「穀物(こくもつ) 곡물)」「作物(さくもつ) 작물」「食物(しょくもつ) 음식물」「書物(しょもつ) 책, 읽을거리」뿐이고, 나머지는 「ぶつ」로 읽는다.

(29) ④ 輸送(ゆそう) 수송

(30) ① 許可(きょか) 허가

어휘총전 国際(こくさい) 국제

✔정답

| | |
|---|---|
| **1** | (1) ④ (2) ① (3) ③ (4) ② |
| **2** | (5) ③ (6) ② (7) ① (8) ② |
| **3** | (9) ④ (10) ③ (11) ③ (12) ③ |
| **4** | (13) ① (14) ② (15) ③ (16) ② |
| **5** | (17) ④ (18) ① (19) ③ |
| **6** | (20) ② (21) ④ (22) ② (23) ① |
| **7** | (24) ③ (25) ③ (26) ④ |
| **8** | (27) ① (28) ② (29) ④ (30) ① |

**1** 나의 평범한 나날에 대해서 이야기했는데, 그녀는 눈물을 흘리면서 들었다.

(1) ④ 平凡(へいぼん) 평범

➠ N2 수준에서 「平」의 음독을 「びょう」로 읽는 것은 「平等(びょうどう) 평등」뿐이고, 나머지는 「へい」로 읽는다.

(2) ① 日々(ひび) 나날

(3) ③ 語(かた)る 이야기하다

(4) ② 涙(なみだ) 눈물

📖어휘총정리 僕(ぼく) 나　流(なが)す 흘리다　聞(き)く 듣다

**2** 배편으로 해외 이사를 할 때도 이용할 수 있습니다.

(5) ③ 船便(ふなびん) 배편

➠ N2 수준에서 「便」의 음독을 「びん」로 읽는 것은 「船便」「郵便(ゆうびん) 우편」뿐이고, 나머지는 「べん」으로 읽는다.

(6) ② 海外(かいがい) 해외

(7) ① 引越(ひっこし) 이사

(8) ② 際(さい) 때

📖어휘총정리 利用(りよう) 이용

**3** 이 상의는 면이기 때문에 세탁기로도 세탁할 수 있습니다.

(9) ④ 上着(うわぎ) 상의

(10) ③ 木綿(もめん) 목면, 솜

➠ N2 수준에서 「木」의 음독을 「も」로 읽는 것은 「木綿」, 「ぼく」로 읽는 것은 「大木(たいぼく) 큰 나무」이고, 나머지는 「もく」로 읽는다.

(11) ③ 洗濯機(せんたくき) 세탁기

(12) ③ 洗(あら)う 씻다

**4** 만일 이긴다면, 우승 상금을 전액 기부하기로 했다.

(13) ① 万一(まんいち) 만일

➠ N2 수준에서 「万」의 음독을 「ばん」로 읽는 것은 「万歳(ばんざい) 만세」뿐이고, 나머지는 「まん」으로 읽는다.

(14) ② 優勝(ゆうしょう) 우승

(15) ③ 賞金(しょうきん) 상금

(16) ② 寄付(きふ) 기부

📖어휘총정리 勝(か)つ 이기다　全額(ぜんがく) 전액

**5** 의사가 수술이 무사히 끝난 것을 분명히 밝혔다.

(17) ④ 手術(しゅじゅつ) 수술

➠ 「しゅ」로 읽는 '수'는 「手」・「守」・「首」・「殊」 - 「特殊(とくしゅ)」이다.

(18) ① 無事(ぶじ) 무사

➠ N2 수준에서 「無」의 음독을 「ぶ」로 읽는 것은 「無事」「無礼無(ぶれい) 무례」뿐이고, 나머지는 「む」로 읽는다.

(19) ③ 明(あき)らかだ 분명해지다, 밝혀지다

📖어휘총정리 医師(いし) 의사

**6** 이것은 전국 각지의 신기한 성(姓), 읽기 어려운 성 등을 모아서 소개한 책입니다.

(20) ② 各地(かくち) 각지

(21) ④ 珍(めずら)しい 신기하다, 진귀하다

(22) ② 名字(みょうじ) 성

➠ N2 수준에서 「名」의 음독을 「みょう」로 읽는 것은 「名字」뿐이고, 나머지는 「めい」로 읽는다.

(23) ① 集(あつ)める 모으다

📖어휘총정리 全国(ぜんこく) 전국
동사 ます형 + ～にくい ～하기 어렵다
紹介(しょうかい) 소개

**7** 20년 후에는 우주를 경유하는 것도 가능하다고 생각한다.

(24) ③ 宇宙(うちゅう) 우주

(25) ③ 経由(けいゆ) 경유

➠ N2 수준에서 「由」의 음독을 「ゆ」로 읽는 것은 「経由」「由来(ゆらい) 유래」뿐이고, 나머지는 「ゆう」로 읽는다.

(26) ④ 可能(かのう) 가능

**8** 장기간 집을 비우는 일이 늘어나는 계절이 되었습니다.

(27) ① 長期(ちょうき) 장기

(28) ② 留守(るす) 집을 비움

➠ N2 수준에서 「留」의 음독을 「る」로 읽는 것은 「留守=留守番(るすばん) 집을 비움, 빈집을 지킴)」뿐이고, 나머지는 「りゅう」로 읽는다.

(29) ④ 増(ふ)える 늘어나다

(30) ① 季節(きせつ) 계절

## 확인문제 01

→ p.61

✓정답

1 (1) ① (2) ④ (3) ② (4) ②
2 (5) ③ (6) ④ (7) ① (8) ③
3 (9) ④ (10) ① (11) ③ (12) ②
4 (13) ④ (14) ② (15) ①
5 (16) ② (17) ④ (18) ② (19) ③
6 (20) ① (21) ③ (22) ① (23) ①
7 (24) ① (25) ② (26) ② (27) ④
8 (28) ② (29) ④ (30) ① (31) ③

1 이 나라의 언어는 추상적이어서 정확한 이해가 어렵다.

(1) ① 言語(げんご) 언어

(2) ④ 抽象(ちゅうしょう) 추상

　「抽」는「油 - 石油(せきゆ) 석유」와 비슷하므로 주의하도록 하자.

(3) ② 正確(せいかく) 정확

　동음이의어로「性格(せいかく) 성격」이 있다.

(4) ② 理解(りかい) 이해

　어휘충전 国(くに) 나라

2 감상이라는 것은 예술작품 등의 미적인 대상을 시각적으로 맛볼 수 있는 것이다.

(5) ③ 鑑賞(かんしょう) 감상

　「鑑賞」은 '보고 즐기다'의 뉘앙스를 가진 단어로 '음악감상, 영화감상' 등에 사용되며,「感想(かんそう) 감상」은 '무언가를 한 후의 느낌'을 말하며, '독서감상문' 등의 단어에 사용된다.

(6) ④ 芸術(げいじゅつ) 예술

(7) ① 対象(たいしょう) 대상

　N2 수준에서「像」은「想像(そうぞう) 상상」외에는 쓰임이 없다.

(8) ③ 視覚(しかく) 시각

　동음이의어로「資格(しかく) 자격」,「四角(しかく) 사각」이 있다.

　어휘충전 作品(さくひん) 작품　美的(びてき) 미적
　味(あじ)わう 맛보다

3 날씨, 화재 등에 의한 수송 중단, 일정 변경이 발생했을 경우, 상품을 되돌립니다.

(9) ④ 天候(てんこう) 날씨

　「侯(こう) 영주」는 N1 수준이든 N2 수준이든 쓰임이 없고,「喉」는 부수에「口 (입 구)」가 있으므로 몸과 관련된「喉(のど) 목구멍」에 사용된다.

(10) ① 火災(かさい) 화재

(11) ③ 輸送(ゆそう) 수송

(12) ② 変更(へんこう) 변경

　「更」는 음독이 '경/갱'인데,「更新(こうしん) 갱신」이라는 단어에 주의하자.

　어휘충전 中断(ちゅうだん) 중단　日程(にってい) 일정
　発生(はっせい) 발생　場合(ばあい) 경우
　商品(しょうひん) 상품　戻(もど)す 되돌리다

4 연극부는 강당에서 머무는 시간이 길다.

(13) ④ 演劇(えんげき) 연극

(14) ② 講堂(こうどう) 강당

　「購」는 부수에「貝 (조개 패)」가 있으므로 '돈 (옛날에는 조개가 화폐였으므로)'과 관련된 어휘에 사용되는데「購買(こうばい) 구매」「購読(こうどく) 구독」 등이 있으나 N2 수준의 어휘는 아니다.

(15) ① 滞在(たいざい) 체재

　어휘충전 部(ぶ) 부

5 당 연구소에서는 상공 대기에 포함되어 있는 온실효과 가스의 농도를 관측하고 있습니다.

(16) ② 含(ふく)む 포함하다

(17) ④ 効果(こうか) 효과

　「効」는 부수에「力 (힘 력)」이 있으므로 '힘'과 관련된「効果」「効能(こうのう) 효능」「実効(じっこう) 실효」 등의 어휘에 사용된다.

(18) ② 濃度(のうど) 농도

(19) ③ 観測(かんそく) 관측

　「観」은 부수에「見 (볼 견)」이 있으므로, '보다'와 관련된「観光(かんこう) 관광」 등의 어휘에 사용된다.

　어휘충전 当(とう)〜 당〜　研究所(けんきゅうじょ) 연구소
　上空(じょうくう) 상공　大気(たいき) 대기
　温室(おんしつ) 온실

6 정부는 5일, 국내의 개인예금 전액을 보증한다고 발표했다.

(20) ① 政府(せいふ) 정부

(21) ③ 個人(こじん) 개인

(22) ① 全額(ぜんがく) 전액

　「額」은「価格(かかく) 가격」의「格」과 헷갈리지 않도록 하자.

(23) ① 保証(ほしょう) 보증

　어휘충전 国内(こくない) 국내　預金(よきん) 예금
　発表(はっぴょう) 발표

[7] 매상에 직결되는 광고 · 선전 활동의 중요성이 높아지고 있다.

(24) ① 売上(うりあげ) 매상

　↪ 「売」는 「売(う)る 팔다」이므로 '매상, 판매' 등의 어휘에 사용
되고, 「買」는 「買(か)う 사다」이므로 '구매, 매입' 등의 어휘에
사용된다.

(25) ② 広告(こうこく) 광고

(26) ② 宣伝(せんでん) 선전

　↪ 「転(てん)」은 부수에 「車」가 있으므로 '자동차'와 관련된 「運
転(うんてん) 운전」「自転車(じてんしゃ) 자전거」 등의
어휘에 사용된다.

(27) ④ 重要性(じゅうようせい) 중요성

　[어휘총정] 直結(ちょっけつ) 직결　活動(かつどう) 활동
　　　　　高(たか)まる 높아지다

[8] 계획적이지 않은 수리를 반복하고 있으면, 항상 맨션의 어딘가
에서 공사를 하고 있는 상태가 된다.

(28) ② 修繕(しゅうぜん) 수선, 수리

　↪ '선'으로 읽는 한자 중 「ぜん」으로 읽는 한자는 「繕」과 「善」 두
개인데, 「繕」은 「修繕」 이외에는 쓰임이 없다.

(29) ④ 繰(く)り返(かえ)す 반복하다

(30) ① 常(つね)に 늘, 항상

(31) ③ 状態(じょうたい) 상태

　[어휘총정] 計画的(けいかくてき) 계획적
　　　　　工事(こうじ) 공사

### 확인문제 02　　　　　➡ p.65

✓정답

| 1 | (1) ③ (2) ④ (3) ③ (4) ② |

| 2 | (5) ① (6) ③ (7) ④ (8) ② |

| 3 | (9) ② (10) ④ (11) ② (12) ③ |

| 4 | (13) ① (14) ② (15) ④ (16) ③ |

| 5 | (17) ② (18) ④ (19) ② (20) ① |

| 6 | (21) ③ (22) ④ (23) ① (24) ③ |

| 7 | (25) ④ (26) ① (27) ② |

| 8 | (28) ① (29) ④ (30) ③ (31) ② (32) ④ |

| 9 | (33) ② (34) ① (35) ③ |

[1] 이번에는 시간적 제약 때문에 왕복 모두 비행기를 이용했습니다.

(1) ③ 制約(せいやく) 제약

　↪ 「製(せい) 제」는 '만들다'라는 뉘앙스를 가진 한자이며, 「製造
(せいぞう) 제조」「製品(せいひん) 제품」 등의 어휘에 사
용된다.

(2) ④ 往復(おうふく) 왕복

　↪ N2 수준에서 「往」은 「往復」「往来(おうらい) 왕래」 외에
쓰임이 없다.

(3) ③ 飛行機(ひこうき) 비행기

(4) ② 利用(りよう) 이용

　[어휘총정] 今回(こんかい) 이번　時間的(じかんてき) 시간적

[2] 일본인의 혈액형에 의한 전형적인 성격과의 관련성에 대해 흥
미가 있습니다.

(5) ① 血液型(けつえきがた) 혈액형

　↪ 일본어능력시험에서 「型」을 「けい」로 읽는 경우는 「模型(も
けい) 모형」「典型(てんけい) 전형」「体型(たいけい) 체
형」「原型(げんけい) 원형」뿐이다.

(6) ③ 典型(てんけい) 전형

(7) ④ 関連(かんれん) 관련

(8) ② 興味(きょうみ) 흥미

　[어휘총정] ～による ～에 의한　性格(せいかく) 성격

[3] 하나의 부지에 세울 수 있는 건물의 크기는 법률로 제한되어
있어 곤란해져 있다.

(9) ② 敷地(しきち) 부지

(10) ④ 法律(ほうりつ) 법률

(11) ② 制限(せいげん) 제한

　↪ 「制」는 '제한'의 뉘앙스를 가진 한자이며, 「規制(きせい) 규
제」「制度(せいど) 제도」 등의 어휘에 사용된다.

(12) ③ 困(こま)る 난처하다, 곤란하다

　[어휘총정] 建(た)てる 세우다　大(おお)きさ 크기

[4] 어머니는 항상 수화기를 왼손에 쥐고, 바닥을 닦거나 한다.

(13) ① 受話器(じゅわき) 수화기

　↪ N2 수준에서 「受」가 사용되는 단어는 「受験(じゅけん 수
험)」「受話器」뿐이다.

(14) ② 握(にぎ)る 쥐다

(15) ④ 床(ゆか) 바닥, 마루

(16) ③ 拭(ふ)く 닦다

　↪ 「吹(ふ)く (바람 등이) 불다」와 동음이의어다.

　[어휘총정] 左手(ひだりて) 왼손

[5] 사장님은 새로 사람을 채용하는 것에 대해 신중한 자세를 유지
하고 있다.

(17) ② 雇(やと)う 고용하다, 채용하다

(18) ④ 慎重(しんちょう) 신중

　↪ N2 수준에서 「重」을 「ちょう」로 읽는 단어는 「貴重(きちょ
う) 귀중」「尊重(そんちょう) 존중」「慎重」뿐이다.

(19) ② 姿勢(しせい) 자세

(20) ① 維持(いじ) 유지

 社長(しゃちょう) 사장　新(あら)ただ 새롭다

⑥ **목재**는 **삼림**의 생산력을 생각하여, **적절**히 이용하면 재생 가능한 **자원**이 됩니다.

(21) ③ 木材(もくざい) 목재

　▶ 「財(ざい 재)」는 부수에 「貝 (조개 패)」가 있으므로 돈과 관련된 「財産(ざいさん) 재산」 등의 어휘에 사용된다.

(22) ④ 森林(しんりん) 삼림

　▶ 「山林(さんりん) 산림」과 구분하도록 하자.

(23) ① 適切(てきせつ) 적절

　▶ 「摘(てき) 적」은 부수에 「扌(手) (손 수)」가 있으므로 '손'과 관련된 「指摘(してき) 지적」 등의 어휘에 사용된다. 「滴」은 부수에 「氵(삼수 변)」이 있으므로 '물'과 관련된 「水滴(すいてき) 물방울」 등의 어휘에 사용된다.

(24) ③ 資源(しげん) 자원

 生産力(せいさんりょく) 생산력　再生(さいせい) 재생　可能(かのう) 가능

⑦ 무역 **마찰**이 일어나는 것은, **수입**되는 제품이 국산품과 **경쟁**하는 경우이다.

(25) ④ 摩擦(まさつ) 마찰

　▶ 「摩」와 「擦」은 N2 수준에서 '마찰' 외에 쓰임이 없고, 둘 다 한자 안에 「扌(手) (손 수)」가 있으므로 '손으로 비비다'라고 생각하면 단어를 쉽게 이해할 수 있다.

(26) ① 輸入(ゆにゅう) 수입

(27) ② 競争(きょうそう) 경쟁

　▶ 「競」은 N2 수준에서 「けい」로 읽는 경우는 「競馬(けいば) 경마」뿐이다.

 貿易(ぼうえき) 무역　起(お)こる 일어나다
製品(せいひん) 제품　国産品(こくさんひん) 국산품
場合(ばあい) 경우

⑧ **난방 장치**의 **점검·정비·청소**는 매년 11월에 행하고 있습니다.

(28) ① 暖房(だんぼう) 난방

　▶ 「暖」은 부수가 「日 (날 일)」이므로 '기온이나 날씨'와 관련된 어휘에 사용된다.

(29) ④ 装置(そうち) 장치

(30) ③ 点検(てんけん) 점검

　▶ 「検」이 사용되는 N2 수준 어휘는 「検査(けんさ) 검사」와 「点検」뿐이다.

(31) ② 整備(せいび) 정비

(32) ④ 清掃(せいそう) 청소

　▶ 「清」은 부수에 「氵(삼수 변)」이 있으므로 '물로 깨끗이 치우다'라고 생각하면, 「清潔(せいけつ) 청결」 「清書(せいしょ) 깨끗하게 옮겨 적음」의 단어가 이해될 것이다.

⑨ 당사의 **건축 실례**를 **소개**하겠습니다.

(33) ② 建築(けんちく) 건축

　▶ 「健(けん 건)」은 부수에 「イ(人) (사람 인)」이 있으므로 '사람'과 관련된 「健康(けんこう) 건강」 등의 어휘에 사용된다.

(34) ① 実例(じつれい) 실례, 실질적인 예

(35) ③ 紹介(しょうかい) 소개

 当社(とうしゃ) 당사

## 확인문제 03　→ p.69

✓ 정답

| 1 | (1) ① (2) ② (3) ① (4) ④ |
| 2 | (5) ② (6) ① (7) ③ (8) ④ |
| 3 | (9) ① (10) ③ (11) ① (12) ③ |
| 4 | (13) ④ (14) ② (15) ④ (16) ③ |
| 5 | (17) ① (18) ③ (19) ① |
| 6 | (20) ② (21) ① (22) ① |
| 7 | (23) ③ (24) ② (25) ① |
| 8 | (26) ④ (27) ① (28) ② (29) ④ |
| 9 | (30) ① (31) ④ (32) ③ |

① **상세한 관찰 기록**은 다음 주까지 **보고**하겠습니다.

(1) ① 詳(くわ)しい 상세하다

　▶ 「悔(くや)しい 억울하다」와 철자가 비슷하므로 주의하자.

(2) ② 観察(かんさつ) 관찰

　▶ 「察」에 부수 「宀 (갓머리)」가 있으므로 '경찰이 모자를 쓰고 있다'라고 생각하여, 음독이 '찰'이라고 암기해 두도록 하자.

(3) ① 記録(きろく) 기록

　▶ 「緑(みどり) 초록, 자연」의 한자와 구분해야 한다.

(4) ④ 報告(ほうこく) 보고

② **조직**에는 조직에 **속하는** 멤버 사이에서 **공통**된 **목표**가 필요하다.

(5) ② 組織(そしき) 조직

　▶ 「組」와 「織」은 부수가 같으므로 외우기 쉬울 것이다.

(6) ① 属(ぞく)す·属(ぞく)する 속하다

(7) ③ 共通(きょうつう) 공통

　▶ 「共」은 '다같이'라는 뉘앙스로서 「共感(きょうかん) 공감」 「公共(こうきょう) 공공」 등의 어휘가 있고, 「供」은 '주다'의 뉘앙스로서 「提供(ていきょう) 제공」 「供給(きょうきゅう) 공급」 등의 어휘가 있다.

(8) ④ 目標(もくひょう) 목표

↬ 「投票(とうひょう) 투표」의 「票」와 「漂(ただよ)う 감돌다, 표류하다」의 「漂」와 헷갈리지 않도록 하자.

[어휘충전] 間(あいだ) 사이

3 국경 없는 의사단은 원조 없이 독자적인 활동을 계속하고 있다.

(9) ① 国境(こっきょう) 국경

↬ 「境」은 「鏡(かがみ) 거울」과 헷갈리기 쉬운데 옛날의 거울은 '쇠(청동 등)'로 만들었으므로 부수에 「金 (쇠 금)」이 있는 것이라고 생각하면 구분이 쉬울 것이다.

(10) ③ 技師団(ぎしだん) 기사단, 의사단

↬ 「枝(えだ) 가지」는 나무이므로 부수에 「木 나무 목」이 있다.

(11) ① 援助(えんじょ) 원조

(12) ③ 独自(どくじ) 독자

↬ N2 수준에서 '독'으로 읽는 한자 중, 음독이 「とく」인 것은 「督→監督(かんとく 감독)」 하나뿐이다.

[어휘충전] 活動(かつどう) 활동  続(つづ)ける 계속하다

4 위장의 상태가 나쁠 때에 일부러 쓴 풀을 먹어, 그 힘으로 토해서 (속을) 개운하게 만드는 동물도 있는 것 같다.

(13) ④ 調子(ちょうし) 컨디션, 상태

↬ 「彫 (새길 각)」은 「彫刻(ちょうこく) 조각」만 알아두면 된다.

(14) ② 苦(にが)い (맛 등이) 쓰다

↬ 「苦」는 「苦(くる)しい 괴롭다」로도 쓰인다.

(15) ④ 勢(いきお)い 기세, 힘, 여세

(16) ③ 吐(は)く 토하다

↬ 「掃(は)く 쓸다」「穿(は)く 하의를 입다」「履(は)く 신발 등을 신다」와 동음이의어이다.

[어휘충전] 胃腸(いちょう) 위장  草(くさ) 풀  動物(どうぶつ) 동물

5 이 병의 수술에는 특수한 의료기기를 사용해야만 한다고 한다.

(17) ① 手術(しゅじゅつ) 수술

↬ '수'로 읽는 한자 중, 음독이 「しゅ」인 것은 「手」「守」「首」「殊」가 있다.

(18) ③ 特殊(とくしゅ) 특수

↬ N2 수준에서 「殊」는 「特殊」외에는 쓰임이 없다.

(19) ① 医療(いりょう) 의료

↬ 부수 「疒 (병들은 기댈 녁)」이 들어가는 한자는 전부 '아프다'의 뉘앙스를 가지고 있는데, 「疲(つか)れる 피곤하다」「痛(いた)い 아프다」「病院(びょういん) 병원」 등의 어휘에 사용된다.

[어휘충전] 病気(びょうき) 병  機器(きき) 기기  使(つか)う 사용하다

6 책을 난폭하게 사용하기 때문에 페이지가 빠져 있거나 한다.

(20) ② 乱暴(らんぼう) 난폭

↬ 「爆(ばく 폭)」은 부수에 「火 (불 화)」가 있으므로 '불'과 관련된 어휘 「爆弾(ばくだん) 폭탄」「爆発(ばくはつ) 폭발」 등의 어휘에 사용된다.

(21) ① 扱(あつか)う 취급하다

(22) ① 抜(ぬ)ける 빠지다

7 짝수를 순서대로 나열해 주세요.

(23) ③ 偶数(ぐうすう) 짝수

↬ 「奇数(きすう) 홀수」와 같이 암기해야 하는데, 청해 파트에서 자주 출제되는 어휘이다.

(24) ② 順番(じゅんばん) 순서

↬ '순'으로 읽는 한자 중, 음독이 「しゅん」인 것은 「瞬→瞬間(しゅんかん 순간)」뿐이다.

(25) ③ 並(なら)べる 나열하다

8 비판할 대상을 틀리거나 하면 반대로 자신이 비판받는다.

(26) ④ 批判(ひはん) 비판

↬ 「○判」은 「○ばん」으로 읽고, 「裁判(さいばん) 재판」「評判(ひょうばん) 평판」「判○」은 「はん○」으로 읽는데, 「判決(はんけつ) 판결」「判断(はんだん) 판단」 등의 예가 있고, 「批判」만 예외이다.

(27) ① 対象(たいしょう) 대상

↬ 「象」과 「像」이 헷갈릴 수 있지만 「像」을 쓰는 N2 수준 어휘는 「想像(そうぞう) 상상」뿐이다.

(28) ② 誤(あやま)る 틀리다, 실수하다

↬ 「謝(あやま)る 사과하다」와 동음이의어이다.

(29) ④ 逆(ぎゃく)に 역으로, 반대로

9 젊은이가 모험정신을 잃어버리면 인생도 그것으로 끝날 것이다.

(30) ① 冒険(ぼうけん) 모험

↬ 「験(けん 험)」과 비슷한 한자인데, 「険」을 사용하는 N2 수준 어휘는 「危険(きけん 위험)」과 「冒険」뿐이다.

(31) ④ 精神(せいしん) 정신

(32) ③ 失(うしな)う 잃어버리다

✔정답

| 1 | (1) ④ (2) ① (3) ③ |
|---|---|
| 2 | (4) ② (5) ③ (6) ④ (7) ① (8) ② |
| 3 | (9) ④ (10) ① (11) ① (12) ② |
| 4 | (13) ① (14) ④ (15) ② (16) ① |
| 5 | (17) ③ (18) ④ (19) ① (20) ③ |
| 6 | (21) ① (22) ③ (23) ④ (24) ② (25) ④ |
| 7 | (26) ③ (27) ① |
| 8 | (28) ③ (29) ① (30) ② (31) ④ |
| 9 | (32) ③ (33) ① (34) ④ |
| 10 | (35) ② (36) ③ |

1 분수의 물은 지면에 떨어지면 순환하도록 만들어져 있다.

(1) ④ 噴水(ふんすい) 분수

　「噴」은 부수에 「口 (입 구)」가 있으므로 '내뿜다'의 뉘앙스를 가지며, 다른 예로 「噴火(ふんか) 분화」「噴出(ふんしゅつ) 분출」 등의 단어가 있다. 「憤」은 N1 한자이며, 「墳」은 능력시험에서는 다루지 않는 한자이다.

(2) ① 地面(じめん) 지면, 땅바닥

(3) ③ 循環(じゅんかん) 순환

　N2 수준에서 「循」은 「循環」외에 쓰임이 없으며, 「矛盾(むじゅん) 모순」의 「盾」과 비교해서 외우도록 하자. 쉽게 외우는 방법은 「循環」은 각각의 한자의 왼쪽에 부수를 가지고 있지만, 「矛盾」은 각각의 한자의 왼쪽에 아무것도 없다.

2 이 유역의 정확한 면적을 재기 위해서, 여러 분야의 공무원이 참가했다.

(4) ② 流域(りゅういき) 유역

　일반적으로 '역'으로 읽는 한자는 「えき」로 읽는 경우가 많으나 「域」은 「いき」로 읽으므로 주의해야 한다.

(5) ③ 正確(せいかく) 정확

　「性格(せいかく) 성격」과 동음이의어이다.

(6) ④ 面積(めんせき) 면적

　「積」을 사용하는 「積極的(せっきょくてき) 적극적」「容積(ようせき) 용적」도 같이 알아두자.

(7) ① 測(はか)る 재다

(8) ② 公務員(こうむいん) 공무원

　**어휘충전** 分野(ぶんや) 분야　参加(さんか) 참가

3 이 기업에서의 내 역할에 의문이 생겼다.

(9) ④ 企業(きぎょう) 기업

(10) ① 役割(やくわり) 역할

　「割」은 부수에 「リ=刀 (칼 도)」가 있으므로 '쪼개다, 나누다'의 뉘앙스를 가지고 있다.

(11) ① 疑問(ぎもん) 의문

　「問」은 한자에 「口 (입 구)」가 있으므로 '입'과 관련된 뉘앙스의 한자인 「質問(しつもん) 질문」「問(と)う 묻다」 등의 예가 있다.

(12) ② 生(しょう)じる 생기다

4 건조해지기 쉬운 이 계절, 난방으로 방을 따뜻하게 할 뿐만 아니라 피부의 관리도 잊지 않도록.

(13) ① 乾燥(かんそう) 건조

　「燥」는 부수에 「火 불 화」가 있으므로 '마르다'의 뉘앙스의 어휘에 사용되고, 「操」는 부수에 「扌(手) (손 수)」가 있으므로 '손'과 관련된 「操作(そうさ) 조작」「体操(たいそう) 체조」 등의 어휘에 사용된다.

(14) ④ 季節(きせつ) 계절

(15) ② 暖房(だんぼう) 난방

　「暖」은 부수에 「日 (날 일)」이 있으므로 '날씨나 온도'와 관련된 어휘에 사용된다.

(16) ① 肌(はだ) 피부

　「皮膚(ひふ) 피부」와 같은 뜻이다.

　**어휘충전** あたためる 데우다　ケア[care] 손질, 관리
　～ずに = ～ないで ～하지 않고

5 전문기관에 사원 교육과 연수를 의뢰하고 싶다.

(17) ③ 機関(きかん) 기관

　동음이의어인 「気管(きかん) 호흡기관의 기관」「器官(きかん) 몸의 장기에 해당되는 기관」「期間(きかん) 기간」과 구분하도록 하자.

(18) ④ 教育(きょういく) 교육

(19) ① 研修(けんしゅう) 연수

　「研」은 N2 수준에서 사용되는 어휘는 「研修」「研究(けんきゅう) 연구」뿐이다.

(20) ③ 依頼(いらい) 의뢰

　「依」은 N2 수준에서 사용되는 어휘는 「依頼」뿐이다. 「頼」는 동사로서 「頼(たの)む 부탁하다」「頼(たよ)る 의지하다」를 알아두자.

6 풍요로운 문화가 만들어지기 위해서는, 시대와 장소를 불문하고 공중의 건전한 비평 의식은 뺄 수 없다.

(21) ① 豊(ゆた)かだ 풍족하다, 풍부하다

　「豊富(ほうふ)だ 풍부하다」도 같이 알아두자.

(22) ③ 公衆(こうしゅう) 공중

　「衆」은 N2 수준에서 「大衆(たいしゅう) 대중」이라는 단어로도 사용된다.

(23) ④ 批評(ひひょう) 비평

(24) ② 意識(いしき) 의식

ᵕᵕ↝ 「識」은 「織」과 비슷하지만 「織」은 「組織(そしき) 조직」외에 쓰임이 없고, 「職(しょく) 직」은 직업을 나타내는 「職業(しょくぎょう) 직업」「就職(しゅうしょく) 취직」만 N2 수준에서 쓴다.

(25) ④ 欠(か)かす 빼다

ᵕᵕ↝ 자동사 「欠(か)ける 빠지다」도 같이 알아두자.

어휘충전 文化(ぶんか) 문화　時代(じだい) 시대
～を問(と)わず ～을(를) 불문하고
健全(けんぜん)だ 건전하다

7 변변치 않은 과자이지만, 다 같이 드세요.

(26) ③ 粗末(そまつ)だ 변변치 못하다, 허술하다

ᵕᵕ↝ 「粗」는 N2 수준에서 「粗末」외에 쓰임이 없다.

(27) ① お菓子(かし) 과자

어휘충전 召(め)し上(あ)がる 「食(た)べる, 飲(の)む」의 존경어

8 급료 인상을 요구했지만, 한마디로 거절당했다.

(28) ③ 給料(きゅうりょう) 급료

ᵕᵕ↝ 「給」은 「級」과 헷갈릴 수 있지만, 「級」은 '등급 급'이다.

(29) ① 値上(ねあ)げ 가격 인상, 값을 올림

(30) ② 要求(ようきゅう) 요구

ᵕᵕ↝ 「腰」은 부수에 「月 (달 월)」이 있는 것처럼 보이지만, 「肉 (고기 육)」이 부수가 되면 「月」로 바뀐다. 신체 부위와 관련된 어휘는 거의 「月(肉)」가 있다. 따라서 「腰」은 신체 부위의 「腰(こし) 허리」에 해당되는 한자이다.

(31) ④ 断(ことわ)る 거절하다

어휘충전 一言(ひとこと) 한마디

9 자원은 무한하지 않으므로 절약하지 않으면 안 된다.

(32) ③ 資源(しげん) 자원

ᵕᵕ↝ 「源」은 N2 수준에서 「資源」외에 쓰임이 없다.

(33) ① 無限(むげん) 무한

ᵕᵕ↝ 「限」은 「恨」과 비슷하지만, 「恨」은 부수에 「忄(心) 마음 심」이 있으므로 '마음'과 관련된 「恨(うら)む 원망하다」라는 어휘에 사용된다.

(34) ④ 節約(せつやく) 절약

10 이 현에서는 개를 놓아서 기르는 것은 금지되어 있습니다.

(35) ② 放(はな)し飼(が)い 놓아서 기름

ᵕᵕ↝ 「放(はな)す 놓다」는 「話(はな)す 이야기하다」와 동음이의어로, 「放し飼い」는 「飼(か)う 기르다」와 접속된 복합명사이다.

(36) ③ 禁止(きんし) 금지

ᵕᵕ↝ 「禁」과 비슷한 「歴」은 N2 수준에서 「歴史(れきし) 역사」외에 쓰임이 없다.

어휘충전 県(けん) 현



---



✓정답
| 1 | (1) ③ (2) ④ (3) ② |
| 2 | (4) ① (5) ② (6) ③ |
| 3 | (7) ④ (8) ① (9) ③ |
| 4 | (10) ④ (11) ④ (12) ① (13) ④ (14) ③ |
| 5 | (15) ① (16) ④ (17) ② (18) ③ |
| 6 | (19) ④ (20) ② (21) ④ (22) ② |
| 7 | (23) ② (24) ① (25) ③ (26) ② |
| 8 | (27) ④ (28) ② (29) ④ (30) ① |
| 9 | (31) ③ (32) ② (33) ④ |

1 그의 적극적인 태도에 모두 놀랐다.

(1) ③ 積極的(せっきょくてき) 적극적

ᵕᵕ↝ 「績」과 헷갈릴 수 있지만, 「績」을 사용하는 한자는 「功績(こうせき) 공적」「成績(せいせき) 성적」뿐이다.

(2) ④ 態度(たいど) 태도

ᵕᵕ↝ N2 수준에서 「態」가 들어가는 명사는 「事態(じたい) 사태」「状態(じょうたい) 상태」가 있다.

(3) ② 驚(おどろ)く 놀라다

2 올해부터 새로운 교과기준을 근거로 한 새로운 과정을 시작합니다.

(4) ① 基準(きじゅん) 기준

ᵕᵕ↝ 「期」는 부수에 「月 (달 월)」이 있으므로 '세월'과 관련된 「期間(きかん) 기간」「延期(えんき) 연기」「定期(ていき) 정기」 등의 어휘에 사용된다.

(5) ② 基(もと)づく 근거로 하다

(6) ③ 課程(かてい) 과정

ᵕᵕ↝ 「過程(かてい) 지나온 과정」「家庭(かてい) 가정」「仮定(かてい) 가정법의 가정」과 동음이의어이다.

3 성능이 좋은 무선전화기는 전파가 도달되지 않는 곳이 없는 것 같다.

(7) ④ 性能(せいのう) 성능

ᵕᵕ↝ 「性」은 「姓(せい) 성」과 비슷한데 「姓」은 N2 수준에서 쓰임이 없다.

(8) ① 電波(でんぱ) 전파

ᵕᵕ↝ 「波」는 「波(なみ) 파도」도 같이 알아두자.

(9) ③ 届(とど)く 도달되다, 배달되다

어휘충전 無線(むせん) 무선　電話機(でんわき) 전화기

4 기부가 복지의 일부를 담당하고 있고, 사회 속에서 중요한 지위를 차지하고 있다.

(10) ④ 寄付(きふ) 기부

ᵓᴥ→ 「寄」는 「奇」와 구분을 해야 하는데, 「奇」를 사용하는 N2 수준 어휘는 「奇数(きすう) 홀수」 「奇妙(きみょう) 기묘」뿐이다.

(11) ④ 福祉(ふくし) 복지

ᵓᴥ→ 「福」이 들어가는 N2 수준 명사는 「幸福(こうふく) 행복」 「福祉」뿐이다.

(12) ① 担当(たんとう) 담당

ᵓᴥ→ 비슷한 한자 「胆」과 「且」은 N2 수준에서 쓰임이 없다. 「担(かつ)ぐ 짊어지다」도 같이 알아두자.

(13) ④ 重要(じゅうよう) 중요

ᵓᴥ→ 「重」은 음독이 「じゅう」 「ちょう」인데, 「ちょう」로 읽는 N2 수준 어휘는 「貴重(きちょう) 귀중」 「慎重(しんちょう) 신중」 「尊重(そんちょう) 존중」뿐이다.

(14) ③ 占(し)める 차지하다

ᵓᴥ→ 「閉(し)める 닫다」와 동음이의어이다.

🔷어휘충전 一部(いちぶ) 일부　地位(ちい) 지위

⑤ 아무리 훌륭한 약에도 빛의 뒤에는 그림자, 즉 부작용이 있는 것입니다.

(15) ① 素晴(すば)らしい 멋지다

(16) ④ 裏側(うらがわ) 뒤, 뒤쪽

ᵓᴥ→ 「裏」는 「表(おもて) 앞, 앞쪽」과 구분해야 하며, 「側 측」은 부수에 「亻 (사람 인)」이 있으므로 '사람의 우측, 좌측'이라는 개념으로 이해하면, 「右側(みぎがわ) 우측」 「左側(ひだりがわ) 좌측」이라는 어휘에 사용된다는 것을 알 수 있다.

(17) ② 影(かげ) 그림자

(18) ③ 副作用(ふくさよう) 부작용

ᵓᴥ→ 「副」가 들어가는 N2 수준 어휘는 「副詞(ふくし) 부사」 「副作用」뿐이다.

🔷어휘충전 すなわち 즉

⑥ 아이에게 예의범절을 배우게 하려고 유아교실에 다니게 하고 있다.

(19) ④ 礼儀(れいぎ) 예의

ᵓᴥ→ N2 수준에서 「儀」를 사용하는 어휘는 「儀式(ぎしき) 의식」 「行儀(ぎょうぎ) 예의」 「礼儀」가 있다.

(20) ② 学(まな)ぶ 배우다

ᵓᴥ→ 「習(なら)う」 「教(おそ)わる」와 같은 의미이다.

(21) ④ 幼児(ようじ) 유아

ᵓᴥ→ 「児童(じどう) 아동」 「育児(いくじ) 육아」도 같이 알아두자.

(22) ② 通(かよ)う 다니다

ᵓᴥ→ 「通(とお)る 지나다」와 한자는 같으나 의미나 읽기가 다르므로 주의하자.

🔷어휘충전 作法(さほう) 예의　教室(きょうしつ) 교실

⑦ 바닥이나 도로에 떨어진 것을 주워 먹지 마, 더러우니까.

(23) ② 床(ゆか) 바닥, 마루

(24) ① 道路(どうろ) 도로

(25) ③ 拾(ひろ)う 줍다

ᵓᴥ→ 「捨(す)てる 버리다」와 헷갈리지 않도록 하자.

(26) ② 汚(きたな)い 더럽다

🔷어휘충전 落(お)ちる 떨어지다

⑧ 내일은 소풍가는 날이니까 모든 학생은 맑은 날씨가 될 것을 기도했다.

(27) ④ 遠足(えんそく) 소풍

(28) ② 生徒(せいと) 학생

(29) ④ 晴天(せいてん) 맑은 날씨

ᵓᴥ→ 「晴」은 부수에 「日 (날 일)」이 있으므로 날씨가 관련된 단어에 사용된다. 다른 예로는 「晴(は)れる 맑다」가 있다. 「清(せい 청)」은 N2 수준에서 사용되는 어휘가 「清潔(せいけつ) 청결」 「清書(せいしょ) (글을) 깨끗하게 씀」 「清掃(せいそう) 청소」 「清(きよ)い 맑다」가 있고, 「静」은 「冷静(れいせい) 냉정」이 있다.

(30) ① 祈(いの)る 기도하다

ᵓᴥ→ 「祈 기」는 N2 수준에서 「祈る」 외에는 쓰임이 없다. 「析」은 「分析(ぶんせき) 분석」을 알아두자.

🔷어휘충전 明日(あした) 내일　日(ひ) 날

⑨ 동료의 영어회화 학원 등록을 도와주었다.

(31) ③ 同僚(どうりょう) 동료

ᵓᴥ→ 「僚」는 부수에 「亻 (사람 인)」이 있으므로 '사람'과 관련된 「同僚(どうりょう) 동료」 「官僚(かんりょう) 관료」에 사용하고, 「寮(りょう)」는 부수에 「宀 (갓머리 지붕)」이 있으므로 '기숙사'라는 뜻이 있다. 또한 부수에 「疒 (병들 역)」이 있으면 '아프다'라는 뉘앙스인데, 예를 들면 「痛(いた)い 아프다」 「病(びょう) 병」 「疲(つか)れる 피곤하다」 등이 있다. 따라서 「療」도 「医療(いりょう) 의료」 「治療(ちりょう) 치료」 등의 어휘에 사용된다.

(32) ② 登録(とうろく) 등록

ᵓᴥ→ 「録」은 N2 수준에서 「記録(きろく) 기록」 「録音(ろくおん) 녹음」 「登録」 외에 쓰임이 없다.

(33) ④ 手伝(てつだ)う 돕다, 거들다

🔷어휘충전 英会話(えいかいわ) 영어회화

✓정답

| 1 | (1) ② (2) ③ (3) ① (4) ③ |
| 2 | (5) ② (6) ② (7) ③ |
| 3 | (8) ④ (9) ② (10) ③ (11) ③ |
| 4 | (12) ④ (13) ③ (14) ② (15) ④ (16) ③ |
| 5 | (17) ① (18) ② (19) ③ (20) ① |
| 6 | (21) ③ (22) ② (23) ① |
| 7 | (24) ④ (25) ② (26) ① (27) ③ (28) ① |
| 8 | (29) ③ (30) ④ (31) ② (32) ① |
| 9 | (33) ③ (34) ② (35) ④ (36) ① |
| 10 | (37) ② (38) ③ |

**1** 잡지에 의한 광고는 어떤 효과가 있는지, 흥미를 가지고 있는 사람도 많이 있겠죠.

(1) ② 雑誌(ざっし) 잡지

　「紙」는 주로 「新聞紙(しんぶんし) 신문지」에 사용하는 단어고, 「誌」는 한 권의 책으로 구성된 것에 사용하는데, 「週刊紙(しゅうかんし) 주간지」 등이 있다.

(2) ③ 効果(こうか) 효과

　「効」는 부수에 「力 (힘 력)」이 있으므로 '힘'과 관련된 「効果」 「実効(じっこう) 실효」 등의 어휘에 사용된다.

(3) ① 興味(きょうみ) 흥미

　「未 (아닐 미)」는 '부정의 뉘앙스'를 가진 명사에 사용되는데, 「未来(みらい) 미래 – 아직 오지 않았다는 의미」「未熟(みじゅく) 미숙」 등의 어휘가 있다.

(4) ③ 大勢(おおぜい) 많은 사람

　어휘충전 広告(こうこく) 광고　持(も)つ 가지다, 들다

**2** 허리의 아픔을 극복하기 위해 필요한 것에 대해서 말씀을 여쭙겠습니다.

(5) ② 腰(こし) 허리

　「胃(い) 위」 「脳(のう) 뇌」 「胸(むね) 가슴」 등의 어휘도 같이 알아두자.

(6) ② 克服(こくふく) 극복

　「服 (옷 복)」은 「克服」를 제외하고 전부 '옷'과 관련된 어휘에 사용된다.

(7) ③ 伺(うかが)う 「聞(き)く 묻다」 「訪(たず)ねる 방문하다」의 겸양어

　어휘충전 痛(いた)み 아픔

**3** 컴퓨터가 고장났지만, 기계에 대한 기초 지식이 없어서 수리를 맡겼다.

(8) ④ 故障(こしょう) 고장

　「章」과 헷갈릴 수 있지만, 「章」은 N2 수준에서 「文章(ぶんしょう) 문장」외에 쓰임이 없다.

(9) ② 基礎(きそ) 기초

　「基」는 부수에 「土 (흙 토)」가 있으므로 '토대'의 뉘앙스를 가진 「基本(きほん) 기본」 「基盤(きばん) 기반」 등의 어휘에 사용된다.

(10) ③ 知識(ちしき) 지식

(11) ③ 修理(しゅうり) 수리

　어휘충전 機械(きかい) 기계　～に対(たい)して ～에 대해서　出(だ)す 내다

**4** 수학을 잘 못하기 때문에 매일 친한 친구와 방정식 푸는 방법을 연습하고 있다.

(12) ④ 苦手(にがて)だ 서툴다, 잘 못하다

　「若(わか)い 젊다」와 헷갈리지 않도록 주의하자.

(13) ③ 親(した)しい 친하다

(14) ② 方程式(ほうていしき) 방정식

(15) ④ 解(と)き方(かた) 푸는 방법

　「溶(と)く 녹이다」와 동음이의어이다.

(16) ③ 練習(れんしゅう) 연습

　連은 「連 잇닿을 련(연)」이므로 '연결'의 뉘앙스를 가진 「連絡(れんらく) 연락」 등의 어휘에 사용된다.

　어휘충전 数学(すうがく) 수학

**5** 더위와 추위는 기온에 습도와 바람의 효과가 더해진 주관적인 것이다.

(17) ① 気温(きおん) 기온

(18) ② 湿度(しつど) 습도

　「湿気(しっけ) 습기」도 같이 알아두자.

(19) ③ 加(くわ)わる 더해지다

　타동사는 「加(くわ)える 더하다」이다.

(20) ① 主観的(しゅかんてき) 주관적

　어휘충전 暑(あつ)さ 더위　寒(さむ)さ 추위　効果(こうか) 효과

**6** 나의 취미는 악기 연주와 등산입니다.

(21) ③ 趣味(しゅみ) 취미

(22) ② 楽器(がっき) 악기

　「楽」은 음독이 '악'이며 「がく」로 읽고, '락'이면 「らく」로 읽는다. 그리고 「く」 다음에 「か·き·く·け·こ」가 오면 「く」는 「っ」로 바뀐다.

(23) ① 演奏(えんそう) 연주

　N2 수준에서 「奏」는 「演奏」 외에 쓰임이 없다.

　어휘충전 僕(ぼく) 나　登山(とざん) 등산

[7] 재작년과 비교해서 소년 범죄가 2배나 증가했다.

(24) ④ 一昨年(おととし) 재작년

↪ 「一昨年(いっさくねん)」이라고도 읽으며, 「一昨日(おととい) 그저께」와 헷갈리지 않도록 주의하자.

(25) ② 少年(しょうねん) 소년

↪ 「小(ちい)さい 작다」와 「少(すく)ない 적다」의 개념만 알고 있으면, 「小」와 「少」의 구분을 할 수 있을 것이다. 즉 소년은 '나이가 작은 아이'가 아니고 '나이가 적은 아이'이다.

(26) ① 犯罪(はんざい) 범죄

(27) ③ 二倍(にばい) 두 배

↪ 「賠」와 「培」는 N2 수준에서 쓰임이 없는 한자이므로 알아둘 필요는 없다.

(28) ① 増加(ぞうか) 증가

↪ 「贈」는 부수에 「貝 (조개 패)」가 있으므로 '돈이나 금품'과 관련된 어휘에 사용되는데, N2 수준에서는 「贈(おく)り物(もの) 선물」이 있다. 「憎」는 부수에 「心 (마음 심)」이 있으므로 '마음'과 관련된 「憎(にく)い 싫어하다」라는 어휘에서 사용된다.

 ～に比(くら)べて ～와(과) 비교해서

[8] 어쩔 수 없이 농약을 사용하는 경우는, 주변의 환경에 충분히 주의해주세요.

(29) ③ やむを得(え)ず 어쩔 수 없이

(30) ④ 農薬(のうやく) 농약

↪ 「濃(のう 농)」은 N2 수준에서 형용사 「濃(こ)い 진하다」 외에는 쓰임이 없다.

(31) ② 周辺(しゅうへん) 주변

↪ 「周囲(しゅうい) 주위」「辺(あた)り 부근, 근처」도 같이 알아두자.

(32) ① 環境(かんきょう) 환경

↪ 「境」과 비슷한 한자인 「鏡」은 N2 수준에서 「鏡(かがみ) 거울」이라는 단어 외에 쓰임이 없다.

 使用(しよう) 사용　気(き)をつける 주의하다

[9] 철도의 선로를 따라 아름다운 가로수가 심어져 있었다.

(33) ③ 鉄道(てつどう) 철도

↪ 비슷한 한자인 「鋼」은 N2 수준에서 쓰임이 없다.

(34) ② 線路(せんろ) 선로

↪ 「線」은 「綿(めん) 면」「緑(みどり) 초록」「縁(えん) 인연」의 한자와 구분하도록 하자.

(35) ④ 並木(なみき) 가로수

↪ 「並」은 동사로 「並(なら)べる 나열하다」로 쓰이므로 '나열된 나무'라고 생각하면 외우기 쉬울 것이다.

(36) ① 植(う)える 심다

↪ 「植 (심을 식)」은 부수에 「木 (나무 목)」이 있으므로 한자의 구분을 할 수 있을 것이다.

 ～にそって ～을(를) 따라　美(うつく)しい 아름답다

[10] 채점 결과를 발표하겠습니다.

(37) ② 採点(さいてん) 채점

↪ N2 수준에서 「菜」는 「野菜(やさい) 야채」, 「採」는 「採点」 외에 쓰임이 없고, 「彩」는 N1 수준의 한자이다.

(38) ③ 結果(けっか) 결과

## 확인문제 07　➡ p.88

✔정답

| [1] | (1) ③ | (2) ④ | (3) ③ | (4) ② |
| [2] | (5) ① | (6) ③ | (7) ④ | (8) ③ |
| [3] | (9) ② | (10) ④ | (11) ② | |
| [4] | (12) ③ | (13) ① | (14) ② | |
| [5] | (15) ④ | (16) ③ | (17) ② | (18) ④ |
| [6] | (19) ② | (20) ① | (21) ③ | (22) ② |
| [7] | (23) ① | (24) ③ | (25) ④ | |
| [8] | (26) ① | (27) ② | (28) ① | |
| [9] | (29) ④ | (30) ③ | (31) ② | |
| [10] | (32) ② | (33) ② | (34) ① | |

[1] 공격을 하려고 한 순간, 정지 명령이 내려졌다.

(1) ③ 攻撃(こうげき) 공격

↪ 「専攻(せんこう) 전공」은 '공격'과는 관계가 없음에도 「攻 (공격할 공)」을 사용하는 것에 주의하자.

(2) ④ 瞬間(しゅんかん) 순간

↪ '순'으로 읽는 한자 중, 「しゅん」으로 읽는 한자는 「瞬」이고 나머지는 「じゅん」으로 읽는다.

(3) ③ 停止(ていし) 정지

(4) ② 命令(めいれい) 명령

 동사 의지형 + ～とする ～하려고 하다

[2] 신세를 지게 될 친척 일가가, 한 지붕 아래에 같이 사는 것은 방범면에서도 안심할 수 있다.

(5) ① お世話(せわ)になる 신세를 지다

(6) ③ 親戚(しんせき) 친척

↪ 「戚」은 N2 수준에서 「親戚」 외에 쓰임이 없다.

(7) ④ 屋根(やね) 지붕

(8) ③ 防犯面(ぼうはんめん) 방범면

↪ 「防」은 동사 「防(ふせ)ぐ 막다」드 같이 알아두자. 「妨」과 「紡」은 N2 수준에서 쓰임이 없고, 「坊」은 「赤(あか)ん坊(ぼう) 아기」라는 단어를 알아두자.

 一家(いっか) 일가　同居(どうきょ)する 같이 거주하다
安心(あんしん) 안심

[3] 일본의 전통적인 여관에 방문해 보고 싶다.

(9) ② 伝統的(でんとうてき) 전통적

🎵 「転」는 부수에 「車」가 있으므로 「運転(うんてん) 운전」이라는 단어에 사용된다. 그리고 N2 수준에서는 「通」은 「つう」로 읽는다.

(10) ④ 旅館(りょかん) 여관

🎵 「族」은 「家族(かぞく) 가족」에 사용되고, 「管」은 「管理(かんり) 관리」에 사용된다.

(11) ② 訪問(ほうもん) 방문

🎵 다른 사람 집에 찾아가는 것이므로 「門 (문 문)」이라고 착각하기 쉬우니 주의하자.


[4] 호흡 곤란이라는 것은 숨이 막히는 증상입니다.

(12) ③ 呼吸(こきゅう) 호흡

🎵 '숨을 쉬다'라는 의미이므로 '호흡'이라는 한자 둘 다 「口 (입 구)」가 있다고 생각하자.

(13) ① 困難(こんなん) 곤란

🎵 「難 (어려울 난)」인데, 초성이 'ㄴ'인 경우는 일본어로는 「な행」으로 읽는다. 「乱 (어지러울 란)」은 초성이 'ㄹ'이므로 「ら행」으로 읽으며, 「混乱(こんらん) 혼란」이라는 단어를 알아두자.

(14) ② 症状(しょうじょう) 증상

🔲어휘충전 息(いき)が詰(つ)まる 숨이 막히다


[5] 호경기로 소비가 두 배나 급증했다.

(15) ④ 景気(けいき) 경기

🎵 「影 (그림자 영)」이므로 음독이 '경기'와는 맞지 않다. 「景」은 「景色(けしき) 경치」도 같이 암기하자.

(16) ③ 消費(しょうひ) 소비

🎵 「消」는 「削 (깎을 삭)」과 헷갈릴 수 있지만, 「削」은 부수에 「刂 = 刀 (칼 도)」가 있으므로 '깍다'의 뉘앙스를 가진 「削減(さくげん) 삭감」 「削除(さくじょ) 삭제」 등의 어휘에 사용된다.

(17) ② 倍(ばい) 배

🎵 「培」「賠」「陪」는 N2 수준에서 쓰임이 없다.

(18) ④ 激増(げきぞう) 급증

🎵 「贈」는 부수에 「貝 (조개 패)」가 있으므로 '돈이나 금품'과 관련된 어휘에 사용되는데, N2 수준에서는 「贈(おく)り物(もの) 선물」 등이 있다.


[6] 지진에 의한 피해가 정부의 발표보다 더욱 심한 것 같다.

(19) ② 地震(じしん) 지진

🎵 「震」 부수에 「雨」가 있는데, 「地震」도 날씨 종류라고 생각하면, 「振」과 헷갈리지 않을 것이다.

(20) ① 寄(よ)る 의하다

(21) ③ 被害(ひがい) 피해

🎵 「被」와 비슷한 한자로 「皮(かわ) 가죽」 「彼(かれ) ユ」 「疲(つか)れる 피곤하다」 등이 있다.

(22) ② 政府(せいふ) 정부

🎵 「府」는 N2 수준에서 「政府」 외에 쓰임이 없다.


[7] 요즘의 기후 변화 원인을 추정할 수 있는 것이 발견되었다.

(23) ① 気候(きこう) 기후

🎵 「候」는 「喉」와 비슷하지만, 「喉」는 부수에 「口 (입 구)」가 있으므로 '입'과 관련된 「喉(のど) 목(구멍)」에 사용된다.

(24) ③ 原因(げんいん) 원인

🎵 「嫄」은 N2 수준에서 쓰임이 없고 「願」은 「お願(ねが)い 부탁」, 「源」은 「資源(しげん) 자원」이 있다.

(25) ④ 推定(すいてい) 추정

🎵 비슷한 한자를 사용하는 「維持(いじ) 유지」 「抽象(ちゅうしょう) 추상」도 같이 알아두자.

🔲어휘충전 近年(きんねん) 요즘　変化(へんか) 변화　見(み)つける 발견하다


[8] 괴로울 때도 있었지만 혼자하는 여행도 자신에게 있어서는 좋은 경험이 되었다.

(26) ① 苦(くる)しい 괴롭다

(27) ② 旅(たび) 여행

🎵 「旅行(りょこう)」와 같은 의미다.

(28) ① 経験(けいけん) 경험

🎵 「験」을 사용하는 N2 수준 어휘는 '경실시체수' 즉, 「経験」 「実験(じっけん) 실험」 「試験(しけん) 시험」 「体験(たいけん) 체험」 「受験(じゅけん) 수험」이 있다.

🔲어휘충전 ～にとって ～에 있어서


[9] 다음 주부터는 실제로 배를 이용한 훈련을 시작한다.

(29) ④ 実際(じっさい) 실제

🎵 「際」「祭 제는 「さい」로 읽는데, 「祭」는 N2 수준에서 「祭(まつ)り 축제」 말고 쓰임이 없다. 「察」와 「擦」는 「さつ」로 읽는데, 「察」는 「宀 (갓머리) – 모자라고 생각」가 있으므로 '경찰이 모자를 쓰고 있다'고 생각하여, 「警察(けいさつ) 경찰」 「観察(かんさつ)」을 연상하도록 하고, 「擦」는 부수에 「扌(手) (손 수)」가 있으므로 '손으로 비비다'고 생각하여, 「摩擦(まさつ) 마찰」을 연상하도록 하자. 「摩」에도 「扌(手) (손 수)」가 있다.

(30) ③ 船(ふね) 배

(31) ② 訓練(くんれん) 훈련

🎵 '훈련'은 「練習(れんしゅう) 연습」을 하는 것이므로 「練」이라는 한자를 사용한다는 것을 알아두자.

🔲어휘충전 来週(らいしゅう) 다음 주　利用(りよう) 이용　始(はじ)める 시작하다

[10] 후배의 결혼식 사회는 영업부의 야마다 씨가 담당하기로 했다.

(32) ② 司会(しかい) 사회

　　→ N2 수준에서 「司」를 사용하는 어휘는 「司会」「上司(じょう
　　　し) 상사」뿐이다.

(33) ② 営業部(えいぎょうぶ) 영업부

(34) ① 担当(たんとう) 담당

　　어휘충전 後輩(こうはい) 후배


## 확인문제 08　　→ p.93

✓정답
[1] (1) ① (2) ② (3) ①
[2] (4) ④ (5) ③ (6) ① (7) ② (8) ④
[3] (9) ④ (10) ② (11) ④ (12) ① (13) ③
[4] (14) ④ (15) ② (16) ① (17) ④
[5] (18) ② (19) ④ (20) ③ (21) ①
[6] (22) ② (23) ③ (24) ① (25) ②
[7] (26) ③ (27) ④ (28) ③ (29) ②
[8] (30) ① (31) ④ (32) ②


[1] 이 수영복은 꽃무늬가 많이 있는 것이 특징입니다.

(1) ① 水着(みずぎ) 수영복

　　→ 「服」은 「着」과 의미가 비슷하므로 헷갈릴 수 있지만, 「服」의
　　　음독은 「服(ふく) 옷」이다.

(2) ② 花柄(はながら) 꽃무늬

(3) ① 特徴(とくちょう) 특징

　　→ 「懲」은 N2 수준에서 쓰임이 없다.


[2] 이 책은 교육현장에서 주의해야할 어린이를 다루는 방법의 문
제에 대해서 문답형식으로 구성되어 있다.

(4) ④ 現場(げんば) 현장

　　→ 「職場(しょくば) 직장」「場面(ばめん) 장면」「牧場(ぼく
　　　じょう) 목장」도 같이 알아두자.

(5) ③ 扱(あつか)い方(かた) 취급 방법

　　→ 「扱(あつか)う 취급하다」는 부수에 「扌(手) (손 수)」가 있으
　　　므로 '손으로 다루다'의 뉘앙스를 가지고 있다.

(6) ① 問答(もんどう) 문답

　　→ 「答」은 「問答」을 제외하고 전부 「とう」로 읽는다.

(7) ② 形式(けいしき) 형식

　　→ 「刑」은 부수에 「刂＝刀 (칼 도)」가 있으므로 '칼'과 관련된 「死
　　　刑(しけい) 사형」「刑事(けいじ) 형사」 등의 단어에 사용
　　　된다.

(8) ④ 構成(こうせい) 구성


　　→ 「講」 강은 부수에 「言 (말씀 언)」이 있으므로 '말'과 관련된 「講
　　　義(こうぎ) 강의」「講師(こうし) 강사」「講堂(こうどう)
　　　강당」 등의 단어에 사용된다.

　　어휘충전 教育(きょういく) 교육　注意(ちゅうい) 주의
　　　　　　～べきだ ～해야만 한다　問題(もんだい) 문제


[3] 건강을 유지하는 데 있어서 중요한 생활 습관병을 예방하기 위
해 규칙적으로 운동을 하고 있다.

(9) ④ 健康(けんこう) 건강

　　→ 「建」은 N2 수준에서 「建設(けんせつ) 건설」「建(た)てる
　　　세우다」 외에 쓰임이 없다.

(10) ② 維持(いじ) 유지

　　→ 「維」는 N2 수준에서 「維持」 외에 쓰임이 없다.

(11) ④ 習慣(しゅうかん) 습관

　　→ 「週間(しゅうかん) 주간」과 동음이의어이다.

(12) ① 予防(よぼう) 예방

　　→ 「防(ふせ)ぐ 막다」도 같이 암기하자.

(13) ③ 規則的(きそくてき) 규칙적

　　→ 「側 (측)」은 부수에 「イ (사람 인)」이 있으므로 '사람의 오른쪽,
　　　왼쪽'이라는 개념으로 이해를 하면, 「右側(みぎがわ) 우측」
　　　「両側(りょうがわ) 양측」 등의 어휘에 사용된다는 것을 알
　　　수 있다.

　　어휘충전 동사 현재형 ＋ ～上(うえ)で ～하는 데 있어서
　　　　　　病(びょう) 병


[4] 큰 무덤 앞에 버스정류장이 있었지만, 매표소는 상당히 떨어져
있었다.

(14) ④ 墓(はか) 무덤

　　→ 부수에 「土 (흙 토)」가 있으므로 한자를 이해할 수 있을 것이다.

(15) ② バス停(てい) 버스 정류장

　　→ 「亭」은 N2 수준에서 「料亭(りょうてい) 요정」 외에는 쓰임
　　　이 없다.

(16) ① 売(うり)場(ば) 매장

　　→ 「買(か)う 사다」와 「売(う)る 팔다」로 한자를 이해하면, 「買」
　　　와 「売」의 구분을 할 수 있을 것이다.

(17) ④ 離(はな)れる 벗어나다, 떨어지다

　　어휘충전 相当(そうとう) 상당


[5] 범인은 경찰을 피해서 언덕 방향으로 도강갔다.

(18) ② 避(さ)ける 피하다

(19) ④ 坂(さか) 비탈길

　　→ N2 수준에서 가장 많이 출제된 어휘이므로 반드시 암기하자.

(20) ③ 方角(ほうがく) 방위, 방향

　　→ 「角」은 「方角」만 「がく」로 읽고 나머지는 「かく」로 읽는다.

(21) ① 逃(に)げる 도망가다

　　 犯人(はんにん) 범인　警察(けいさつ) 경찰

6 이상한 간판과 표지판을 모아서 전시회를 열었다.

　　(22) ② 看板(かんばん) 간판

　　　🔁 「看」은 N2 수준 어휘에서 위의 '간판' 외에 「看護婦(かんご
　　　　ふ) 간호사」도 있다.

　　(23) ③ 標識(ひょうしき) 표지판

　　(24) ① 集(あつ)める 모으다

　　　🔁 자동사「集(あつ)まる 모이다」도 같이 암기하자.

　　(25) ② 展示会(てんじかい) 전시회

　　　🔁 「指示(しじ) 지시」「掲示(けいじ) 게시」도 같이 알아두자.

　　 変(へん)だ 이상하다　開(ひら)く 열다, 개최하다

7 옛날부터 '수면의 역할은 무엇인가?'라고 질문을 해 왔지만, 아
　직까지 만족스러운 대답은 없다.

　　(26) ③ 睡眠(すいみん) 수면

　　　🔁 「睡」와 「眠」은 「睡眠」 외에 쓰임이 없고, 「垂」는 「垂直(すい
　　　　ちょく) 수직」이라는 단어에 사용된다.

　　(27) ④ 役割(やくわり) 역할

　　　🔁 「害」가 N2 수준에서 사용되는 단어는 「災害(さいがい) 재
　　　　해」「被害(ひがい) 피해」가 있다.

　　(28) ③ 問(と)う 묻다

　　(29) ② 満足(まんぞく) 만족

　　 古(ふる)い 오래되다　いまだに 아직까지

8 물을 넣기 위해 용기의 내용물을 비웠다.

　　(30) ① 容器(ようき) 용기

　　　🔁 「溶」은 N2 수준에서 「溶岩(ようがん) 용암」「溶(と)ける
　　　　녹다」외에는 쓰임이 없다.

　　(31) ④ 中身(なかみ) 내용물

　　　🔁 보기의 한자는 「仲(なか) 사이, 관계」이고, 「実(み) 열매」이다.

　　(32) ② 空(から) 비움, 텅 빔

# Part 2 실전 대비 집중 훈련
## 1 問題 1 한자 읽기

연습문제 01　　　　　　　　　　　➤ p.99

✓정답　1 ①　　2 ②　　3 ④　　4 ①　　5 ③

1 ① 列島(れっとう) 열도
　일본 열도는 전국적으로 비가 내린다고 합니다.
　　🔁 「島」는 「鳥(とり) 새」와 비슷하므로 주의하도록 하고, 촉음
　　　「つ 큰 것」과 「っ 작은 것」의 구분은 뒤에 오는 ひらがな에
　　　「にごり 탁음」이 있으면 「つ 큰 것」이 오고, 뒤에 오는 「ひら
　　　がな」에 「にごり 탁음」이 없으면 「っ 작은 것」이 온다. 예를
　　　들면 「発展(はってん) 발전」「発電(はつでん) 발전」을 공
　　　식에 적용시켜 보면 알 수 있을 것이다.
　　 全国的(ぜんこくてき) 전국적

2 ② 出生(しゅっしょう) 출생
　아이의 출생 신고서를 제출했습니다.
　　🔁 「生」을 「せい」로 읽지 않도록 주의하자.
　　 ～届(とどけ) ～신고서　出(だ)す 내다

3 ④ 大会(たいかい) 대회
　다음 주부터 대회가 열린다.

4 ① 戻(もど)る 돌아오다
　아들은 아직 돌아오지 않았습니다만.
　　 息子(むすこ) 아들

5 ③ 濃(こ)い 진하다
　색이 너무 진해서 싫습니다.
　　 色(いろ) 색　あまりにも 너무

연습문제 02　　　　　　　　　　　➤ p.99

✓정답　1 ②　　2 ①　　3 ②　　4 ②　　5 ①

1 ② 増加(ぞうか) 증가
　박람회가 응모자의 증가로 경쟁이 심해졌다.
　　🔁 '감소'는 「減少(げんしょう)」이고, '증감'은 「増減(ぞうげ
　　　ん)」이다.

 博覧会(はくらんかい) 박람회
応募者(おうぼしゃ) 응모자
競争(きょうそう) 경쟁　激(はげ)しい 격렬하다

2 ① 裁判(さいばん) 재판
오랜 세월에 걸친 재판에 이겼다.

> 「裁」와 「栽」가 헷갈릴 수도 있지만, 「栽」는 부수에 「木 (나무 목)」이 있으므로 '나무'와 관련된 「栽培(さいばい) 재배」라는 단어에 사용하지만, N2 수준 어휘는 아니다.

 長年(ながねん) 오랜 세월　〜にわたった 〜에 걸친
勝(か)つ 이기다

3 ② 噴火(ふんか) 분화
화산의 분화를 예지하는 것은 상당히 어렵다.

> 「噴」은 부수에 「口 (입 구)」가 있으므로 '입으로 내뿜다'의 뉘앙스를 가진 한자이다. 다른 예로서 「噴水(ふんすい) 분수」 「噴出(ふんしゅつ) 분출」이 있는데, 「憤慨(ふんがい) 분개」는 부수에 「忄(心) (마음 심)」이 있으므로 마음과 관련된 어휘로 쓰이나, N2 수준 한자는 아니다.

 火山(かざん) 화산　予知(よち) 예지

4 ② 削(けず)る 깎다
국회에 의해서 복지예산이 큰 폭으로 삭감되었다.

 国会(こっかい) 국회　〜によって 〜에 의해서
福祉(ふくし) 복지　予算(よさん) 예산
大幅(おおはば) 큰 폭

5 ① 炊(た)く 밥을 짓다
어머니는 밥을 짓거나 해서 바쁜 것 같다.

## 연습문제 03

→ p.100

 1 ②　2 ①　3 ③　4 ②　5 ②

1 ② 文房具(ぶんぼうぐ) 문방구
학교 앞에는 많은 문방구점이 있습니다.

 〜屋(や) 〜가게

2 ① 展開(てんかい) 전개
사건은 새로운 전개를 보이고 있다.

 事件(じけん) 사건　新(あら)ただ 새롭다
見(み)せる 보여주다

3 ③ 読書(どくしょ) 독서
요즘 어린이는 그다지 독서를 하지 않는다.

> '독'으로 읽는 한자 중 「とく」로 읽는 것은 「督」하나 뿐인데, N2 수준 어휘로서는 「監督(かんとく) 감독」이 있다.

 今(いま)どき 요즘

4 ② 怠(なま)ける 게으름피우다
다음 주 시험이라서, 게으름피울 여유 따위 없다.

 来週(らいしゅう) 다음 주　試験(しけん) 시험
暇(ひま) 틈, 한가함

5 ② 悔(くや)しい 억울하다, 분하다
그것을 실행할 용기가 없는 것이 스스로 분했었다.

 実行(じっこう) 실행　勇気(ゆうき) 용기
自分(じぶん)ながら 스스로

## 연습문제 04

→ p.100

 1 ①　2 ③　3 ②　4 ④　5 ②

1 ① 南極(なんきょく) 남극
내년은 남극대륙을 탐험할 생각이다.

> '북극'은 「北極(ほっきょく)」이다.

 大陸(たいりく) 대륙　探検(たんけん) 탐험

2 ③ 農産物(のうさんぶつ) 농산물
올해는 태풍이 많았기 때문에 농산물 가격이 올랐다.

> 「○○物」은 「洗濯物(せんたくもの) 세탁물」을 제외하고 전부 「○○ぶつ」로 읽고, 「○物」은 「貨物(かもつ) 화물」 「禁物(きんもつ) 금물」 「作物(さくもつ) 작물」 「穀物(こくもつ) 곡물」 「書物(しょもつ) 책」을 제외하고는 전부 「○ぶつ」로 읽는다. 위의 예외 단어를 외울 때는 '화금작곡서'는 「○もつ」라고 외우면 편할 것이다.

 台風(たいふう) 태풍　価格(かかく) 가격
上(あ)がる 오르다

3 ② 付属(ふぞく) 부속
차의 부속품은 왜 비쌀까?

4 ④ 求(もと)める 구하다, 요구하다
조합은 회사 측에 급료를 올리도록 요구했다.

 組合(くみあい) 조합　会社側(かいしゃがわ) 회사 측
給料(きゅうりょう) 급료　上(あ)げる 올리다

5 ② 憎(にく)い 밉다
항상 이상한 말을 하니까 미운 녀석이다.

어휘총정리 変(へん)だ 이상하다　ずるい 교활하다, 약삭바르다
おしい 아깝다　つらい 괴롭다

## 연습문제 05

→ p.101

✓정답　1 ③　2 ③　3 ①　4 ②　5 ③

1 ③ 納得(なっとく) 납득
구체적인 예를 들어서 설명해도 그는 좀처럼 납득하지 않을
것이다.

↪ 동사 「納(おさ)める 납부하다」도 같이 알아두자.

어휘총정리 具体的(ぐたいてき) 구체적　例(れい) 예

2 ③ 超過(ちょうか) 초과
그 차는 속도 제한을 30킬로미터나 초과했다.

어휘총정리 速度(そくど) 속도　制限(せいげん) 제한

3 ① 節約(せつやく) 절약
전철로 가면 시간을 절약하게 돼.

↪ 「調節(ちょうせつ) 조절」도 같이 알아두자.

4 ② 祝(いわ)う 축하하다
작년 학교의 창립 50주년 기념일을 축하했다.

어휘총정리 昨年(さくねん) 작년　創立(そうりつ) 창립
周年(しゅうねん) 주년　記念日(きねんび) 기념일

5 ③ 眩(まぶ)しい 눈부시다
열대의 태양이 눈부시게 내리쬐었다.

어휘총정리 熱帯(ねったい) 열대　太陽(たいよう) 태양
照(て)りつける 내리쬐다

## 연습문제 06

→ p.101

✓정답　1 ①　2 ③　3 ①　4 ②　5 ②

1 ① 休講(きゅうこう) 휴강
교수가 병 때문에 2주일 휴강했다.

↪ 「講」은 부수에 「言 (말씀 언)」이 있으므로 '말'과 관련된 어휘에
사용되는데, 「講演(こうえん) 강연」 「講師(こうし) 강사」
「講堂(こうどう) 강당」 등에 사용된다.

어휘총정리 教授(きょうじゅ) 교수

2 ③ 結論(けつろん) 결론
결론으로서 선생님의 의견에 찬성입니다.

어휘총정리 ～として ～로서　意見(いけん) 의견
賛成(さんせい) 찬성

3 ① 国籍(こくせき) 국적
국적 불명의 비행기가 날고 있었다.

↪ 「戸籍(こせき) 호적」 「本籍(ほんせき) 본적」 「書籍(しょ
せき) 서적」도 같이 알아두자.

어휘총정리 不明(ふめい) 불명　飛行機(ひこうき) 비행기
飛(と)ぶ 날다

4 ② 拾(ひろ)う 줍다, 건지다
그는 여차할 찰나에 목숨을 구했다.

어휘총정리 危(あや)うい 위태롭다　命(いのち) 목숨

5 ② 塗(ぬ)る 칠하다
아이는 그림에 색을 칠했다.

## 연습문제 07

→ p.102

✓정답　1 ④　2 ③　3 ②　4 ②　5 ①

1 ④ 領事館(りょうじかん) 영사관
나는 대학을 졸업하고 나서 계속 영사관에 근무하고 있다.

↪ 「領」의 음독을 「れい」로 착각하기 쉬운데, 「大統領(だい
とうりょう) 대통령」을 생각하면 음독이 「りょう」라는 것
을 알 수 있다. 「大使館(たいしかん) 대사관」도 같이 암기
하자.

어휘총정리 ～に勤(つと)める ～에 근무하다

2 ③ 別荘(べっそう) 별장
그는 별장도 가지고 있는 부자이다.

어휘총정리 持(も)つ 들다, 가지다　金持(かねも)ち 부자

3 ② 表現(ひょうげん) 표현
그의 작품에는 자연을 사랑하는 마음이 잘 표현되어 있다.

↪ 「現」이 들어가는 명사는 시험에 자주 출제되는데, 「出現(し
ゅつげん) 출현」 「現実(げんじつ) 현실」 「現場(げんば)
현장」 등도 같이 알아두자.

어휘총정리 愛(あい)する 사랑하다

④ 吐(は)く 토하다
차멀미를 해서 토할 것 같았다.

> 어휘충전 車(くるま)に酔(よ)う 차멀미를 하다
> 동사 ます형 + ～そうだ ～인(할) 것 같다

⑤ ① 冷(ひ)やす 식히다
환자의 머리를 얼음으로 식혔다.

> 어휘충전 病人(びょうにん) 환자　氷(こおり) 얼음


## 연습문제 08 → p.102

✓정답　1 ③　2 ④　3 ④　4 ③　5 ②

1 ③ 整理(せいり) 정리
저 길에서는 마라톤을 위해서 교통정리가 행하지고 있다.

> 동사 「整(ととの)う」 정리되다, 합쳐지다 「整(ととの)え
> る 정리하다, 합치다」도 같이 암기하자.

> 어휘충전 通(とお)り 길　交通(こうつう) 교통
> 行(おこな)う 행하다

2 ④ 直角(ちょっかく) 직각
두 개의 선은 직각을 이루고 있다.

> 「直」의 음독은 「ちょく」「角」의 음독은 「かく」이다. 따라서
> 두 단어를 합치면 「ちょくかく」인데, 일본어는 「く」 다음에
> 「か・き・く・け・こ」가 오면 「く」가 촉음 「っ」으로 바뀌는 성질
> 이 있으므로 「ちょっかく」로 읽는 것이다. 그리고 「直」의 예
> 외 단어는 「正直(しょうじき) 정직」이 있고, 「角」의 예외 단
> 어는 「方角(ほうがく) 방향」이 있다.

> 어휘충전 線(せん) 선　成(な)す 이루다

3 ④ 釣(つ)り 낚시
이번 주말에 낚시하러 가자.

> 어휘충전 出掛(でか)ける 외출하다

4 ③ 悔(く)やむ 후회하다, 애석하게 여기다
그런 짓을 하면 나중에 후회하게 돼.

> 어휘충전 後(あと)で 나중에

5 ② 怒(おこ)る 화내다
입을 잘못 놀려 그녀를 화나게 해 버렸다.

> 어휘충전 口(くち)をすべらす 말실수하다


## 연습문제 09 → p.103

✓정답　1 ④　2 ④　3 ③　4 ②　5 ①

1 ④ 概論(がいろん) 개론
영문학 개론은 매우 어렵다.

> 「概」의 한자에 부수가 「木 (나무 목)」이 있다는 것을 주의하고,
> 음독도 「かい」가 아닌 「がい」라는 것도 알아두어야 한다.

> 어휘충전 英文学(えいぶんがく) 영문학

2 ④ 汚染(おせん) 오염
환경오염 문제는 심각하다.

> 「染」의 음독이 「せん」인 것에 주의해야 하는데, 그 외에 「感
> 染(かんせん) 감염」「伝染(でんせん) 전염」도 같이 알아
> 두자.

> 어휘충전 環境(かんきょう) 환경　深刻(しんこく) 심각

3 ③ 基礎(きそ) 기초
저는 영어를 기초부터 다시 할 생각입니다.

> 「基」의 한자에 「土 (흙 토)」가 있어서 '토대'의 뉘앙스를 가지고
> 있는데, 그 외에 「基盤(きばん) 기반」「基本(きほん) 기본」
> 도 같이 알아두자.

> 어휘충전 やり直(なお)す 새로 하다

4 ② 脱(ぬ)ぐ 벗다
그녀가 코트를 벗는 것을 도와주었다.

5 ① 辛(から)い 맵다
이 카레라이스는 너무 매워서 먹을 수 없다.

> 어휘충전 형용사 어간 + ～すぎる 지나치게(너무) ～하다


## 연습문제 10 → p.103

✓정답　1 ①　2 ②　3 ②　4 ④　5 ④

1 ① 監督(かんとく) 감독
종업원의 감독을 엄하게 할 필요가 있다.

> '독'으로 읽는 한자 중 「とく」로 읽는 것은 「督」뿐인데, 이 한
> 자가 들어가는 어휘는 N2 수준에서 「監督」뿐이다.

> 어휘충전 従業員(じゅうぎょういん) 종업원　厳(きび)しい 엄하다

2 ② 原稿(げんこう) 원고
그녀는 원고를 쓰며 생활하고 있다.

3 ② 削除(さくじょ) 삭제
마지막 말을 본문에서 삭제했다.

> 「削」이라는 한자에 있는 「刂」는 「刀 (칼 도)」의 변형이다. 따라
서 「削」은 '칼'과 관련이 있는 「削減(さくげん) 삭감」 등의
어휘에 사용되는데, 「消化(しょうか) 소화」라는 한자와 구분
해 두자. 「除」는 「徐」와 비슷한데, 「徐」가 N2 수준에서 사용되
는 어휘는 「徐々(じょじょ)に 서서히」뿐이다.

어휘충전 語(ご) 말　本文(ほんぶん) 본문

4 ④ 慣(な)れる 익숙해지다
그는 바로 새로운 환경에 익숙해졌다.

어휘충전 環境(かんきょう) 환경

5 ④ 賑(にぎ)やかだ 번화하다, 떠들썩하다
상점가는 항상 떠들썩하다.

어휘충전 商店街(しょうてんがい) 상점가

# 2 問題2 한자 표기

## 연습문제 01
→ p.105

√정답　6 ②　7 ②　8 ①　9 ④　10 ①

6 ② 往復(おうふく) 왕복
그곳까지는 왕복 2시간 걸립니다.

> 「往」의 쓰임은 N2 수준에서 「往来(おうらい) 왕래」「往復」
뿐인데, 「往」과 「復」은 부수가 같다.

7 ② 期限(きげん) 기한
기한은 다음 주까지입니다.

> 부수에 「月 (달 월) – 세월과 관련됨」이 있으므로 '토대'의 뉘앙
스를 가진 「基 – 부수에 '土(흙 토)'가 있음」와 구분을 할 수 있
을 것이다.

어휘충전 来週(らいしゅう) 다음 주

8 ① 郊外(こうがい) 교외
교외 쪽은 역시 공기가 맑군요.

> 「郊」는 「効」와 헷갈릴 수 있지만, 「効」는 부수에 「力 (힘 력)」이
있으므로 '힘'과 관련된 「効果(こうか) 효과」「実効(じっこ
う) 실효」 등의 어휘에 사용된다.

어휘충전 空気(くうき) 공기　済(す)む 맑다

9 ④ 雇(やと)う 고용하다
경험이 풍부한 그를 채용해 주는 곳은 없었다.

어휘충전 経験(けいけん) 경험　豊(ゆた)かだ 풍부하다

10 ① 迷(まよ)う 헤매다, 망설이다
진학을 할지 취직을 할지 망설이고 있다.

어휘충전 進学(しんがく) 진학　就職(しゅうしょく) 취직


## 연습문제 02
→ p.105

√정답　6 ②　7 ④　8 ①　9 ④　10 ①

6 ② 製造(せいぞう) 제조
이 공장에서는 하루에 500대의 컴퓨터를 제조하고 있다.

> 「製」는 '만들다 – 부수에 「衣 (옷 의)」가 있을 때는 만들다는
뜻을 가짐'의 뉘앙스를 가지고 있는데, 「製品(せいひん) 제
품」「製作(せいさく) 제작」 등의 어휘에 사용되고, 「制」는
'규제'의 뉘앙스를 가진 한자로서 「規制(きせい) 규제」「制

限(せいげん) 제한」「制度(せいど) 제도」 등의 어휘에 사용된다.

어휘충전 工場(こうじょう) 공장　〜台(だい) 〜대

[7] ④ 開催(かいさい) 개최
미술전은 1월 20일부터 2월 20일까지 개최된다.

어휘충전 美術展(びじゅつてん) 미술전

[8] ① 預金(よきん) 예금
매월 3만엔 씩 은행에 예금하고 있다.

꿀팁 「貯」는 한국어 음독이 '저'로, 「貯金(ちょきん) 저금」이라는 단어에 사용된다.

어휘충전 毎月(まいつき) 매월　〜万円(まんえん) 〜만 엔
　〜ずつ 〜씩　銀行(ぎんこう) 은행

[9] ④ 含(ふく)む 포함하다, 내포하다
그 단체에는 여성 5명이 포함되어 있다.

어휘충전 団体(だんたい) 단체　女性(じょせい) 여성

[10] ① 黙(だま)る 침묵하다, 무단으로
다른 사람의 물건을 무단으로 사용하는 것은 좋지 않다.

어휘충전 他人(たにん) 타인, 다른 사람


## 연습문제 03

→ p.106

✓정답　[6] ①　[7] ①　[8] ③　[9] ③　[10] ③

[6] ① 緯度(いど) 위도
위도라는 것은 경도와 함께, 지구 상의 위치를 나타내는 좌표 중 하나다.

꿀팁 「偉」, 「違」와 「緯」, 「衛」를 구분하는 방법으로 「偉」와 「緯」는 공통된 한자 왼쪽에 하나의 한자만 있으므로 음독이 「い – 한 음절」이고, 「衛」는 공통된 한자 양쪽에 두 개의 한자가 있으므로 음독이 「えい – 두 음절」이라고 알아두자. 그리고 「偉」와 「緯」의 구분은 「緯」는 부수에 「糸 (사람 인)」이 있으므로 사람과 관련된 「偉大(いだい) 위대」라는 단어가 있다. 참고로 「緯」는 N2 수준에서 「緯度」외에는 쓰임이 없다.

어휘충전 経度(けいど) 경도　〜とともに 〜와 함께
　地球上(ちきゅうじょう) 지구 상　位置(いち) 위치
　示(しめ)す 나타내다　座標(ざひょう) 좌표

[7] ① 意識(いしき) 의식
그는 3시간 후에 의식을 회복했다.

꿀팁 「職」은 '직업'과 관련된 어휘에 사용되는데 「職業(しょくぎょう) 직업」「就職(しゅうしょく) 취직」 등의 어휘가 있다. 「織」는 N2 수준에서 「組織(そしき) 조직」 외에 쓰임이 없다. 그 외에 「識」는 한국어 음이 '식'이므로 앞의 두 단어 '직'과 구분할 수 있을 것이다.

어휘충전 〜時間後(じかんご) 〜시간 후　回復(かいふく) 회복

[8] ③ 援助(えんじょ) 원조
원조교제가 사회문제가 되었다.

어휘충전 交際(こうさい) 교제

[9] ③ 防(ふせ)ぐ 막다
관리를 잘하면 충치는 막을 수 있다.

어휘충전 手入(てい)れ 손질　虫歯(むしば) 충치

[10] ③ 貼(は)る 붙이다
편지에 우표를 붙이는 것을 잊었다.


## 연습문제 04

→ p.106

✓정답　[6] ④　[7] ③　[8] ①　[9] ①　[10] ③

[6] ④ 調整(ちょうせい) 조정
의장은 의견을 조정해야만 한다.

꿀팁 「彫」는 「彫刻(ちょうこく) 조각」이라는 단어 하나뿐이고, 「整」은 「整理(せいり) 정리」처럼 '무언가를 정리하고 조정하다'라는 뉘앙스를 가진 한자이다.

어휘충전 議長(ぎちょう) 의장　〜すべきだ 〜해야만 한다

[7] ③ 植物(しょくぶつ) 식물
모든 식물이 서리로 못 쓰게 되었다.

꿀팁 「植」는 부수에 「木 (나무 목)」이 있으므로 '나무'와 관련된 어휘에 사용된다.

어휘충전 霜(しも) 서리

[8] ① 歓待(かんたい) 환대
저 부부는 초대한 손님을 환대했다.

꿀팁 「歓迎(かんげい) 환영」이라는 단어도 같이 알아두자. 「観」는 부수에 「見 (볼 견)」이 있으므로 '보다'의 뉘앙스를 가진 「観光(かんこう) 관광」「観覧(かんらん) 관람」 등의 어휘에 사용되며, 「勧」는 N2 수준에서 명사에 적용되는 예는 없고, 동사로서 「勧(すす)める 권유하다」가 있다.

어휘충전 夫婦(ふうふ) 부부
　招待客(しょうたいきゃく) 초대한 손님

9 ① 責(せ)める 책망하다
사장님은 나의 부주의를 책망했다.

 社長(しゃちょう) 사장　不注意(ふちゅうい) 부주의

10 ③ 勧(すす)める 권유하다
저 사람에게 생명보험에 들도록 권유해도 소용없다.

 生命(せいめい) 생명　保険(ほけん) 보험
無駄(むだ)だ 소용없다

## 연습문제 05　→ p.107

✓정답　6 ②　7 ③　8 ①　9 ③　10 ④

6 ② 衣服(いふく) 의복
면접 전에 한 번 더 의복을 단정히 했다.

「復」은 「往復(おうふく) 왕복」에 사용되고, 「販」는 부수에 「貝 (조개 패)」가 있으므로 돈과 관련된 어휘 「販売(はんばい) 판매」에 사용되고, 「腹 (배 복)」은 부수에 「月 (달 월)」이 있지만, 「肉 (고기 육)」이 부수가 되면 「月」로 바뀌므로 신체 부위와 관련된 어휘에 사용된다.

 面接(めんせつ) 면접　前(まえ) 전　一度(いちど) 한 번
整(ととの)える 정리하다, 정돈하다, 단정히 하다

7 ③ 延期(えんき) 연기
편지의 답장을 쓰는 것을 며칠 연기했다.

「暮」는 부수에 「日 (날 일)」이 있는데 명사에서는 쓰임이 없고 동사로서 「暮(く)れる 날이 저물다」와 「暮(く)らす 생활하다」가 있다. 「基」는 부수에 「土 (흙 토)」가 있으므로 '토대'의 뉘앙스를 가진 「基盤(きばん) 기반」 「基礎(きそ) 기초」 「基本(きほん) 기본」에 사용된다. 「勘」는 「勘定(かんじょう) 계산」 「割(わ)り勘(かん) 각자 부담」의 어휘에 사용된다.

 数日(すうじつ) 며칠, 여러 날

8 ① 基盤(きばん) 기반
그의 표는 농촌지방을 기반으로 하고 있다.

「般」과 헷갈릴 수 있으나 「般」은 「一般(いっぱん) 일반」 외에는 쓰임이 없다.

 票(ひょう) 표　農村(のうそん) 농촌　地方(ちほう) 지방

9 ③ 触(ふ)れる 만지다, 언급하다
신문에서는 그 사고에 관한 것은 아무것도 언급되어 있지 않다.

10 ④ 喜(よろこ)ぶ 기뻐하다
그는 인사이동을 기뻐하지 않았다.

 人事(じんじ) 인사　異動(いどう) 이동

## 연습문제 06　→ p.107

✓정답　6 ④　7 ③　8 ①　9 ①　10 ①

6 ④ 洗濯(せんたく) 세탁
이 얼룩은 세탁해도 지워지지 않는다.

「濯」는 능력시험에서는 취급하지 않는 한자이고, 「曜」는 부수에 「日 (날 일)」이 있으므로 날짜와 관련이 있는 「曜日(よう び) 요일」에 사용된다. 「躍」은 N2 수준에서 「活躍(かつや く) 활약」외에는 쓰임이 없으며, 「濯」은 부수에 「氵(삼수 변)」이 있으므로 물과 관련된 어휘에 사용된다.

 しみ 얼룩　落(お)ちる 떨어지다

7 ③ 倉庫(そうこ) 창고
이사할 때 가구는 창고에 맡겼다.

「倉」과 「創」이 헷갈릴 수 있지만, 「倉」은 「倉庫」외에 쓰임이 없다.

 引(ひ)っ越(こ)す 이사하다　家具(かぐ) 가구
預(あず)ける 맡기다

8 ① 宣伝(せんでん) 선전
유럽 영화제에서 상을 받은 것은 그 영화의 큰 선전이 되었다.

「伝」과 「転」이 헷갈릴 수 있지만, 「転」은 부수에 「車」가 있으므로 「運転(うんてん) 운전」을 생각하면 음독의 차이와 한자의 구별을 할 수 있을 것이다.

 映画祭(えいがさい) 영화제　賞(しょう) 상
得(え)る 얻다

9 ① 散(ち)らす 흩뜨리다, 어지르다
천정에서 무대에 종이조각을 날렸다.

 天井(てんじょう) 천정　舞台(ぶたい) 무대
紙吹雪(かみふぶき) 잘게 썬 색종이

10 ① 迫(せま)る 다가오다, 다가가다
우리들은 겨우 산 정상에 다가갔다.

 頂上(ちょうじょう) 정상

✓정답   6 ④   7 ②   8 ③   9 ③   10 ②

6 ④ 酸性(さんせい) 산성
이 약품을 첨가하면 산성이 된다.
어휘충전 薬品(やくひん) 약품　加(くわ)える 가하다

7 ② 催促(さいそく) 재촉
그에게 빚의 변제를 재촉했다.
「催」는 한글 음으로 '재', '최'인데, '재'로 읽는 N2 수준 어휘는 「催促」뿐이고, '최'로 읽는 N2 수준 어휘는 「主催(しゅさい) 주최」「開催(かいさい) 개최」의 두 개가 있다.
어휘충전 借金(しゃっきん) 빚　返済(へんさい) 변제

8 ③ 警備(けいび) 경비
테러 방지를 위해 회장의 경비 태세를 강화했다.
「驚」은 「驚(おどろ)く 놀라다」에 사용되는 동사이고, N2 수준에서는 명사로서는 쓰임이 없다.
어휘충전 防止(ぼうし) 방지　会場(かいじょう) 회장
態勢(たいせい) 태세　強化(きょうか) 강화

9 ③ 詰(つ)める 채우다
이사하기 위해 종이상자에 책을 채웠다.
어휘충전 引(ひ)っ越(こ)す 이사하다

10 ② 浮(う)かぶ 뜨다, 떠오르다, 나타나다
그 소식을 듣고, 그의 입가에는 비아냥거리는 미소가 떠올랐다.
어휘충전 知(し)らせ 알림　聞(き)く 듣다　口元(くちもと) 입가
皮肉(ひにく)だ 비아냥거리다　笑(え)み 미소



✓정답   6 ④   7 ③   8 ①   9 ②   10 ④

6 ④ 役割(やくわり) 역할
연기자 중에는 자신의 역할이 마음에 들지 않는 사람도 있었다.
어휘충전 演技者(えんぎしゃ) 연기자
気(き)に入(い)る 마음에 들다

7 ③ 予防(よぼう) 예방
화재 예방을 위해 훈련이 행해졌다.

「矛」는 「矛盾(むじゅん) 모순」외에는 쓰임이 없다. 그리고 동사 「防(ふせ)ぐ 막다」도 같이 알아두자.
어휘충전 火災(かさい) 화재　訓練(くんれん) 훈련
行(おこな)う 행하다

8 ① 評論(ひょうろん) 평론
그들은 매주 토요일에 모여서 문예작품의 평론을 한다.
'평론'은 '평'과 '론' 둘 다 말과 관련되어 있으므로 부수에 「言(말씀 언)」이 있다. 그 외에 「評価(ひょうか) 평가」「批評(ひひょう) 비평」「議論(ぎろん) 토론」도 같이 알아두자.
어휘충전 集(あつ)まる 모이다　文芸(ぶんげい) 문예
作品(さくひん) 작품

9 ② 戦(たたか)う 싸우다
양국은 그 영토를 둘러싸고 싸우고 있다.
어휘충전 両国(りょうこく) 양국　領土(りょうど) 영토
めぐる 둘러싸다

10 ④ 抱(だ)く 안다, 품다
아기는 어머니에게 안겨 잠들어 있다.
어휘충전 赤(あか)ん坊(ぼう) 아기　眠(ねむ)る 잠들다



✓정답   6 ②   7 ②   8 ①   9 ②   10 ③

6 ② 複雑(ふくざつ) 복잡
그들의 관계는 상당히 복잡하다.
「腹 (배 복)」은 부수에 「月 (달 월)」이 있지만, 「肉 (고기 육)」이 부수가 되면 「月」로 바뀌므로 신체부위가 관련된 어휘에 사용된다. 「復」는 「往復(おうふく) 왕복」외에 쓰임이 없으며, 「福」는 「幸福(こうふく) 행복」「福祉(ふくし) 복지」만 알아두면 된다.
어휘충전 関係(かんけい) 관계　非常(ひじょう)に 매우

7 ② 油断(ゆだん) 방심
방심하고 있는 틈에 지갑을 소매치기 당했다.
어휘충전 すき 틈　財布(さいふ) 지갑　する 소매치기하다

8 ① 連想(れんそう) 연상
이 사진은 항상 나의 어린 시절을 연상시킨다.
'연상'은 '마음'과 관련되어 있으므로 「相」를 사용하지 않고 「想」을 사용한다. 「象(しょう)」「像(ぞう)」과 헷갈릴 수 있지만, 「像」는 N2 수준에서 「想像(そうぞう) 상상」외에는 쓰임이 없다.

**어휘충전** 写真(しゃしん) 사진　時代(じだい) 시절

9 ② 訳(やく)す・する 번역하다, 통역하다
이 책은 유명한 프랑스 소설을 영어로 번역한 것입니다.

**어휘충전** 本(ほん) 책　有名(ゆうめい) 유명
小説(しょうせつ) 소설　英語(えいご) 영어

10 ③ 回(まわ)す 돌리다
시계 바늘을 3시까지 돌렸다.

**어휘충전** 時計(とけい) 시계　針(はり) 바늘, 침

## 연습문제 10
→ p.109

✔**정답**　6 ①　7 ④　8 ①　9 ①　10 ②

6 ① 駐車(ちゅうしゃ) 주차
전시회장에 무료 주차장은 없습니다.

「駐」는 '뜻'을 나타내는 「馬 (말 마 – 옛날의 운송수단은 말)」과 '음'을 나타내는 「主 (주인 주)」가 합쳐진 단어이다.

**어휘충전** 展示(てんじ) 전시　会場(かいじょう) 회장
無料(むりょう) 무료

7 ④ 伝染(でんせん) 전염
이 병은 공기 전염에 의해 생긴다.

**어휘충전** 空気(くうき) 공기　起(お)こる 일어나다

8 ① 配達(はいたつ) 배달
배달했을 때 돈을 지불해 주세요.

**어휘충전** 払(はら)う 지불하다

9 ① 転(ころ)ぶ 넘어지다
아이들은 넘어질 듯이 달려갔다.

**어휘충전** 走(はし)る 달리다

10 ② 捕(つか)まる 붙잡히다
두 명의 소년이 남의 물건을 훔쳐서 붙잡혔다.

**어휘충전** 少年(しょうねん) 소년　物(もの) 물건
盗(ぬす)む 훔치다

## 3 問題3 어형성(단어의 구성)

## 연습문제 01
→ p.112

✔**정답**　11 ③　12 ①　13 ③　14 ④　15 ③

11 ③ 旅行先(りょこうさき) 여행지
가고 싶지 않은 지역이 여행지로 선택되어 버리는 경우도 있습니다.

한국어에 없는 표현인데, 그 외에 「行(ゆ)き先(さき) 행선지」 「勤(つと)め先(さき) 근무처」 「宛先(あてさき) 수신처」등도 같이 알아두자.

**어휘충전** 地域(ちいき) 지역　選(えら)ぶ 선택하다

12 ① 急上昇(きゅうじょうしょう) 급상승
이번 영화 출연으로 그녀는 인기가 급상승했다.

**어휘충전** 出演(しゅつえん) 출연

13 ③ 引(ひ)っこす 이사하다
고등학교 3학년이 되어 도쿄로 이사해 왔다.

**어휘충전** 東京(とうきょう) 도쿄　引(ひ)っぱる 잡아당기다
引(ひ)っこむ 틀어박히다　引(ひ)っかかえる 거칠게 껴안다

14 ④ 打(う)ちけす 부정하다, 지우다
야마다 선수는, 부상에서 오는 불안을 이번 활약으로 없앴다.

**어휘충전** 怪我(けが) 부상　不安(ふあん) 불안
活躍(かつやく) 활약
打(う)ちあわせる 미리 상의(의논)하다
打(う)ちあう 서로 치다(때리다)
打(う)ちあける 털어놓다, 숨김없이 이야기하다

15 ③ 締(し)めきる 마감하다
교수님은 리포터를 5월 15일로 마감했다.

**어휘충전** 教授(きょうじゅ) 교수
締(し)めだす (문을 닫고) 못 들어오게 하다, 쫓아내다
締(し)めあげる 세게 죄다, 엄하게 추궁하다
締(し)めつける 되게 조르다, 단단히 죄다

✓정답　[11] ①　[12] ③　[13] ②　[14] ③　[15] ②

[11] ① 無表情(むひょうじょう) 무표정
어느 조직에나 **무표정**인 사람과 감정이 겉으로 드러나기 쉬운 사람이 있다.

> **어휘충전** 組織(そしき) 조직　感情(かんじょう) 감정
> 表(おもて) 앞, 겉

[12] ③ 事実上(じじつじょう) 사실 상
우리 회사는 **사실 상** 도산 상태가 되었다.

> ⤳ 한국어로 직역을 해도 풀 수 있는 단어이다. 그 외에 「外見上(がいけんじょう) 외견 상」「形式上(けいしきじょう) 형식 상」「表面上(ひょうめんじょう) 표면 상」도 같이 알아두자.

> **어휘충전** 会社(かいしゃ) 회사　倒産(とうさん) 도산
> 状態(じょうたい) 상태

[13] ② 立(た)ち止(ど)まる 멈추어 서다
비록 1분이라도 잠시 **멈추어 서서** 자신의 인생을 바라보는 편이 좋다.

> **어휘충전** たとえ ～ても 비록 ～라도　人生(じんせい) 인생
> 眺(なが)める 바라보다

[14] ③ 売(う)りきれる 품절되다, 동나다
결승전과 개막전의 입장권은 이미 **품절되었다**.

> **어휘충전** 決勝戦(けっしょうせん) 결승전
> 開幕戦(かいまくせん) 개막전
> 入場券(にゅうじょうけん) 입장권
> 売(う)りつける 강매하다

[15] ② 振(ふ)り向(む)く 뒤돌아보다
말을 걸어서 **뒤돌아보았지만** 아무도 없었다.

> **어휘충전** 声(こえ)をかける 말을 걸다
> 振(ふ)りおとす 흔들어 떨어뜨리다
> 振(ふ)りかける (가루 등을) 뿌리다
> 振(ふ)りあてる 할당하다



✓정답　[11] ③　[12] ①　[13] ③　[14] ②　[15] ④

[11] ③ 非生産的(ひせいさんてき) 비생산적
**비생산적**인 토론은 하는 만큼 낭비라고 생각한다.

> **어휘충전** 議論(ぎろん) 토론　無駄(むだ)だ 쓸데없다

[12] ① 会社員(かいしゃいん) 회사원
결혼 2년째인 **회사원**이 가장 이혼율이 높다고 한다.

> ⤳ 많이 알려진 단어이다. 「銀行員(ぎんこういん) 은행원」「外交員(がいこういん) 외교원」「公務員(こうむいん) 공무원」「従業員(じゅうぎょういん) 종업원」도 같이 알아두자.

> **어휘충전** ～目(め) ～째　離婚率(りこんりつ) 이혼율

[13] ③ 見(み)なおす 새로 보다, 달리 보다
지진이 일어나도 차분하게 행동하는 그를 보고, 그를 **다시 보았다**.

> **어휘충전** 地震(じしん) 지진　落(お)ち着(つ)く 차분하다
> 行動(こうどう) 행동　見(み)つめる 바라보다
> 見(み)おくる 배웅하다　見(み)おろす 내려다 보다, 멸시하다

[14] ② 取(と)りかえる 교환하다, 바꾸다
어제 산 텔레비전이 고장나서 **교환받았다**.

> **어휘충전** 壊(こわ)れる 부서지다, 고장나다
> 取(と)りあげる 집어들다, 받아들이다, 채택하다
> 取(と)りいれる 거두어들이다, 수확하다
> 取(と)りけす 취소하다

[15] ④ 乗(の)りかえる 갈아타다
이 역에서 내려서 각 역에 정차하는 전철로 **갈아타서** 3번째 역이 신주쿠입니다.

> **어휘충전** 駅(えき)を降(お)りる 역에서 내리다
> 各駅(かくえき) 각 역(에 멈추는 전철·기차 등)
> 乗(の)りすごす 타고 가다, 하차역을 지나치다
> 乗(の)りきる 탄 채로 끝까지 가다
> 乗(の)りこす 내릴 곳을 지나치다

✓정답  11 ③   12 ①   13 ③   14 ②   15 ④

11 ③ 無意識(むいしき) 무의식
담배는 끊을 생각이었는데 무의식적으로 또 피우고 있었다.

어휘총전 止(や)める 그만두다  吸(す)う 피우다

12 ① 総選挙(そうせんきょ) 총선거
8월 30일, 드디어 주목하는 총선거가 행해집니다.

어휘총전 いよいよ 드디어  注目(ちゅうもく) 주목
行(おこな)う 행하다

13 ③ 申(もう)しあげる 「言(い)う − 말하다」의 겸양어
저의 입장에서 구체적인 것을 말하는 것은 피하는 편이 좋지 않은가 하고 생각합니다만.

어휘총전 立場(たちば) 입장  具体(ぐたい) 구체
控(ひか)える 삼가다, 피하다
申(もう)しこむ 신청하다
申(もう)しいれる 신청하다, 제의하다
申(もう)しあわせる 의논하여 정하다, 약정하다

14 ② しあがる 완성되다, (일이) 다되다
일생에서의 최고의 작품이라고 자부할 수 있는 것이 완성되었다.

어휘총전 生涯(しょうがい) 생애  最高(さいこう) 최고
作品(さくひん) 작품  自負(じふ) 자부
しあげる 일을 끝내다, 완성하다
しいれる 사들이다, 매입하다  しこむ 길들이다, 훈련시키다

15 ④ 張(は)りきる 힘이 넘치다, 의욕이 충만되다
국가대표 감독이 관전하고 있어서, 선수들은 의욕이 충만하여 시합에 임했다.

어휘총전 国家(こっか) 국가  代表(だいひょう) 대표
監督(かんとく) 감독  観戦(かんせん) 관전
選手(せんしゅ) 선수  臨(のぞ)む 임하다
張(は)りつける (종이·천 등을) 붙이다
張(は)りまわす (막 등을) 둘러치다
張(は)りわたす (밧줄 등을) 걸치다

---



✓정답  11 ③   12 ②   13 ④   14 ④   15 ②

11 ③ 全課程(ぜんかてい) 전 과정
친구는 전 과정을 우수한 성적으로 수료했다.

어휘총전 優秀(ゆうしゅう) 우수  成績(せいせき) 성적
修了(しゅうりょう) 수료

12 ② 高所得層(こうしょとくそう) 고소득층
중국의 고소득층이 납부하는 개인소득세의 세율이 세계 9위라고 한다.

어휘총전 中国(ちゅうごく) 중국  納(おさ)める 납부하다
個人(こじん) 개인  所得税(しょとくぜい) 소득세
税率(ぜいりつ) 세율  世界(せかい) 세계  位(い) 위

13 ④ 引(ひ)き返(かえ)す 되돌아가다, 돌아오다
기체의 고장 때문에, 출발한 공항으로 되돌아갔다.

어휘총전 機体(きたい) 기체  故障(こしょう) 고장
出発(しゅっぱつ) 출발  空港(くうこう) 공항
引(ひ)きとめる 말리다, 만류하다, 붙들다
引(ひ)きだす 꺼내다, 끌어내다
引(ひ)きうける 책임지고 떠맡다, 부담(담당)하다

14 ④ つりあう (무게·힘 등의) 균형이 잡히다
인공위성은 뛰쳐나가려는 힘과, 잡아당겨지는 힘이 균형이 잡혀 있기 때문에 떨어지지 않는다.

어휘총전 人工(じんこう) 인공  衛星(えいせい) 위성
飛(と)び出(だ)す 뛰쳐나가다  ひっぱる 잡아당기다
落(お)ちる 떨어지다  つりあがる 매달려 올라가다
つりだす 꾀어내다  つりおとす 낚아 올리다가 떨어뜨리다

15 ② 落(お)ち着(つ)く 안정되다, 진정되다, 가라앉다
도서관 이외에 차분하게 공부할 수 있는 장소는 없습니까?

어휘총전 以外(いがい) 이외  落(お)ちあう (약속 장소에서) 만나다
落(お)ちかかる (물건 위에) 떨어지다
落(お)ちこむ (좋지 못한 상태에) 빠지다

✓정답　11 ①　12 ④　13 ②　14 ③　15 ③　　　✓정답　11 ③　12 ④　13 ①　14 ④　15 ②

---

**[11] ① 初任給(しょにんきゅう)** 첫 월급

첫 월급의 사용처로 '가족에게 선물'이라고 대답한 사람이 가장 많았다.

꿀팁▶ 한국어와는 다르게 사용되는 어휘인데, 관련어휘로 알아두어야 할 것은「初恋(はつこい) 첫사랑」「初雪(はつゆき) 첫눈」「第一印象(だいいちいんしょう) 첫인상」이 있다.

어휘총정리 使(つか)い道(みち) 용도　最(もっと)も 가장

**[12] ④ 非効率(ひこうりつ)** 비효율

가솔린만 사용하는 자동차는 경제적으로 비효율적이다.

어휘총정리 経済的(けいざいてき) 경제적

**[13] ② 突(つ)きあたる** 부딪치다, 막다르다

가는 도중에 공사현장에 부딪혀서 되돌아갈 수밖에 없었다.

어휘총정리 途中(とちゅう) 도중　工事(こうじ) 공사
現場(げんば) 현장　戻(もど)る 되돌아가다
突(つ)きこむ 돌진하다, 깊이 파고들다
突(つ)きすすむ 힘차게 나아가다, 돌진하다
突(つ)きつめる 추궁하다, 골몰하다

**[14] ③ 思(おも)いつく (문득) 생각이 떠오르다**

일에 도움이 될 것 같은 아이디어가 문득 떠오른 경우에는 바로 메모를 해 주세요.

어휘총정리 役(やく)に立(た)つ 도움이 되다　場合(ばあい) 경우
思(おも)いだす 추억 등을 떠올리다
思(おも)いはじめる 생각하기 시작하다
思(おも)いこむ 굳게 믿다

**[15] ③ かたよる** 치우치다

식사는 가능한 한 치우치지 않고, 여러 음식을 섭취하도록 합시다.

어휘총정리 ～ことなく ～하지 않고　とる 섭취하다
かたづく 정돈되다, 정리되다
かたづける 정돈하다, 정리하다
かたむく 치우치다, 비스듬해지다

---

**[11] ③ 不景気(ふけいき)** 불경기

이런 불경기에서는 나를 고용해 주는 곳은 어떤 회사도 없을 것이다.

어휘총정리 雇(やと)う 고용하다

**[12] ④ 大気圏(たいきけん)** 대기권

가장 작은 수성을 제외한 모든 혹성에 확실한 대기권을 볼 수 있다.

꿀팁▶「圏」이라는 한자가 조금 어렵게 느껴질 것이다. 그 외에「英語圏(えいごけん) 영어권」「安全圏(あんぜんけん) 안전권」「首都圏(しゅとけん) 수도권」도 알아두자.

어휘총정리 最(もっと)も 가장　水星(すいせい) 수성
除(のぞ)く 제외하다　全(すべ)て 모든
惑星(わくせい) 혹성

**[13] ① 繰(く)りかえす** 반복하다

저 커플은 1년 동안 몇 번이나 만남과 이별을 반복했다.

꿀팁▶ N2 수준에서「繰(く)り～」로 시작되는 복합동사는「繰りかえす」외에는 없다.

어휘총정리 ～年間(ねんかん) ～년간　出会(であ)い 만남
別(わか)れ 이별
繰(く)りあげる (일정이나 시간 등을) 앞당기다
繰(く)りひろげる (책·서류 등을) 펼치다, 전개하다
繰(く)りよせる 끌어당기다, 잡아당기다

**[14] ④ 出(で)むかえる** 배웅하다

외국 친구가 1년 만에 돌아가기 때문에 함께 배웅하러 공항에 다녀왔다.

어휘총정리 外国(がいこく) 외국　～ぶりに ～만에
帰(かえ)る 돌아가다　空港(くうこう) 공항
出(で)いる 출입하다　出(で)まわる 나돌다, 출하하다
出(で)あう 만나다

**[15] ② 話(はな)し合(あ)う** 대화하다, 토론하다

세계 150개국의 대표가 모여서 온난화대책에 대해 토론했다.

어휘총정리 世界(せかい) 세계　～カ国(こく) ～개국
代表(だいひょう) 대표　集(あつ)まる 모이다
温暖化(おんだんか) 온난화　対策(たいさく) 대책
話(はな)しかける 말을 걸다
話(はな)しすぎる 지나치게 말을 하다
話(はな)しだす 갑자기 말을 꺼내다

✓정답　11 ①　12 ④　13 ②　14 ③　15 ②

11 ① 再構成(さいこうせい) 재구성
결론은 좋지만, 본문은 재구성하는 편이 좋다고 생각해.

어휘총전 結論(けつろん) 결론　本文(ほんぶん) 본문

12 ④ 副作用(ふくさよう) 부작용
어떤 약이라도 부작용은 반드시 있다.

「副」의 음독에 주의하고,「副会長(ふくかいちょう) 부회장」「副社長(ふくしゃちょう) 부사장」도 같이 알아두자.

어휘총전 どんな ～でも 어떤 ～라도　薬(くすり) 약
必(かなら)ず 반드시

13 ② 溶(と)け込(こ)む 녹다, 용해되다, 동화되다
주위의 경치에 동화되기 위해서는 더욱 단순한 색으로 그려라.

어휘총전 周囲(しゅうい) 주위　景色(けしき) 경치
単純(たんじゅん) 단순　描(えが)く 그리다

14 ③ 追(お)いかける 뒤쫓아가다, 추적하다
자택에서 차를 훔치려고 했던 남자를 벌거숭이로 뒤쫓은 사건이 있었다.

어휘총전 自宅(じたく) 자택　盗(ぬす)む 훔치다
裸(はだか) 벌거숭이　事件(じけん) 사건
追(お)いこす 추월하다　追(お)いつく 따라잡다, 따라붙다
追(お)いかえす 되쫓아 보내다

15 ② 差(さ)しひく 차감하다
이익에서 손실을 차감하는 것으로, 세금을 줄일 수가 있다.

어휘총전 利益(りえき) 이익　損失(そんしつ) 손실
税金(ぜいきん) 세금　減(へ)らす 줄이다
差(さ)しあげる 「やる－주다」의 겸양어
差(さ)しあてる 직접 대다　差(さ)しつかえる 지장이 있다

✓정답　11 ③　12 ②　13 ①　14 ③　15 ④

11 ③ 市民権(しみんけん) 시민권
미국의 시민권을 얻기 위해서는 입국관리국에서 면접을 받아야만 한다.

「営業権(えいぎょうけん) 영업권」「環境権(かんきょうけん) 환경권」「株主権(かぶぬしけん) 주주권」도 같이 알아두자.

어휘총전 得(え)る 얻다　入国(にゅうこく) 입국
管理局(かんりきょく) 관리국　面接(めんせつ) 면접
受(う)ける 받다

12 ② 発明家(はつめいか) 발명가
어릴 때부터 발명가가 되는 것이 꿈이었습니다.

「専門家(せんもんか) 전문가」「運動家(うんどうか) 운동가」「演出家(えんしゅつか) 연출가」「音楽家(おんがくか) 음악가」도 알아두자.

어휘총전 子供(こども) 아이　夢(ゆめ) 꿈

13 ① 受(う)けもつ 담당하다
금년도부터 장애를 가진 아이를 담당하게 되었습니다.

어휘총전 今年度(こんねんど) 금년도　障害(しょうがい) 장애
持(も)つ 가지다　受(う)けつぐ 계승하다, 이어받다
受(う)けとる 받다, 수취하다
受(う)けもどす 빚을 갚고 저당물을 찾다

14 ③ 飛(と)びだす 뛰어나오다, 뛰어나가다
경찰은 가게를 뛰어나와서 범인의 뒤를 쫓아갔다.

어휘총전 警察(けいさつ) 경찰　犯人(はんにん) 범인
追(お)いかける 추적하다　飛(と)びおりる 뛰어내리다
飛(と)びまわる 뛰어다니다, 분주하게 돌아다니다
飛(と)びこむ 뛰어들다

15 ④ 裏(うら)ぎる 배신하다 저버리다
모든 자식에게 실망했지만, 가장 기대를 저버린 것은 장남이었다.

어휘총전 全(すべ)て 모든　がっかりする 실망하다
最(もっと)も 가장　期待(きたい) 기대
長男(ちょうなん) 장남　裏(うら)がえす 안을 뒤집다
裏(うら)づける 뒷받침하다, 입증하다

✓정답  11 ①   12 ②   13 ③   14 ④   15 ①

11 ① 名監督(めいかんとく) 명감독
명감독의 조건입니다만, 우승감독인 것은 최저조건이라고 생각합니다.

어휘충전 条件(じょうけん) 조건   優勝(ゆうしょう) 우승
最低(さいてい) 최저

12 ② 血液型(けつえきがた) 혈액형
혈액형으로 성격을 판단하기에는 좀 무리가 있다.

참고 「自由型(じゆうがた) 자유형」「新型(しんがた) 신형」
「旧形(きゅうがた) 구형」「小型(こがた) 소형」「大型(おおがた) 대형」「中型(ちゅうがた) 중형」도 알아두자.

어휘충전 性格(せいかく) 성격   判断(はんだん) 판단
無理(むり) 무리

13 ③ 言(い)いつける 고자질하다, 명령하다, 지시하다
이 분이 여러분께 지시하는 것은 뭐든지 해 주세요.

어휘충전 方(かた) 분   皆(みな)さん 여러분
言(い)いだす 말을 시작하다, 말을 꺼내다
言(い)いあらそう 말다툼하다, 언쟁하다
言(い)いあてる 짐작해서 알아맞히다

14 ④ 取(と)り出(だ)す 꺼내다, 끄집어내다
불에서 꺼낸 철은 바로 굳기 때문에, 이 때가 장인의 솜씨를 보여주는 자신 있는 장면이다.

어휘충전 火(ひ) 불   鉄(てつ) 철   固(かた)まる 굳다
職人(しょくにん) 장인   腕(うで) 팔, 솜씨
見(み)せどころ 남에게 보이고 싶은 자신 있는 장면
取(と)りいれる 거두어들이다, 수확하다
取(と)りかえる 바꾸다, 갈다, 교환하다
取(と)りけす 취소하다

15 ① 通(とお)りすぎる 지나가다
엄청나게 핸섬한 남자가 조금 빠른 걸음으로 내 앞을 지나가서 가슴이 두근거렸다.

어휘충전 早足(はやあし) 빠른 걸음   胸(むね) 가슴
どきどき 두근두근
通(とお)りかかる 마침 그 곳을 지나가다
通(とお)りぬける 이쪽에서 저쪽으로 빠져나가다

# 4 問題4 문맥 규정 (공란 메우기)



✓정답  16 ②   17 ①   18 ④   19 ①   20 ②
21 ③   22 ③

16 ② 発明(はつめい) 발명
이 장치는 그가 발명한 것이다.

어휘충전 装置(そうち) 장치   発言(はつげん) 발언
発想(はっそう) 발상   発見(はっけん) 발견

17 ① 交流(こうりゅう) 교류
우리들은 파티를 열어 참가자의 교류를 도모했다.

어휘충전 開(ひら)く 열다   参加者(さんかしゃ) 참가자
図(はか)る 도모하다   交番(こうばん) 파출소
交替(こうたい) 교대   交際(こうさい) 교제

18 ④ 苦情(くじょう) 불평, 불만
공장의 소음에 대해서 부근의 주민은 불평을 호소했다.

어휘충전 工場(こうじょう) 공장   騒音(そうおん) 소음
〜について 〜에 대해서   付近(ふきん) 부근
住民(じゅうみん) 주민
訴(うった)える 호소하다, 고소ㆍ고발하다
違反(いはん) 위반   災難(さいなん) 재난
反対(はんたい) 반대

19 ① せっせと 부지런히
아이가 부지런히 무언가를 서랍 안으로 옮겼다.

어휘충전 引(ひ)き出(だ)し 서랍   中(なか) 안
運(はこ)ぶ 운반하다   うんと 실컷, 몹시, 잔뜩
どっと 우르르, 왕창   そうっと 가만히, 조용히

20 ② わかわかしい 젊다, 싱싱하다
웃는 연습을 하면 얼굴 근육의 쇠퇴가 적고, 언제까지나 젊은 얼굴로 지낼 수 있다고 합니다.

어휘충전 笑顔(えがお) 웃는 얼굴   練習(れんしゅう) 연습
顔(かお) 얼굴   筋肉(きんにく) 근육   おとろえ 쇠퇴
しかくい 사각이다   むしあつい 대우 덥다
しおからい 짜다

21 ③ うかぶ 뜨다
하늘에 한 점의 구름이 떠 있었다.

어휘충전 一片(いっぺん) 한 편, 한 점   雲(くも) 구름
こころみる 시험하다, 시도하다   つもる 쌓이다
たすける 돕다

22 ③ しまった 아뿔싸
아뿔싸! 숙제가 있는 것을 잊고 있었다.

> 어휘총전 やった 해냈어, 됐어　なんだ 뭐야?
> これはこれは 이거 참, 이런

22 ③ コレクション 컬렉션, 수집, 발표회
초등학교 때부터 우표 수집을 하고 있다.

> 어휘총전 クラシック 클래식　プラスチック 플라스틱
> ボーナス 보너스


## 연습문제 02　→ p.119

✓정답　16 ①　17 ④　18 ④　19 ②　20 ③　21 ①　22 ③

16 ① 救助(きゅうじょ) 구조
구조가 올 때까지 우리들은 몇 시간이나 기다렸다.

> 어휘총전 何時間(なんじかん) 몇 시간　援助(えんじょ) 원조
> 応援(おうえん) 응원　救急(きゅうきゅう) 구급

17 ④ 休養(きゅうよう) 휴양
너는 매우 피곤한 것 같으니 충분한 휴양이 필요하다.

> 어휘총전 君(きみ) 자네　疲(つか)れる 피로하다
> 十分(じゅうぶん) 충분　必要(ひつよう) 필요
> 休講(きゅうこう) 휴강　休診(きゅうしん) 휴진
> 休業(きゅうぎょう) 휴업

18 ④ 修理(しゅうり) 수리
문 수리는 나에게는 버거운 일이다.

> 어휘총전 僕(ぼく) 나　手(て)にあまる 버겁다, 감당하지 못하다
> 理解(りかい) 이해　改善(かいぜん) 개선
> 改訂(かいてい) 개정

19 ② ひとりでに 저절로
정면의 문은 앞에 서면 저절로 열린다.

> 어휘총전 正面(しょうめん) 정면　立(た)つ 서다　開(あ)く 열다
> はじめに 제일 먼저　さらに 더 나아가　ともに 함께

20 ③ そうぞうしい 시끄럽다, 소연하다
여동생의 시끄러운 울음소리에 잠이 깼다.

> 어휘총전 泣(な)き声(ごえ) 울음소리
> 目(め)が覚(さ)める 잠이 깨다　うすぐらい 어두컴컴하다
> ひとしい 똑같다　たまらない 참을 수 없다

21 ① なでる 쓰다듬다
우리 집 개는 배를 쓰다듬으면 기뻐한다.

> 어휘총전 腹(はら) 배　喜(よろこ)ぶ 기뻐하다　たたむ 개다
> ほえる 짖다　どなる 호통치다


## 연습문제 03　→ p.120

✓정답　16 ①　17 ④　18 ①　19 ②　20 ④　21 ③　22 ④

16 ① 提案(ていあん) 제안
양국 간의 무역 증가의 제안이 가결되었다.

> 어휘총전 両国間(りょうこくかん) 양국 간　貿易(ぼうえき) 무역
> 増加(ぞうか) 증가　可決(かけつ) 가결
> 不安(ふあん) 불안　案外(あんがい) 의외
> 案内(あんない) 안내

17 ④ 観察(かんさつ) 관찰
별을 관찰하는 것이 나의 취미이다.

> 어휘총전 星(ほし) 별　観光(かんこう) 관광
> 観念(かんねん) 관념　客(かんきゃく) 관객

18 ① 首(くび)を長(なが)くする 학수고대하다
어머니의 귀가를 아이들은 학수고대하고 있었다.

> 어휘총전 母親(ははおや) 어머니　帰(かえ)り 귀가　腹(はら) 배
> 鼻(はな) 코

19 ② やたらに 무턱대고
이번 일은 무턱대고 해 버리면 실패해 버립니다.

> 어휘총전 失敗(しっぱい) 실패　たまに 가끔　わりに 비교적
> つりに 마침내, 끝끝내

20 ④ あんがい 의외(로)
이익은 의외로 적었기 때문에 실망했다.

> 어휘총전 利益(りえき) 이익　みじめだ 비참하다
> へいきだ 아무렇지도 않다　おだやかだ 온화하다

21 ③ とじる 닫다, 덮다, 눈을 감다
그 남자배우는 문을 닫고 보도관계자를 출입시키지 않았다.

> 어휘총전 男優(だんゆう) 남자 배우　門(もん) 문
> 報道(ほうどう) 보도　関係者(かんけいしゃ) 관계자
> はやる 유행하다　けずる 삭감하다　やとう 고용하다

22 ④ しめた 됐다, 됐어 (자기 생각대로 되었을 때 하는 말)
됐다! 모두가 나의 이야기를 납득해 주었다.

> 어휘총정 話(はなし) 이야기　納得(なっとく) 납득
> よわった 난처하다　こまった 곤란하다　しまった 아뿔싸

22 ④ いけない 이거 안 돼, 큰일이다
정기권을 집에 두고 왔다. 큰일이다.

> 어휘총정 定期(てい き) 정기(권)　置(お)く 두다


## 연습문제 04

→ p.121

✓정답　16 ②　17 ③　18 ③　19 ③　20 ④
　　　21 ①　22 ④

16 ② 現在(げんざい) 현재
현재의 생활비로는 차를 살 여유 따위 없다.

> 어휘총정 生活費(せいかつひ) 생활비　余裕(よゆう) 여유
> 現象(げんしょう) 현상　現代(げんだい) 현대
> 出現(しゅつげん) 출현

17 ③ 標識(ひょうしき) 표지판
'페인트 칠 주의'라고 표지판에 적혀 있었다.

> 어휘총정 塗(ぬ)る 칠하다　동사 ます형＋〜たて 막 〜하다
> 書(か)く 쓰다　意識(いしき) 의식　知識(ちしき) 지식
> 常識(じょうしき) 상식

18 ③ 中途(ちゅうと) 중도
유학하러 가기 위해 회사를 중도에 그만두었다.

> 어휘총정 辞(や)める 그만두다　中心(ちゅうしん) 중심
> 中間(ちゅうかん) 중간　中身(なかみ) 내용물

19 ③ おおいに 많이, 매우
그의 의견은 매우 도움이 됩니다.

> 어휘총정 意見(いけん) 의견　役立(やくだ)つ 도움이 되다
> あまりに 너무, 별로　ただちに 즉시, 바로
> しだいに 점차로

20 ④ げひんだ 품위가 없다
그의 말투는 바보 같아서 품위가 없었다.

> 어휘총정 言葉(ことば)づかい 말투　ゆたかだ 풍부하다
> まれだ 드물다　よけいだ 쓸데없다

21 ① あこがれる 동경하다
그녀는 여자배우를 동경해서 영화 전문학교에 다니고 있다.

> 어휘총정 女優(じょゆう) 여자 배우　映画(えいが) 영화
> 専門学校(せんもんがっこう) 전문학교
> 〜に通(かよ)う 〜을(를) 다니다　あじわう 맛보다
> あきらめる 포기하다　あきれる 질리다

## 연습문제 05

→ p.122

✓정답　16 ①　17 ①　18 ④　19 ②　20 ③
　　　21 ①　22 ③

16 ① 保証(ほしょう) 보증
머리가 좋다고 해서 출세한다는 보증은 없다.

> 어휘총정 出世(しゅっせ) 출세　保護(ほご) 보호
> 証明(しょうめい) 증명　正体(しょうたい) 정체

17 ① 素質(そしつ) 소질
그는 훌륭한 작가가 될 수 있는 소질이 있다.

> 어휘총정 立派(りっぱ)だ 훌륭하다　作家(さっか) 작가
> 性格(せいかく) 성격　上品(じょうひん)だ 고상하다
> 素肌(すはだ) 맨살

18 ④ 接続(せつぞく) 접속
이 열차는 센다이에서 신칸센으로 접속한다.

> 어휘총정 列車(れっしゃ) 열차　仙台(せんだい) 지명
> 新幹線(しんかんせん) 신칸센　間接(かんせつ) 간접
> 接触(せっしょく) 접촉　接着(せっちゃく) 접착

19 ② どきどき 두근두근
그녀로부터 편지를 받고 가슴이 두근두근해서 편지를 열 수조
차 없었다.

> 어휘총정 胸(むね) 가슴　開(あ)ける 열다　はきはき 시원시원, 척척
> いきいき 활발한 모양　べつべつ 따로따로

20 ③ つらい 괴롭다
외동아들을 잃은 일은 그에게는 평생에 있어 가장 괴로운 경
험이었다.

> 어휘총정 一人息子(ひとりむすこ) 외동아들　亡(な)くす 잃다
> 生涯(しょうがい) 생애　経験(けいけん) 경험
> かしこい 똑똑하다　のろい 느리다　あらい 거칠다

21 ① 離(はな)れる 떨어지다
회사는 도쿄에서 100킬로미터 떨어진 곳에 위치하고 있다.

> 어휘총정 東京(とうきょう) 지명　所(ところ) 장소
> 位置(いち) 위치　別(わか)れる 헤어지다
> 倒(たお)れる 쓰러지다　外(はず)れる 빗나가다

22 ③ あべこべ 반대임, 뒤바뀜
아이는 신발을 좌우 반대로 신고 있었다.

> 어휘총전 子供(こども) 아이　靴(くつ) 신발　左右(さゆう) 좌우
> でこぼこ 울퉁불퉁　ぞくぞく 속속, 잇달아
> あやふや 애매함, 모호함

## 연습문제 06

➡ p.123

✔정답　16 ②　17 ②　18 ③　19 ①　20 ②
　　21 ③　22 ②

16 ② 行進(こうしん) 행진
군대가 거리를 행진했다.

> 어휘총전 兵隊(へいたい) 군대　通(とお)り 거리
> 進行(しんこう) 진행　行儀(ぎょうぎ) 예의
> 行事(ぎょうじ) 행사

17 ② 調査(ちょうさ) 조사
위원회는 사건의 조사 결과를 발표했다.

> 어휘총전 委員会(いいんかい) 위원회　事件(じけん) 사건
> 結果(けっか) 결과　発表(はっぴょう) 발표
> 調理(ちょうり) 조리　順調(じゅんちょう) 순조
> 順序(じゅんじょ) 순서

18 ③ 保険(ほけん) 보험
우리 회사는 1억 엔의 화재보험에 가입되어 있다.

> 어휘총전 億円(おくえん) 억 엔　火災(かさい) 화재
> 実験(じっけん) 실험　体験(たいけん) 체험
> 受験(じゅけん) 수험

19 ① いちいち 일일이
일일이 나에게 상담할 필요는 없다.

> 어휘총전 相談(そうだん) 상담　ぞくぞく 속속, 연달아
> いらいら 안절부절　あやふや 애매함

20 ② のぞましい 바람직하다
절도 있는 생활은 보다 바람직함에 틀림이 없다.

> 어휘총전 節度(せつど) 절도
> ～に決(き)まっている ～임에 틀림이 없다
> しつこい 끈질기다　なつかしい 그립다
> もったいない 아깝다

21 ③ 耕(たがや)す 경작하다
아버지는 작은 밭을 갈아 작은 씨앗을 뿌렸습니다.

> 어휘총전 畑(はたけ) 밭　種(たね) 씨앗　まく 뿌리다
> 倒(たお)す 쓰러뜨리다　伸(の)ばす 늘리다
> 照(て)らす 비추다

22 ② コミュニケーション 커뮤니케이션
저 회사는 간부와 사원의 소통이 잘 되고 있다.

> 어휘총전 幹部(かんぶ) 간부　社員(しゃいん) 사원
> オーケストラ 오케스트라　スケジュール 스케줄
> コーラス 코러스

## 연습문제 07

➡ p.124

✔정답　16 ①　17 ①　18 ④　19 ④　20 ②
　　21 ②　22 ①

16 ① 災難(さいなん) 재난
환경파괴가 이대로 진행되면 재난을 초래할지도 모른다.

> 어휘총전 環境(かんきょう) 환경　破壊(はかい) 파괴
> 進(すす)む 진행되다　招(まね)く 초래하다, 초대하다
> ～かもしれない ～일지도 모른다　無難(ぶなん) 무난
> 苦難(くなん) 고난　困難(こんなん) 곤란

17 ① 催促(さいそく) 재촉
고양이가 울면서 먹이를 재촉했다.

> 어휘총전 鳴(な)く 울다　促進(そくしん) 촉진
> 開催(かいさい) 개최　主催(しゅさい) 주최

18 ④ 歩道(ほどう) 보도
모두 횡단보도를 건너려 하고 있다.

> 어휘총전 横断(おうだん) 횡단　渡(わた)る 건너다
> 동사 의지형 + ～とする ～하려고 하다　道路(どうろ) 도로
> 徒歩(とほ) 도보　街頭(がいとう) 가두

19 ④ しっかり 분명히, 제대로(자세나 태도가 똑바른 모양)
사장님은 항상 분명한 판단력을 보인다.

> 어휘총전 社長(しゃちょう) 사장　判断力(はんだんりょく) 판단력
> 見(み)せる 보여주다　こっそり 살짝, 몰래
> ぼんやり 멍하니　ぐっすり 푹(자다)

20 ② ずるい 교활하다
친구는 또 그녀의 교활한 방법에 속았다.

> 어휘총전 友人(ゆうじん) 친구　やり方(かた) 하는 방법
> だます 속이다　かゆい 가렵다　くどい 맛이 느끼하다
> おさない 어리다

21 ② **おそわる** 배우다
하는 법을 배우면 그도 할 수 있겠죠.

> **어휘총정리** やり方(かた) 하는 방법　出来(でき)る 할 수 있다
> くわえる 더하다, 입술로 가볍게 물다
> おさめる 간직하다, 납부하다　さめる 식다, 잠 등이 깨다

22 ① **お気(き)の毒(どく)だ** 딱하다, 안 됐다
전쟁의 영향으로 정든 집을 떠나, 피난생활을 보내고 있다는
것을 매우 딱하게 생각하고 있습니다.

> **어휘총정리** 戦争(せんそう) 전쟁　影響(えいきょう) 영향
> 住(す)み慣(な)れる 살아서 정들다
> 離(はな)れる 벗어나다, 떠나다　避難(ひなん) 피난
> 残念(ざんねん) 유감　粗大(そだい) 대략적이고 엉성함
> 粗末(そまつ) 변변치 않음

## 연습문제 08　　➡ p.125

✔**정답**　16 ①　17 ②　18 ④　19 ②　20 ③
21 ③　22 ③

16 ① **組織(そしき)** 조직
올해 처음으로 노동조합을 조직했다.

> **어휘총정리** 労働(ろうどう) 노동　組合(くみあい) 조합
> 意識(いしき) 의식　標識(ひょうしき) 표지판
> 認識(にんしき) 인식

17 ② **観測(かんそく)** 관측
유성을 관측하기 위해 친구와 산에 올라갔습니다.

> **어휘총정리** 流(なが)れ星(ぼし) 유성　友達(ともだち) 친구
> のぼる 오르다　観覧(かんらん) 관람
> 観光(かんこう) 관광　観念(かんねん) 관념

18 ④ **基地(きち)** 기지
한국도 남극에 관측기지를 설치했다.

> **어휘총정리** 韓国(かんこく) 한국　南極(なんきょく) 남극
> 観測(かんそく) 관측　設(もう)ける 설치하다
> 敷地(しきち) 부지　団地(だんち) 단지
> 地味(じみ) 수수함

19 ② **ゆうゆう** 여유가 있는 모양
시험이 다가왔는데 그는 여유를 부리고 있다.

> **어휘총정리** 近(ちか)づく 다가오다　ちかぢか 머지않아
> どんどん 잇달아, 연달아, 계속해서

20 ③ **でたらめだ** 엉터리다
병원의 하는 방식은 엉터리다.

> **어휘총정리** まったく 정말
> ぶっそうだ 위험하다, 어수선하다　みごとだ 훌륭하다
> あたりまえだ 당연하다

21 ③ **隔(へだ)てる** 칸을 막다, 사이에 두다
그 방을 식당으로 사용하기 위해 커튼으로 칸을 쳤다.

> **어휘총정리** 食堂(しょくどう) 식당　跳(は)ねる 뛰다, 뛰어오르다
> 実(みの)る 열매맺다, 결실을 맺다
> 膨(ふく)らむ 부풀어오르다

22 ③ **テーマ** 테마
자연을 테마로 한 시의 전시회가 개최되었다.

> **어휘총정리** 自然(しぜん) 자연　詩(し) 시
> 展示会(てんじかい) 전시회　開(ひら)く 열다
> カルテ 의료진료카드　ロッカー 로커　パイロット 파일럿

## 연습문제 09　　➡ p.126

✔**정답**　16 ④　17 ③　18 ④　19 ③　20 ①
21 ③　22 ②

16 ④ **支度(したく)** 준비
단체여행 준비는 전부 여행사가 해 준다.

> **어휘총정리** 団体(だんたい) 단체　旅行(りょこう) 여행
> 旅行社(りょこうしゃ) 여행사
> 事柄(ことがら) 일의 사정, 형편　仕方(しかた) 하는 방법
> 職務(しょくむ) 직무

17 ③ **休憩(きゅうけい)** 휴게
쉬지 않고 5시간이나 일을 했다.

> **어휘총정리** 休講(きゅうこう) 휴강　休養(きゅうよう) 휴양
> 休暇(きゅうか) 휴가

18 ④ **確認(かくにん)** 확인
필요한 물건은 전부 샀는지 어떤지 확인해라.

> **어휘총정리** 物(もの) 물건　～かどうか ～인지 아닌지
> 確信(かくしん) 확신　確率(かくりつ) 확률
> 確定(かくてい) 확정

19 ③ **ひろびろ** 아주 넓은
대학은 고등학교에 비해서 아주 넓은 캠퍼스를 가지고 있다.

어휘충전 高校(こうこう) 고등학교
~に比(くら)べて ~와(과) 비교해서
持(も)つ 들다, 가지다  おのおの 각각, 각기, 각자
めいめい 각자  うろうろ 허둥지둥, 어슬렁어슬렁

20 ① **おおざっぱだ** 대략적이다, 엉성하다
대략적으로 견적을 내서 손해는 500만원이 된다.

어휘충전 見積(みつ)もる 견적을 내다  損害(そんがい) 손해
ていねいだ 정중하다, 친절하다
さわやかだ 상쾌하다, 산뜻하다  いじわるだ 심술궂다

21 ③ **断(ことわ)る** 거절하다
세 군데 응모했지만 전부 거절당했다.

어휘충전 ~か所(しょ) ~군데  応募(おうぼ) 응모
全部(ぜんぶ) 전부  異(こと)なる 다르다
濁(にご)る 흐려지다, 탁해지다  詫(わ)びる 사과하다

22 ② **ごめんください** 아무도 안 계십니까?
A "아무도 안 계십니까? 잠시 여쭙고 싶은 것이 있습니다만."
B "예, 뭡니까?"

어휘충전 たずねる 묻다, 질문하다  ごめんなさい 죄송합니다
手数(てすう)をかける 수고를 끼치다


## 연습문제 10

→ p.127

✓정답  16 ③   17 ④   18 ①   19 ①   20 ④
21 ②   22 ①

16 ③ **公平(こうへい)** 공평
모두 공평한 조건으로 대회에 참가했다.

어휘충전 条件(じょうけん) 조건  大会(たいかい) 대회
参加(さんか) 참가  公共(こうきょう) 공공
公務(こうむ) 공무  公式(こうしき) 공식

17 ④ **現状(げんじょう)** 현 상태
기업 경영에 있어서 현 상태의 업적을 유지하려면 상당한 노력이 필요하다.

어휘충전 企業(きぎょう) 기업  経営(けいえい) 경영
~において ~에서  業績(ぎょうせき) 업적
維持(いじ) 유지  努力(どりょく) 노력
必要(ひつよう) 필요  現場(げんば) 현장
実現(じつげん) 실현  現実(げんじつ) 현실

18 ① **安易(あんい)** 안이
그런 안이한 사고방식으로는 안 된다.

어휘충전 考(かんが)え方(かた) 사고방식  安定(あんてい) 안정
安全(あんぜん) 안전  安心(あんしん) 안심

19 ① **わずか** 불과
이렇게 얼마 되지 않은 예산으로는 아무것도 할 수 없다.

어휘충전 予算(よさん) 예산  あきらかだ 밝혀지다, 분명해지다
なまいきだ 건방지다  かってだ 자기 멋대로다

20 ④ **めんどうくさい** 성가시다, 귀찮다
청소를 생각하면, 귀찮아지게 되어 그만둬 버렸습니다.

어휘충전 掃除(そうじ) 청소  なさけない 한심스럽다
あつかましい 뻔뻔스럽다  うらやましい 부럽다

21 ② **あばれる** 날뛰다, 거칠게 굴다
말이 날뛰어 부상자가 나왔다.

어휘충전 馬(うま) 말  けが人(にん) 부상자  ゆれる 흔들리다
すぐれる 뛰어나다  なれる 익숙해지다

22 ① **チャンス** 찬스
해외여행은 시야를 넓히는 좋은 기회이다.

어휘충전 海外旅行(かいがいりょこう) 해외여행  視野(しや) 시야
広(ひろ)げる 넓히다  アクセント 액센트
サンプル 샘플  テキスト 교과서

## 5 問題5 유의어(대체)

### 연습문제 01　→ p.129

✓정답　[23] ④　[24] ①　[25] ②　[26] ③　[27] ③

[23] ④ 適当(てきとう)だ = 手頃(てごろ)だ 적당하다
이 역(배역, 역할)에 적당한 사람을 찾고 있습니다.

〰〰 「適度(てきど)だ 적당하다」도 같은 표현이다. 그 외에 「ふ
さわしい人 어울리는 사람」도 같은 의미가 될 수 있다.

어휘총전 役(やく) 역할　捜(さが)す 찾다　手打(てう)ち 수타
手(て)ぶら 빈손　手際(てぎわ) 솜씨

[24] ① やぶれる = まける 패하다
팀은 결승에서 아깝게도 1점 차로 패했다.

〰〰 각각 한자로 쓰면 「敗(やぶ)れる」「負(ま)ける」인데, 「破
(やぶ)れる 찢어지다, 깨지다」도 같이 알아두자.

어휘총전 決勝(けっしょう) 결승　惜(お)しい 아깝다
点差(てんさ) 점수 차　かつ 이기다　こわれる 고장나다
くずれる 무너지다

[25] ② 昼食(ちゅうしょく) = ランチ 점심
이 일주일 간은 점심으로 샌드위치를 먹었다.

어휘총전 デザート 디저트　モーニング 아침　パーティー 파티

[26] ③ 最近(さいきん) = この頃(ごろ) 요즘, 최근
부모님은 뭔가 걱정거리라도 있는 것인지, 요즘 별로 잘 자지
못하고 있습니다.

〰〰 「近年(きんねん) 근년」「近頃(ちかごろ) 요 근래」도 경우
에 따라서는 같은 표현이 될 수 있다.

어휘총전 両親(りょうしん) 부모님
心配事(しんぱいごと) 걱정거리　眠(ねむ)る 자다
さっさと 재빨리　至急(しきゅう) 즉시
そのうち 그러는 동안에, 그 사이에

[27] ③ しかも = それに 게다가
이 생선은 싸고, 게다가 영양도 있다.

〰〰 「そのうえに」「おまけに」도 같은 의미다.

어휘총전 魚(さかな) 생선　栄養(えいよう) 영양
それから 그리고 나서　そして 그리고　それで 그래서

### 연습문제 02　→ p.129

✓정답　[23] ①　[24] ②　[25] ③　[26] ④　[27] ④

[23] ① 我慢(がまん)する = たえる 참다
그가 이야기를 끝날 때까지 참고 듣고 있어라.

〰〰 「たまる」도 같은 표현이다.

어휘총전 話(はな)し終(お)わる 이야기를 다하다　聞(き)く 듣다
だまる 침묵하다　なおる 낫다　こえる 넘다

[24] ② いちいち 일일이　こまかい 상세하다, 자세하다
선생님은 학생들의 작품을 일일이 살폈다.

〰〰 「詳(くわ)しく調(しら)べた 상세하게 살폈다」라고 할 수도 있다.

어휘총전 作品(さくひん) 작품　調(しら)べる 조사하다, 살피다
適当(てきとう)に 적당히　ほとんど 거의　あらゆる 모든

[25] ③ もうすぐ 곧 바로　まもなく 머지않아
그녀가 죽은 지 이제 곧 10년이 된다.

어휘총전 ずっと 훨씬　ちゃんと 반드시, 확실히, 분명히
しっかり 똑바로

[26] ④ おそらく = 多分(たぶん) 아마
아이는 아마 그 일에 대해서 부모가 아무 말도 하지 않아도 알
고 있을 것입니다.

〰〰 「きっと」도 같은 표현이다.

어휘총전 親(おや) 부모　何(なに)も 아무것도　つねに 늘, 항상
そのうち 그 사이에, 그러는 동안　ぜひ 꼭

[27] ④ 急(きゅう)に = にわかに 갑자기
선배가 갑자기 웃어서 깜짝 놀랐다.

〰〰 「いきなり」도 같은 표현이다.

어휘총전 笑(わら)い出(だ)す 갑자기 웃다
びっくりする 깜짝 놀라다　とうとう 드디어
つい 그만, (시간적으로) 바로, 조금　ついに 마침내, 끝끝내

### 연습문제 03　→ p.130

✓정답　[23] ③　[24] ④　[25] ①　[26] ④　[27] ②

[23] ③ スーツ 정장　背広(せびろ) 남자 정장
아들은 검은색 정장을 한 벌 샀다.

어휘총전 息子(むすこ) 아들　黒(くろ) 검은색
着(ちゃく) 양복을 세는 단위　マフラー 머플러
スカーフ 스카프　スカート 스커트, 치마

24 ④ すむ 해결되다
점심은 선배와 조금 전에 먹었다.
> 「解決(かいけつ)した 해결했다」라고 해도 된다. 「すむ」는 그 외에 「住(す)む 거주하다」「澄(す)む 맑다」의 의미를 가진다.
> 어휘충전 昼食(ちゅうしょく) 점심　先輩(せんぱい) 선배
のぞく 제외하다　すすむ 진행되다　かく 쓰다, 긁다

25 ① この間(あいだ) = 先日(せんじつ) 지난번, 요전에
요전에 그는 속도 위반으로 벌금을 냈다.
> 어휘충전 違反(いはん) 위반　罰金(ばっきん) 벌금
取(と)る (벌금 등을) 내다　昔(むかし) 옛날
久(ひさ)しぶりに 오랜만에　そのうち 그러는 사이에

26 ④ 準備(じゅんび) = 用意(ようい) 준비
최악의 경우에 대비해서 마음의 준비를 했다.
> 「支度(したく)」도 '준비'라는 의미를 가지고 있는데, 「支度」는 '외출, 식사, 자료' 준비에만 사용할 수 있다.
> 어휘충전 最悪(さいあく) 최악　備(そな)える 대비하다
用途(ようと) 용도　用心(ようじん) 조심
用事(ようじ) 볼일

27 ② さまざま 다양함　いろいろ 여러 가지
손님에 대한 응대 방법은 나라에 따라서 다양하다.
> 어휘충전 ～に対(たい)する ～에 대한　応対(おうたい) 응대
仕方(しかた) 방법　国(くに) 나라　～によって ～에 따라
どきどき 두근두근　ひさびさ 오랜만　たびたび 가끔

연습문제 04 ➡ p.130

√정답　23 ④　24 ①　25 ②　26 ③　27 ③

23 ④ 呼吸(こきゅう) 호흡　いき 숨
고도가 높은 곳에서는 호흡이 곤란하다.
> 어휘충전 高度(こうど) 고도　所(ところ) 장소
困難(こんなん) 곤란　心臓(しんぞう) 심장　むね 가슴
のど 목

24 ① あかるい 밝다, 잘 알다(정통하다)
くわしい 상세하다, 자세하다
그 사람만큼 컴퓨터에 정통한 사람은 본 적이 없습니다.
> 「よく知(し)っている 잘 알고 있는」이라는 의미이다.

---

어휘충전 동사 과거형 + ～ことがある(ない) ～적이 있다(없다)
きびしい 엄격하다　最高(さいこう) 최고
偏見(へんけん) 편견　持(も)つ 들다, 가지다

25 ② べつに 딱히, 특별히　あまり 그다지, 별로
모두 저 게임이 재미있다고 하지만 나는 별로 하고 싶지 않다.
> 「たいして 그다지, 별로」와 같은 의미이다.
> 어휘충전 ひじょうに 매우　だいたい 대체로　すべて 전부

26 ③ ～のみならず = ～だけでなく ～뿐만 아니라
그는 그 영화에서 주연뿐만 아니라 감독도 했다.
> 「ばかりか」「ばかりでなく」도 같은 의미로 사용되며, 문법 문제에서도 자주 출제된다.
> 어휘충전 映画(えいが) 영화　主演(しゅえん) 주연
監督(かんとく) 감독　あるいは 혹은
동사 과거형 + ～ばかりに ～한 바람에
～どころか ～은(는)커녕

27 ③ あやしい = うたがわしい 의심하다, 의심스럽다
그에게 도와줄 능력이 있는지 어떤지 의심스럽다.
> 「疑問(ぎもん)だ 의문이다」라고 해도 문맥이 통한다.
> 어휘충전 助(たす)ける 돕다　能力(のうりょく) 능력
おそろしい 무섭다　あやうい 위태롭다
おかしい 이상하다, 우습다

연습문제 05 ➡ p.131

√정답　23 ②　24 ①　25 ④　26 ①　27 ③

23 ② 番号(ばんごう) = ナンバー 번호
좌석에 1부터 100까지 번호를 붙였다.
> 어휘충전 座席(ざせき) 좌석　プリント 프린트　ピストル 총
レベル 레벨

24 ① べつ 별도의, 다른　ほか 다른
그 날은 사정이 안 좋으니 다른 날로 합시다.
> 어휘충전 日(ひ) 날　都合(つごう) 사정　つぎ 다음
よくじつ 다음 날

25 ④ 容疑(ようぎ) = うたがい 혐의, 용의
그는 지갑을 훔쳤다는 혐의가 있다.
> 어휘충전 財布(さいふ) 지갑　盗(ぬす)む 훔치다　のぞみ 희망
疑問(ぎもん) 의문　たすけ 도움

26 ① もっとも = 一番(いちばん) 가장
그는 지금까지 가장 위대한 마라톤 선수이다.

「もっとも」는 '그러나'라는 의미도 있으므로 주의하자.

偉大(いだい) 위대  選手(せんしゅ) 선수  とても 매우
かなり 꽤  さいわいに 다행스럽게도

27 ③ ちいさい = おさない 어리다
어릴 때는 자주 그녀와 놀곤 했었지.

「子供(こども)の時(とき)は 어릴 때는」과 같은 의미이다.

～ものだ ～하곤 했었지(과거회상)  くるしい 괴롭다
おとな 어른  たいへんだ 힘들다

연습문제 06    → p.131

✓정답  23 ②    24 ①    25 ④    26 ③    27 ④

23 ② 全然(ぜんぜん) = まったく 전혀
들었던 것과는 전혀 달랐다.

문장 상으로는 「はっきり 확실히, 분명히」를 대신 대입해도
의미가 통한다.

聞(き)く 듣다  違(ちが)う 다르다
ある程度(ていど) 어느 정도  ちょっと 조금

24 ① コンディション 컨디션
    調子(ちょうし) 몸 상태, 컨디션
선수들은 레이스에 대비하여 컨디션을 조절했다.

選手(せんしゅ) 선수  備(そな)える 대비하다
整(ととの)える 갖추다, 정리하다  道具(どうぐ) 도구
肉体(にくたい) 육체

25 ④ かえる 바꾸다  交換(こうかん)する 교환하다
이 반지를 돈으로 바꾸고 싶습니다만.

참고로 「とりかえる 교환하다」는 '원래 가지고 있던 물건을
다른 물건으로 대체하다'의 뉘앙스를 가지고 있다.

指輪(ゆびわ) 반지  金(かね) 돈
崩(くず)す 무너뜨리다, 잔돈으로 바꾸다
両替(りょうがえ) 환전, 잔돈으로 바꿈

26 ③ 点検(てんけん)する 점검하다
    しらべる 조사하다, 살피다
사장님은 제품을 일일이 점검했다.

社長(しゃちょう) 사장  製品(せいひん) 제품
とぶ 날다  ならべる 나열하다  くらべる 비교하다

27 ④ 通(とお)り = 道(みち) 길
길에서 고등학교 친구를 딱 마주쳤다.

「道」는 '방면'이라는 뜻도 있는데, 「これは私の道じゃな
い 이것은 나의 길이 아니다」와 같이 쓴다. 이때 같은 표현으로
「方面(ほうめん) 방면」이 있다.

都会(とかい) 도시  田舎(いなか) 시골  町(まち) 마을

연습문제 07    → p.132

✓정답  23 ④    24 ③    25 ①    26 ③    27 ②

23 ④ ルーム = 部屋(へや) 방
사장님 댁은 방이 5개나 있는 넓은 곳이었습니다.

社長(しゃちょう) 사장  家(いえ) 집  五(いつ)つ 5개
広(ひろ)い 넓다  所(ところ) 장소  居間(いま) 거실
障子(しょうじ) 장지문, 일본식 미닫이 문
応接間(おうせつま) 응접실

24 ③ ひさしぶり = 久々(ひさびさ) 오랜만
유학간 여동생으로부터 오랜만에 편지를 받았다.

留学(りゅうがく) 유학  ときどき 때때로
たびたび 종종  たまたま 가끔, 우연히

25 ① ところで = さて 그런데
그런데, 오늘의 요리 당번은 누구입니까?

料理(りょうり) 요리  当番(とうばん) 당번
それに 게다가  ところが 그러나  それで 그래서

26 ③ たより 소문, 소식, 편지  うわさ 소문
풍문에 의하면, 그는 새로운 일에 취직했다고 한다.

「たより」는 다른 의미로 「たよりになる 의지가 되다」는 뜻
으로도 쓰이는데, 「信(しん)じられる 믿을 수 있다」「あて
になる 믿음이 가다」와 의미가 비슷하다.

～によると ～에 의하면  気味(きみ) 낌새, 동정
落(お)ち葉(ば) 낙엽

27 ② 本当(ほんとう)は = 実(じつ)は 사실은
그는 그녀를 만났지만, 사실은 만나고 싶지 않았다.

「実(じつ)に」는 놀랐을 때나 감동을 했을 때 사용하는 표현인
데 '참으로, 실로, 정말로' 등으로 해석한다.

先日(せんじつ) 요전  たまに 가끔  日中(にっちゅう) 한낮

→ p.132

✓정답  23 ①　24 ②　25 ③　26 ③　27 ③

23 ① 土日(どにち) = 週末(しゅうまつ) 주말
다음 주말은 특별히 예정은 없습니다.

어휘충전 特別(とくべつ) 특별　予定(よてい) 예정
平日(へいじつ) 평일
祭日(さいじつ)=祝日(しゅくじつ) 경축일

24 ② きびしい 엄격하다　うるさい 까다롭다
프로 오케스트라는 시간에 엄격한 세계입니다.

「~にきびしい」「~にうるさい」라고 해야 같은 의미가
된다.

어휘충전 さびしい 외롭다　かなしい 슬프다　けわしい 험준하다

25 ③ ていねいに = 親切(しんせつ)に 친절하게
그는 나에게 여러모로 친절하게 해 주었다.

「ていねい」는 '친절하다, 정중하다'의 의미를 가지고 있다.

어휘충전 はっきり 분명히　べつに 딱히, 특별히
じょうひんに 고상하게

26 ③ 安(やす)くする 싸게 하다　負(ま)ける 값을 깎다
현금으로 지불할 테니 싸게 해 주세요.

어휘충전 現金(げんきん) 현금　払(はら)う 지불하다
下(さ)げる 내리다　落(お)ちる 떨어지다
逃(に)げる 도망가다

27 ③ ライフ 라이프　人生(じんせい) 인생
실패만 계속되는 내 인생은 어떻게 될까요?

어휘충전 失敗続(しっぱいつづ)き 계속되는 실패
生体(せいたい) 생체



→ p.133

✓정답  23 ①　24 ③　25 ④　26 ②　27 ①

23 ① ホット 새로움, 생생함　あたらしい 새롭다
조금 전 텔레비전에서 나온 것은 핫뉴스였다.

어휘충전 流(なが)れる 흐르다
ホットニュース 가장 최신 뉴스　古(ふる)い 오래되다
おそろしい 무섭다

24 ③ やり方(かた) 하는 방법　要領(ようりょう) 요령
그가 실패한 것은 방법이 잘못되었기 때문이다.

어휘충전 計画(けいかく) 계획

25 ④ 考(かんが)え 생각　見解(けんかい) 견해
제 생각으로는 이번 일은 하지 않는 편이 좋다고 생각합니다.

어휘충전 任務(にんむ) 임무　責任(せきにん) 책임
予想(よそう) 예상

26 ② 当然(とうぜん)だ = 当(あ)たり前(まえ)だ 당연하다
저 녀석은 해고되어 당연하다.

어휘충전 首(くび)になる 해고되다
わがままだ 방자하다, 제멋대로이다
おかしい 이상하다, 우습다

27 ① ピクニック 피크닉　遠足(えんそく) 소풍
봄은 피크닉을 하기에 가장 좋은 계절입니다.

어휘충전 동사 원형 + ~のに ~하는 데　季節(きせつ) 계절
大会(たいかい) 대회　花見(はなみ) 꽃구경
宴会(えんかい) 연회



→ p.133

✓정답  23 ②　24 ④　25 ①　26 ③　27 ④

23 ② マナー 매너　行儀(ぎょうぎ) 예의범절
이 사이트에는 계절 인사 등, 매너의 실용정보가 많이 있습
니다.

「礼儀(れいぎ) 예의」「作法(さほう) 예의」도 같은 의미가
된다.

어휘충전 季節(きせつ) 계절　実用(じつよう) 실용
情報(じょうほう) 정보　恋愛(れんあい) 연애
見物(けんぶつ) 구경　行為(こうい) 행위

24 ④ となり 이웃　近所(きんじょ) 이웃, 근처
일본인은 여하튼 이웃을 너무 의식한다.

어휘충전 意識(いしき) 의식
동사 ます형 + ~過(す)ぎる 지나치게(너무) ~하다
連中(れんちゅう) 무리　素人(しろうと) 초심자, 아마추어
仲間(なかま) 동료

25 ① あるく 걷다　徒歩(とほ) 도보
우리 집에서 공원까지는 걸어서 5분입니다.

어휘총정리 走行(そうこう) 주행　往復(おうふく) 왕복
　　　　　飛行(ひこう) 비행

26 ③ 飛(と)ぶ 빠뜨리다　かける 빠지다, 결여되다
이 책은 여러 페이지 빠져 있다.

꿀팁 「抜(ぬ)ける 빠지다」도 문장에 따라서 「かける」와 같은 의
　　　미가 될 수 있다.

어휘총정리 数(すう) 수　のせる 싣다, 태우다　ぬる 칠하다
　　　　　えがく 그리다

27 ④ あらゆる ＝ すべての 모든
모든 수단을 다 동원해서 해결했다.

어휘총정리 手段(しゅだん) 수단　解決(かいけつ) 해결
　　　　　わずか 불과　ある程度(ていど) 어느 정도

# 6 問題6 용법

　　　　　　　　　➜ p.135

✔정답　28 ②　　29 ③　　30 ④　　31 ①　　32 ②

28 ② やぶる (계약이나 약속을) 깨다
1 포도를 으깨서 포도주를 만들었다. → つぶして 으깨다
2 최종 계약을 깼을 경우, 계약금은 돌려드릴 수 없습니다.
3 아버지는 항상 과음을 하기 때문에, 건강을 망쳐 버렸다.
　　→ こわす 망치다, 부수다
4 주간지를 사서 만 엔을 헐었다.
　　→ くずす 잔돈으로 바꾸다

어휘총정리 ぶどう酒(しゅ) 포도주　最終(さいしゅう) 최종
　　　　　契約(けいやく) 계약　契約金(けいやくきん) 계약금
　　　　　戻(もど)す 돌려주다　父(ちち) 아버지
　　　　　飲(の)みすぎる 과음하다　週刊誌(しゅうかんし) 주간지

29 ③ こえる (동물이) 살찌다
1 너무 살찌는 것은 건강에 좋지 않다.
　　→ ふとる (사람이) 살찌다
2 나는 최근 5킬로그램 쪘다. → ふとる (사람이) 살찌다
3 가을은 말이 살찌는 계절입니다.
4 운동하지 않은 탓에 허리가 살찌게 되었다.
　　→ ふとる (사람이) 살찌다

어휘총정리 동사 ます형 + ～すぎる 지나치게(너무) ～하다
　　　　　健康(けんこう) 건강　最近(さいきん) 최근
　　　　　秋(あき) 가을　馬(うま) 말　季節(きせつ) 계절
　　　　　運動(うんどう) 운동

30 ④ たとえ ～ても(でも) 아무리(비록) ～라도
1 아무리 그렇더라도 저 분에게 그런 일까지 부탁할 수 없습
　　니다. → いくらなんでも 아무리 그렇더라도
2 아무리 멀어도 8시에는 도착하겠죠.
　　→ いくら 아무리 (분량이나 정도)
3 아무리 돈이 많아도 영원한 젊음은 살 수 없다.
　　→ いくら 아무리 (분량이나 정도)
4 비록 해고가 되어도 사실을 말할 생각이다.

어휘총정리 方(かた) 분　遠(とお)い 멀다　着(つ)く 도착하다
　　　　　永遠(えいえん) 영원　若(わか)さ 젊음
　　　　　首(くび)になる 해고가 되다　事実(じじつ) 사실

[31] ① **うれしい** 기쁘다 (그 순간)

1 그의 생존이 확인되어 매우 기뻤다.

2 여행의 즐거운 추억을 소중히 하고 있다.

　　→ たのしい 즐겁다 (기간)

3 그녀는 사귀면 즐거운 사람이다. → たのしい 즐겁다

4 나는 교토에서 3일 동안 즐겁게 지냈다.

　　→ たのしい 즐겁다 (기간)

 生存(せいぞん) 생존　確認(かくにん) 확인
　　　　旅(たび) 여행　思(おも)い出(で) 추억
　　　　大事(だいじ)だ 소중하다　付(つ)き合(あ)う 사귀다
　　　　京都(きょうと) 지명　3日間(みっかかん) 3일 동안
　　　　過(す)ごす 지내다

[32] ② **最中(さいちゅう)** 한창 ~중

1 아이는 한창 텔레비전을 보고 있었다.

　　→ 夢中(むちゅう) 열중해서

2 한창 더운데도 그녀는 두꺼운 양말을 신고 있다.

3 그녀는 프랑스어 공부에 빠져 있다.

　　→ 夢中(むちゅう) ~에 빠져 있다

4 자신이 무엇을 하고 있는 것인지 열중해서 몰랐었다.

　　→ 夢中(むちゅう) 열중해서

厚(あつ)い 두껍다　靴下(くつした) 양말
　　　　勉強(べんきょう) 공부


## 연습문제 02　　　　　→ p.136

✓정답　[28] ④　　[29] ①　　[30] ③　　[31] ③　　[32] ③

[28] ④ **まなぶ** 배우다, 익히다

1 담배는 언제 배웠습니까?

　　→ おぼえる 터득하다, 배우다 (술과 담배는 항상 「おぼえる」
　　　를 사용)

2 이 쿠키 만드는 법을 가르쳐 주세요.

　　→ おしえる 가르치다

3 술은 대학을 졸업하고 나서 배웠습니다. → おぼえる 익히다

4 그는 해외여행에서 많은 것을 배웠다.

作(つく)り方(かた) 만드는 법　お酒(さけ) 술
　　　　卒業(そつぎょう) 졸업　~てから ~하고 나서
　　　　海外(かいがい) 해외　旅行(りょこう) 여행

[29] ① **とっくに** 이미, 벌써 (과거형이 온다)

1 학교 숙제는 이미 끝냈다.

2 현재로는 이미 너무 늦었어.

　　→ もう 이미, 벌써 (현재형이든 과거형이든 상관없음)

3 그는 이제 곧 여기에 오겠죠. → もう (시간적으로) 이제

4 이제 어른이니까, 얌전하게 행동해라.

　　→ もう 이미, 벌써 (현재형이든 과거형이든 상관없음)

宿題(しゅくだい) 숙제　遅(おそ)い 늦다
　　　　형용사 어간 + ～すぎる 지나치게(너무) ～하다
　　　　大人(おとな) 어른　명사 + ～らしい ～답다

[30] ③ **あたらしい** 어떤 상태가 막 이루어진 모습, 지금까지
　　　　없었던 것이나 막 생겼거나 얼마 되지 않은 것

1 모두 새롭게 문제를 분석했다. → あらたに 새롭게 (행하다)

2 그 사건으로 그는 결의를 새롭게 했다.

　　→ あらたに 새롭게 (행하다)

3 내년부터, 유니폼이 새로운 디자인이 된다.

4 그에 대한 인식을 새로이 했다.

　　→ あらたに 새롭게 (행하다)

分析(ぶんせき) 분석　事件(じけん) 사건
　　　　決意(けつい) 결의　来年(らいねん) 내년
　　　　制服(せいふく) 유니폼　～に対(たい)して ～에 대해
　　　　認識(にんしき) 인식

[31] ③ **うろうろ** 어슬렁어슬렁

1 일요일은 집에서 빈둥거리고 있다.

　　→ ごろごろ 빈둥빈둥

2 저 정도의 피아니스트라면 이 나라에는 흔해빠졌다.

　　→ ごろごろ (흔해빠진 모양) 얼마든지

3 수상한 남자가 공원을 어슬렁거리고 있었다.

4 하늘은 어둡고 천둥이 우르르 치고 있다.

　　→ ごろごろ 우르르 (의성어)

程度(ていど) 정도　国(くに) 나라　変(へん)だ 이상하다
　　　　暗(くら)い 어둡다　鳴(な)る (소리가) 나다, 울리다

[32] ③ **独特(どくとく)** 특징, 독특, 특유

1 현 상태로는 범인을 특정하는 것은 어렵다.

　　→ 特定(とくてい) 특정

2 그녀의 웃는 방법에는 특징이 있다. → 特徴(とくちょう) 특징

3 그 지방에는 독특한 액센트가 있다.

4 우리들은 그 사건을 독자적으로 조사했다.

　　→ 独自(どくじ) 독자

現状(げんじょう) 현 상태　犯人(はんにん) 범인
　　　　難(むずか)しい 어렵다　笑(わら)い方(かた) 웃는 방법
　　　　地方(ちほう) 지방　事件(じけん) 사건
　　　　調査(ちょうさ) 조사

→ p.137

✓정답  28 ④  29 ②  30 ③  31 ①  32 ④

28 ④ きる 베다, 자르다

1 아버지는 매일 잔디를 깎고 있습니다.
　　→ かる (잔디나 자잘한 것을) 깎다
2 그는 수염을 깨끗하게 깎았다. → そる (수염을) 깎다
3 어머니는 감자 껍질을 벗기고 있다.
　　→ むく (과일이나 야채 등의 껍질을) 벗기다
4 부엌칼로 손끝을 베었다.

　어휘충전　父(ちち) 아버지　毎日(まいにち) 매일
　　芝生(しばふ) 잔디　母(はは) 어머니　皮(かわ) 껍질
　　包丁(ほうちょう) 부엌칼　指先(ゆびさき) 손끝

29 ② みせる 보여주다

1 그녀는 나이에 비해 젊어 보인다. → みえる 보이다
2 개찰구에서 역무원에게 정기권을 보여주었다.
3 눈 수술을 하여 보이게 되었다. → みえる 보이다
4 수평선에 태양이 보이기 시작했다. → みえる 보이다

　어휘충전　年(とし) 나이　〜の割(わり)に 〜에 비해
　　若(わか)い 젊다　改札口(かいさつぐち) 개찰구
　　駅員(えきいん) 역무원　定期券(ていきけん) 정기권
　　手術(しゅじゅつ) 수술　水平線(すいへいせん) 수평선
　　太陽(たいよう) 태양

30 ③ 予防(よぼう) 예방

1 이 문제는 아직 토론의 여지가 있다. → 余地(よち) 여지
2 교과서의 여분이 한 권 있습니다. → 余分(よぶん) 여분
3 충치를 예방하기 위해, 매일 이를 닦고 있습니다.
4 날씨는 오늘밤부터 나빠진다는 예보이다.
　　→ 予報(よほう) 예보

　어휘충전　問題(もんだい) 문제　議論(ぎろん) 토론
　　教科書(きょうかしょ) 교과서　〜冊(さつ) 〜권
　　虫歯(むしば) 충치　毎日(まいにち) 매일　歯(は) 이
　　磨(みが)く 닦다　天気(てんき) 날씨
　　今夜(こんや) 오늘밤

31 ① やっと 겨우

1 겨우 5시까지 일을 끝낼 수가 있었다.
2 환자를 깨우지 않도록 살짝 나갔다. → そっと 살짝
3 나는 신문을 쭉 훑어보았다. → ざっと 쭉, 대충
4 더욱 더 생각해서 행동해라. → もっと 더욱 더

　어휘충전　〜時(じ) 〜시　仕事(しごと) 일　終(お)える 끝내다
　　病人(びょうにん) 환자　起(お)こす 깨우다
　　出(で)る 나가다　新聞(しんぶん) 신문

目(め)を通(とお)す 훑어보다　考(かんが)える 생각하다
行動(こうどう) 행동

32 ④ 適当(てきとう) 적당

1 그 날의 일은 정확히는 기억하고 있지 않다.
　　→ 正確(せいかく) 정확
2 이 규칙은 외국인에게는 적용할 수 없다.
　　→ 適用(てきよう) 적용
3 이 말의 적용 범위는 상당히 넓다. → 適用(てきよう) 적용
4 아이들에게 적당한 놀이터가 있으면 좋겠다.

　어휘충전　日(ひ) 날　覚(おぼ)える 기억하다　規則(きそく) 규칙
　　外国人(がいこくじん) 외국인　語(ご) 말
　　範囲(はんい) 범위　非常(ひじょう)に 매우
　　広(ひろ)い 넓다　遊(あそ)び場(ば) 놀이터



→ p.138

✓정답  28 ④  29 ②  30 ③  31 ①  32 ④

28 ④ いらいら 안절부절 (조바심, 눈노)

1 스타트를 눈앞에 두고 가슴이 두근거렸다.
　　→ どきどき 두근두근 (긴장감)
2 해외여행을 하게 되어 가슴이 두근거렸다.
　　→ わくわく 기대감이나 즐거움
3 봄이 와서 마음이 들떴다.
　　→ うきうき 기쁜 마음, 들뜬 마음
4 아내는 조바심을 내며 남편의 귀가를 기다리고 있었다.

　어휘충전　目前(もくぜん) 목전　胸(むね) 가슴
　　海外(かいがい) 해외　旅行(りょこう) 여행　春(はる) 봄
　　心(こころ) 마음　妻(つま) 아내　夫(おっと) 남편
　　待(ま)つ 기다리다

29 ② さらに 정도가 더 증가하는 상태나 모습

1 이것보다 더 가벼운 구두는 없습니까?
　　→ もっと 정도가 지금(그것) 이상인 상태나 모습
2 더욱 더 나쁜 것은, 그는 경력을 속인 일이다.
3 자유로운 시간을 더 원한다.
　　→ もっと 정도가 지금(그것) 이상인 상태나 모습
4 밖에 나가서 다른 아이와 더 놀아라.
　　→ もっと 정도가 지금(그것) 이상인 상태나 모습

　어휘충전　軽(かる)い 가볍다　悪(わる)い 나쁘다
　　経歴(けいれき) 경력　自由(じゆう) 자유　外(そと) 밖
　　出(で)る 나가다　他(ほか) 다른　子(こ) 아이
　　遊(あそ)ぶ 놀다

30 ③ 評判(ひょうばん) 평판

1 인기 상품은 바로 다 팔려 버린다. → 人気(にんき) 인기

2 그는 여자아이에게 인기가 있다. → 人気(にんき) 인기

3 그 영화는 젊은이 사이에서는 평판이 좋다.

4 판단을 잘못하면, 또 실패해 버린다.

　→ 判断(はんだん) 판단

**어휘충전** 商品(しょうひん) 상품　売(う)れる 팔리다
　　　映画(えいが) 영화　若者(わかもの) 젊은이
　　　間(あいだ) 사이　誤(あやま)る 잘못하다
　　　失敗(しっぱい) 실패

31 ① 熱中(ねっちゅう) 열중

1 그는 독서에 열중하고 있어서, 그녀가 나가는 것을 알아차리지 못했다.

2 교수님은 생명 연구에 엄청난 열의를 나타내고 있다.

　→ 熱意(ねつい) 열의

3 모두 나를 열심히 지지해 주었다.

　→ 熱心(ねっしん)に 열심히

4 그는 마약 중독이 되어 입원해 있다.

　→ 中毒(ちゅうどく) 중독

**어휘충전** 読書(どくしょ) 독서　気(き)づく 알아차리다
　　　教授(きょうじゅ) 교수　生命(せいめい) 생명
　　　研究(けんきゅう) 연구　大変(たいへん) 엄청남
　　　示(しめ)す 나타내다　指示(しじ) 지지
　　　麻薬(まやく) 마약　入院(にゅういん) 입원

32 ④ すなわち 즉

1 그가 그렇게 말했는가 혹은 내가 잘못 들었거나입니다.

　→ あるいは 혹은

2 영어나 혹은 일본어 중 어느 쪽인가가 필요합니다.

　→ あるいは 혹은

3 신칸센으로 가든지 혹은 비행기를 타든지 시간은 그다지 차이가 없다. → あるいは 혹은

4 제 고향은 한국의 수도, 즉 서울입니다.

**어휘충전** 聞(き)き違(ちが)い 잘못 들음　英語(えいご) 영어
　　　必要(ひつよう) 필요　新幹線(しんかんせん) 신칸센
　　　飛行機(ひこうき) 비행기　時間(じかん) 시간
　　　違(ちが)う 다르다　古里(ふるさと) 고향
　　　韓国(かんこく) 한국　首都(しゅと) 수도



✔정답　28 ①　　29 ④　　30 ②　　31 ③　　32 ④

28 ① ぬぐ 벗다

1 물에 빠진 소년을 구하기 위해 그는 윗옷을 벗고 강으로 뛰어들었다.

2 어머니의 말을 듣고 상자의 뚜껑을 떼어냈다.

　→ はずす 떼어내다

3 그의 이름은 회원리스트에서 제외되었다.

　→ はずす 제외시키다

4 그는 어느 샌가 자리를 벗어나 있었다.

　→ はずす (자리 등에서) 벗어나다

**어휘충전** おぼれる 물에 빠지다　少年(しょうねん) 소년
　　　救(すく)う 구하다　上着(うわぎ) 윗옷　川(かわ) 강
　　　飛(と)び込(こ)む 뛰어들다　箱(はこ) 상자
　　　会員(かいいん) 회원　いつの間(ま)にか 어느 샌가
　　　席(せき) 자리

29 ④ きず 상처

1 아이는 옥상에서 떨어져서 큰 부상을 입었다.

　→ けが 부상

2 부상자는 대개 15명 정도입니다.

　→ けが人(にん) 부상자

3 그는 그 자동차 사고로 큰 부상을 입었다. → けが 부상

4 나는 넘어져서 오른쪽 다리에 심한 상처를 입었다.

**어휘충전** 屋上(おくじょう) 옥상　落(お)ちる 떨어지다
　　　大体(だいたい) 대개　転(ころ)ぶ 넘어지다
　　　右脚(みぎあし) 오른쪽 다리　負(お)う 부상을 입다

30 ② ふえる 늘다 (눈에 보이는 것이 증가하다)

1 나뭇가지가 길게 뻗었다. → のびる (길이가) 늘어나다

2 이 마을의 인구는 10년 동안 3배로 늘어났다.

3 라면이 불어 버려서 맛없게 되었다.

　→ のびる (면 등이) 퍼지다, 불다

4 작년보다 매상이 늘었다.

　→ のびる (눈에 보이지 않는 것이) 발전하다

**어휘충전** 木(き) 나무　枝(えだ) 가지　長(なが)い 길다
　　　町(まち) 마을　人口(じんこう) 인구
　　　年間(ねんかん) 연간　倍(ばい) 배　去年(きょねん) 작년
　　　売上(うりあげ) 매상

31 ③ ～うえで ～하고 나서, 한 후

1 마음이 고운 데다가 얼굴도 아름답다. → ～うえに ～한 데다가

2 그녀는 노력도 하는 데다가 머리도 좋다.

　→ ～うえに ～한 데다가

3 야마다 씨와 상담하고 나서 결정하겠습니다.

4 한다고 약속한 이상에는 하지 않을 수밖에 없다.

　　→ ~うえは ~한 이상에는

**어휘충전** 優(やさ)しい 상냥하다　顔(かお) 얼굴
　　　　努力(どりょく) 노력　頭(あたま) 머리
　　　　相談(そうだん) 상담　決(き)める 결정하다
　　　　約束(やくそく) 약속
　　　　동사 부정형 + ~ざるをえない ~할 수밖에 없다

32 ④ きっと 틀림없이 (다짐의 의미)

1 몸집이 큰 남자가 반드시 건강하다고는 할 수 없다.

　　→ 必(かなら)ずしも 반드시 (뒤에 부정문을 수반)

2 매일 아침 반드시 조깅을 하고 있다.

　　→ 必(かなら)ず 반드시, 틀림없이

3 그녀에게 꼭 보라고 권유받아서 그 영화를 보러 갔다.

　　→ ぜひ 꼭

4 아들이 언젠가 꼭 돌아올 것이라고 믿고 있었다.

**어휘충전** 大男(おおおとこ) 몸집이 큰 남자　健康(けんこう) 건강
　　　　~とは限(かぎ)らない ~라고는 할 수 없다
　　　　毎朝(まいあさ) 매일 아침　勧(すす)める 권유하다
　　　　映画(えいが) 영화　동사 ます형 + ~に ~하러
　　　　息子(むすこ) 아들　信(しん)じる 믿다

## 연습문제 06　　→ p.140

✓**정답**　28 ②　29 ④　30 ③　31 ①　32 ④

28 ② ~までに ~이전까지, ~중으로(동작의 완료 시점)

1 그녀가 올 때까지 계속 기다렸지만, 그녀는 결국 오지 않았다.

　　→ まで 동작이나 상태의 계속

2 딸은 30세까지는 결혼하려고 생각하고 있는 것 같다.

3 일이 끝날 때까지 그곳을 떠날 수 없습니다.

　　→ まで 동작이나 상태의 계속

4 지난주까지 비가 많이 오고 추웠는데 갑자기 오늘부터 따뜻
해졌다.

　　→ まで 동작이나 상태의 계속

**어휘충전** 娘(むすめ) 딸　~才(さい) ~세　済(す)む 끝나다
　　　　離(はな)れる 떨어지다, 떠나다

29 ④ ~ことか 얼마나 ~했던가

1 저런 짓을 하다니, 절대 용서하지 않을 것이다.

　　→ ものか 절대 ~하지 않는다

2 나는 저런 거짓말쟁이인 그와 절대 말을 하지 않을 것이라

고 생각했다. → ものか 절대 ~하지 않는다

3 라면만 먹었는데, 2000엔 이상 지불했다. 이제 두 번 다시
가지 않을 것이다. → ものか 절대 ~하지 않는다

4 여기서 담배를 피워서는 안 된다고 얼마나 주의했던 것인가?

**어휘충전** ~なんて ~하다니　絶対(ぜったい) 절대
　　　　許(ゆる)す 용서하다, 허락하다　うそつき 거짓말쟁이
　　　　以上(いじょう) 이상　払(はら)う 지불하다
　　　　吸(す)う 피우다　注意(ちゅうい) 주의
　　　　受(う)け取(と)る 받다

30 ③ ふく 더러움을 제거하다, 물기를 없애다

1 81%의 초등학생이 하루에 두 번 이상 이를 닦고 있다.

　　→ みがく 이를 닦다

2 아들은 매일 아침 아버지의 구두를 닦았다.

　　→ みがく 윤기를 내다

3 목욕하고 나서 그는 몸을 타월로 잘 닦았다.

4 장래를 위해 자신 나름대로 영어 실력을 닦아나가지 않으면
안 된다. → みがく 실력을 연마하다

**어휘충전** 小学生(しょうがくせい) 초등학생　以上(いじょう) 이상
　　　　歯(は) 이　息子(むすこ) 아들　毎朝(まいあさ) 매일 아침
　　　　父(ちち) 아버지　風呂(ふろ) 목욕　上(あ)がる 끝나다
　　　　体(からだ) 몸　将来(しょうらい) 장래
　　　　~なりに ~나름대로　英語(えいご) 영어
　　　　実力(じつりょく) 실력

31 ① 姿(すがた) 모습

1 조금 전부터 노무라 씨의 모습이 보이지 않는다, 어떻게 된
것일까?

2 좀더 상대 회사의 상황을 보고 나서 결정합시다.

　　→ 様子(ようす) 상황, 김새

3 이 가방은 디자인은 좋지만, 모양이 마음에 들지 않는다.

　　→ 形(かたち) 모양, 형태

4 꽃무늬 블라우스를 입고 있는 사람이 사치코 씨입니다.

　　→ 模様(もよう) 모양, 디자인

**어휘충전** 相手(あいて) 상대　決(き)める 정하다
　　　　鞄(かばん) 가방　気(き)に入(い)る 마음에 들다
　　　　花柄(はながら) 꽃무늬　着(き)る 입다

32 ④ 無限(むげん) 무한

1 면접시간은 30분으로 한정되어 있다.

　　→ 限定(げんてい) 한정

2 빨갛고 무늬가 없는 천이 테이블에 있었다.

　　→ 無地(むじ) 무늬가 없음

3 사고는 신호무시가 원인이었다. → 無視(むし) 무시

4 천연자원은 무한정 있는 것은 아니다.

面接(めんせつ) 면접　時間(じかん) 시간
赤(あか)い 빨갛다　布(ぬの) 천　事故(じこ) 사고
信号(しんごう) 신호　原因(げんいん) 원인
天然(てんねん) 천연　資源(しげん) 자원
～わけではない ～인 셈(것)은 아니다

## 연습문제 07
→ p.141

✓정답　28 ④　29 ①　30 ②　31 ①　32 ①

28 ④ **ためる** 돈을 모으다
1 그 가수는 최근에 젊은이의 인기를 모으고 있다.
　→ あつめる 불러들이다
2 교장선생님은 모든 학생을 강당으로 집합시켰다.
　→ あつめる 집합시키다
3 올해는 문화의 날이 일요일과 겹친다.
　→ かさなる 겹치다
4 만일을 대비해서 돈을 모으고 있다.

歌手(かしゅ) 가수　最近(さいきん) 최근
若者(わかもの) 젊은이　人気(にんき) 인기
校長(こうちょう) 교장선생님　学生(がくせい) 학생
講堂(こうどう) 강당　今年(ことし) 올해
文化(ぶんか)の日(ひ) 문화의 날(일본의 국경일 중 하나)
日曜日(にちようび) 일요일　備(そな)える 대비하다

29 ① **きつい** 힘들다, (일정 상) 빡빡하다
1 다음 주까지의 리포트 제출은 좀 빡빡하다.
2 세일즈맨은 끈질기게 전화를 걸어 왔다.
　→ うるさい・しつこい 끈질기다
3 나는 그녀가 화를 내는 것이 아닌가 하고 괴로웠다.
　→ こわい 무섭다
4 인간은 동물보다도 훨씬 현명하다.
　→ かしこい 똑똑하다, 현명하다

来週(らいしゅう) 다음 주　提出(ていしゅつ) 제출
電話(でんわ) 전화　怒(おこ)る 화를 내다
人間(にんげん) 인간　動物(どうぶつ) 동물

30 ② **そろそろ** 행동과 동작을 조심스럽게 하는 모양, 머지
않아, 슬슬
1 그들은 대학을 졸업하고 바로 결혼했다.
　→ 間(ま)もなく 바로, 머지않아
2 그는 다리 위를 조심스럽게 걸었다.
3 모퉁이를 돌면 바로 알 수 있습니다.
　→ すぐ 바로, 간단히

4 봄방학도 어느 샌가 지나가 버렸다.
　→ いつのまにか 어느 샌가

大学(だいがく) 대학　卒業後(そつぎょうご) 졸업 후
結婚(けっこん) 결혼　橋(はし) 다리　上(うえ) 위
歩(ある)く 걷다　角(かど) 모퉁이　曲(まが)る 돌다
春休(はるやす)み 봄방학　過(す)ぎる 지나다

31 ① **ひきょう** 비겁
1 그는 비겁한 방법으로 시합에서 이겼다.
2 거기에 가야만 하는지 망설이고 있다. → まよう 망설이다
3 이상하게도 선생님 앞에서는 긴장해 버린다.
　→ あがる 긴장하다
4 빨리 판단을 내려야 하는 장면에서는 머뭇거린다.
　→ まよう 망설이다

やり方(かた) 방법　勝(か)つ 이기다
～かどうか ～할지 말지　おかしい 이상하다
早(はや)く 빨리　判断(はんだん) 판단
下(お)ろす 내리다　場面(ばめん) 장면

32 ① **連想(れんそう)** 연상
1 이 사진은 항상 나의 고등학교 시절을 연상시킨다.
2 어떤 일이 일어날지 상상도 되지 않습니다.
　→ 想像(そうぞう) 상상
3 그는 상상했던 것보다 훨씬 친절했다.
　→ 想像(そうぞう) 상상
4 나머지는 상상에 맡기겠습니다. → 想像(そうぞう) 상상

写真(しゃしん) 사진　高校(こうこう) 고등학교
時代(じだい) 시절　起(お)こる 일어나다
親切(しんせつ) 친절　任(まか)せる 맡기다

## 연습문제 08
→ p.142

✓정답　28 ①　29 ③　30 ④　31 ②　32 ③

28 ① **まちがい** 틀림, 잘못, 실수
1 그는 지금까지 한 번도 실수를 한 적이 없다.
2 5분의 엇갈림으로 그를 만날 수 없었다.
　→ ちがい 엇갈림
3 가격은 어느 정도 다릅니까? → ちがう 다르다
4 야구와 크리켓의 차이를 모르겠다. → ちがい 다름, 차이

今(いま)まで 지금까지　一度(いちど) 한 번
～分間(ふんかん) ～분간　会(あ)う 만나다
値段(ねだん) 가격　野球(やきゅう) 야구

52

29 ③ **確実(かくじつ)** 확실

1 내 시계는 항상 정확하다. → 正確(せいかく) 정확

2 그녀는 약속대로 정확하게 7시에 찾아왔다.

　 → 正確(せいかく) 정확

3 이런 성적으로는 그가 낙제할 것은 확실하다.

4 뉴스는 정확함이 최우선이다. → 正確(せいかく) 정확

어휘총전 時計(とけい) 시계　約束通(やくそくどお)り 약속대로

成績(せいせき) 성적　落第(らくだい) 낙제

第一(だいいち) 제일

30 ④ **曲(ま)がる** 구부러지다, 돌다

1 태풍으로 많은 소나무가 부러졌다.

　 → 折(お)れる 부러지다

2 친구의 장난으로 연필이 부러져 버렸다.

　 → 折(お)れる 부러지다

3 우리들의 최선을 다한 설득에 드디어 그도 양보했다.

　 → 折(お)れる 양보하다, 타협하다

4 나이를 먹으면 허리가 구부러지는 것은 왜일까?

어휘총전 台風(たいふう) 태풍　松(まつ)の木(き) 소나무

鉛筆(えんぴつ) 연필　熱心(ねっしん) 열심

説得(せっとく) 설득　年(とし)をとる 나이를 먹다

腰(こし) 허리

31 ② **音(おと)** (사물의) 소리

1 책은 소리를 내어서 읽는 편이 외우기 쉽다.

　 → 声(こえ) (사람의) 목소리

2 네가 새로 산 스테레오는 소리가 좋아?

3 정치가라면 국민의 의견에 귀를 기울여야만 한다.

　 → 声(こえ) 의견

4 그는 매우 놀라서 잠시 동안 말을 못했다.

　 → 言葉(ことば) 말

어휘총전 出(だ)す 내다　覚(おぼ)える 기억하다

政治家(せいじか) 정치가　国民(こくみん) 국민

傾(かたむ)ける 기울이다　～べきだ ~해야만 한다

驚(おどろ)く 놀라다　出(で)る 나오다

32 ③ **おしい** 아깝다 (질적인 개념)

1 물을 그렇게 흘려서는 아깝다.

　 → もったいない 아깝다 (양적인 개념)

2 모두에게 오해받아 억울했었다.

　 → くやしい 억울하다, 분하다

3 쓸데없는 회의에 시간을 사용하는 것은 아깝다.

4 이것은 아까워서 버릴 수 없다.

　 → もったいない 아깝다 (양적인 개념)

어휘총전 水(みず) 물　流(なが)す 흘리다　誤解(ごかい) 오해

会議(かいぎ) 회의　時間(じかん) 시간

使(つか)う 사용하다　捨(す)てる 버리다

연습문제 09　　　→ p.143

✓정답　28 ②　　29 ④　　30 ①　　31 ③　　32 ④

28 ② **めぐる** 둘러싸다 (눈에 보이지 않는 것)

1 일본은 사방이 바다로 둘러싸인 나라이다.

　 → かこむ 둘러싸다 (눈에 보이는 것)

2 정치 정세를 둘러싸고 중대한 움직임이 있었다.

3 그녀는 친구에게 둘러싸여 울고 있었다.

　 → かこむ 둘러싸다 (눈에 보이는 것)

4 학교는 높은 담으로 둘러싸여 있다.

　 → かこむ 둘러싸다 (눈에 보이는 것)

어휘총전 四方(しほう) 사방　海(うみ) 바다　国(くに) 나라

政治(せいじ) 정치　情勢(じょうせい) 정세

重大(じゅうだい) 중대　動(うご)き 움직임

友達(ともだち) 친구　泣(な)く 울다

学校(がっこう) 학교　高(たか)い 높다　垣根(かきね) 담

29 ④ **現象(げんしょう)** 현상

1 국제관계의 현 상황은 위기상태라고도 할 수 있다.

　 → 現状(げんじょう) 현 상황

2 경제의 현 상황에서 보면 수출은 늘지 않을 것이다.

　 → 現状(げんじょう) 현 상황

3 핵병기의 출현에 의해 전쟁의 성격이 완전히 바뀌었다.

　 → 出現(しゅつげん) 출현

4 일시적인 현상이므로 놀랄 필요는 없다.

어휘총전 国際(こくさい) 국제　関係(かんけい) 관계

危機(きき) 위기　状態(じょうたい) 상태

経済(けいざい) 경제　輸出(ゆしゅつ) 수출

伸(の)びる 늘다　核兵器(かくへいき) 핵 병기

戦争(せんそう) 전쟁　性格(せいかく) 성격

一時的(いちじてき) 일시적　驚(おどろ)く 놀라다

30 ① **象徴(しょうちょう)** 상징

1 이 시의 빨간 장미는 사랑을 상징하고 있다.

2 친구의 웃는 방법에는 특징이 있다 → 特徴(とくちょう) 특징

3 그러한 행동은 요즘 학생의 특징이다.

　 → 特徴(とくちょう) 특징

4 그 지방의 기후의 특징은 무엇입니까?

　 → 特徴(とくちょう) 특징

어휘충전 詩(し) 시　赤(あか)い 빨갛다　ばら 장미　愛(あい) 사랑
友達(ともだち) 친구　笑(わら)い方(かた) 웃는 법
行動(こうどう) 행동　今日(こんにち) 요즘
学生(がくせい) 학생　地方(ちほう) 지방
気候(きこう) 기후

**[31] ③ ぐうぐう 꼬르륵 (배가 고플 때 나는 소리)**
1 그는 항상 상사에게 굽실굽실 머리를 숙인다.
→ ぺこぺこ、へこへこ 굽실굽실
2 배가 고파서 견딜 수가 없다. → ぺこぺこ 배가 고픈 모양
3 배가 고프면 꼬르륵꼬르륵 배에서 소리가 난다.
4 그녀는 행복해서 싱글벙글 웃고 있었다.
→ にこにこ 생글생글

어휘충전 上司(じょうし) 상사
頭(あたま)を下(さ)げる 머리를 숙이다　お腹(なか) 배
〜て(で)たまらない 〜해서 견딜 수 없다
空腹(くうふく) 공복　鳴(な)る (소리가) 나다, 울리다
幸(しあわ)せ 행복

**[32] ④ 正直(しょうじき) 정직**
1 이 문제만은 전원이 정답이었다.
→ 正解(せいかい) 정답
2 그 배우는 하와이에서 정체를 숨기고 여행하려고 했다.
→ 正体(しょうたい) 정체
3 위험에 직면하여 어떻게 할까 망설이고 있다.
→ 直面(ちょくめん) 직면
4 정직하게 말해서, 그는 신뢰할 수 없다.

어휘충전 問題(もんだい) 문제　俳優(はいゆう) 배우
隠(かく)す 숨기다　危険(きけん) 위험
迷(まよ)う 망설이다　信頼(しんらい) 신뢰

## 연습문제 10

→ p.144

✓정답　28 ②　29 ③　30 ④　31 ②　32 ③

**[28] ② かえって 오히려 (반대적인 상황)**
1 내일 가는 것보다 오히려 모레가 더 좋다고 생각합니다만.
→ むしろ 오히려 (선택)
2 이 길로 온 것이 오히려 일찍 도착했다.
3 과장님, 사토 씨보다 오히려 이케다 씨에게 맞는 일이 아닙니까? → むしろ 오히려 (선택)
4 만약 저에게 선택하라고 한다면, 저는 오히려 이쪽으로 하겠습니다. → むしろ 오히려 (선택)

어휘충전 明日(あした) 내일　行(い)く 가다　道(みち) 길
早(はや)く 일찍, 빨리　着(つ)く 도착하다
課長(かちょう) 과장　佐藤(さとう) 사토(인명)
池田(いけだ) 이케다(인명)　合(あ)う 맞다
仕事(しごと) 일　選(えら)ぶ 선택하다

**[29] ③ だんだん 점점 (정도, 상태의 변화)**
1 점심 전에 끝내고 싶으니 계속 해 버리자.
→ どんどん 계속
2 지난주부터 눈이 계속 내렸다.
→ どんどん 계속
3 그는 그녀가 점점 좋아졌다.
4 사양하지 마시고 계속 드세요.
→ どんどん 계속

어휘충전 どんどん 정도, 변화뿐만 아니라 양과 관련된 용법도 있음
昼前(ひるまえ) 점심 전　終(お)わる 끝나다
遠慮(えんりょ)する 삼가다

**[30] ④ いつも 항상**
1 언제든지 괜찮을 때 오세요. → いつでも 언제든지
2 언제든지 좋으니까, 질문이 있으면 물어 보세요.
→ いつでも 언제든지
3 곤란한 일이 있으면 언제든지 말해라.
→ いつでも 언제든지
4 그는 항상 시간대로 오지 않는다.

어휘충전 聞(き)く 묻다, 듣다　困(こま)る 곤란하다
명사 + 〜どおり(に) 〜대로

**[31] ② 今(いま)にも 당장에라도**
1 지금도 그 날의 추억을 떠올리곤 한다.
→ 今(いま)でも 지금도
2 그는 당장이라도 울음을 터뜨릴 것 같은 표정을 짓고 있다.
3 그의 이론은 지금도 통용되고 있다.
→ 今(いま)でも 지금도
4 나는 지금도 저 계단이 몇 단인지 모른다.
→ 今(いま)でも 지금도

어휘충전 日(ひ) 날　思(おも)い出(で) 추억
思(おも)い出(だ)す 생각해내다, 떠올리다
泣(な)き出(だ)す 울음을 터뜨리다　顔(かお) 얼굴, 표정
理論(りろん) 이론　通用(つうよう) 통용
階段(かいだん) 계단

**[32] ③ 常識(じょうしき) 상식**
1 아버지는 3일간 의식 불명이었다. → 意識(いしき) 의식
2 이 두 제품을 식별하는 것은 상당히 어렵다.
→ 識別(しきべつ) 식별

3 그에게는 세상의 상식이라는 것이 부족하다.
4 이 건물은 소화기를 각 층에 상비하고 있다.

→ 常備(じょうび) 상비, 비상

**어휘총정** 不明(ふめい) 불명   製品(せいひん) 제품
世間(せけん) 세상   欠(か)ける 빠지다, 부족하다
建物(たてもの) 건물   消火器(しょうかき) 소화기
各階(かっかい) 각 층

# Part 3 문자·어휘 실전 모의고사

## 제1회 실전 모의고사

→ p.146

✓정답

| | | | | |
|---|---|---|---|---|
| 1 ③ | 2 ② | 3 ① | 4 ① | 5 ① |
| 6 ① | 7 ③ | 8 ② | 9 ④ | 10 ① |
| 11 ① | 12 ③ | 13 ① | 14 ④ | 15 ② |
| 16 ③ | 17 ③ | 18 ① | 19 ③ | 20 ④ |
| 21 ④ | 22 ② | 23 ② | 24 ① | 25 ④ |
| 26 ② | 27 ③ | 28 ① | 29 ② | 30 ③ |
| 31 ④ | 32 ① | | | |

## 問題1

1 ③ 服装(ふくそう) 복장
이러한 복장이 유행하고 있다.

**어휘총정** 流行(りゅうこう) 유행

2 ② 尊重(そんちょう) 존중
저는 그의 의견을 존중하고 있습니다.

3 ① 順序(じゅんじょ) 순서
이 명부는 순서가 틀려 있다.

**어휘총정** 名簿(めいぼ) 명부

4 ① 奪(うば)う 빼앗다
비행기 추락으로 50명의 목숨이 빼앗겼다.

**어휘총정** 飛行機(ひこうき) 비행기   墜落(ついらく) 추락
～名(めい) ～명   命(いのち) 목숨

5 ① 激(はげ)しい 격렬하다, 비가 심하다 (동적인 날씨가
심하다)
어제는 매우 심하게 비가 내렸다.

## 問題2

6 ① 募集(ぼしゅう) 모집
종업원을 모집하고 있습니다.

**어휘총정** 従業員(じゅうぎょういん) 종업원

7 ③ 販売(はんばい) 판매
판매사원은 한 명밖에 없다.

8 ② 製造(せいぞう) 제조
우리 회사는 컴퓨터와 관계된 기계를 제조하고 있다.

**어휘총정** 関係(かんけい) 관계   機械(きかい) 기계

9 ④ 規則(きそく) 규칙
정해진 규칙은 제대로 지켜 주세요.
**어휘충전** 決(き)める 정하다　ちゃんと 분명히, 똑바로
　　　　守(まも)る 지키다

10 ① 耐(た)える 참다
그의 빈정거리는 말에는 참을 수 없었다.
**어휘충전** 皮肉(ひにく) 빈정거림

## 問題3

11 ① 切(き)り倒(たお)す 베어 넘어뜨리다, 베어 죽이다
집 앞에 있는 큰 나무를 아버지가 방해가 된다면서 베어 넘어
뜨렸다.
**어휘충전** 木(き) 나무　じゃま 방해　切(き)りあげる 일단락 짓다,
　　　　일단 끝내다　切(き)りひらく 개척하다

12 ③ ふりかける (가루 등을) 뿌리다
이 라면에 후추를 뿌려서 먹으면 맛있다.
**어휘충전** こしょう 후추　ふりあげる 치켜들다, 치켜올리다
　　　　ふりあう 서로 스치다, 맞닿다　ふりまわす 휘두르다

13 ③ 未完成(みかんせい) 미완성
유명한 작가가 죽은 뒤, 미완성 상태의 작품이 발견되었다.
**어휘충전** 作家(さっか) 작가　状態(じょうたい) 상태
　　　　作品(さくひん) 작품　発見(はっけん) 발견

14 ④ 高品質(こうひんしつ) 고품질
안심하고 사용할 수 있는 고품질 서비스를 1년 동안 제공해 드
리겠습니다.
**어휘충전** 安心(あんしん) 안심　提供(ていきょう) 제공

15 ② 山登(やまのぼ)り 등산
등산은 결코 체력이 있는 사람만이 할 수 있는 즐거움은 아닙
니다.
**어휘충전** 決(けっ)して 결코　体力(たいりょく) 체력
　　　　楽(たの)しみ 즐거움

## 問題4

16 ③ 尊重(そんちょう) 존중
회사 측은 더욱 더 소비자의 의견을 존중해야만 한다.
**어휘충전** 消費者(しょうひしゃ) 소비자　尊敬(そんけい) 존경
　　　　敬意(けいい) 경의　貴重(きちょう) 귀중

17 ③ 自然(しぜん) 자연
자손을 위해서 아름다운 자연을 보호해 가야만 한다.
**어휘충전** 子孫(しそん) 자손　保護(ほご) 보호　場面(ばめん) 장면
　　　　現場(げんば) 현장　田舎(いなか) 시골

18 ① そろえる 갖추다
저 가게는 일류 상품을 갖추고 있다.
**어휘충전** 一流(いちりゅう) 일류　品物(しなもの) 상품, 물건
　　　　そなえる 대비하다　たとえる 예를 들다
　　　　たくわえる 비축하다

19 ③ あつかましい 뻔뻔하다
그는 남에게 한번도 한턱낸 적이 없는 뻔뻔한 녀석이다.
**어휘충전** おごる 한턱내다　おしい 아깝다
　　　　あやしい 의심스럽다　まぶしい 눈부시다

20 ④ うっかり 깜빡
깜빡해서 역을 3개나 지나쳐 가 버렸다.
**어휘충전** 乗(の)り過(す)ごす 지나쳐 가다　がっかり 실망하는 모습
　　　　しっかり 자세나 태도가 바른 모양
　　　　すっかり 완전히, 완연히

21 ④ ばったり 딱 (만나는 모습)
공원에서 그를 딱 만났다.
**어휘충전** 出会(であ)う 만나다　すっきり 개운한 모습
　　　　はっきり 분명히　つい 그만(무심코)

22 ② プラン(plan) 계획
친구와 함께 여름방학 계획을 세웠다.
**어휘충전** たてる 세우다　メニュー 메뉴　リズム 리듬
　　　　プログラム 프로그램

## 問題5

23 ① つめたい 차갑다, 냉정하다　冷静(れいせい) 냉정
야마다 씨만큼 냉정한 사람은 본 적이 없습니다.
**어휘충전** 동사 과거형 + ～ことがある ～한 적이 있다
　　　　そそっかしい 덜렁대다　かしこい 똑똑하다, 현명하다

24 ① たまたま = 偶然(ぐうぜん)に 우연히
어제 서점 앞에서 우연히 고등학교 선생님을 만났습니다.
**어휘충전** 時々(ときどき) 때때로　いつも 늘, 항상　たまに 가끔

25 ④ 동사 사역형＋～ていただきます ~하겠습니다(겸양표현)
오늘 회의는 이것으로 마치도록 하겠습니다.

　　　회의나 결혼식의 경우에는「동사 사역형＋～いただく」대신
　　　「お開きにする」를 사용하여 '마친다'는 의미로 사용한다.

　　어휘충전 開(ひら)く 열다　行(おこな)う 행하다
　　　　伝(つた)える 전하다　任(まか)せる 맡기다
　　　　終(お)わる 끝나다

26 ③ かなり ＝ ひじょうに 매우, 상당히
12월에 들어와서 상당히 추워졌습니다.

　　어휘충전 やや 다소, 조금　まえもって 미리　たしょう 다소, 약간

27 ③ 反省(はんせい)する ＝ 省(かえり)みる 반성하다
잘못을 솔직하게 반성했다.

　　어휘충전 誤(あやま)ち 잘못　素直(すなお) 순수함, 솔직함
　　　　たがやす 경작하다　おかす 범하다
　　　　ためす 시험하다, 시도하다

## 問題6

28 ① せめて 적어도
1 해외는 가지 않더라도, 적어도 국내라도 돌아보고 싶다.
2 열심히 했기 때문에, 마침내 대학에 들어갔다.
　　→ ついに 마침내
3 이전의 테스트는, 부끄럽게도 50점이었습니다.
　　→ 恥(は)ずかしながら 부끄럽게도
4 지금까지 열심히 했으니, 틀림없이 합격할 것이다.
　　→ きっと 틀림없이

　　어휘충전 海外(かいがい) 해외　国内(こくない) 국내
　　　　回(まわ)る 돌다　一生懸命(いっしょうけんめい) 열심히
　　　　～点(てん) ~점　いくら ～ても 아무리 ~해도
　　　　合格(ごうかく) 합격

29 ② 切断(せつだん) 절단
1 경비 절약을 위해 힘쓰고 있다. → 節約(せつやく) 절약
2 의사는 그의 발을 무릎 위에서 절단했다.
3 방심하면 또 병듭니다. → 油断(ゆだん) 방심
4 지난달부터 비가 내리지 않았기 때문에, 모두 물을 절약해서
　　사용하고 있다. → 節約(せつやく) 절약

　　어휘충전 経費(けいひ) 경비　つとめる 힘쓰다　医者(いしゃ) 의사
　　　　ひざ 무릎　先月(せんげつ) 지난달

30 ③ たちまち 즉시, 바로 (경향)
1 환자는 즉시 수술을 필요로 한다.
　　→ ただちに 즉시, 바로 (동작이나 행동)
2 바로 전보를 쳤다. → ただちに 즉시, 바로 (동작이나 행동)
3 불은 바로 2층으로 번져나갔다.
4 그는 즉시 결의했다.
　　→ ただちに 즉시, 바로 (동작이나 행동)

　　어휘충전 病人(びょうにん) 환자　手術(しゅじゅつ) 수술
　　　　電報(でんぽう)を打(う)つ 전보를 치다　火(ひ) 불
　　　　燃(も)え広(ひろ)がる (불이) 번져나가다
　　　　決意(けつい) 결의

31 ④ 用意(ようい) 준비
1 연금 담당직원을 가장한 수상한 전화가 늘고 있으므로 조심
　　해 주세요. → 用心(ようじん) 조심
2 무슨 일이든 처음이 중요하군요. → 肝心(かんじん) 중요
3 조명기구의 종류와 용도를 알고 싶습니다만.
　　→ 用途(ようと) 용도
4 목욕 가운을 사이즈별로 준비해 두었습니다.

　　어휘충전 年金(ねんきん) 연금　担当(たんとう) 담당
　　　　職員(しょくいん) 직원　不審(ふしん) 수상함
　　　　増(ふ)える 늘다　何事(なにごと) 무슨 일
　　　　最初(さいしょ) 처음　照明(しょうめい) 조명
　　　　器具(きぐ) 기구　種類(しゅるい) 종류
　　　　浴衣(ゆかた) 목욕가운　～別(べつ) ~별

32 ① 特徴(とくちょう) 특징
1 그는 특징 있는 목소리를 가지고 있다.
2 나는 남의 장점을 보려고 노력하고 있다.
　　→ 長所(ちょうしょ) 장점
3 이 일에는 특별한 주의를 기울일 필요가 있다.
　　→ 特別(とくべつ) 특별
4 그 지방의 독특한 악센트에 조금 놀랐다.
　　→ 独特(どくとく) 독특

　　어휘충전 持(も)つ 가지다, 들다　努(つと)める 노력하다
　　　　注意(ちゅうい)を払(はら)う 주의를 기울이다
　　　　地方(ちほう) 지방

✓정답

| 1 ④ | 2 ③ | 3 ② | 4 ① | 5 ③ |
| 6 ② | 7 ③ | 8 ④ | 9 ④ | 10 ③ |
| 11 ① | 12 ② | 13 ③ | 14 ④ | 15 ④ |
| 16 ③ | 17 ③ | 18 ① | 19 ④ | 20 ① |
| 21 ② | 22 ④ | 23 ① | 24 ② | 25 ③ |
| 26 ② | 27 ③ | 28 ② | 29 ③ | 30 ④ |
| 31 ② | 32 ③ | | | |

## 問題1

**1** ④ 先端(せんたん) 첨단
그녀는 대학 시절부터 유행의 첨단을 걸었다.

　**어휘충전** 大学時代(だいがくじだい) 대학 시절
　　　　　流行(りゅうこう) 유행

**2** ③ 頭痛(ずつう) 두통, 골칫거리
자금 부족이 그 기획의 골칫거리의 원인이었다.

　**어휘충전** 資金(しきん) 자금　不足(ふそく) 부족
　　　　　企画(きかく) 기획　種(たね) 씨앗, 원인

**3** ② 運河(うんが) 운하
전쟁으로 파나마 운하가 폐쇄되었다.

　**어휘충전** 戦争(せんそう) 전쟁　閉鎖(へいさ) 폐쇄

**4** ① 沈(しず)む 가라앉다
배는 태풍 때문에 가라앉았다.

　**어휘충전** 船(ふね) 배　台風(たいふう) 태풍

**5** ③ 危(あや)うい 위태롭다, 위험하다
밤늦게 외출하는 것은 위험하다.

　**어휘충전** 夜遅(よるおそ)く 밤늦게　外出(がいしゅつ) 외출

## 問題2

**6** ② 観察(かんさつ) 관찰
상대방의 행동 관찰을 잘못한 것 같다.

　**어휘충전** 行動(こうどう) 행동　誤(あやま)る 잘못하다

**7** ③ 乾燥(かんそう) 건조
공기가 매우 건조해서 화재가 일어날 우려가 있다.

　**어휘충전** 火事(かじ) 화재　起(お)きる 일어나다　恐(おそ)れ 우려

**8** ④ 義理(ぎり) 의리
그와는 의형제이다.

　**어휘충전** ～である ＝ だ ～이다

**9** ④ 攻撃(こうげき) 공격
우리 군은 야간에 적을 공격했다.

　**어휘충전** 我(わ)が軍(ぐん) 우리 군　夜間(やかん) 야간
　　　　　敵(てき) 적

**10** ③ 握(にぎ)る 쥐다
손에 땀을 쥐고 100미터 경주를 지켜보았다.

　**어휘충전** 汗(あせ) 땀　競走(きょうそう) 경주
　　　　　見守(みまも)る 지켜보다

## 問題3

**11** ① 書(か)き上(あ)げる 쓰기를 마치다, 다 쓰다
이번에 발표하는 것은 작년 말에 다 쓴 작품입니다.

　**어휘충전** 昨年末(さくねんまつ) 작년 말　作品(さくひん) 작품
　　　　　書(か)きあやまる 잘못 쓰다
　　　　　書(か)きいれる 써넣다, 기입하다
　　　　　書(か)きくわえる 가필하다, 써넣다, 그려 넣다

**12** ② 呼(よ)びかける 호소하다, 말을 걸다
올림픽을 눈 앞에 두고, 정부는 시민에게 세계에 좋은 인상을
주기 위해 좋은 면을 보이도록 호소했다.

　**어휘충전** 目(め)の前(まえ) 눈 앞, 목전　政府(せいふ) 정부
　　　　　市民(しみん) 시민　～に対(たい)して ～에 대해서
　　　　　印象(いんしょう) 인상　与(あた)える 주다, 부여하다
　　　　　面(めん) 면, 얼굴　見(み)せる 보여주다
　　　　　呼(よ)びだす 호출하다　呼(よ)びおこす 불러일으키다

**13** ③ 不完全(ふかんぜん) 불완전
이 세계는 불완전하므로(완전하지 않아서), 사람들은 신에게
의지하는 것이다.

　**어휘충전** 神様(かみさま) 신　頼(たよ)る 의지하다

**14** ④ 非常識(ひじょうしき) 비상식
모두 식사를 하고 있는데 담배를 피우다니, 비상식적인 사람
이다.

　**어휘충전** 吸(す)う 피우다　～なんて ～하다니

**15** ④ 田舎育(いなかそだ)ち 시골에서 자람
구마모토 현의 바다에 산에 강도 있는 시골에서 자란 사람입
니다.

**어휘충전** 海(うみ) 바다　山(やま) 산　川(かわ) 강
田舎(いなか)まわり 지방을 돌아다님

## 問題4

16 ③ 特定(とくてい) 특정
각각의 기구에는 특정한 사용법이 있다.

**어휘충전** 器具(きぐ) 기구　使(つか)い方(かた) 사용법
厳重(げんじゅう) 엄중　慎重(しんちょう) 신중
独特(どくとく) 독특

17 ② 評判(ひょうばん) 평판
그 주간지는 영화배우의 스캔들 기사로 평판이 나쁘다.

**어휘충전** 週刊誌(しゅうかんし) 주간지　映画(えいが) 영화
俳優(はいゆう) 배우　記事(きじ) 기사
判断(はんだん) 판단　批判(ひはん) 비판
比重(ひじゅう) 비중

18 ① ことわる 거절하다
세 군데 응모했지만, 전부 거절당했다.

**어휘충전** 〜か所(しょ) 〜군데　応募(おうぼ) 응모
わびる 사과하다　ほめる 칭찬하다　おこる 화를 내다

19 ④ まずしい 가난하다
그는 가난한 농가에서 태어났다.

**어휘충전** 農家(のうか) 농가　生(う)まれる 태어나다
ひとしい 똑같다　けわしい 험준하다
いさましい 용기있다

20 ① とっくに 벌써, 이미
점심시간은 이미 지났다.

**어휘충전** 昼食(ちゅうしょく) 점심시간　過(す)ぎる 지나다
なんとか 어떻게든　おおよそ 대략　やたらに 무턱대고

21 ② しみじみ 절실히, 진실로, 곰곰이
그에 관한 일을 곰곰이 떠올렸다.

**어휘충전** 思(お)い出(だ)す 회고하다, 상기하다, 떠올리다
せいぜい 기껏해야　ひろびろ 넓고 넓은　たびたび 가끔

22 ④ スーツ 정장
모두 검은 정장을 입고 있었다.

**어휘충전** 黒(くろ)い 검다　着(き)る 입다　コピー 복사
カーブ 커브　テーマ 테마

## 問題5

23 ① うかがう 「問(と)う 묻다・訪(たず)ねる 방문하다」의
겸양어
이 건에 대해서 의견을 여쭙겠습니다.

**어휘충전** 件(けん) 건

24 ② とつぜん ＝ いきなり 갑자기
아이들은 갑자기 큰소리로 외쳤다.

**어휘충전** 大声(おおごえ) 큰 목소리　叫(さけ)ぶ 외치다
ずっと 훨씬, 계속　まいにち 매일

25 ③ 案外(あんがい) ＝ 意外(いがい) 의외
시험은 의외로 어려웠다.

**어휘충전** 試験(しけん) 시험　非常(ひじょう)に 매우
さいわいに 다행스럽게도

26 ② 倒産(とうさん)する ＝ つぶれる 망하다, 도산하다
우리 회사는 도산했다.

**어휘충전** こわれる 고장나다, 부서지다　くたびれる 녹초가 되다
やぶれる 패하다, 찢어지다

27 ③ 任(まか)せる 맡기다　やらせる 하게 하다
이것은 나에게 맡겨 주세요.

**어휘충전** わたす 건네다　かかせる 쓰게 하다
のませる 마시게 하다

## 問題6

28 ② きっぱり 단호히, 딱
1 완전히 지쳐서 풀썩 쓰러졌다. → ばったり 풀썩
2 나는 그에 관해서 딱 포기했다.
3 금고의 돈이 완전히 없어졌다. → すっかり 완전히
4 오늘은 맑아서 밖의 풍경이 확실히 보입니다.
　　→ はっきり 확실히

**어휘충전** 疲(つか)れる 피곤하다, 지치다
동사 ます형 ＋ 〜きる 완전히 〜하다
倒(たお)れる 쓰러지다　金庫(きんこ) 금고
嫌(いや) 싫음

29 ③ ざっと 대충, 쭉
1 연극이 끝날 때까지 가만히 보고 있었다. → じっと 가만히
2 훨씬 전에 그를 만난 적이 있다. → ずっと 훨씬
3 나는 쭉 신문을 훑어보았다.
4 차가운 밤바람에 오싹했다. → ぞっと 오싹하는 모습

어휘총정리 芝居(しばい) 연극　以前(いぜん) 이전
新聞(しんぶん) 신문　目(め)を通(とお)す 훑어보다
夜風(よかぜ) 밤바람

[30] ④ たしかに 확실히
1 그런 일은 아마 일어나지 않을 것이다. → たぶん 아마
2 아마 날짜를 잊었겠죠. → たぶん 아마
3 비싼 물건이 반드시 좋다고는 할 수 없다.
　　　→ かならず 반드시
4 그는 확실히 머리는 좋지만, 너무 이기주의이다.

어휘총정리 起(お)こる 일어나다　日(ひ)にち 날짜
～とは限(かぎ)らない ～라고는 할 수 없다
頭(あたま) 머리　利己主義(りこしゅぎ) 이기주의

[31] ② とびこえる (눈에 보이는 것을) 뛰어넘다
1 그는 핸디캡을 극복하고 대학을 졸업했다.
　　　→ のりこえる 극복하다 (눈에 보이지 않는 것)
2 도둑은 문을 뛰어넘어 도망갔다.
3 장애를 극복하고 대회에 출전했다. → のりこえる 극복하다
4 불편한 몸을 극복하고 우승까지 했다.
　　　→ のりこえる 극복하다

어휘총정리 門(もん) 문　逃(に)げる 도망가다
障害(しょうがい) 장애　大会(たいかい) 대회
出場(しゅつじょう) 출전　不自由(ふじゆう) 부자유
優勝(ゆうしょう) 우승

[32] ③ むだ 쓸데없음(시간이나 금액, 행위 등의 낭비의 개념),
　　　군더더기
1 평소보다 많이 먹었다. → よけいに 많이
2 그것은 쓸데없는 참견입니다. → よけいな 쓸데없는
3 충고를 해도 소용없었다.
4 쓸데없는 말까지 한다. → よけいな 쓸데없는

어휘총정리 苦労(くろう) 고생　忠告(ちゅうこく) 충고

→ p.158

## 제3회 실전 모의고사

✓정답

| | | | | |
|---|---|---|---|---|
| 1 ③ | 2 ② | 3 ④ | 4 ③ | 5 ③ |
| 6 ② | 7 ① | 8 ② | 9 ④ | 10 ① |
| 11 ③ | 12 ④ | 13 ② | 14 ① | 15 ② |
| 16 ③ | 17 ① | 18 ② | 19 ② | 20 ④ |
| 21 ② | 22 ② | 23 ④ | 24 ① | 25 ② |
| 26 ① | 27 ② | 28 ④ | 29 ③ | 30 ① |
| 31 ② | 32 ③ | | | |

## 問題1

[1] ③ 街角(まちかど) 길모퉁이
길모퉁이를 오른쪽으로 돌면 파출소가 있다.

어휘총정리 曲(ま)がる 돌다, 구부러지다　交番(こうばん) 파출소

[2] ② 防犯(ぼうはん) 방범
매월 15일에 방범 훈련이 행해진다.

어휘총정리 毎月(まいつき) 매월　訓練(くんれん) 훈련
行(おこな)う 행하다

[3] ④ 炊事(すいじ) 취사
내일은 내가 취사 당번이다.

어휘총정리 明日(あした) 내일　当番(とうばん) 당번

[4] ③ 狙(ねら)う 겨냥하다, 노리다
그녀의 유산을 노리고 결혼했다.

어휘총정리 遺産(いさん) 유산　結婚(けっこん) 결혼

[5] ③ 逆(さか)さまだ 거꾸로다, 반대다
상자를 거꾸로 두었기 때문에 내용물이 나와 버렸다.

어휘총정리 箱(はこ) 상자　置(お)く 두다　中身(なかみ) 내용물

## 問題2

[6] ② 免許(めんきょ) 면허
음주운전을 해서 면허를 정지당했다.

어휘총정리 飲酒(いんしゅ) 음주　運転(うんてん) 운전
停止(ていし) 정지

[7] ① 影響(えいきょう) 영향
그의 영향을 받아 물리학자가 되었다.

어휘총정리 受(う)ける 받다　物理(ぶつり) 물리
学者(がくしゃ) 학자

8 ② 採点(さいてん) 채점
영어의 답안을 100점 만점으로 채점했다.
> 어휘충전 英語(えいご) 영어　答案(とうあん) 답안
　　　　 ～点(てん) ~점　満点(まんてん) 만점

9 ④ 深刻(しんこく) 심각
사태는 한층 더 심각해졌다.
> 어휘충전 事態(じたい) 사태　一段(いちだん)と 한층 더

10 ① 沸(わ)く 끓다, 데워지다
인기 여배우인 그녀의 출현에 장내가 들끓었다.
> 어휘충전 人気(にんき) 인기　女優(じょゆう) 여자 배우
　　　　 出現(しゅつげん) 출현　場内(じょうない) 장내

## 問題3

11 ③ 思(おも)いつく (문득) 생각이 떠오르다
일본이라고 듣고 제일 먼저 떠오르는 단어를 말해 주세요.
> 어휘충전 真(ま)っ先(さき) 제일 먼저　言葉(ことば) 말, 단어
　　　　 思(おも)いこむ 굳게 믿다, 믿어 버리다
　　　　 思(おも)いだす 생각해 내다, 상기하다

12 ④ 取(と)りだす 꺼내다, 끄집어내다
여러분, 가방에서 사전을 꺼내 주세요.
> 어휘충전 辞書(じしょ) 사전　取(と)りまぜる 뒤섞다, 혼합하다
　　　　 取(と)りしまる 단속하다, 관리하다
　　　　 取(と)りいれる 거두어들이다, 수확하다

13 ② 不平等(ふびょうどう) 불평등
불평등은 경제적인 면뿐만 아니라, 인간생활의 모든 면에서
나타난다.
> 어휘충전 経済的(けいざいてき) 경제적　面(めん) 면
　　　　 ～だけでなく ~뿐만 아니라　人間(にんげん) 인간
　　　　 生活(せいかつ) 생활　現(あらわ)れる 나타나다

14 ① 名講師(めいこうし) 명강사
당신도 명강사가 될 수 있는 멋진 교수법·대화법을 소개하겠
습니다.
> 어휘충전 教(おし)え方(かた) 교수법
　　　　 話(はな)し方(かた) 말투, 대화법　紹介(しょうかい) 소개

15 ② もみじがり 단풍놀이
단풍놀이를 즐긴 후, 느긋하게 온천에 몸을 담그는 것도 기분
좋은 일이군요.
> 어휘충전 楽(たの)しむ 즐기다　のんびりと 느긋하게
　　　　 温泉(おんせん) 온천　つかる 몸을 담그다
　　　　 気持(きも)ち 기분

## 問題4

16 ③ 改良(かいりょう) 개량
이 기계는 사용하기 시작했던 무렵부터 보면, 여러 가지 개량
되어 있다.
> 어휘충전 機械(きかい) 기계　使(つか)う 사용하다
　　　　 동사 ます형 + ～始(はじ)める ~하기 시작하다
　　　　 改革(かいかく) 개혁　改装(かいそう) 개장
　　　　 改正(かいせい) 개정

17 ① 顔(かお)が広(ひろ)い 발이 넓다
할머니는 매일 아침 여러 마을을 돌아다녀서 발이 넓다.
> 어휘충전 毎朝(まいあさ) 매일 아침　村(むら) 마을
　　　　 廻(まわ)る 돌아다니다　足(あし) 다리, 발　手(て) 손
　　　　 胸(むね) 가슴

18 ② お疲(つか)れ様(さま)です 수고하셨습니다
여러분, 작업 수고하셨습니다.
> 어휘충전 皆様(みなさま) 여러분　仕事(しごと) 일
　　　　 恐(おそ)れ入(い)る 죄송하다, 고맙다
　　　　 お世話(せわ)になる 신세를 지다　おじゃまする 실례하다

19 ② くやしい 억울하다, 분하다
그것을 실행할 용기가 없는 것이 스스로 분하다.
> 어휘충전 実行(じっこう) 실행　勇気(ゆうき) 용기
　　　　 うつくしい 아름답다　うらやましい 부럽다
　　　　 ずうずうしい 뻔뻔스럽다

20 ④ ぎっしり 빽빽이
그의 일정은 빽빽이 차있다.
> 어휘충전 日程(にってい) 일정　詰(つ)まる 차다　にっこり 빙긋이
　　　　 ぼんやり 멍하게　うっかり 무심코

21 ② じつに 실로
이 산의 단풍은 실로 훌륭하군요.
> 어휘충전 紅葉(こうよう・もみじ) 단풍　見事(みごと)だ 훌륭하다
　　　　 べつに 딱히, 특별히　つねに 늘, 항상
　　　　 おおいに 매우, 많이 (양적인 개념)

22 ② ダンス 댄스
최근에 그는 사교춤을 배우고 있다.
> 어휘충전 最近(さいきん) 최근　社交(しゃこう) 사교
　　　　 習(なら)う 배우다　ユーモア 유머　ゼミ 세미나
　　　　 モデル 모델

**問題5**

23 ④ **ながめ** 전망　**景色(けしき)** 경치
산 정상에서 보는 바다의 전망은 매우 훌륭했다.

> **어휘충전** 山頂(さんちょう) 산 정상　海(うみ) 바다
> 素晴(すばらしい) 훌륭하다　波(なみ) 파도
> 風(かぜ) 바람　船(ふね) 배

24 ① **ほがらかだ** 명랑하다　**明朗(めいろう)** 명랑
그녀는 명랑한 성격으로 모두에게 인기가 있다.

> **어휘충전** 性格(せいかく) 성격　人気(にんき) 인기
> 地味(じみ)だ 수수하다　派手(はで)だ 화려하다
> 真面目(まじめ)だ 성실하다

25 ② **アクセサリー** 액세서리　**飾(かざ)り** 장식
그녀는 항상 드레스에 액세서리를 붙인다.

> **어휘충전** 付(つ)ける 붙이다　名札(なふだ) 명찰　ボタン 단추
> 指輪(ゆびわ) 반지

26 ① **手当(てあ)て** = **治療(ちりょう)** 치료
그는 그 병원에서 치료를 받고 있다.

> **어휘충전** 病院(びょういん) 병원　受(う)ける 받다
> 面接(めんせつ) 면접　受付(うけつけ) 접수
> 問(と)い合(あ)わせ 문의

27 ③ **申(もう)し込(こ)み** = **申請(しんせい)** 신청
신청은 본인이 본사에 직접 와 주세요.

> **어휘충전** 本人(ほんにん) 본인　本社(ほんしゃ) 본사
> 直接(ちょくせつ) 직접　片付(かたづ)け 정리
> 応募(おうぼ) 응모　質問(しつもん) 질문

**問題6**

28 ④ **すっかり** 완전히, 완연히
1 토대가 탄탄한 건물이다. → しっかり 제대로 된
2 머리를 짧게 깎아서 시원하다. → すっきり 개운한 모양
3 더운 날에는 찬 음료수가 시원하다. → すっきり 시원한 모양
4 아침에 일어났더니 감기는 이미 완전히 나아 있었다.

> **어휘충전** 土台(どだい) 토대　建物(たてもの) 건물
> 髪(かみ) 머리카락　短(みじか)い 짧다　暑(あつ)い 덥다
> 日(ひ) 날　冷(つめ)たい 차다　飲物(のみもの) 음료수
> 準備(じゅんび) 준비

29 ③ **あらそう** 경쟁하다 (개인)
1 탐험대는 추위와 싸우면서 나아갔다.

> → たたかう 싸우다, 극복하다

2 담배의 유혹과 싸우면서 결국 금연에 성공했다.

> → たたかう 뿌리치다

3 야마다 씨와 요시모토 씨가 성적으로 앞을 다투고 있습니다.
4 민중은 자유를 위해 정부와 싸웠다.

> → たたかう (단체로) 싸우다

> **어휘충전** 探検隊(たんけんたい) 탐험대　進(すす)む 나아가다
> 誘惑(ゆうわく) 유혹　結局(けっきょく) 결국
> 禁煙(きんえん) 금연　成功(せいこう) 성공
> 成績(せいせき) 성적　先(さき) 앞
> 民衆(みんしゅう) 민중　自由(じゆう) 자유
> 政府(せいふ) 정부

30 ① **寝(ね)る** 수면을 취하다, 일반적인 잠을 취하다
1 어제는 오랜만에 남동생과 함께 잤다.
2 이 바다에는 석유가 잠들어 있다.

> → 眠(ねむ)る 활용되지 않고 있다

3 감기약을 먹은 탓인지, 아버지는 졸고 있다.

> → 眠(ねむ)る (어떤 것의 영향으로) 졸리다

4 병과 싸웠던 그는 어제 결국 죽어 버렸다.

> → 眠(ねむ)る 죽다

> **어휘충전** 久(ひさ)しぶり 오랜만　弟(おとうと) 남동생
> 一緒(いっしょ) 함께　海(うみ) 바다　石油(せきゆ) 석유
> 風邪薬(かぜぐすり) 감기 약　飲(の)む (약 등을) 먹다
> 父(ちち) 아버지　病気(びょうき) 병　昨日(きのう) 어제
> 結局(けっきょく) 결국

31 ② **なにも** 유독 (한정의 의미)
1 나는 뭐든지 괜찮으니, 신경 쓰지 마. → なんでも 뭐든지
2 유독 나에게만 말을 합니까?(화를 냅니까?)
3 이 방은 왠지 춥다. → なんか 왠지
4 무리일지도 모르지만, 어떻게든 해 보겠다.

> → なんとか 어떻게든

> **어휘충전** 気(き)にする 신경 쓰다　部屋(へや) 방　寒(さむ)い 춥다
> 無理(むり) 무리

32 ③ **めざましい** 눈부시다 (눈에 보이지 않는 것)
1 그녀의 눈부신 의상에서 눈을 뗄 수가 없다.

> → まぶしい 눈부시다 (눈에 보이는 것)

2 여름 태양은 눈부시다. → まぶしい 눈부시다 (눈에 보이는 것)
3 그가 올린 눈부신 업적에 모두 깜짝 놀랐다.
4 저렇게 눈부신 무대에서 노래하는 것이 꿈이었다.

> → まぶしい 눈부시다 (눈에 보이는 것)

> **어휘충전** 衣装(いしょう) 의상　目(め) 눈　夏(なつ) 여름
> 太陽(たいよう) 태양　業績(ぎょうせき) 업적
> 舞台(ぶたい) 무대　歌(うた) 노래　夢(ゆめ) 꿈

✓정답

| 1 ④ | 2 ② | 3 ③ | 4 ③ | 5 ① |
| 6 ① | 7 ② | 8 ③ | 9 ④ | 10 ④ |
| 11 ② | 12 ① | 13 ④ | 14 ③ | 15 ② |
| 16 ③ | 17 ① | 18 ① | 19 ① | 20 ① |
| 21 ① | 22 ④ | 23 ② | 24 ③ | 25 ① |
| 26 ② | 27 ④ | 28 ④ | 29 ② | 30 ④ |
| 31 ① | 32 ③ | | | |

## 問題1

**1** ④ 頭脳(ずのう) 두뇌

이 회의에는 세계 최고의 두뇌가 모였다.

어휘총전 会議(かいぎ) 회의　世界(せかい) 세계
最高(さいこう) 최고　集(あつ)まる 모이다

**2** ② 皮膚(ひふ) 피부

그녀는 부드러운 피부를 가지고 있다.

어휘총전 柔(やわ)らかだ 부드럽다

**3** ③ 貯蔵(ちょぞう) 저장

야채를 소금에 절여서 저장하고 있다.

어휘총전 野菜(やさい) 야채　塩(しお)づけ 소금에 절임

**4** ③ 破(やぶ)る 찢다

경관은 문을 부수고 들어왔다.

어휘총전 警官(けいかん) 경관　入(はい)る 들어오다

**5** ① 鈍(のろ)い 느리다, 더디다

우리 집 아이는 머리 회전이 둔하다.

어휘총전 頭(あたま) 머리　働(はたら)き 기능, 작동

## 問題2

**6** ① 循環(じゅんかん) 순환

혈액은 체내를 순환한다.

어휘총전 血液(けつえき) 혈액　体内(たいない) 체내

**7** ② 索引(さくいん) 색인

책에 색인을 붙이는 편이 독자에게는 편리해질 것이다.

어휘총전 本(ほん) 책　付(つ)ける 붙이다　読者(どくしゃ) 독자
～にとっては ～에 있어서는　便利(べんり) 편리

**8** ③ 消耗(しょうもう) 소모

너무 자주 세탁하면 의류는 빨리 소모된다.

어휘총전 洗濯(せんたく) 세탁
동사 ます형 + ～すぎる 지나치게(너무) ～하다
衣類(いるい) 의류　早(はや)い 빠르다

**9** ④ 綿(めん) 면

속옷은 면 100%가 더 좋다.

어휘총전 下着(したぎ) 속옷

**10** ④ 輝(かがや)く 빛나다

보석이 그녀의 손가락에서 반짝반짝 빛나고 있었다.

어휘총전 宝石(ほうせき) 보석　指(ゆび) 손가락

## 問題3

**11** ② しかりつける 몹시 혼내다

선생님은 교실에서 졸고 있던 아동을 몹시 혼냈다.

어휘총전 教室(きょうしつ) 교실　居眠(いねむ)り 졸음
児童(じどう) 아동

**12** ① 困(こま)りきる 몹시 난처하다

그는 누나의 결혼 상대 가족과 첫 대면을 하기 때문에, 점심까지 도착하지 않으면 안 된다며 몹시 곤란한 표정을 지었다.

어휘총전 結婚(けっこん) 결혼　顔合(かおあ)わせ (첫) 대면
着(つ)く 도착하다　表情(ひょうじょう) 표정

**13** ④ 不親切(ふしんせつ) 불친절

점원의 불친절한 행동이 몹시 화가 나서, 저런 가게는 두 번 다시 오지 않을 거라고 생각했다.

어휘총전 店員(てんいん) 점원　行動(こうどう) 행동
頭(あたま)にくる 화나 나다　店(みせ) 가게

**14** ③ 非科学的(ひかがくてき) 비과학적

점은 일반적으로 비과학적이라고 일컬어지고 있다.

어휘총전 占(うらな)い 점　一般的(いっぱんてき) 일반적

**15** ② 話(はな)しあい 대화

대화로 서로의 생각을 알게 될 때도 있다.

어휘총전 お互(たが)い 서로　考(かんが)え 생각　分(わ)かる 알다
話(はな)しかた 말투　話(はなし)ことば 회화체

## 問題4

**16** ③ 記事(きじ) 기사

조사한 결과, 참조한 기사는 실제로 행해진 실험 결과를 근거로 했다.

어휘총전 調(しら)べる 조사하다, 살피다　結果(けっか) 결과
参照(さんしょう) 참조　実際(じっさい) 실제

行(おこな)う 행하다　実験(じっけん) 실험
結果(けっか) 결과　記号(きごう) 기호
日記(にっき) 일기　記載(きさい) 기재

17 ① 思想(しそう) 사상
대부분의 경우, 사상은 말에 의해 표현된다.

어휘충전 場合(ばあい) 경우　言葉(ことば) 말
〜によって 〜에 의해서　表現(ひょうげん) 표현
感想(かんそう) 감상、手相(てそう) 손금
空想(くうそう) 공상

18 ① さまたげる 방해하다
수면을 방해할 것 같은 소음은 내지 마!

어휘충전 睡眠(すいみん) 수면　騒音(そうおん) 소음
동사 기본형 + 〜な 〜하지 마 (강한 금지 명령)
さしつかえる 지장이 있다　したがう 따르다
さかのぼる 거슬러 오르다

19 ① かってだ 제멋대로이다
제멋대로 사용하면 곤란하다.

어휘충전 使(つか)う 사용하다　困(こま)る 곤란하다
のんきだ 천하태평이다. 느긋하다
すなおだ 정직하다, 순수하다　なまいきだ 건방지다

20 ① まさか 설마
설마 그가 시험에 떨어지다니, 생각지도 못했다.

어휘충전 試験(しけん) 시험　落(お)ちる 떨어지다
〜なんて 〜하다니　思(おも)いもよらない 생각지도 못하다
けっこう 충분함, 상당히　やっと 겨우　どうせ 어차피

21 ① もしも 만일
만일 진다면 어쩌지?

어휘충전 負(ま)ける 패하다　せっかく 모처럼　もっとも 가장
おそらく 아마

22 ④ ノック 노크
누군가 문을 노크했다.

어휘충전 コンクール 콩쿠르　シリーズ 시리즈　コーラス 코러스

問題5

23 ② きつい 사이즈가 작다
작년 옷이 작아졌다.

어휘충전 去年(きょねん) 작년　服(ふく) 옷　かっこいい 멋있다

24 ③ 最初(さいしょ) 처음, 최초　はじめ 처음
처음부터 살아 있다고 생각했다.

어휘충전 生(い)きる 살다　去年(きょねん) 작년
この間(あいだ) 이전　さっき 조금 전

25 ① 暮(く)らす 생활하다　生活(せいかつ) 생활
그의 수입이 없어도 어떻게든 생활할 수 있다고 생각합니다.

어휘충전 収入(しゅうにゅう) 수입

26 ② 救(すく)い 도움, 구원　助(たす)け 도움
사고를 일으켜, 마침 지나가는 차에게 도움을 요청했다.

어휘충전 事故(じこ) 사고　起(お)こす 일으키다
通(とお)りがかり 마침 지나감　求(もと)める 구하다
治療(ちりょう) 치료　連絡(れんらく) 연락

27 ④ 子育(こそだ)て 양육　育児(いくじ) 육아
일하면서 아이를 키우는 것은 힘들다.

어휘충전 働(はたら)く 일하다　家事(かじ) 가사
育成(いくせい) 육성　世話(せわ) 돌봄

問題6

28 ④ まず 아마, 우선 (순서 상의 제일 먼저)
1 일은 우선 6시까지 합시다.
→ とりあえず 우선 (순서와 관계없음)
2 게임은 우선 이쯤에서 그만둡시다.
→ とりあえず 우선 (순서와 관계없음)
3 우선, 여기까지 하겠습니다.
→ とりあえず 우선 (순서와 관계없음)
4 그런 일은 아마 없을 것이다.

어휘충전 止(や)める 그만두다

29 ② 不満(ふまん) 불만
1 그는 체중이 너무 많이 나가는 비만형이다.
→ 肥満(ひまん) 비만
2 선생님의 수업 방식에는 불만이 있다.
3 그런 불리한 조건으로는 하고 싶지 않다.
→ 不利(ふり) 불리
4 빚을 갚으려면 만 엔 부족하다. → 不足(ふそく) 부족

어휘충전 体重(たいじゅう) 체중　多(おお)い 많다
형용사 어간 + 〜すぎる 지나치게 〜하다
〜型(がた) 〜형　授業(じゅぎょう) 수업
동사 ます형 + 〜方(かた) 〜하는 방법
条件(じょうけん) 조건　借金(しゃっきん) 빚
返(かえ)す 갚다, 돌려주다　동사 기본형 + 〜には 〜하려면

30 ④ **ものだ** 희망 (～たい・～ほしい 다음에 사용)

1 선생님에게는 말하지 않는 것이 더 낫다. → ことだ 더 낫다

2 내일 시험이니까 오늘은 공부해야 한다.

　　→ ことだ ～해야만 한다

3 감기 들었으면 푹 쉬어야 한다. → ことだ ～해야만 한다

4 매우 좋아하는 그녀도 오기를 바란다.

**어휘총정리** 風邪(かぜ)を引(ひ)く 감기 들다

31 ① **はげしい** 심하다 (동적인 날씨가 심하다)

1 세찬 폭풍우 속에 배가 떠 있었다.

2 혹독한 늦더위에 모두 기진맥진이다.

　　→ きびしい 심하다 (정적인 날씨가 심하다)

3 엄한 부모님의 표정을 보고 움찔했다. → きびしい 엄하다

4 도쿄에서 혼자 생활했을 때는 외로워서 견딜 수 없었다.

　　→ さびしい 외롭다

**어휘총정리** 暴風雨(ぼうふうう) 폭풍우　船(ふね) 배
　　　　　　浮(う)かぶ 뜨다　残暑(ざんしょ) 늦더위
　　　　　　親(おや) 부모님　表情(ひょうじょう) 표정
　　　　　　ぞっとする 놀라움이나 두려움으로 움찔하다
　　　　　　一人暮(ひとりぐ)らし 혼자서 생활함
　　　　　　～てたまらない ～해서 견딜 수 없다

32 ③ **～をはじめ** ～을 비롯해서

1 그녀를 만나고 나서 비로소 사랑이 뭔지 알았다.

　　→ ～て(で)はじめて ～해서 비로소

2 이렇게 무서운 영화는 처음이다. → はじめて 처음 (경험상)

3 제1회 졸업생을 비롯해서, 모두 참가했다.

4 첫 경험이었기 때문에 익숙해지지 않았다.

　　→ はじめて 처음 (경험상)

**어휘총정리** 愛(あい) 사랑　怖(こわ)い 무섭다　映画(えいが) 영화
　　　　　　卒業生(そつぎょうせい) 졸업생　参加(さんか) 참가
　　　　　　経験(けいけん) 경험

---

## 제5회 실전 모의고사　→ p.170

→ p.170

✓ 정답

| 1 | ② | 2 | ① | 3 | ④ | 4 | ① | 5 | ② |
|---|---|---|---|---|---|---|---|---|---|
| 6 | ④ | 7 | ① | 8 | ④ | 9 | ④ | 10 | ③ |
| 11 | ① | 12 | ④ | 13 | ② | 14 | ③ | 15 | ③ |
| 16 | ③ | 17 | ② | 18 | ① | 19 | ① | 20 | ④ |
| 21 | ① | 22 | ② | 23 | ④ | 24 | ① | 25 | ② |
| 26 | ③ | 27 | ② | 28 | ① | 29 | ① | 30 | ② |
| 31 | ③ | 32 | ④ | | | | | | |

## 問題1

1 ② **普及(ふきゅう)** 보급

그 기계는 전국에 보급되어 있다.

**어휘총정리** 機械(きかい) 기계　全国(ぜんこく) 전국

2 ① **日中(にっちゅう)** 한낮

숲 속은 한낮조차 어두웠다.

**어휘총정리** 森(もり) 숲　～でさえ ～조차　暗(くら)い 어둡다

3 ④ **停留所(ていりゅうじょ)** 정류소

버스 정류장에서 그녀를 한 시간이나 기다리고 있었다.

4 ① **茂(しげ)る** 무성해지다

산 중턱에는 나무가 울창하게 무성해져 있었다.

**어휘총정리** 山腹(さんぷく) 산 중턱　木(き) 나무

5 ② **貧(まず)しい** 가난하다

그는 가난하면서도 항상 싱글벙글 웃고 있다.

**어휘총정리** にこにこ 싱글벙글

## 問題2

6 ④ **殻(から)** 껍질

땅콩 껍질을 벗겨서 먹었다.

**어휘총정리** 剝(む)く 벗기다

7 ① **診察(しんさつ)** 진찰

대학병원에서 진찰을 받았다.

**어휘총정리** 受(う)ける 받다

8 ④ **莫大(ばくだい)** 막대

홍수에 의한 피해는 막대했다.

**어휘총정리** 洪水(こうずい) 홍수　～による ～에 의한
　　　　　　被害(ひがい) 피해

9 ④ 冷静(れいせい) 냉정
위기에 직면하여 냉정함을 유지하는 것은 중요하다.

> **어휘총정** 危機(きき) 위기　～にあたって ～함에 즈음하여
> 　　　　保(たも)つ 유지하다　重要(じゅうよう) 중요

10 ③ 掘(ほ)る 파다
산을 파서 터널을 만들고 있다.

## 問題3

11 ① 立(た)てかける 기대어 세우다
현관에 들어온 손님은 우산을 벽에 기대어 세웠다.

> **어휘총정** 玄関(げんかん) 현관　入(はい)る 들어오다
> 　　　　お客様(きゃくさま) 손님　傘(かさ) 우산　壁(かべ) 벽

12 ④ 引(ひ)き下(さ)げる 끌어내리다, 낮추다
석유회사는, 1일부터 가솔린 가격을 일제히 인하했다.

> **어휘총정** 石油(せきゆ) 석유　価格(かかく) 가격
> 　　　　一斉(いっせい)に 일제히
> 　　　　取(と)り下(さ)げる 취하하다, 철회하다
> 　　　　つり下(さ)げる 매달다, 늘어뜨리다
> 　　　　押(お)し下(さ)げる 눌러서 내리다, 가라앉히다

13 ② 不可能(ふかのう) 불가능
지구 온난화의 대부분은 '회복 불가능'이라는 새로운 연구 결과가 발표되었다.

> **어휘총정** 地球(ちきゅう) 지구　温暖化(おんだんか) 온난화
> 　　　　大部分(だいぶぶん) 대부분　回復(かいふく) 회복
> 　　　　新(あら)ただ 새롭다　研究(けんきゅう) 연구
> 　　　　結果(けっか) 결과　発表(はっぴょう) 발표

14 ③ 未開発(みかいはつ) 미개발
지구상의 미개발 석유, 천연가스의 4분의 1이 홋카이도에 묻혀 있다.

> **어휘총정** 地球上(ちきゅうじょう) 지구상　石油(せきゆ) 석유
> 　　　　天然(てんねん) 천연　眠(ねむ)る 잠들다, 묻히다

15 ③ 丸暗記(まるあんき) 통째로 암기함
그날 배웠던 문장과 단어는 여하튼 통째로 암기하려고 노력을 거듭하고 있다.

> **어휘총정** 日(ひ) 날　習(なら)う 배우다　文章(ぶんしょう) 문장
> 　　　　単語(たんご) 단어　とにかく 여하튼
> 　　　　努力(どりょく) 노력　重(かさ)ねる 거듭하다, 중복하다

## 問題4

16 ④ 見当(けんとう)がつかない 어림짐작이 안 가다
그녀가 다음에 무엇을 할지 짐작도 안 간다.

> **어휘총정** 次(つぎ) 다음　見解(けんかい) 견해
> 　　　　見物(けんぶつ) 구경　見習(みならい) 견습

17 ② 適当(てきとう) 적당
그런 숙제는 적당히 해 놓고, 빨리 놀러 가자.

> **어휘총정** 宿題(しゅくだい) 숙제　早(はや)く 빨리
> 　　　　妥当(だとう) 타당　担当(たんとう) 담당
> 　　　　相当(そうとう) 상당

18 ① からかう 조롱하다, 놀리다
아이는 어른을 놀려서는 안 된다.

> **어휘총정** 大人(おとな) 어른　あらそう 다투다
> 　　　　ふるまう 행동하다　たたかう 싸우다, 전투하다

19 ① 皮肉(ひにく)だ 비아냥거리다, 짓궂다, 얄궂다
얄궂게도 소방서가 전소했다.

> **어휘총정** 消防署(しょうぼうしょ) 소방서　全焼(ぜんしょう) 전소
> 　　　　適切(てきせつ)だ 적절하다
> 　　　　粗末(そまつ)だ 소홀하다, 허술하다
> 　　　　退屈(たいくつ)だ 심심하다, 지루하다

20 ④ しだいに 점차로
나는 그의 장점을 점점 알게 되었다.

> **어휘총정** 良(よ)さ 장점　分(わ)かる 알다　すでに 이미, 벌써
> 　　　　じかに 바로, 직접　めったに 좀처럼

21 ① ごういんに 억지로, 강제로
부모님은 딸을 그 남자와 강제로 결혼시켰다.

> **어휘총정** 親(おや) 부모　娘(むすめ) 딸　男(おとこ) 남자
> 　　　　結婚(けっこん) 결혼　ななめだ 비스듬하다
> 　　　　たいらだ 평평하다　すなおだ 순수하다, 정직하다

22 ③ イメージ 이미지
그 말에서는 불쾌한 이미지 밖에 떠오르지 않는다.

> **어휘총정** 言葉(ことば) 말　不快(ふかい) 불쾌
> 　　　　浮(う)かぶ 떠오르다　ビタミン 비타민　プレゼント 선물
> 　　　　ジャーナリスト 기자

## 問題5

23 ④ あまりにも 너무　かなり 상당히, 꽤
이 의자는 너무 무거워서 움직일 수 없다.

> **어휘총정리** 重(おも)い 무겁다　動(うご)かす 움직이게 하다
> とくに 특히　そんなに 그렇게　それほど 그다지

24 ① 故障(こしょう) 고장　こわれる 고장나다
시스템이 고장났을 때 문을 열고 닫는 것은 어떻게 합니까?

> **어휘총정리** 時(とき) 때　開(あ)け閉(し)め 열고 닫는 것
> なくなる 없어지다　たおれる 쓰러지다　やられる 당하다

25 ② いきなり = 突然(とつぜん) 갑자기
경관을 발견한 그는 갑자기 도망갔다.

> **어휘총정리** 警官(けいかん) 경관　見(み)つける 발견하다
> 逃(に)げ出(だ)す 갑자기 도망가다
> 熱心(ねっしん)に 열심히　じょじょに 서서히
> ゆっくり 천천히

26 ③ とっくに = もう 이미, 벌써
점심시간은 이미 지났다.

> **어휘총정리** 昼食(ちゅうしょく) 점심시간

27 ② できる 생산되다　みのる 열매 맺다
올해는 귤이 상당히 잘 열렸다.

> **어휘총정리** 今年(ことし) 올해　くさる 썩다　さく (꽃이) 피다
> かれる 시들다

## 問題6

28 ① ねばり強(づよ)い 끈기 있다 (좋은 뉘앙스)
1 끈기 있는 교섭의 결과, 계약이 성립되었다.
2 싫다고 몇 번이나 말했는데, 끈질긴 녀석이군.
　→ しつこい 끈질기다 (안 좋은 뉘앙스)
3 상대가 너무 끈질겨서 질려 버렸다.
　→ しつこい 끈질기다 (안 좋은 뉘앙스)
4 끈질긴 잔소리를 하는 그녀에게 질려 버렸다.
　→ しつこい 끈질기다 (안 좋은 뉘앙스)

> **어휘총정리** 交渉(こうしょう) 교섭　結果(けっか) 결과
> 契約(けいやく) 계약　成立(せいりつ) 성립
> 閉口(へいこう) 질려 버림, 난처함
> 小言(こごと)を言(い)う 잔소리를 하다　あきれる 질리다

29 ① ばったり 딱 (만나다)
1 중학교 때 친구를 서점 앞에서 딱 만났다.
2 진학을 단호히 포기했다. → きっぱり 단호히
3 야마다 씨의 부탁을 단호히 거절했다. → きっぱり 단호히
4 창문을 꼭 닫지 않으니 틈새로 바람이 들어온다.
　→ きっぱり 빈틈없이

> **어휘총정리** 時代(じだい) 시절　進学(しんがく) 진학
> 頼(たの)み 부탁　断(ことわ)る 거절하다　窓(まど) 창문
> 閉(し)める 닫다

30 ② ファスナー 지퍼
1 햇볕이 들어오기 때문에 창문에 커튼을 쳤다.
　→ カーテン 커튼
2 앞에 서 있는 남자는 지퍼가 열려 있었다.
3 추우니까 머플러를 목에 감아 주세요. → マフラー 머플러
4 양동이에 물을 넣어 그에게 건넸다. → バケツ 양동이

> **어휘총정리** 日(ひ) 햇볕　入(はい)る 들어오다　首(くび) 목
> 巻(ま)く 감다　水(みず) 물　入(い)れる 넣다
> 渡(わた)す 건네다

31 ③ なかば 중순, 중간
1 아들은 학교에서 왕따가 된 것 같다. → なかまはずれ 왕따
2 회사 동료와 스키 타러 가기로 했다. → なかま 동료
3 8월 중순경 해외여행을 할 생각이다.
4 그의 서랍 안에는 많은 물건이 들어 있다. → なか 안, 속

> **어휘총정리** 息子(むすこ) 아들　海外(かいがい) 해외
> 旅行(りょこう) 여행　引(ひ)き出(だ)し 서랍

32 ④ ～までに ～까지 (～이전에, ～중에)(동작의 완료 시점)
1 그가 올 때까지 기다립시다. → まで 그 시점까지(동작의 계속)
2 오사카까지는 열차로 가고, 그 뒤는 비행기로 갔다.
　→ まで 그 장소까지
3 월요일에 시험이 두 개 있어서 어제는 밤늦게까지 공부했다.
　→ まで 그 시점까지(동작의 계속)
4 여름방학 과제는 월말까지 다 씁시다.

> **어휘총정리** 大阪(おおさか) 지명　列車(れっしゃ) 열차
> 飛行機(ひこうき) 비행기　夜遅(よるおそ)く 밤늦게
> 課題(かだい) 과제　月末(げつまつ) 월말
> 동사 ます형 + ～あげる 전부 ~하다

# Part 2 합격을 위한 문법 훈련

## I. N2 체크 필수 문형문법 50

### 확인문제 01
➔ p.199

✓정답

| 1 | ③ | 2 | ① | 3 | ② | 4 | ③ | 5 | ① |
| 6 | ① | 7 | ① | 8 | ② | 9 | ③ | 10 | ③ |

**1** ③ ~に及(およ)ばない ~에 미치지 못하다
지식과 머리 회전의 빠르기에 있어서는 누구도 그에게 미치지 못한다.

어휘충전 知識(ちしき) 지식  頭(あたま) 머리
回転(かいてん) 회전  速(はや)さ 빠르기
~にかけては ~에 있어서는  誰(だれ)も 누구도

**2** ① ~としても ~라고 해도
비록 이 하늘이 어둡게 가라앉았다고 해도 너를 향한 사랑은 바뀌지 않는다.

어휘충전 空(そら) 하늘  暗(くら)い 어둡다
沈(しず)む 가라앉다  君(きみ) 너, 자네
~への ~를 향한  愛(あい) 사랑  変(か)わる 바뀌다

**3** ② ~にしては ~치고는, ~로서는
응석꾸러기가 많은 요즈음, 사촌은 이 연령의 아이치고는 똑바르다.

어휘충전 甘(あま)え坊(ぼう) 응석꾸러기  年齢(ねんれい) 연령

**4** ③ ~にもかかわらず ~에도 상관없이
야구대회 당일은 심한 비가 내렸다. 그럼에도 상관없이 대회는 실시되었다.

어휘충전 野球(やきゅう) 야구  大会(だいかい) 대회
当日(とうじつ) 당일  激(はげ)しい 격렬한, 심한
雨(あめ) 비  降(ふ)る 내리다  実施(じっし) 실시

**5** ① ~ないこともない ~하지 못 할 것도 없다
이치로: 당신이 그렇게 말하면 가르쳐 주지 못 할 것도 없지.
에리카: 고마워, 전부터 계속 신경 쓰였어.

어휘충전 気(き)になる 신경 쓰이다

**6** ① ~だけとは限(かぎ)らない ~만이라고는 할 수 없다
외국인이 외국에 체재하는 목적은 다양해서, 이민만이라고는 할 수 없다.

어휘충전 外国人(がいこくじん) 외국인
滞在(たいざい) 체류, 체재  目的(もくてき) 목적
さまざま 다양함  移民(いみん) 이민

**7** ① ~ことはない ~필요는 없다
조금 전에 선생님이 말씀하신 것은 당신과 관계없는 일이니까 말할 필요는 없다.

어휘충전 関係(かんけい) 관계

**8** ② ~ないことには + 부정문 ~하지 않으면
신사라고 하는 것은 검은 정장에 검은색 구두를 갖추지 않으면 완벽한 모습이라고는 할 수 없다.

어휘충전 紳士(しんし) 신사  黒(くろ) 검은색  靴(くつ) 구두
完璧(かんぺき) 완벽

**9** ③ ~とは限(かぎ)らない ~라고는 할 수 없다
일본인이라고 해서 바르게 경어를 사용할 수 있는 것은 아니다.

어휘충전 ~からといって ~라고 해서  正(ただ)しい 바르다
敬語(けいご) 경어  使(つか)う 사용하다

**10** ③ ~なんて ~따위, ~등
암 등에 걸리지 않는 것이 제일이지만, 만일을 위해서라도 '암 보험'은 들어두는 편이 좋다.

어휘충전 癌(がん) 암  ~に限(かぎ)る ~가 제일이다
万一(まんいち) 만일  保険(ほけん) 보험

### 확인문제 02
➔ p.201

✓정답

| 1 | ④ | 2 | ① | 3 | ② | 4 | ① | 5 | ① |
| 6 | ① | 7 | ② | 8 | ③ | 9 | ① | 10 | ① |

**1** ④ ~ことだ ~하는 편이 좋다, ~해야만 한다
이것이 말만큼 쉬운 일인지 아닌지, 우선 자신이 해 보는 편이 좋다.

어휘충전 口(くち)で言(い)うほど 말만큼
簡単(かんたん)だ 간단하다, 쉽다
自分(じぶん) 자기, 자신

**2** ① ~というものではない ~라고 하는 것은 아니다
뭐든지 빨리 끝내면 좋다고 하는 것은 아니다.

어휘충전 済(す)ませる 끝내다

3 ② お(ご) + 명사 + ください(いただく) ~해 주십시오
　　(존경표현)
지금은 결산기로서 한창 바쁜 중이므로, 날을 바꾸어 전화해
주십시오.

> **어휘총정리** 決算期(けっさんき) 결산기　忙(いそが)しい 바쁘다
> 　　～最中(さいちゅう)だ 한창 ～중이다
> 　　日(ひ) 날　改(あらた)める 고치다　電話(でんわ) 전화

4 ① 동사 의지형 + ～ではないか(じゃないか) 함께 ~하자
연주회 개시시간도 다가왔고, 이제 슬슬 회장으로 함께 들어
갑시다.

> **어휘총정리** 演奏会(えんそうかい) 연주회　開始(かいし) 개시
> 　　近(ちか)づく 다가오다　会場(かいじょう) 회장

5 ① ～ないかぎり ~않는 한
손님: 저, 이 옷 디자인이 마음에 들지 않습니다만…. 환불은
　　안 됩니까? 지난달 산 것입니다만.
점원: 죄송합니다. 기간도 상당히 지났고, 특별한 이유가 없는
　　한, 환불은 안 됩니다.

> **어휘총정리** 服(ふく) 옷　気(き)にいる 마음에 들다
> 　　特別(とくべつ) 특별　理由(りゆう) 이유
> 　　払(はら)い戻(もど)し 환불　いたす する(하다)의 겸양어
> 　　期間(きかん) 기간　だいぶ 상당히　過(す)ぎる 지나다

6 ① なんとかやっていける 어떻게든 해 나갈 수 있다
불황이라고 해도 확실한 그이니까 어떤 회사라도 어떻게든 해
나갈 수 있을 것이다.

> **어휘총정리** 不況(ふきょう) 불황　～といえども ～라고 해도
> 　　명사 + の + ～ことだから ～이니까
> 　　～であっても ～라도　会社(かいしゃ) 회사

7 ② ～のは …せいだ ~하는 것은 …탓이다
눈사태에 휩쓸린 것은 무모한 계획 탓이다.

> **어휘총정리** 雪崩(なだれ) 눈사태　巻(ま)き込(こ)まれる 휩쓸리다
> 　　無謀(むぼう) 무모　計画(けいかく) 계획

8 ③ ～として ~라고 해서
여성만이 승진의 기회를 빼앗기는 것은 이상하다고 해서 규제
완화를 요구했다.

> **어휘총정리** 女性(じょせい) 여성　昇進(しょうしん) 승진
> 　　機会(きかい) 기회　奪(うば)う 빼앗다
> 　　規則(きそく) 규칙　緩和(かんわ) 완화
> 　　求(もと)める 요구하다

9 ① 考慮(こうりょ)される 고려되다
선생님은 성적에는 시험의 점수에 더해서 수업의 출석률도 고
려된다고 말씀하셨습니다.

> **어휘총정리** 成績(せいせき) 성적　試験(しけん) 시험
> 　　点数(てんすう) 점수　～に加(くわ)えて ～에 더해
> 　　授業(じゅぎょう) 수업　出席率(しゅっせきりつ) 출석률

10 ① ～も …ば ～も～ ~도 …하거니와 ~도 (가정형 ば
　　는 열거할 때 사용)
가끔은 온천에라도 가서 푹 쉬고 싶다. 하지만 지금 나에게는
돈도 없고 시간도 없다.

> **어휘총정리** 温泉(おんせん) 온천　暇(ひま) 틈, 여유

→ p.203

## 확인문제 03

✔ **정답**

| 1 | ① | 2 | ④ | 3 | ② | 4 | ① | 5 | ③ |
|---|---|---|---|---|---|---|---|---|---|
| 6 | ① | 7 | ② | 8 | ① | 9 | ④ | 10 | ② |

1 ① ～わけではない ~한 것(셈)은 아니다
바쁘다고 해도 1년 내도록 바쁘다는 것은 아니다.

> **어휘총정리** 年中(ねんじゅう) 1년 내도록

2 ④ 동사 기본형 + ～まい 절대 ~하지 않는다
절대 알려질 일은 없다고 해서 숨기려고 하면, 오히려 알려지
고 마는 법이다.

> **어휘총정리** 知(し)られる 알려지다　隠(かく)す 숨기다
> 　　かえって 오히려　～ものだ ～법이다(일반적인 사실)

3 ② ～にしても ~로서도, ~라고 해도
일본의 물가는 비싸다고 하지만, 그것은 서울이라고 해도 같
을 것이다.

> **어휘총정리** 物価(ぶっか) 물가　高(たか)い 높다

4 ① ～のは …からだ ~하는 것은 …때문이다
오사카에 갔던 것은 사고의 원인을 확인하기 싶었기 때문입
니다.

> **어휘총정리** 事故(じこ) 사고　原因(げんいん) 원인
> 　　確(たし)かめる 확인하다

5 ③ 동사 기본형 + ～ものか 절대 ~하지 않는다
이치로: 그녀가 먼저 사과하지 않는 한, 절대 용서하지 않겠어.
미치코: 그녀도 충분히 반성하고 있으니까, 이번 일은 모른 척
　　하면 어때?

어휘총정리 先(さき)に 먼저   謝(あやま)る 사과하다
~ない限(かぎ)り ~않는 한
許(ゆる)す 용서하다, 허락하다   十分(じゅうぶん) 충분
反省(はんせい) 반성   今回(こんかい) 이번
目(め)をつぶす 모른 척하다, 묵과하다

6 ① 명사 + ～でなくてはならないかというと ～가(이)
아니면 안 되는 것인가 하면
이번 프로젝트를 맡길 수 있는 사람이 스기모토 씨가 아니면
안 되는 것인가 하면, 반드시 그렇지는 않습니다.

어휘총정리 任(まか)せる 맡기다   必(かなら)ずしも 반드시

7 ② ～のは …ためだ ～것은…때문이다
전철이 늦어진 것은 건널목 사고가 있었기 때문이다.

어휘총정리 遅(おく)れる 늦다   踏切(ふみきり) 건널목
事故(じこ) 사고

8 ① ～ことさえ ～것조차
벌써 1년이나 수영을 배웠기에 잘할 거라고 생각하여 바다에
갔다. 그러나 실제는 헤엄치기는커녕, 뜨는 것조차 할 수 없었
다.

어휘총정리 水泳(すいえい) 수영   習(なら)う 배우다
上手(じょうず)だ 능숙하다   海(うみ) 바다
実際(じっさい) 실제   泳(およ)ぐ 헤엄치다
～どころか ～은(는)커녕   浮(う)く 뜨다   さえ 조차
出来(でき)る 할 수 있다

9 ④ 동사 기본형 + ～ことになる ～하게 되다
사장의 지시에 따라 건설분야에도 진출하게 되었다.

어휘총정리 社長(しゃちょう) 사장   指示(しじ) 지시
～にそって ～을 따라   建設(けんせつ) 건설
分野(ぶんや) 분야   進出(しんしゅつ) 진출

10 ② ～のは …おかげだ ～하는 것은 …덕분이다
자주 병이 드는 그가 저렇게도 건강하게 지낼 수 있는 것은 선
생님 덕분이라고 생각합니다.

어휘총정리 病気(びょうき)がち 자주 병이 듦   元気(げんき) 건강함

## 2. 접속사

확인문제 04　　　→ p.209

✓정답
| 1 ① | 2 ② | 3 ③ | 4 ④ | 5 ④ |
| 6 ③ | 7 ① | 8 ④ | 9 ② | 10 ② |

1 ① さらに 더 나아가, 더욱이
대학을 졸업하고 나서, 더 나아가 대학원에 진학해서 연구를
계속하는 사람도 있다.

어휘총정리 卒業(そつぎょう) 졸업   大学院(だいがくいん) 대학원
進(すす)む 진학하다   研究(けんきゅう) 연구
あるいは 혹은   しかも 게다가

2 ② それに 게다가
이 방에는 커튼, 가구, 전화 게다가 텔레비전까지 붙어 있다.

어휘총정리 家具(かぐ) 가구   付(つ)く 붙다
ついに 마침내, 끝끝내   むしろ 오히려   すなわち 즉

3 ③ ところで 그런데
추워졌네요. 그런데 아버님은 건강하십니까?

어휘총정리 それとも 그렇지 않으면   ただし 단지
そういえば 그러고 보니

4 ④ すなわち 즉
주부의 일상인 가사, 즉 청소, 취사 등의 일을 대행하려고 하
는 새로운 장사가 늘고 있다고 한다.

어휘총정리 主婦(しゅふ) 주부   家事(かじ) 가사
掃除(そうじ) 청소   炊事(すいじ) 취사
事柄(ことがら) 일   代行(だいこう) 대행
商売(しょうばい) 장사   増(ふ)える 늘다
したがって 따라서   それで 그래서   ところで 그런데

5 ④ それとも 그렇지 않으면
누군가 온 것일까? 그렇지 않으면 바람의 소리일까?

어휘총정리 だけど 하지만   かといって 그렇다고 해서
それどころか 그것뿐만 아니라

6 ③ むしろ 오히려
저 교사의 태도에는 동의할 수 없다. 오히려 아이들이 취한 태
도가 옳다고 생각한다.

어휘총정리 教師(きょうし) 교사   態度(たいど) 태도
同意(どうい) 동의   子供達(こどもたち) 아이들
ところが 그러나   ところで 그런데   やがて 이윽고

7 ① もしくは 혹은
시험을 치든지 혹은 리포트를 제출해야만 한다.

> **어휘총정리** 試験(しけん) 시험   受(う)ける 치다
> 提出(ていしゅつ) 제출   たとえば 예를 들면
> ただし 단지

8 ④ ただし 단지
월요일은 휴관, 단 월요일이 경축일인 경우는 화요일을 휴관
으로 한다.

> **어휘총정리** 休館(きゅうかん) 휴관   祝日(しゅくじつ) 경축일
> 場合(ばあい) 경우   まさか 설마   むしろ 오히려

9 ② だけど 하지만
매일 전철로 수영교실에 다니고 있습니다. 하지만, 일요일은
안 갑니다.

> **어휘총정리** 電車(でんしゃ) 전철   水泳(すいえい) 수영
> 教室(きょうしつ) 교실   通(かよ)う 다니다
> わざと 일부러   かえって 오히려   それに 게다가

10 ② それどころか 그것뿐만 아니라
중학교에 가는 것이 괴롭습니다. 그것뿐만 아니라, 이 세상에
존재하는 것 자체가 싫습니다.

> **어휘총정리** 中学校(ちゅうがっこう) 중학교   辛(つら)い 괴롭다
> この世(よ) 이 세상   存在(そんざい) 존재
> 自体(じたい) 자체   そうしたら 그렇게 하면
> そういえば 그러고 보니   そのうち 그러는 사이, 그 동안

## 3. 조사

확인문제 05   → p.213

| ✓정답 | 1 ③ | 2 ④ | 3 ③ | 4 ④ | 5 ① |
|---|---|---|---|---|---|
| | 6 ① | 7 ④ | 8 ① | 9 ② | 10 ③ |

1 ③ 동사 기본형 + ～には ～하려면, ～하기에는
전국대회에서 우승할 수 있을 정도로 강해지려면, 감독의 좋
은 작전과 선수들의 노력이 필요하다.

> **어휘총정리** 全国(ぜんこく) 전국   大会(たいかい) 대회
> 優勝(ゆうしょう) 우승   監督(かんとく) 감독
> 作戦(さくせん) 작전   選手(せんしゅ) 선수
> 努力(どりょく) 노력   必要(ひつよう) 필요

2 ④ 동사 기본형 + ～のに ～하는데
유학 간 남자친구와 국제전화를 하는데 전화비가 엄청 들어서
곤란하다.

> **어휘총정리** 留学(りゅうがく) 유학   国際(こくさい) 국제
> 電話代(でんわだい) 전화비   困(こま)る 곤란하다

3 ③ 주격 조사 の ～가, ～이
현재 남자친구가 예전 여자친구가 준 것을 몸에 지니고 있어
서, 복잡한 기분입니다.

> **어휘총정리** 今(いま) 지금   昔(むかし) 옛날
> 身(み)につける 몸에 지니다, 익히다
> 複雑(ふくざつ) 복잡   感(かん)じ 느낌

4 ④ ～までも ～까지도, ～마저도
믿고 있었던 친구마저도 나를 의심하고 있었다.

> **어휘총정리** 信(しん)じる 믿다   僕(ぼく) 나
> 疑(うたが)う 의심하다

5 ① ～とか ～라든지, ～하던데, ～라던가 하는
당신은 정신장애라던가로 병원에 다닌 적이 있습니까?

> **어휘총정리** 精神(せいしん) 정신   障害(しょうがい) 장애
> 病院(びょういん) 병원   通(かよ)う 다니다

6 ① ～にて ～에서, ～(으)로
해외에서 돌아오는 비행기에서, 옆에 앉았던 분과 여러 가지
를 이야기했습니다.

> **어휘총정리** 海外(かいがい) 해외   帰(かえ)り 귀가, 귀국
> 飛行機(ひこうき) 비행기   隣(となり) 옆
> 座(すわ)る 앉다   方(かた) 분

7 ④ ～とは ～라고 하는 것은
전통이라고 하는 것은 낡았다는 의미가 아니라, 시대에 맞추
면서 살아남아 온 것입니다.

> **어휘총정리** 伝統(でんとう) 전통   古(ふる)い 오래되다, 낡다
> 意味(いみ) 의미   時代(じだい) 시대
> 合(あ)わせる 맞추다   生(い)き延(の)びる 살아남다

8 ① ～も ～씩(이나)
아버지로부터 용돈을 만 엔이나 받아서 매우 기뻤다.

> **어휘총정리** こづかい 용돈

9 ② ～に ～에다가(첨가)
그녀는 별장에다가 호화로운 보트도 가지고 있다고 한다.

> **어휘총정리** 別荘(べっそう) 별장   豪華(ごうか) 호화
> 持(も)つ 들다, 가지다

10 ③ 〜でも 〜라도

여러분, 잘 들어 주세요. 누구라도 대답할 수 있는 쉬운 질문입니다.

> 어휘총정 誰(だれ) 누구　答(こた)える 대답하다
> 簡単(かんたん) 쉬움　質問(しつもん) 질문


## 4. 서술어

### 확인문제 06

→ p.217

✓정답
| 1 ④ | 2 ② | 3 ③ | 4 ① | 5 ③ |
| 6 ② | 7 ① | 8 ① | 9 ④ | |

1 ④ 〜ていく 〜해 가다(상태의 변화)

그녀와 헤어진 지 벌써 반년이나 지나버렸다. 머리에서 그녀의 모습이 사라져 갔다.

> 어휘총정 別(わか)れる 헤어지다　半年(はんとし) 반년
> 過(す)ぎる 지나다　頭(あたま) 머리
> 姿(すがた) 모습　消(き)える 사라지다, 꺼지다

2 ② 〜ていく 〜해 가다(상태의 변화)

이러쿵저러쿵 말하지 않아도, 아이는 그대로 두어도 성장해 간다.

> 어휘총정 成長(せいちょう) 성장

3 ③ 타동사 + 〜てある 〜해져 있다, 〜해 두다(이미 이루어진 상태를 나타냄)

우리 집에는 상비약이 항상 놓여져 있다.

> 어휘총정 常備薬(じょうびやく) 상비약　置(お)く 두다

4 ① 〜ておく 〜해 두다

모르는 말에는 우선 표시를 해 둔다.

> 어휘총정 分(わ)かる 알다　印(しるし) 표시　付(つ)ける 붙이다

5 ③ 〜てくる 〜해 오다(상태의 변화)

3일이나 비가 계속 내려서, 댐의 물도 점점 증가했다.

> 어휘총정 三日(みっか) 3일　雨(あめ) 비
> 降(ふ)り続(つづ)く 계속 내리다　水(みず) 물
> 増(ふ)える 늘다, 증가하다

6 ② 〜てみる 〜해 보다

의뢰받은 일을 해도 좋은지, 다같이 분석해 보았습니다.

> 어휘총정 依頼(いらい) 의뢰　分析(ぶんせき) 분석

7 ① 〜てしまう 〜해 버리다

중요한 회의가 있는 것을 깜박 잊어버렸다.

> 어휘총정 大事(だいじ)だ 중요하다　うっかり 깜박

8 ① 수동형 + 〜ている 〜해져 있다, 〜해지고 있다

환경오염에 대한 정부의 구체적인 대책이 요구되고 있습니다.

> 어휘총정 環境(かんきょう) 환경　汚染(おせん) 오염
> 〜に対(たい)する 〜에 대한
> 具体的(ぐたいてき) 구체적　対策(たいさく) 대책
> 求(もと)める 구하다, 요구하다

9 ④ 〜てみせる 〜해 보이다

어렵지만, 모두가 응원해 주기 때문에 합격해 보이겠다.

> 어휘총정 応援(おうえん) 응원　クリア 통과하다, 합격하다


## 5. 문법의 기능어(문형)

### ① 동사 과거형에 접속하는 문형

### 확인문제 07

→ p.221

✓정답
| 1 ② | 2 ① | 3 ④ | 4 ④ | 5 ③ |
| 6 ① | 7 ③ | 8 ② | 9 ② | |

1 ② 동사 과거형 + 〜かと思(おも)うと・〜かと思ったら 〜하자마자

빛이 보이자마자, 갑자기 구름의 흐름이 수상해졌다.

> 꿀팁 접속형태에 주의해야 하고, 「〜かと思うと」도 같은 의미다.

> 어휘총정 光(ひかり) 빛　見(み)える 보이다　いきなり 갑자기
> 雲行(くもゆ)き 구름이 흘러가는 형세
> 怪(あや)しい 수상하다

2 ① 동사 과거형 + 〜ところ 〜했더니, 〜하자

집에 돌아와서 고향에서 보내온 상자를 열어 보았더니, 사과가 들어 있었다.

> 꿀팁 「동사 과거형 + 〜ところで 〜해 보았자」와 「동사 과거형 + 〜ばかりに 〜한 탓에」도 같이 암기하자.

> 어휘총정 帰(かえ)る 돌아가다　田舎(いなか) 시골
> 送(おく)る 보내다　箱(はこ) 상자　開(あ)ける 열다
> 入(はい)る 들어가다

3 ④ 동사 과거형 + 〜通(とお)り(に) 〜했던 대로

생각했던 대로, 그는 좋은 성적으로 시험에 합격했다.

「명사 + どおりに」도 같은 의미이다. 「とおりに」는 현재형
에 접속할 수 있는데, 의미는 '~하는 대로'이다.

어휘충전 成績(せいせき) 성적   試験(しけん) 시험
受(う)かる 합격하다

4 ④ 동사 과거형 + ~あげく(に) ~한 끝에(나쁜 일이 거듭
된 끝에 어떠한 결과가 되었다)
도망갈 길이 없어 난처한 끝에, 연못으로 뛰어들었다.

「あげく」 자체를 묻는 문제가 출제된다. 「あまり」와 헷갈릴
수 있지만, 둘의 차이점을 묻는 문제는 출제되지 않는다.

어휘충전 逃(に)げ道(みち) 도망갈 길   困(こま)る 곤란하다
池(いけ) 연못   飛(と)び込(こ)む 뛰어들다

5 ③ 동사 과거형 + ~きり/きりで/きりだ ~한 이후로 지
금까지 (~하지 못했다)
골절에 의해 한번 앓아 누우면, 그대로 일어나지 못하게 되는
경우가 많습니다.

접속형태에 주의해야 하며, 「きり」 다음에 오는 문장을 묻는
문제도 자주 출제된다.

어휘충전 骨折(こっせつ) 골절   ~によって ~에 의해서
一度(いちど) 한번   寝込(ねこ)む 드러눕다, 병들어 눕다

6 ① ~の末(すえ)・~た末(すえ) ~한 끝에
오랜 괴로움 끝에, 겨우 자신이 살아가야 할 길을 찾았다.

「あげく」와 같은 표현이다. 그리고 동사는 과거형에 접속하는
것에 유의하자.

어휘충전 長(なが)い 길다   苦(くる)しみ 괴로움   やっと 겨우
生(い)きる 살다   ~べきだ ~해야만 한다   道(みち) 길
見(み)つける 발견하다

7 ③ 동사 과거형 + ~ばかりに ~한 탓에
속도가 빠른 열차를 탄 바람에 멀미를 하고 말았다.

「~ばかりか ~뿐만 아니라」 「~どころか ~은(는)커녕」
「동사 과거형 + ~ところで ~해 보았자」도 같이 알아두자.

어휘충전 速(はや)い 빠르다   列車(れっしゃ) 열차
乗(の)る 타다   乗(の)り物(もの)酔(よ)い 멀미

8 ② 동사 과거형 + ~上(うえ)で ~하고 나서
계약은 견본을 보고 나서 살지 말지를 결정하겠습니다.

「上」 다음에 오는 조사에 따라 의미가 달라지므로 유의해야 한
다. 「동사 현재형 + ~上で ~하는 데 있어서」도 같이 암기
하자.

어휘충전 契約(けいやく) 계약   見本(みほん) 견본
見(み)る 보다   買(か)う 사다
決(き)める 정하다, 결정하다

9 ② 동사 과거형 + ~とたん(に) ~하자마자
범인은 경관의 모습을 보자마자, 도망쳤다.

「とたん(に)」는 접속형태를 묻는 문제가 대부분이지만, 「と
たん(に)」 자체를 묻는 문제도 출제되므로 정확하게 철자를
암기해야 한다.

어휘충전 犯人(はんにん) 범인   警官(けいかん) 경관
姿(すがた) 모습   逃(に)げ出(だ)す 도망치다

## ② 동사 현재형에 접속하는 문형
## ③ 동사 의지형에 접속하는 문형

### 확인문제 08

p.225

✓정답  1 ①   2 ①   3 ③   4 ③   5 ④
6 ④   7 ①   8 ②   9 ③

1 ① ~たび(に) ~할 때마다
부모님은 본가에 갈 때마다 현관까지 웃는 얼굴로 뛰쳐나와
맞이해 준다.

동사기본형에 접속하기도 하고, 「동작성 명사 + の + ~」의 형
태로도 접속한다.

어휘충전 親(おや) 부모님   実家(じっか) 본집
玄関(げんかん) 현관   笑顔(えがお) 웃는 얼굴
走(はし)る 달리다
出迎(でむか)える 맞이하다, 환영하다

2 ① 동사 의지형 + ~か・が・と + 동사 기본형 + ~ま
いか・まいが・まいと ~하든지 말든지, ~할까 말까
5년 만의 동창회지만, 갈지 말지 망설이고 있다.

일반적으로 앞부분에 '동사 의지형'이 출제되는데, 「する」는
「しようがすまいが(しまいが)」로도 표현한다.

어휘충전 同窓会(どうそうかい) 동창회   迷(まよ)う 망설이다

3 ③ 동사 의지형 + ~ものなら ~하려고 하면
그 고속도로는 한번 비가 내리면, 사고가 많이 발생한다.

「동사 가능형 + ~ものなら ~할 수만 있다면」도 같이 알아
두자.

어휘충전 高速道路(こうそくどうろ) 고속도로   一度(いちど) 한 번
事故(じこ) 사고   多発(たはつ) 다발

4 ③ 동사 현재형 + ~上(うえ)で ~하는 데 있어서
사회 생활을 하는 데 있어서 가장 성가신 것은 인간관계이다.

**어휘충전** 社会(しゃかい) 사회　生活(せいかつ) 생활
面倒(めんどう)だ 성가시다, 귀찮다
人間関係(にんげんかんけい) 인간관계

5 ④ 동사 기본형 + ～まい 절대 ～하지 않는다
갔던 그 날부터 이제 두 번 다시 절대 가지 않을 거라고 생각
했다.

➜ 「동사 기본형 + ものか(もんか)」도 같은 표현이다.

**어휘충전** 行(い)く 가다　日(ひ) 날　度(ど) 번

6 ④ 동사 기본형 + ～一方(いっぽう)だ ～하기만 한다
요즘 지도력 부족과 외설행위 등으로 처분당하는 교직원 수는
늘어나기만 한다.

➜ 「동사 기본형 + 一方(いっぽう)で ～하는 한편으로」도 같이
암기하자. 부사인 「一方で」는 '한편으로'라는 뜻이다.

**어휘충전** 近年(きんねん) 요즘　指導力(しどうりょく) 지도력
不足(ふそく) 부족　わいせつ 외설
行為(こうい) 행위　処分(しょぶん) 처분
教員(きょういん) 교직원　数(かず) 수　増(ふ)える 늘다

7 ① ～ことはない ～필요는 없다
사랑을 계속하고 싶다고 바란다면 서두를 필요는 없다.

➜ 「～ものはない」라는 표현은 없고, 같은 의미로 「～に(は)
およばない」가 있다.

**어휘충전** 愛(あい) 사랑　続(つづ)ける 계속하다
願(ねが)う 원하다, 바라다　急(いそ)ぐ 서두르다

8 ② 동사 기본형 + ～ものか(もんか) 절대 ～하지 않는다
저런 게으름뱅이인 그가 맡겨진 일을 할 성 싶으냐.

➜ 「～ことか 얼마나 ～했던가」와 같이 비교해서 암기해야
한다.

**어휘충전** 怠(なま)け者(もの) 게으름뱅이　任(まか)せる 맡기다
仕事(しごと) 일

9 ③ 동사 의지형 + ～ではないか(じゃないか) 함께 ～하자
걱정해도 어쩔 수 없으니, 조금 더 상황을 함께 지켜 보자.

➜ 접속형태에 주의하도록 하고, 「～ではありませんか · じ
ゃないですか 함께 ～합시다」라는 표현으로 정중한 의미를
나타내기도 한다.

**어휘충전** 心配(しんぱい) 걱정　仕方(しかた)ない 어쩔 수 없다
様子(ようす) 동정, 기미, 상황

④ 동사 부정형에 접속하는 문형
⑤ 동사 음편형에 접속하는 문형

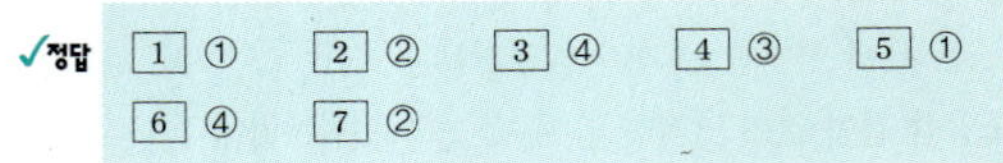


✓정답　1 ①　2 ②　3 ④　4 ③　5 ①
6 ④　7 ②

1 ① いたす する(하다)의 겸양어
특별한 이유가 없는 한, 환불은 하지 않습니다.

➜ 「～にかぎって ～에 한해서」「～とはかぎらない ～라고
는 할 수 없다」와 같이 암기하자.

**어휘충전** 特別(とくべつ) 특별　理由(りゆう) 이유
동사 부정형 + ～ないかぎり ～하지 않는 한
払(はら)い戻(もど)し 환불

2 ② 동사 부정형 + ～ないことはない ～못 할 것은 없다,
～할 수도 있다
이대로로는 무리이지만, 조건이 바뀌면 다시 한번 생각 못 할
것도 없다.

➜ 「～ないものもない」는 N2에서 다루지 않는 표현이므로 알
필요는 없다.

**어휘충전** 無理(むり) 무리　条件(じょうけん) 조건
変(か)わる 바뀌다

3 ④ 동사 부정형 + ～ずにはいられない ～하지 않고서
는 있을 수 없다(자연스럽게 그러한 마음이 생기다)
환경에 관한 많은 응모작품을 하나하나 소중히 읽어, 새삼스
럽게 환경의 중요함을 생각하지 않을 수 없게 되었습니다.

➜ 「する」는 「せずにはいられない」로 표현한다.

**어휘충전** 環境(かんきょう) 환경　～に関(かん)する ～에 관한
応募(おうぼ) 응모　作品(さくひん) 작품
ていねいに 소중하게, 정중히
改(あらた)めて 새삼스럽게　大切(たいせつ)さ 소중함
考(かんが)える 생각하다

4 ③ ～て以来(いらい) ～한 이래
실은 매일 술을 마시는 것을 그만둔 이래, 잘 잘 수 있게 되
었다.

➜ 반드시 「て형」을 사용해야 하며, 오답으로 '원형' '과거형'이 출
제된다.

**어휘충전** 実(じつ)は 실은　毎日(まいにち) 매일　お酒(さけ) 술
飲(の)む 마시다　眠(ねむ)る 자다
동사 기본형 + ようになる ～하게 되다

5 ① 동사 부정형 + ～ざるを得(え)ない ~해야만 한다,
~라는 결론에 이른다, ~할 수밖에 없다
현재 상황이라면, 병원에서 설을 맞이할 수 밖에 없다.
➸ 「する」는 「せざるをえない」라고 한다.

어휘충전 状況(じょうきょう) 상황   病院(びょういん) 병원
正月(しょうがつ) 설(날)   迎(むか)える 맞이하다

6 ④ ～てからでないと ~하고 나서가 아니면
부장님에게 물어보고 나서가 아니면 뭐라 말씀드릴 수 없습
니다.
➸ 주로 문법 뒤에 오는 문장을 묻는 문제가 많이 출제된다.

어휘충전 部長(ぶちょう) 부장

7 ② 동사 부정형 + ～ないうちに ~하기 전에
전부 다 보기 전에 끝날 시간이 되었다.
➸ 「～ないうちに」 뒤에는 앞으로 할 일에 대한 문장이 오며,
「～うちに ~동안에」도 같이 암기하자.

어휘충전 見切(みき)る 전부 다 보다   終(お)わり 끝


## ⑥ 동사 ます형에 접속하는 문형

확인문제 10
➜ p.235

✓정답
| 1 ① | 2 ② | 3 ④ | 4 ① | 5 ③ |
| 6 ④ | 7 ③ | 8 ② | 9 ① | 10 ② |

1 ① 동사 ます형 + ～得(う)る ~(할) 수 있다
생각할 수 있는 방법은 전부 시도해 보았지만, 그래도 소용없
었다.

어휘충전 試(ため)す 시험하다, 시도하다

2 ② 동사 ます형 + ～よう ~할 방법
경영을 하는 방법에 따라서, 중소기업이라도 큰 기업과 싸울
수 있다.

어휘충전 経営(けいえい) 경영   ～によって ~에 따라
中小企業(ちゅうしょうきぎょう) 중소기업
大手(おおて) 대규모, 대기업   戦(たたか)う 싸우다

3 ④ 동사 ます형 + ～つつある ~하는 중이다
일본의 정치는 21세기가 되어 점점 변하는 중이다.
➸ '상태의 변화'에 사용하므로 「泣(な)きつつある(울고 있는
중이다)」라고는 쓸 수 없다.

어휘충전 政治(せいじ) 정치   世紀(せいき) 세기   だんだん 점점
変(か)わる 변하다, 바뀌다

4 ① 동사 ます형 + ～さえ …ば ~만 …(하)면
너의 사랑을 상대방이 받아주기만 하면 행복하게 될 것이다.
➸ 「～さえ」는 동사에 접속할 경우 반드시 ます형이 온다는 것
을 알아두자.

어휘충전 愛(あい) 사랑   受(う)け入(い)れる 받아들이다
幸(しあわ)せ 행복

5 ③ 동사 ます형 + ～っこない 절대 ~할 리가 없다
선생님은 '절대 할 수 있을 리가 없다고 하지 말고 해 봐'라고
하면서 화를 냈다.
➸ 「分(わ)かりっこない 절대 알 수 없다」 「間(ま)に合(あ)
いっこない 절대 맞을 리가 덦다」도 함께 알아두자.

어휘충전 怒(おこ)る 화를 내다

6 ④ 동사 ます형 + ～かねる ~하기 어렵다
아무리 생각해도 자신이 나쁘다고는 생각하지 않기 때문에 사
과하기 어렵다.
➸ 「동사 ます형＋～がたい」와 같은 의미이다. 두 문법의 뉘앙
스 차이를 묻는 문제는 출제되지 않는다.

어휘충전 悪(わる)い 나쁘다   謝(あやま)る 사과하다

7 ③ 동사 ます형 + ～かねない ~할지도 모르다
세금을 올리면 국민의 생활에 영향을 줄지도 모른다.
➸ 「～かもしれない」가 동사에 접속될 때는 종지형에 붙는다.

어휘충전 税金(ぜいきん) 세금   国民(こくみん) 국민
生活(せいかつ) 생활   与(あた)える 주다

8 ② 동사 ます형 + ～かけだ/～かけの・かける ~하는
도중이다 / ~하는 도중의
집에 돌아와도 하다 만 일이 머릿속에 남아 있어서 아무것도
할 수 없게 되었다.
➸ 청해에서도 자주 출제된다. 예를 들면 「書(か)きかけの手紙
(てがみ)(쓰다만 편지)」 「飲(の)みかけのジュース(마시
다 만 주스)」 등의 표현을 듣고 알맞은 그림을 고르는 것이다.

어휘충전 残(のこ)る 남다

9 ① 동사 ます형 + ～ぬく 끝까지 ~하다, 몹시 ~하다
이것저것 고민하고 몹시 생각했던 결과, 대학으로의 진학은
포기했습니다.
➸ 「考えぬいた末(すえ) 몹시 생각한 끝에」라는 표현도 시험
에 자주 출제된다.

어휘충전 悩(なや)む 고민하다   進学(しんがく) 진학
あきらめる 포기하다

10 ② 동사 ます형 + ～がちだ/がちの ～하기 쉽다, 하기
쉬운 경향이 있다/～하기 쉬운

식욕의 가을을 맞이해서 그만 과식해 버리기 쉽지만, 비만에
는 주의해 주십시오.

⇨ 「変(か)わりがちだ 자주 바뀌다」「病気(びょうき)がち
だ 자주 병이 든다」는 표현도 알아두자.

[어휘총전] 食欲(しょくよく) 식욕　迎(むか)える 맞이하다
食(た)べ過(す)ぎ 과식　太(ふと)る 살찌다
注意(ちゅうい) 주의


### ⑦ 「…に ～て」 형태의 문형

#### 확인문제 11　　　⇨ p.243

✓정답　1 ①　2 ①　3 ④　4 ③　5 ③
6 ②　7 ④　8 ②　9 ②

1 ① ～につれて・～につれ ～함에 따라(자연스러운 변화)
거리의 중심부에 다가감에 따라, 사람의 왕래가 적어지게 된다.

⇨ 같은 표현으로 「～に伴(ともな)って・～に従(したが)
って・～と共(とも)に」가 있다.

[어휘총전] 街(まち) 거리　中央(ちゅうおう) 중앙
近(ちか)づく 다가가다　人通(ひとどお)り 사람의 왕래

2 ① ～にあたって ～에 임해서
논문 쓸 즈음하여 반드시 지켜야 할 룰을 알려 드리겠습니다.

⇨ 같은 표현으로 「～に際(さい)して」가 있으며, 「～にあた
り」라고도 한다.

[어휘총전] 論文(ろんぶん) 논문　守(まも)る 지키다

3 ④ ～にしたがって ～함에 따라
정상 쪽으로 올라감에 따라 시계가 열렸다(여러 곳이 보였다).

⇨ 「～と共(とも)に」「～につれて」「～に伴(ともな)っ
て」와 같은 표현이다.

[어휘총전] 頂上(ちょうじょう) 정상　登(のぼ)る 오르다
視界(しかい) 시계　開(あ)ける 열리다

4 ③ ～にかけては ～에 있어서는
머리의 명석함에 있어서는 아무도 그를 따라갈 수 없다.

⇨ 「～にかけては」 다음에 오는 문장은 뛰어난 기량이나 실력
에 관련된 것이 온다.

[어휘총전] 頭(あたま) 머리　追(お)い付(つ)く 따라붙다


5 ③ ～にそって ～을(를) 따라
아름다운 해안을 따라 그녀와 함께 걸었다.

⇨ 같은 표현으로 「～ぞいに」가 있다.

[어휘총전] 海岸(かいがん) 해안

6 ② ～にたいして ～에 대해서
신문은 정부에 대해서 날카로운 공격을 가했다.

⇨ 「～にたいして」는 앞 문장에 '대상'이 오고, '그 대상을 향해
서'라는 의미로 사용되는 문법이다.

[어휘총전] 政府(せいふ) 정부　するどい 날카롭다
攻撃(こうげき) 공격　加(くわ)える 가하다

7 ④ ～にとって ～에 있어서 (～의 경우라는 뉘앙스를 가지
고 있음)
자신이 그린 그림을 한 장 한 장 검토하는 것은, 나에게 있어
서 멋진 시간이었습니다.

⇨ 「～にかけて ～에 있어서」와 비교해야 하는데, 「～にかけ
て」 뒤에 오는 문장은 출중한 기량이 온다.

[어휘총전] 自分(じぶん) 자기, 자신　描(か)く 그리다
一枚(いちまい) 한 장　検討(けんとう) 검토
素晴(すば)らしい 멋지다, 훌륭하다

8 ② ～にかわって ～을(를) 대신해서
실직한 남편을 대신해서, 아내는 하루종일 식당에서 일을 했다.

⇨ 명사에 접속할 때는 「～のかわりに」와 같은 표현이 된다.

[어휘총전] 失業(しつぎょう) 실업, 실직　夫(おっと) 남편
妻(つま) 아내　一日中(いちにちじゅう) 하루종일
食堂(しょくどう) 식당　働(はたら)く 일하다

9 ② ～においては ～에서는
학술정보센터에서는 헤이세이 9년도부터 전자도서관서비스의
제공을 행하고 있다.

⇨ 「～においては」는 조사 「では」와 의미가 같다.

[어휘총전] 学術(がくじゅつ) 학술　情報(じょうほう) 정보
年度(ねんど) 년도　電子(でんし) 전자
提供(ていきょう) 제공　行(おこな)う 행하다

## ⑧ 「…を ～て」 형태의 문형



➤ p.248

✓정답

| 1 | ④ | 2 | ③ | 3 | ④ | 4 | ① | 5 | ③ |
| 6 | ④ | 7 | ④ | 8 | ① | 9 | ① | 10 | ④ |

**1** ④ ～を中心(ちゅうしん)に ～을(를) 중심으로
운동회에서 맨앞의 한가운데에서 손을 올리자, 그를 중심으로
모두가 모여들었다.

> 직역을 해도 이해가 되는 문법이다.

> 一番(いちばん) 가장　真(ま)ん中(なか) 한가운데
> 集(あつ)まる 모이다

**2** ③ ～を抜(ぬ)きにして ～을(를) 제외하고
기업의 활동을 빼고서, 현대사회를 이야기할 수는 없습니다.

> 같은 표현으로 「～ぬきに・～ぬきで」가 있다.

> 企業(きぎょう) 기업　活動(かつどう) 활동
> 現代(げんだい) 현대　社会(しゃかい) 사회
> 語(かた)る 이야기하다

**3** ④ ～をめぐって ～을(를) 둘러싸고
그와 친구는 같은 여성을 둘러싸고 싸운 것 같다.

> '눈에 보이지 않는 무언가를 둘러싸고'라는 의미이다.

> 友人(ゆうじん) 친구　同(おな)じ 같음

**4** ① ～を ～として ～을(를) ～로서
귀사를 비즈니스 파트너로서 인정하겠습니다.

> 「～として」는 '～로서'라는 의미로, 단독으로도 출제된다.

> ご社(しゃ) 다른 회사의 존칭　認(みと)める 인정하다

**5** ③ ～を基(もと)に(して) ～을(를) 근거로 (해서)
이 작품은 사실을 근거로 하고 있지만, 모든 것이 사실이라는
것도 아니다.

> 같은 표현으로 「～に基(もと)づいて」가 있다.

> 作品(さくひん) 작품　事実(じじつ) 사실
> ～わけでもない ～인(한) 셈(것)도 아니다

**6** ④ ～をきっかけに・～をきっかけとして ～을(를) 계
기로
그녀는 미스 콘테스트에 참가한 것을 계기로, 연예계에 데뷔
했다.

---

> 같은 표현으로 「～を契機(けいき)に」가 있다.

> ミスコンテスト 미인대회　参加(さんか) 참가
> 芸能界(げいのうかい) 연예계

**7** ④ ～をこめて ～을(를) 담아 (눈에 보이지 않는 것)
사랑을 담아, 유학 간 그녀에게 편지를 보냈다.

> 눈에 보이는 뭔가를 담을 때는 「～を入(い)れて」를 사용한다.

> 留学(りゅうがく) 유학　送(おく)る 보내다

**8** ① ～を通(つう)じて ～을(를) 통해서, (어떤 시간)내도록
인기 여배우의 죽음이 매스컴을 통해서 사람들에게 알려졌다.

> 같은 표현으로 「～を通(とお)して」가 있다.

> 人気(にんき) 인기　女優(じょゆう) 여배우
> 死(し) 죽음　知(し)らされる 알려지다

**9** ① ～をはじめ(として) ～을(를) 비롯해서
이 학교에는 야마다 선생님을 비롯해서 엄격한 선생님이 많이
계십니다.

> 「～てはじめて ～해서 비로소」와 헷갈리기 쉬우므로 정확히
> 파악하자.

> 厳(きび)しい 선생님
> いらっしゃる 「いる-있다」의 존경어

**10** ④ ～を問(と)わず・～は問(と)わず ～을(를) 불문하
고・～은(는) 불문하고
이 회사는 남녀를 불문하고, 능력 있는 사람을 받아들이고 있다.

> 「問(と)う 묻다」이므로, 동사의 원래 의미를 파악하면 쉽게 이
> 해가 될 것이다.

> 能力(のうりょく) 능력　受(う)け入(い)れる 받아들이다

## ⑨ 헷갈리기 쉬운 문형



➤ p.254

✓정답

| 1 | ③ | 2 | ① | 3 | ③ | 4 | ④ | 5 | ③ |
| 6 | ② | 7 | ② | 8 | ② | 9 | ④ | | |

**1** ③ ～ことから ～한 이유에서
피해를 당한 그들의 증언이 일치한 이유에서, 용의자의 이름
이 들먹여졌다.

> 「～ことから」는 「～ものだから」와 같은 의미이며, 「～こ
> とだから」는 앞 문장에 개인의 습성이나 체질이 온다.

> 被害(ひがい) 피해　証言(しょうげん) 증언
> 一致(いっち) 일치　容疑者(ようぎしゃ) 용의자

2 ① ～上(うえ)で ～하고 나서
내용을 확인하고 나서, 사인 부탁합니다.
　➥ 「～上に」「～한 데다가」「～上は ～한 이상에는」도 같이 알아
　　두어야 한다.
　**어휘충전** 内容(ないよう) 내용　確認(かくにん) 확인

3 ③ ～のあまり ～한 나머지
나는 기쁜 나머지, 하늘에까지 뛰어오를 듯한 기분이었다.
　➥ 「あまり」 자체를 묻는 문제가 출제된다. 「あげく」와 헷갈릴
　　수 있지만, 둘의 차이점을 묻는 문제는 출제되지 않는다.
　**어휘충전** 飛(と)ぶ 날다, 뛰다　気分(きぶん) 기분

4 ④ …から ～にかけて …부터 ～에 걸쳐 (시작과 끝 시
　　점이 나온다)
어제부터 오늘에 걸쳐 관동지방을 중심으로 큰눈이 내린 것
같지만, 제가 살고 있는 관서지방은 전혀 쌓이지 않았습니다.
　➥ 「～にわたって ～에 걸쳐」는 앞 단어가 '기간·횟수·공간'
　　을 나타낸다.
　**어휘충전** 関東(かんとう) 관동　中心(ちゅうしん) 중심
　　大雪(おおゆき) 큰눈　住(す)む 살다
　　関西(かんさい) 관서　全然(ぜんぜん) 전혀
　　積(つ)もる 쌓이다

5 ③ ～にとって ～에 있어서(～의 경우라는 뉘앙스를 가지
　　고 있음)
저 야마다 씨에게 있어서 공부는 취미의 하나라고 한다.
　➥ 「～にかけて ～에 있어서」와 비교하는데, 「～にかけて」뒤
　　에 오는 문장은 출중한 기량이 온다.
　**어휘충전** 趣味(しゅみ) 취미

6 ② 동사 ます형 + ～かねない ～할지도 모른다
이대로는 병세가 악화될지도 모른다.
　➥ 「동사 ます형 + かねる ～하기 어렵다」「동사 ます형 + き
　　れない 전부 ～할 수 없다」와 같이 알아두자.
　**어휘충전** 病状(びょうじょう) 병의 상태　悪化(あっか) 악화

7 ② ～にわたって, ～にわたり・～にわたった ～에
　　걸쳐, ～에 걸친(기간·횟수·공간)
한 달간에 걸쳐, 영토문제에 대한 토론이 계속되었다.
　➥ 「～にかけて ～걸쳐는 「…から～にかけて」의 형태로 사
　　용되며, 시작과 끝 시점이 나온다.
　**어휘충전** 1ヶ月間(いっかげつかん) 한달 간
　　領土(りょうど) 영토　議論(ぎろん) 토론
　　続(つづ)ける 계속하다

8 ② ～にかけては ～에 있어서는(뒤에 오는 문장은 출중
　　한 기량이 온다)
일본 요리에 있어서는 그녀보다 뛰어난 사람은 없을 것이다.
　➥ 「～にとって ～에 있어서는 '～의 경우'라는 뉘앙스이다.
　**어휘충전** 日本(にほん) 일본　料理(りょうり) 요리
　　右(みぎ) 오른쪽　出(で)る 나가다

9 ④ ～ことだ ～하는 것이 중요하다, ～하는 편이 좋다
혼자서 괴로워해 보았자, 어떻게 되지도 않지? 지금 너에게
필요한 것은 열심히 하는 것이 아니라 푹 쉬는 거야.
　➥ 「～ものだ」는 '희망(～たいものだ, ほしいものだ)'과
　　'과거 회상(～하곤 했었지)'에 사용한다.
　**어휘충전** 苦(くる)しむ 괴로워하다　今(いま) 지금
　　君(きみ) 자네　必要(ひつよう) 필요
　　頑張(がんば)る 열심히 하다　休(やす)む 쉬다

## ⑩ 같은 의미의 문형

### 확인문제 14　　　　　　　➡ p.270

✓정답

| 1 ① | 2 ③ | 3 ④ | 4 ② | 5 ② |
| 6 ② | 7 ② | 8 ④ | 9 ③ | 10 ③ |
| 11 ② | 12 ② | 13 ① | 14 ③ | 15 ① |
| 16 ④ | 17 ③ | 18 ① | | |

1 ① 동사 ます형 + ～がたい ～하기 어렵다
어느 쪽도 다 좋아보여서 정하기 어렵습니다만, 어느 쪽을 추
천하십니까?
　➥ 접속형태에 주의해야 하며 「동사 ます형 + かねる ～하기
　　어렵다」도 같이 암기하자.
　**어휘충전** お勧(すす)め 추천, 권유

2 ③ ～をきっかけに ～을(를) 계기로
새로운 제도의 도입을 계기로 기업 혁신을 행하자.
　➥ 같은 표현으로 「～を契機(けいき)に」가 있다.
　**어휘충전** 新制度(しんせいど) 새로운 제도
　　導入(どうにゅう) 도입　企業(きぎょう) 기업
　　革新(かくしん) 혁신　行(おこな)う 행하다

3 ④ 동사 ます형 + ～かねる ～하기 어렵다
이런 많은 액수의 기부에는 응하기 어렵습니다.
　➥ 「동사 ます형 + かねない ～일지도 모른다」「동사 ます형
　　+ きれる ～하기 어렵다」도 같이 암기하자.
　**어휘충전** 多額(たがく) 많은 액수　寄付(きふ) 기부
　　応(おう)じる 응하다

4 ② 〜て(で)たまらない ~해서 참을 수 없다, 매우 ~하다
백화점 계단에서 넘어져 버려, 매우 창피했다.

　같은 표현으로 「〜て(で)しかたない・〜て(で)しょう
　がない・〜て(で)ならない」가 있다

　階段(かいだん) 계단　転(ころ)ぶ 넘어지다
　恥(は)ずかしい 부끄럽다

5 ② 〜はもちろん ~은(는) 물론이고
아침 저녁은 물론, 외출하고 돌아오면 바로 얼굴을 씻읍시다.

　같은 표현으로는 「〜はもとより」가 있으며, 「〜はともか
　く ~은 어쨌든 간에」도 같이 알아두자.

　朝夕(あさゆう) 아침저녁
　外出先(がいしゅつさき) 외출한(할) 곳
　洗顔(せんがん) 얼굴을 씻음

6 ② 〜以上(いじょう)は ~한 이상에는
약속한 이상에는, 어떤 일이 있어도 지켜야만 한다.

　직역을 해도 풀 수 있는 문제이다. 같은 의미로 「〜上(うえ)
　は」「〜からには」가 있다.

　守(まも)る 지키다　〜べきだ ~해야만 한다

7 ② 〜に決(き)まっている ~임이 틀림없다
만화를 좋아하는 아이이니까, 지금쯤은 또 어딘가에서 읽고
있음이 틀림없다.

　「〜に相違(そうい)ない・〜に違(ちが)いない・〜に
　ほかならない」와 같은 표현이다.

　漫画(まんが) 만화

8 ④ 〜ことから ~한 이유에서
시합날에 비가 내리는 일이 많다는 이유로, 선수들의 컨디션
은 좋지 않다.

　「〜ものだから」와 같은 의미이며, 「〜ことだから」는 앞
　문장에 개인의 습성이나 체질이 온다.

　試合日(しあいび) 시합날　選手(せんしゅ) 선수
　調子(ちょうし) 컨디션　整(ととの)う 갖춰지다

9 ③ 〜て(で)ならない 매우 ~하다
이번 판매 연기는 게임을 기대하고 있는 사용자에게 있어서는
상당히 유감이다.

　같은 표현으로 「〜て(で)しかたない・〜て(で)しょう
　がない・〜て(で)たまらない」가 있다.

　発売(はつばい) 발매　延期(えんき) 연기
　楽(たの)しみ 즐거움　〜にとっては ~에 있어서는
　残念(ざんねん) 유감

10 ③ 〜に相違(そうい)ない ~임이 틀림없다
이 신청자는 본인임이 틀림 없음을 보증합니다.

　「〜に違(ちが)いない・〜に決(き)まっている・〜に
　ほかならない」와 같은 표현이다.

　申請者(しんせいしゃ) 신청자　本人(ほんにん) 본인
　保証(ほしょう) 보증

11 ② 〜わけが(は)ない ~일(할) 리가(는) 없다
아무리 열심히 해도 원고가 하루만에 끝날 리가 없다.

　「〜はずが(は)ない」와 같은 용법으로 사용되며, 오답으로
　「〜べきがない」가 있는데, 문법적으로 잘못된 표현이다.

　頑張(がんば)る 열심히 하다　原稿(げんこう) 원고
　一日(いちにち) 하루　終(お)わる 끝나다

12 ② 〜でしかたない ~해서 견딜 수 없다, 매우 ~하다
인건비가 싼 중국에서도, 엄청나게 비싼 휴대전화가 팔리는
것이 매우 불가사의하다.

　같은 표현으로 「〜て(で)しようがない・〜て(で)ならな
　い・〜て(で)たまらない」가 있다.

　人件費(じんけんひ) 인건비
　携帯電話(けいたいでんわ) 휴대전화
　売(う)れる 팔리다　不思議(ふしぎ)だ 불가사의하다

13 ① 〜に違(ちが)いない ~임이 틀림없다
이런 시간에 방문해 오는 거라면, 분명 그 사람임이 틀림없다.

　「〜に決(き)まっている・〜に相違(そうい)ない・〜
　にほかならない」와 같은 표현이다.

　訪(おとず)れる 방문하다　きっと 분명

14 ③ 〜につけ ~할 때마다
세계 일류 선수들의 시합을 텔레비전에서 볼 때마다 '프로 선
수의 플레이는 다르군'하고 생각했다.

　「〜につけ 〜につけ 〜든지 〜든지」도 있는데, 이것은 공
　란이 두 개 나오는 문제에 주로 나오는 문법이다.

　一流(いちりゅう) 일류　選手(せんしゅ) 선수
　試合(しあい) 시합　本物(ほんもの) 진짜, 제대로임
　違(ちが)う 다르다

15 ① 동사 ます형 + 〜ながら ~하면서
매일 금붕어에게 먹이를 주면서 그 날의 하루를 시작한다.

　같은 용법으로 「동사 ます형 + つつ」가 있는데, 「동사 ます
　형 + 〜つつある (~하는 중이다)」도 같이 알아두자.

　金魚(きんぎょ) 금붕어　始(はじ)める 시작하다

16 ④ ～につれて ～함에 따라(자연스러운 변화)
인구가 증가함에 따라, 다양한 문제가 일어나게 되었다.

　🎣 같은 표현으로「～に伴(ともな)って・～に従(したが)って・～と共(とも)に」가 있다.

　 人口(じんこう) 인구　増加(ぞうか) 증가
　　様々(さまざま) 다양한　起(お)きる 일어나다

17 ③ ～にさいして・～にさいし ～에 임해서
세계 금연의 날에 임해서의 후생노동 장관의 메시지가 있었습니다.

　🎣 같은 표현으로「～にあたって」가 있다.

　禁煙(きんえん) 금연
　　厚生労働(こうせいろうどう) 후생 노동
　　大臣(だいじん) 대신, 장관

18 ① ～向(む)きの ～용의, ～에 적당한
이번에 어린이용 컴퓨터가 개발되었다.

　🎣 오답으로「～向(む)かいの」가 있는데 아무런 의미가 없다.
　　같은 표현으로「～向(む)けの」가 있다.

　このたび 이번　開発(かいはつ) 개발

## ⑪ 「から～」 형태의 문형

### 확인문제 15
→ p.274

✓정답　1 ②　2 ②　3 ③　4 ③　5 ③
　　6 ④　7 ①

1 ② ～からといって ～라고 해서
같은 일본인이라고 해서, 일본에 있는 모든 일본인과 잘 지낼 것이라고는 할 수 없다.

　🎣「といって」를 묻는 문제가 주로 출제가 되고「～からすると ～(입장·관점·생각·태도)으로는」이다.

　すべて 모든　うまくいく 잘 되다, 잘 지내다

2 ② ～からこそ ～때문이야말로
결과가 나빴던 것보다도, 전혀 노력하지 않았기 때문이야말로 문제라고 생각합니다.

　🎣 자기 소개할 때「こちらこそ 이쪽이야말로」라는 말에서「こそ」의 용법을 파악할 수 있다.

　結果(けっか) 결과　全然(ぜんぜん) 전혀
　　努力(どりょく) 노력　問題(もんだい) 문제

3 ③ ～からすると ～(입장·관점·생각·태도)으로는
조금 전의 그녀의 태도로는, 이번 프로젝트에는 아마 찬성하지 않을 것이다.

　🎣 일반적으로「すると」를 묻는 문제가 많이 출제된다. 그리고「～からして 기본적으로 ～부터가」도 같이 암기하자.

　態度(たいど) 태도　多分(たぶん) 아마
　　賛成(さんせい) 찬성

4 ③ ～から見(み)て ～로 보면(견주어 보면)
실력으로 보면, A팀이 분명 이길 것이다.

　🎣「～から見ると・～から見れば」와 같은 표현이다.

　実力(じつりょく) 실력　勝(か)つ 이기다
　　～に決(き)まっている ～임이 틀림없다

5 ③ ～からして ～부터가(기본적인 자세·태도·상태 등)
A국은 식량부터가 결핍상태이므로, 의류·연료도 결핍되어 있음이 틀림없다.

　🎣 직역을 하여 '～부터해서'라고 해도 된다.

　食料(しょくりょう) 식량　欠乏(けつぼう) 결핍
　　状態(じょうたい) 상태　衣類(いるい) 의류
　　燃料(ねんりょう) 연료
　　～に違(ちが)いない ～임이 틀림없다

6 ④ ～からには ～한 이상에는
약속한 이상에는, 그것을 지키는 것이 당연하다고 생각한다.

　🎣 같은 표현으로「上(うえ)は・以上(いじょう)」가 있다.

　守(まも)る 지키다　当(あ)たり前(まえ)だ 당연하다

7 ① ～からいって ～으로는
건강이라는 관점으로는, 격렬한 운동은 좋지 않다.

　🎣 직역을 하여 '～부터 말해서'라고 해도 의미는 통한다.

　健康(けんこう) 건강　観点(かんてん) 관점
　　激(はげ)しい 격렬하다

## ⑫ 기타 문형

**확인문제 16**  → p.291

<table>
<tr><td>정답</td><td>1 ①</td><td>2 ④</td><td>3 ③</td><td>4 ②</td><td>5 ①</td></tr>
<tr><td></td><td>6 ③</td><td>7 ④</td><td>8 ②</td><td>9 ④</td><td>10 ①</td></tr>
<tr><td></td><td>11 ②</td><td>12 ④</td><td>13 ①</td><td>14 ②</td><td>15 ③</td></tr>
<tr><td></td><td>16 ②</td><td>17 ④</td><td>18 ④</td><td></td><td></td></tr>
</table>

**1** ① **～というものでは(も)ない** ～라고 하는 것은(도) 아니다

보험료가 싸면 쌀수록 좋다는 것은 아니다. 비싸도 그에 맞는 충분한 서비스를 받을 수 있다면 그것에 비할 바가 없다.

「～ということでは(も)ない」라는 표현은 없다.

保険料(ほけんりょう) 보험료　合(あ)う 맞다
十分(じゅうぶん) 충분함　受(う)ける 받다
～にこしたことはない ～에 비할 바가 없다

**2** ④ **명사 + ～次第(しだい)では** ～에 따라서는

최종전의 결과에 따라서는 2위인 팀에게도 본선 행의 가능성이 있습니다.

「동사 ます형 + ～次第 ～하는 대로」도 같이 알아두자.

最終戦(さいしゅうせん) 최종전　～位(い) ～위
本選行(ほんせんゆ)き 본선 행
可能性(かのうせい) 가능성

**3** ③ **～かのようだ** ～인 것 같다

사고로 죽었다고 생각했던 그가 살아있었다. 도저히 믿어지지 않아서 마치 꿈을 꾸고 있는 것 같았다.

「～かのように(で・だ) ～인 것처럼・～인 것 같고・～인 것 같다)로 주로 부사 「まるで 마치」를 동반한다.

事故(じこ) 사고　とても 도저히　信(しん)じる 믿다
夢(ゆめ) 꿈

**4** ② **たとえ ～ても(でも)** 비록 ～라도

비록 당신이 가난하더라도, 저는 당신을 사랑합니다.

명사나 형용동사와도 접속을 할 수도 있는데, 예를 들면 「たとえ先生でも 비록 선생님이라도」가 있다.

貧(まず)しい 가난하다

**5** ① **～とか** ～라든가

캠프에 갈 때는 지도라는가 램프라든가를 들고 가라.

「～とか」는 '～하던데, ～라던데'의 의미도 있다.

地図(ちず) 지도　持(も)つ 들다, 가지다

**6** ③ **～に(も)かかわらず** ～에(도) 상관없이

요일・시간대에 상관없이 문의를 받습니다.

'～임에도 불구하고'라는 의미도 있다.

問(と)い合(あ)わせ 문의

**7** ④ **～もかまわず** ～도 상관 않고

부모님의 잔소리도 상관 않고, 아이는 게임만 하고 있다.

「かまう 상관하다」라는 동사의 의미만 파악하고 있으면 정답을 쉽게 파악할 수 있다.

親(おや) 부모님　小言(こごと) 잔소리

**8** ② **～ように** ～하도록

'제발 아버지의 병이 빨리 낫도록'이라고, 그녀는 신에게 기도했다.

매번 시험에 출제되는 문법이므로 반드시 암기해야 한다.

治(なお)る 낫다　神様(かみさま) 신
祈(いの)る 기도하다

**9** ④ **～に過(す)ぎない** ～에 불과하다

컴퓨터의 본질이라는 것은 결국 도구에 불과하다는 것이다.

「すぎる 지나다」의 부정형은 '～에 지나지 않는다'이므로 위의 문법은 쉽게 풀 수 있다.

本質(ほんしつ) 본질　結局(けっきょく) 결국
道具(どうぐ) 도구

**10** ① **～ところに(へ)・～ところを** 딱 ～할 때에 (좋게 되었다)・～한 와중에, ～한데

집에 돌아가서 고향에서 보내온 상자를 열어 보았더니, 사과가 들어 있었다.

「동사 과거형 + ～ところで ～허 보았자」「동사 과거형 + ～ばかりに ～한 바람에」도 같이 암기하자.

田舎(いなか) 시골　箱(はこ) 상자
入(はい)る 들어가다

**11** ② **～っぽい** ～하는 경향이 짙다, ～하기 쉽다

그는 무슨 일이라도 싫증내기 쉬운 성격이다.

명사와 동사의 ます형에 붙는데, 오답으로 「～らしい ～답다」「～ようだ ～인 것 같다」가 있다.

何(なに)にでも 뭐든지　性格(せいかく) 성격

**12** ④ **～くらい** ～정도

선반에서 물건이 떨어질 정도로 큰 지진이 있었다.

정도나 분량을 나타내는 문법이다.

棚(たな) 선반　落(お)ちる 떨어지다
地震(じしん) 지진

13 ① ～際(さい)は ～할 때
업무 중에 무슨 일이 생겼을 때는 이 번호로 문의해 주세요.
> 「～時(とき) ～때와 같은 의미이다. 그리고 「～に際(さい)
して는 ～함에 즈음하여」도 같이 암기하자.
[어휘총전] 仕事中(しごとちゅう) 업무 중　番号(ばんごう) 번호　問
(と)い合(あ)わせ 문의

14 ② ～なんて ～하다니
설마 저렇게 사이가 나빴던 저 두 사람이 결혼하다니, 믿을 수
가 없다.

> 「～など ～등」「～なんか ～따위」도 같이 암기하자.
[어휘총전] まさか 설마　仲(なか) 사이　信(しん)じる 믿다

15 ③ ～にしては ～치고는, ～로서는
처음 빵을 만든 것치고는 잘 만들었군요.
> 명사에 접속해도 같은 의미가 된다.
[어휘총전] 初(はじ)めて 처음

16 ② ～もかまわず ～도 상관없이
주위에 사람이 있는 것도 상관없이, 그는 그녀를 껴안았다.
> 「かまう 상관하다」라는 동사의 의미만 파악하고 있으면 정답
을 쉽게 파악할 수 있다.
[어휘총전] 周(まわ)り 주위　抱(だ)きしめる 껴안다

17 ③ ～さえ …ば ～만 …(하)면
매일 일 때문에 지친다. 시간만 있으면 여행가고 싶다.
> 「さえ」는 단독으로 사용하면 '～조차'라고 해석한다.
[어휘총전] 疲(つか)れる 피곤하다, 지치다　暇(ひま) 틈, 여유

18 ④ ～ことなく ～것 없이, ～지 않고
그는 매년 잊지 않고, 고등학교 선생님께 연하장을 보낸다.
> 오답으로 「～ものなく・～はずなく・～わけなく・
～ところなく」가 출제되는데, 문법적으로는 아무런 의미가
없다.
[어휘총전] 年賀状(ねんがじょう) 연하장



연습문제 01　　　　　➡ p.294

✓정답

| 33 ② | 34 ② | 35 ① | 36 ② | 37 ④ |
| 38 ④ | 39 ② | 40 ① | 41 ③ | 42 ③ |
| 43 ① | 44 ② | | | |

33 ② 가정형 ～ば ～하고 (열거)
지난주에 생긴 가게는 가격도 싸고 맛있다.
> 가정형 「ば」는 열거를 할 때 사용하는 문장이다. 나열의 조사
인 「～し」와 같은 것이다.
[어휘총전] 出来(でき)る (없던 것이 새로) 생기다
値段(ねだん) 가격

34 ② たとえ ～ても(でも) 비록 ～라도
비록 당신이 안 하더라도, 저는 책임을 가지고 하겠습니다.
[어휘총전] 責任(せきにん) 책임

35 ① ～のみならず ～만이 아니라
환경오염은 일본만이 아니라, 세계에서도 심각한 문제이다.
> 「～だけでなく・～ばかりか・～ばかりでなく」도 같
은 표현이다.
[어휘총전] 環境(かんきょう) 환경　汚染(おせん) 오염
深刻(しんこく) 심각

36 ② お + 동사 ます형 + ～になる ～하시다 (존경표현)
사장님께서는 1시간 전에 이미 돌아가셨습니다.
> 그 외의 존경표현으로 「お + 동사 ます형 + です」「お + 동
사 ます형 + ください」가 있다.

37 ④ 동사 기본형 + ～ようになる ～하게 되다
선생님 덕분에 일본에 갈 수 있게 되었습니다.
> 「～ことになる」라고 해도 같은 의미가 된다.
[어휘총전] おかげ 덕택, 덕분

38 ④ ～もとより ～은 물론
당사는 손님에 대한 서비스는 물론, 안전과 환경을 제일로 생
각하고 있습니다.
> 「～はもちろん」은 같은 표현이고, 「～はともかく ～은
어쨌든 간에」도 같이 알아두자.
[어휘총전] 当社(とうしゃ) 당사　お客様(きゃくさま) 손님
安全(あんぜん) 안전　環境(かんきょう) 환경
第一(だいいち) 제일

39 ② ～べきだ ～해야 한다

若者(わかもの)는 노인에게 자리를 양보해야만 한다.

> 부정문은 「～べきではない ～해서는 안 된다」이다. 그리고
> 「～べきがない」라는 표현은 없다.

**어휘총전** 若者(わかもの) 젊은이　お年寄(としよ)り 노인
席(せき) 자리　讓(ゆず)る 양보하다

40 ① ～に相違(そうい)ない ～임이 틀림없다

이 신청자는 본인임이 틀림없음을 보증합니다.

> 「～に違(ちが)いない・～に決(き)まっている・～に
> ほかならない」와 같은 표현이다.

**어휘총전** 申請者(しんせいしゃ) 신청자　本人(ほんにん) 본인
保証(ほしょう) 보증

41 ③ ～に沿(そ)って ～을 따라

아름다운 해안을 따라 그녀와 함께 걸었다.

> '지시나 명령에 따라'라는 의미도 있다.

**어휘총전** 海岸(かいがん) 해안

42 ③ ～につれて ～함에 따라 (자연스러운 변화)

인구가 증가함에 따라, 다양한 문제가 생겼다.

> 같은 표현으로 「～に伴(ともな)って・～に従(したが)
> って・～と共(とも)に」가 있다.

**어휘총전** 人口(じんこう) 인구　増加(ぞうか) 증가
様々(さまざま) 다양함　起(お)きる 일어나다

43 ① ～にほかならない ～임이 틀림없다, 바로 ～라는 이
유 때문이다

노동은 인간의 적극적인 의사 표명임이 틀림없다.

> 「～に相違(そうい)ない・～に違(ちが)いない・～に
> 決(き)まっている」와 같은 표현이다.

**어휘총전** 労働(ろうどう) 노동　人間(にんげん) 인간
積極的(せっきょくてき) 적극적　意思(いし) 의사
表明(ひょうめい) 표명

44 ② ～している最中(さいちゅう)に ～하고 있는 중에

온라인 게임을 한창하고 있는데, 갑자기 정전이 되었다.

> 「最中」는 동사와 접속할 때는 반드시 「～ている, ～ていた」
> 라고 하는데 주의해야 한다.

**어휘총전** 突然(とつぜん) 갑자기　停電(ていでん) 정전

→ p.296

## 연습문제 02

✓정답
| 33 ③ | 34 ④ | 35 ① | 36 ① | 37 ① |
|---|---|---|---|---|
| 38 ③ | 39 ② | 40 ① | 41 ④ | 42 ③ |
| 43 ① | 44 ② | | | |

33 ③ お召(め)しになる 「着(き)る－입다」의 존경어

선생님은 항상 검은색 정장을 입고 계신다.

> 「年(とし)を召す 연세를 드시다」 「風邪(かぜ)を召す 감
> 기 드시다」 「お風呂(ふろ)に召す 목욕하시다」도 같이 알아
> 두자.

**어휘총전** ～っぽい 어떠한 경향이 짙다
お目(め)にかかる 「会(あ)う－만나다」의 겸양어
お目(め)にかける 「見(み)せる－보여주다」의 겸양어
召(め)し上(あ)がる 「食(た)べる－먹다, 飲(の)む－마시다」
의 존경어

34 ④ ～ぬきで・～ぬきに ～을 빼고

교육을 빼놓고 나라의 발전은 있을 수 없다.

> 다른 표현으로 「～をぬきに(して)」가 있다.

**어휘총전** 教育(きょういく) 교육　発展(はってん) 발전
あり得(え)ない 있을 수 없다

35 ① ～のみならず ～뿐만 아니라

그의 작품은 독일뿐만 아니라 유럽에서도 높은 평가를 받고
있다.

> 「～だけでなく・～ばかりか・～ばかりでなく」도 같
> 은 의미다.

**어휘총전** 作品(さくひん) 작품　評価(ひょうか) 평가
受(う)ける 받다

36 ① ～につけ ～につけ ～든지 ～든지

일이든 무엇이든 열심히 해야한다.

> 공란 메우기가 두 개가 나오는 문제는 거의 매번 출제되므로
> 「～にせよ ～든지, ～라고 하더라도」와 같이 암기하자.

**어휘총전** 一生懸命(いっしょうけんめい) 열심히

37 ① ～向(む)けだ ～용이다

이런 그림이 많이 있는 책은 아이들용이라고 생각하는 것은
큰 잘못이다.

**어휘총전** 大間違(おおまちが)い 크게 잘못됨

38 ④ ～どころか ~은커녕
바빠서 휴식을 취하기는커녕 식사할 시간도 없다.
「ところが 그러나」와 비교해서 외우도록 하자.
休(やす)み 휴식, 휴가

39 ② ～といっても ~라고 해도
이 발명은 종래의 상식을 깨는 획기적인 것이라고 해도 무리가 아니다.
発明(はつめい) 발명  従来(じゅうらい) 종래
常識(じょうしき) 상식  破(やぶ)る 깨다
画期的(かっきてき)だ 획기적이다  無理(むり) 무리

40 ① ～ほか(は)ない・～より(は)ほかない・～ほか しかたない ~밖에 없다
때때로 이런 시기가 있었지만, 때를 기다릴 수 밖에 없다.
같은 표현으로「～しかない」가 있다.
時期(じき) 시기

41 ④ 동사 기본형 + ～まい 절대 ~하지 않는다
간 그 날부터 이제 두 번 다시 절대 가지 않을 것이라고 생각했다.
「동사 기본형 + ～ものか(もんか)」도 같은 표현이다.
～度(ど) ~번

42 ③ 동사 ます형 + ～きれない 전부(완전히) ~할 수 없다
이번 여행에서 한 사람을 빼고 나머지 전원은 셀 수 없을 만큼의 나쁜 일을 했다.
「동사 ます형 + きる 전부 ~하다」의 가능동사의 부정형이다. 긍정문인「동사 ます형 + ～きれる 전부 ~할 수 있다」도 같이 암기하자.
のぞく 제외하다  後(あと) 나머지
全員(ぜんいん) 전원

43 ① ～ことだ ~하는 것이 중요하다, ~하는 편이 좋다
회사를 경영해 보려면 우선 사이트 운영을 해 보는 편이 좋다.
「～ものだ」는 '희망(～たいものだ・～ほしいものだ)'과 '과거 회상(～하곤 했었지)'을 나타낸다.
経営(けいえい) 경영  運営(うんえい) 운영

44 ② ～ている・～ていた + ～最中に・～最中だ
한창 ~중에・한창 ~중이다
한창 전화를 하는 중에 자주 상대방으로부터 "지금 무엇을 하고 있니?"라는 말을 듣고, "당신과 이야기하고 있다"고 대답하는 경우가 많다.
동사와 접속할 때는 반드시「～ている・～ていた」라고 한다.

---

연습문제 03    → p.298

✓정답

| 33 ④ | 34 ② | 35 ① | 36 ④ | 37 ② |
| 38 ③ | 39 ① | 40 ④ | 41 ① | 42 ③ |
| 43 ② | 44 ④ | | | |

33 ④ 동사 부정형 + ～ずには(ないでは)いられない ~하지 않고서는 있을 수 없다(자연스럽게 그러한 마음이 생기다)
그의 이야기를 들으면 누구나 감동하지 않고서는 있을 수 없을 것이다.
「する」는「せずにはいられない」로 표현한다.
感動(かんどう) 감동

34 ② ～せいだ・～せいで・～せいか ~탓이다・~탓으로・~탓인가
완고한 부모님 탓으로, 그녀는 좋아하는 사람과 결혼할 수 없었다.
뒷 문장에 좋은 결과가 올 경우는「～おかげで ~덕분에」를 사용한다.「おかげさまで」는 단독으로 사용하는 말로 다른 품사와의 접속이 불가하다. 즉,「先生のおかげさまで」는 틀린 표현이다.
頑固(がんこ)だ 고집이 세다  親(おや) 부모, 부모님

35 ① 동사 ます형 + ～ながら ~하면서
회사를 다니면서 선술집의 부업을 하고 있습니다.
같은 용법으로「동사 ます형 + ～つつ」가 있는데,「동사 ます형 + ～つつある ~하는 중이다」도 같이 알아두자.
通(かよ)う 다니다  居酒屋(いざかや) 선술집
副業(ふくぎょう) 부업

36 ④ それとも 그렇지 않으면 (양자택일)
홍차를 마시겠습니까? 그렇지 않으면, 커피를 마시겠습니까?
접속부사는 가끔 출제가 되는데 それとも는 문자・어휘나 독해에서도 자주 출제된다.
紅茶(こうちゃ) 홍차

37 ① ～とか ~라든가(하던데)
일본은행의 개입이 있을 거라고들 하는 정보가 흘러, 금융시장은 상태를 살피는 상황이다.
「明日雨が降るとか」에서「とか」는「~라고 하던데」라는 의미로 사용되었다.
日銀(にちぎん) 일본은행  介入(かいにゅう) 개입
言(い)う 말하다  情報(じょうほう) 정보

流(なが)れる 흐르다
金融市場(きんゆうしじょう) 금융시장
様子見(ようすみ)の状況(じょうきょう) 상태를 살피는 상황

38 ③ 동사 의지형(가능형) + ～ものなら ～할 수만 있다면
(하려고 하면)
부모와 아이 4명서 귀성하려고 하면 교통비만으로도 약 30
만 엔이 넘습니다..

어휘총전 親子(おやこ) 부모와 자식　帰省(きせい) 귀성
交通費(こうつうひ) 교통비　超(こ)える 넘다, 초과하다

39 ① ～ものだ 희망(～たいものだ)
시간과 돈이 있으면, 꼭 세계일주를 하고 싶다.

→ 「～ことだ」는 '～하는 것이 중요하다, ～하는 편이 좋다'이다.

어휘총전 一週(いっしゅう) 일주

40 ④ 동사 ます형 + ～ようが(も)ない ～할 방법이(도) 없다
화를 참고 있는 모습을 보니, 딱하다고 밖에 말할 방법이 없다.

→ 일반적으로 「동사 ます형 + ～よう ～하는 방법」을 알아두
도록 하자.

어휘총전 怒(いか)り 분노　姿(すがた) 모습
気(き)の毒(どく)だ 딱하다, 가엾다

41 ① ～わけには(も)いかない ～수는(도) 없다
비가 내린다고 해서, 그와의 약속을 취소할 수는 없다.

→ 오답으로 「～ことには」가 출제되는데 「～ないことには
～하지 않으면, ～없으면」라는 형태로 쓰인다.

42 ③ ～わりに ～에 비해서
가격에 비해 품질도 성능도 좋다.

→ 접속부사로서 '비교적'이라는 의미도 있다.

어휘총전 値段(ねだん) 가격　品質(ひんしつ) 품질
性能(せいのう) 성능

43 ② ～をきっかけに ～을 계기로
이 사건을 계기로 '소년법'이 재검토되었다.

→ 같은 표현으로 「～を契機(けいき)に」가 있다.

어휘총전 事件(じけん) 사건　少年法(しょうねんほう) 소년법　見
直(みなお)す 재검토하다

44 ④ ～どころではない ～할 때가 아니다, ～하지는 않다
밖이 시끄러워서 차분하게 공부할 수가 없다.

→ 명사에 바로 접속할 수도 있는데, 예를 들면 「忙しくて旅行
どころではない 바빠서 여행갈 때가 아니다」이다.

어휘총전 外(そと) 밖　落(お)ち着(つ)く 차분하다



✓정답

| 33 ④ | 34 ① | 35 ① | 36 ③ | 37 ② |
| --- | --- | --- | --- | --- |
| 38 ④ | 39 ③ | 40 ④ | 41 ② | 42 ① |
| 43 ① | 44 ① | | | |

33 ④ ～をめぐって ～을(를) 둘러싸고
이웃 사람과 토지의 소유권을 둘러싸고 재판을 했다.

→ 「눈에 보이지 않는 무언가를 둘러싸고」라는 의미이다.

어휘총전 近所(きんじょ) 이웃　土地(とち) 토지
所有権(しょゆうけん) 소유권　裁判(さいばん) 재판

34 ① ～をもとにして ～을(를) 근거로 해서
그의 아이디어를 근거로 해서 연구가 진행되었다.

→ 같은 용법으로 「～に基(もと)づいて」가 있다.

어휘총전 研究(けんきゅう) 연구　進(すす)める 진행하다

35 ① 동사 ます형 + ～ながら ～하면서
일을 하면서 대학원에 다니고 있습니다.

→ 같은 용법으로 「동사 ます형 + ～つつ」가 있는데, 「동사
ます형 + ～つつある ～하는 중이다」도 같이 알아두자.

어휘총전 通(かよ)う 다니다

36 ③ ～に比(くら)べて・～に比(くら)べ ～와 비교해서
모든 외국과 비교해서 일본은 한 사람이 내는 쓰레기의 양이
많다.

어휘총전 諸外国(しょがいこく) 여러 다른 나라　出(だ)す 내다
量(りょう) 양

37 ② 수동형(피해의 의미)
점원에게 물을 엎질러짐을 당했다.
└ 점원이 물을 엎질러서 젖었다.

→ 수동형과 사역형의 구별을 묻는 문제는 문장 속의 문법에서도
출제될 가능성이 크므로 정확한 용법을 익혀야 한다.

어휘총전 こぼす 엎지르다

38 ④ ～をほしがる ～을(를) 갖고 싶어하다(주어는 제3자)
그녀는 남의 물건을 갖고 싶어하는 버릇이 있다.

→ 그 외에 「동사 ます형 + ～たがる ～싶어 하다」의 주어도 제
3자가 온다.

어휘총전 物(もの) 물건　くせ 버릇

39 ③ 〜反面(はんめん) 〜한 반면
이 일은 돈이 되는 반면, 자신의 시간을 잡을 수 없다.
> 오답으로서 「反対(はんたい) 반대」「半分(はんぶん) 반」
등이 출제된다.
> 仕事(しごと) 일　自分(じぶん) 자신

40 ④ 동사 ます형 + 〜かけの 〜하는 도중의
책상 위에 쓰다 만 편지가 있다.
> 접속형태를 묻는 문제로 간혹 뒤에 오는 문장을 묻는 문제가
출제될 때도 있다.
> 机(つくえ) 책상

41 ② 〜ている・〜ていた + 〜最中に・〜最中だ 한
창 〜중에・한창 〜중이다
한창 친구와 전화하고 있는 중이니 잠시 기다려 주세요.
> 동사와 접속할 때는 반드시 「〜ている・〜ていた」라고 하
는 것에 주의해야 한다.

42 ① 동사 부정형 + 〜ざるを得(え)ない 〜해야만 한다,
〜라는 결론에 이른다, 〜할 수밖에 없다
지금의 상태라면 병원에서 설을 맞이할 수밖에 없다.
> 「する」는 「せざるをえない」라고 한다.
> 状況(じょうきょう) 상황　正月(しょうがつ) 설
迎(むか)える 맞이하다

43 ① たとえ 〜ても(でも) 비록 〜하더라도
비록 이 하늘이 어둡게 저문다고 해도 널 향한 사랑은 바뀌지
않아.
> 명사나 형용동사와도 접속할 수도 있는데, 예를 들면 「たとえ
先生でも 비록 선생님이라도」이다.
> 沈(しず)む 가라앉다　変(か)わる 바뀌다

44 ① 〜ということだ 〜라고 하는 것이다 (사실 설명, 인용)
절대적인 건강은 없다는 것이다.
> 「〜というものだ」는 앞에 명사나 형용동사가 오며, 어떤 것
의 정의를 나타낸다.
> 絶対的(ぜったいてき) 절대적　健康(けんこう) 건강

---

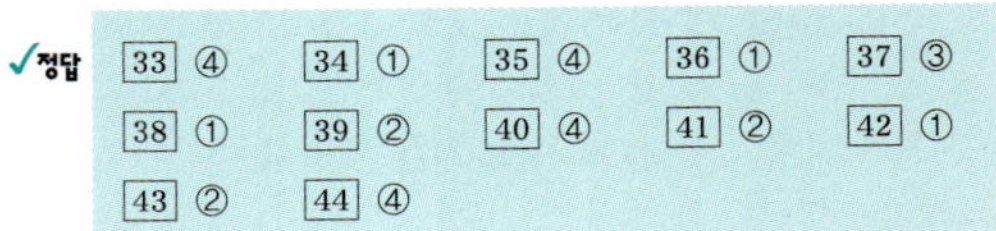


| ✓정답 | | | | |
|---|---|---|---|---|
| 33 ④ | 34 ① | 35 ④ | 36 ① | 37 ③ |
| 38 ① | 39 ② | 40 ④ | 41 ② | 42 ① |
| 43 ② | 44 ④ | | | |

33 ④ 동사 과거형 + 〜とおり(に) 〜대로
예상했던 대로 그는 시험에 합격했다.
> 명사에 붙을 때는 「どおり」이다.
> 予想(よそう) 예상　受(う)かる 합격하다

34 ① 〜とともに 〜함에 따라, 〜와 함께, 〜인 동시에
국민에게의 세금이 많아짐에 따라, 국민의 불만은 높아진다.
> 같은 문법으로 「〜につれて・〜に従(したが)って・〜
に伴(ともな)って」가 있다.
> 国民(こくみん) 국민　税金(ぜいきん) 세금
不満(ふまん) 불만

35 ④ 〜どころではない 〜할 때가 아니다, 〜하지는 않다
일이 바빠서 여행갈 때가 아니다.
> 「ところ」가 아님에 주의해야 한다.
> 仕事(しごと) 일　忙(いそが)しい 바쁘다

36 ① 수동형(피해의 의미)
오늘 아침, 버스 안에서 다리를 밟혔다.
> 수동과 사역을 구분하는 문제는 주어가 피해자인지 시키는 사
람인지를 구분하면 쉽게 이해할 수 있다.
> 今朝(けさ) 오늘 아침　踏(ふ)む 밟다

37 ③ 명사 の・동사・형용사・형용동사 연체형 + あまり
〜한 나머지 (지나치게 〜해서 어떠한 결과가 되다)
나는 화난 나머지 몸이 떨렸다.
> 「あまり」 자체를 묻는 문제가 출제된다. 「あげく」와 헷갈릴
수 있지만, 둘의 차이점을 묻는 문제는 출제되지 않는다.
> 怒(いか)り 분노　震(ふる)える 떨리다

38 ① 동사 연체형 + 〜からには 〜한 이상에는
우리 과가 떠맡은 이상에는, 훌륭하게 끝까지 완수하고 싶다.
> 같은 표현으로 「〜上(うえ)は・〜以上(いじょう)」가
있다.
> 課(か) 과　引(ひ)き受(う)ける 떠맡다
立派(りっぱ) 훌륭함　やり遂(と)げる 끝까지 완수하다

39 ② ～ないうちに ～하기 전에
전부 다 보기 전에 마칠 시간이 되었다.

🔁 「～うちに ～동안에」도 같이 암기하자.

어휘총전 見切(みき)る 전부 다 보다   終(おわ)り 끝

40 ④ 동사 의지형 + ～ではないか(じゃないか) 함께 ～하자
연주회 시작 시간도 다가왔고, 슬슬 회장에 들어갑시다.

🔁 접속형태에 주의해야 한다. 「～ではありませんか・～じゃないですか」라는 표현으로 정중한 의미를 나타낸다.

어휘총전 演奏会(えんそうかい) 연주회   開始(かいし) 개시
近(ちか)づく 다가오다   会場(かいじょう) 회장

41 ② 동사 ます형 + ～かけの ～하는 도중의
쓰다 만 메일이나 메시지는 여기에 보관해 주세요.

🔁 접속형태를 묻는 문제 뒤에 오는 문장을 묻는 문제도 간혹 출제된다.

어휘총전 保管(ほかん) 보관

42 ① 형용동사 어간 + ～がちだ・～がちの ～하기 쉽다, ～하기 쉬운 경향이 있다
이 음료수는 결핍되기 쉬운 미네랄을 보충해 줍니다.

어휘총전 飲物(のみもの) 음료수   不足(ふそく) 부족
補充(ほじゅう) 보충

43 ② 동사 ます형 + ～かねない ～할지도 모른다
이대로는, 병세가 나빠질지도 모른다.

🔁 「동사 ます형 + ～かねる ～하기 어렵다」와 「동사 ます형 + ～きれない 전부 ～할 수 없다」와 같이 알아두어야 한다.

어휘총전 病状(びょうじょう) 병의 상태   悪化(あっか) 악화

44 ④ ～恐(おそ)れがある ～우려가 있다
이 병은 전염될 우려도 있으므로 주의하기 바란다.

어휘총전 伝染(でんせん) 전염   気(き)をつける 주의하다

---



✓정답
| 33 ④ | 34 ④ | 35 ② | 36 ③ | 37 ④ |
| 38 ③ | 39 ① | 40 ③ | 41 ① | 42 ② |
| 43 ② | 44 ② | | | |

33 ④ …から ～にかけて …부터 ～에 걸쳐 (시작과 끝 시점이 나온다)
이것은 19세기부터 1920년대에 걸친 재즈 용어 사전입니다.

🔁 「～にわたって ～에 걸쳐」는 앞 단어가 '기간'을 나타낸다.

어휘총전 世紀(せいき) 세기   年代(ねんだい) 연대
用語(ようご) 용어   辞典(じてん) 사전

34 ④ 동사 과거형 + ～きり・～きりだ ～한 이후로 지금까지 (～하지 못 했다)
싸움을 하고 나간 이후, 지금까지 아무런 소식도 없다.

🔁 접속형태에 주의해야 하며, 뒤에 오는 문장을 묻는 문제도 출제된다.

어휘총전 消息(しょうそく) 소식

35 ② ～からといって ～라고 해서
일본에 살고 있다고 해서 일본어가 능숙해진다고는 할 수 없다.

🔁 「～といって」를 묻는 문제가 주로 출제된다. 「～からすると ～(입장・관점・생각・태도)으로는」도 같이 알아두자.

어휘총전 住(す)む 살다   上手(じょうず) 능숙함
～とは限(かぎ)らない ～라고는 할 수 없다

36 ③ 동사 ます형 + ～きれない 전부(완전히) ～할 수 없다
나의 셀 수 없는 사랑을 너에게 주고싶어.

🔁 「동사 ます형 + ～きる 전부 ～하다」의 가능동사의 부정형이다. 긍정문인 「동사 ます형 + ～きれる 전부 ～할 수 있다」도 같이 암기하자.

어휘총전 数(かぞ)える 세다

37 ④ 형용사 어간・형용동사 어간 + ～げに 좀 ～한 듯이
자식을 잃은 부모님은 아이의 사진을 조금 쓸쓸한 듯이 보고 있었다.

🔁 감정의 형용사나 형용동사에 접속하는 것에 유의하자.

어휘총전 亡(な)くす 여의다   親(おや) 부모   写真(しゃしん) 사진
寂(さび)しい 외롭다

38 ③ 명사 + の + ～ことだから ～이니까(앞 문장에는 개
인적인 습성, 성격에 관련된 상황이 옴)
불황이라고 해도 착실한 **그니까** 어떤 회사에서라도 어떻게든
해 나갈 수 있을 것이다.

> **⛧** 「～ものだから」는 앞 문장에 대한 이유설명인데, 개인의 습
> 성이나 체질과는 관계없는 문장이 온다.

**어휘충전** 不況(ふきょう) 불황　～といえども ～라고는 해도
しっかり者(もの) 착실한 사람, 견실한 사람

39 ① 동사 · 형용사 · 형용동사 연체형 + ～ことか 얼마나
～했던가
그녀와의 결혼은 안 된다고 **얼마나 말했니?**

> **⛧** 「동사 기본형 + ものか(もんか) 절대 ～하지 않을 것이다」
> 와 같이 비교해서 암기해야 한다.

**어휘충전** だめだ 안 된다

40 ③ ～て以来(いらい) ～한 이래
실은 매일 술 마시는 것을 **그만둔** 이래, 잘 잘 수 있게 되었다.

> **⛧** 반드시 て형을 사용해야 하며, 오답으로 '원형, 과거형'이 출제
> 된다.

**어휘충전** 実(じつ)は 실은　眠(ねむ)る 자다
동사 기본형 + ～ようになる ～하게 되다

41 ① 사역 수동형 (피해의 의미의 수동형+사역형)
나는 선배가 술을 **마시라고 해서 억지로 마셨다.**

**어휘충전** 先輩(せんぱい) 선배

42 ② お目(め)にかける 「見(み)せる－보여주다」의 겸양어
어제 산 가방을 **보여 주세요.**

> **⛧** 「お目(め)にかかる」는 「会(あ)う 만나다」의 겸양어라는 점
> 에 주의하자.

**어휘충전** お目(め)にかかる 会(あ)う－만나다의 겸양어

43 ② ～を込(こ)めて ～을(를) 담아(눈에 보이지 않는 무엇)
감사의 마음을 **담아서** 신세진 선생님에게 선물을 보냈다.

> **⛧** 눈에 보이는 원가를 담을 때는 「～をいれて」를 사용한다.

**어휘충전** 感謝(かんしゃ) 감사　気持(きも)ち 마음
お世話(せわ)になる 신세를 지다

44 ② ～からこそ ～때문이야말로
대부분의 사람은 자기중심적**이기 때문이야말로** 자신만이 이
득을 보려고 한다.

**어휘충전** 自己中(じこちゅう) 자기중심　得(とく) 이득

---

연습문제 07　　→ p.306

✓**정답**

| 33 ④ | 34 ③ | 35 ② | 36 ③ | 37 ② |
|------|------|------|------|------|
| 38 ④ | 39 ④ | 40 ① | 41 ① | 42 ② |
| 43 ③ | 44 ② | | | |

33 ④ ～をめぐって ～을(를) 둘러싸고
그의 갑작스러운 결혼을 **둘러싸고** 여러 가지 소문이 흘렀다.

> **⛧** '눈에 보이지 않는 무언가를 둘러싸고'라는 의미다.

**어휘충전** 突然(とつぜん) 돌연　流(なが)れる 흐르다

34 ③ ～ながら ～하면서, ～하지만
이번은 유감스럽게 떨어**졌지만** 내년에는 무조건 합격하겠다.

> **⛧** 같은 용법으로 「동사 ます형 + ～つつ」가 있는데, 「～なが
> ら」는 모든 품사에 접속되지만, 「～つつ」는 동사에만 접속
> 된다.

**어휘충전** 残念(ざんねん) 유감
すべる 미끄러지다, 시험에 떨어지다
絶対(ぜったい)に 절대로　受(う)かる 합격하다

35 ② ～ように ～하도록
"아무쪼록 아버지의 병이 빨리 나으시**기를**"이라고, 그녀는 신
에게 기도했다.

> **⛧** 매번 시험에 출제되는 문법으로 반드시 암기해야 한다.

**어휘충전** 病気(びょうき) 병　治(なお)る 낫다
神様(かみさま) 신　祈(いの)る 기도하다

36 ③ ～に際(さい)して ～함에 즈음하여, ～에 임해서
개인정보등록**에 임해서는** 다른 사람이 모르도록 해 주세요.

> **⛧** 같은 표현으로「～に当(あ)たって · ～に当(あ)たり」가
> 있다.

**어휘충전** 個人(こじん) 개인　情報(じょうほう) 정보
登録(とうろく) 등록　他人(たにん) 타인

37 ② ～ほど ～수록
젊은 사람**일수록** 평일과 휴일의 수면시간의 차가 크다고 한다.

> **⛧** 「～ば ～ほど ～면 ～(할)수록」도 같이 알아두자.

**어휘충전** 平日(へいじつ) 평일　休日(きゅうじつ) 휴일
睡眠(すいみん) 수면　差(さ) 차이

38 ④ ～における ～에서의
환경문제는 현대사회**에서의** 중요한 과제 중 하나일 것이다.

> **⛧** 「～での」와 같은 표현이다.

**어휘충전** 環境(かんきょう) 환경　現代(げんだい) 현대
最(もっと)も 가장　課題(かだい) 과제

39 ④ ~限(かぎ)り ~한
시간이 허락하는 한 이대로 모두와 토론을 계속해서 결론을
내리고 싶다고 생각합니다.
　「~ない限(かぎ)り ~않는 한」「~に限って ~에 한해서」
　「~とは限らない ~라고는 할 수 없다」「~に限る ~가
　최고다」와 같이 암기하자.
　許(ゆる)す 허락하다, 용서하다　議論(ぎろん) 논의, 토론
　結論(けつろん) 결론　つける 마무르다, 결말짓다

40 ① ~たび(に) ~할 때마다
어머니는 애견숍에 갈 때마다 개를 구입해 와서 곤란하다.
　동사 기본형에 접속하기도 하고,「동작성 명사＋の＋~」의 형
　태로도 접속한다.
　購入(こうにゅう) 구입　困(こま)る 곤란하다

41 ① 동사 과거형 ＋ ~とたん(に) ~하자마자
자전거를 피하려고 하자마자 넘어졌다.
　접속형태에 주의해야 한다.
　よける 피하다　転(ころ)ぶ 넘어지다, 뒹굴다

42 ② ~と共(とも)に ~함에 따라, ~와 함께, ~인 동시에
세월과 함께 도시의 인구가 계속 증가하고 있다.
　年(とし) 해, 년　都会(とかい) 도시
　人口(じんこう) 인구
　増(ふ)え続(つづ)ける 계속 증가하다

43 ③ ~ば …ほど ~(하)면 …할수록
컴퓨터는 하면 할수록 모르겠다.
　「~ほど・~ほどの ~정도(로)・만큼(의)」도 같이 알아두자.

44 ② ~べきだ・~べきではない ~해야만 한다・~해서
　는 안 된다
두 사람은 그 곳에서 만나야만 할 운명이었다.
　부정형은 「~べきではない ~해서는 안 된다」인데, 오답으
　로 「~はずがない ~할 리가 없다」에 주의해야 한다.
　出会(であ)う 만나다　運命(うんめい) 운명

---



✔정답
| 33 ④ | 34 ① | 35 ② | 36 ③ | 37 ② |
| 38 ① | 39 ④ | 40 ④ | 41 ④ | 42 ② |
| 43 ③ | 44 ③ | | | |

33 ④ ~はもとより ~은(는) 물론이고
유산균을 이용한 식품은 일본은 물론 세계 모든 나라에서 옛
날부터 몸에 좋은 것으로 알려져 있다.
　같은 표현으로는 「~はもちろん」이 있고, 「~はともかく
　~은 어쨌든 간에」도 알아두자.
　乳酸菌(にゅうさんきん) 유산균　利用(りよう) 이용
　食品(しょくひん) 식품　世界中(せかいじゅう) 전 세계
　古(ふる)い 오래되다　良(よ)い 좋다
　知(し)られる 알려지다

34 ① ~反面(はんめん) ~한 반면
그는 남을 잘 보살펴 주는 반면 여러 가지 폐를 끼치는 사건을
일으킵니다.
　오답으로서 「反対(はんたい) 반대」「半分(はんぶん) 반」
　등이 출제된다.
　面倒見(めんどうみ)のいい 남을 잘 보살펴주다, 배려하다
　迷惑(めいわく) 폐　事件(じけん) 사건
　起(お)こす 일으키다

35 ② ~恐(おそ)れがある ~우려가 있다
국제 정세가 이대로 계속되면 전쟁이 일어날 우려가 있다.
　「恐(おそ)れる 두려워하다, 우려하다」라는 동사의 명사형이
　므로, 위의 의미가 성립된다.
　国際(こくさい) 국제　情勢(じょうせい) 정세
　続(つづ)く 계속되다　戦争(せんそう) 전쟁
　起(お)きる 일어나다

36 ③ ~おかげで・~おかげだ ~덕분으로・~덕분이다
이 사업이 번성하고 있는 것은 그의 덕택이다.
　「おかげさま」는 단독으로 사용하며 다른 품사와 접속해서
　사용할 수 없다.
　事業(じぎょう) 사업　繁盛(はんじょう) 번성

37 ② ~上(うえ)は ~이상에는
들킨 이상은 어쩔 수 없다. 솔직하게 말하자.
　같은 표현으로 「~からには・~以上(いじょう)」가 있다.
　見(み)つかる 발견되다　仕方(しかた)ない 어쩔 수 없다
　正直(しょうじき) 정직　話(はな)す 이야기하다

38 ① 동사 의지형 + ～ではないか(じゃないか) 함께 ～하자
시기가 시기인 만큼 그것에 대해서 모두 다 진지하게 생각해
보자.
> 접속형태에 주의하도록 하고, 정중하게는 「～ではありませ
ん・～じゃないですか」로 표현한다.
[어휘총전] 時期(じき) 시기　～だけに ～인 만큼
真剣(しんけん)に 진지하게

39 ④ 동사 기본형 + ～一方(いっぽう)だ ～하기만 한다
요즘 지도력 부족과 외설행위 등으로 처분당하는 교직원의 수
는 늘기만 한다.
> 동사 기본형에 접속해야 하며, 「一方(いっぽう)で ～하는
한편으로」도 같이 암기하자.
[어휘총전] 近年(きんねん) 요즘　指導力(しどうりょく) 지도력
不足(ふそく) 부족　わいせつ 외설　行為(こうい) 행위
処分(しょぶん) 처분　教員(きょういん) 교직원
数(かず) 수　増(ふ)える 늘다

40 ④ 동사 ます형 + ～きれない 전부(완전히) ～할 수 없다
이 용지에 전부 쓸 수 없을 경우, 뒷면 또는 용지를 추가해 주
세요.
> 「동사 ます형 + ～きる 전부 ～하다」의 가능 동사의 부정형
이다. 긍정문인 「동사 ます형 + ～きれる 전부 ～할 수 있
다」도 같이 암기하자.
[어휘총전] 用紙(ようし) 용지　場合(ばあい) 경우
裏面(うらめん) 뒷면　追加(ついか) 추가

41 ④ ～ことだ ～하는 것이 중요하다, ～하는 편이 좋다
지금 너에게 필요한 것은 여행이라도 가서 푹 쉬는 것이다.
> 「ものだ」는 '희망(～たいものだ・ほしいものだ)'과 '과
거 회상(～하곤 했었지)'에 사용한다.

42 ② ～さえ …ば ～만 …(하)면
너만 있으면 어떤 승부에도 계속 이긴다.
> 「さえ」는 단독으로 사용하면 '～조차'라고 해석한다.
[어휘총전] 君(きみ) 자네, 너　勝負(しょうぶ) 승부
勝(か)ち続(つづ)ける 계속 이기다

43 ③ ～というものだ ～라고 하는 것이다(어떤 것의 정의,
명사나 형용동사를 동반)
자신이 난처할 때에 그 모습을 보여주고 싶지 않은 것이 남자
라는 것이다.
> 「～ということだ」는 앞에 문장이 오며, 사실 설명을 나타
낸다.
[어휘총전] 弱(よわ)る 약해지다, 난처해지다　姿(すがた) 모습

44 ③ 待(ま)たされた 待つ의 사역수동
나는 그녀 때문에 1시간이나 기다렸다.



➡ p.310

✓정답
| 33 ① | 34 ④ | 35 ④ | 36 ① | 37 ② |
| 38 ③ | 39 ③ | 40 ④ | 41 ① | 42 ② |
| 43 ③ | 44 ② | | | |

33 ① ～を通(つう)じて ～을(를) 통해서, (어떤 시간) 내내
인기 여배우의 죽음이 매스컴을 통해서 사람들에게 알려졌다.
> 같은 표현으로 「～を通(とお)して」가 있다.
[어휘총전] 人気(にんき) 인기　女優(じょゆう) 여자 배우
死(し) 죽음　知(し)らされる 알려지다

34 ④ ～に先立(さきだ)って・～に先立(さきだ)ち
～하기에 앞서
교류회에 앞서 선생님의 강연이 있겠습니다.
> 「～に際(さい)して」와 「～に当(あ)たって」와 의미상으
로 비슷하지만 보기에 같이 출제되지 않으므로 뉘앙스의 구별
은 필요 없다.
[어휘총전] 交流会(こうりゅうかい) 교류회　講演(こうえん) 강연
行(おこな)う 행하다

35 ④ ～に過(す)ぎない ～에 불과하다
사실의 전달에 불과한 뉴스는 죽은 것이라고 해도 과언이 아
니다.
[어휘총전] 事実(じじつ) 사실　伝達(でんたつ) 전달
言(い)い過(す)ぎ 과언

36 ① ～について・～につき・～については ～에 대해
서 ('～와 관련된'이란 뉘앙스를 내포하고 있다.)
일시에 관해서는 후일 연락하겠습니다.
> 「～に対(たい)して ～에 대해서」와 비교해서 암기해야 하
며, 대상이 나오고, '～을 향해'라는 뉘앙스이다.
[어휘총전] 日時(にちじ) 일시　後日(ごじつ) 후일
連絡(れんらく) 연락

37 ② ～にほかならない ～임이 틀림없다, 바로 ～라는 이유
때문이다
경영자의 최종적인 책임은 매상고와 이익이지만, 매상고라는
것은 손님의 만족의 결과임이 틀림없는 것이다.
> 「～に相違(そうい)ない・～に違(ちが)いない・～に
決(き)まっている」와 같은 표현이다.

어휘총정리 経営者(けいえいしゃ) 경영자
　　　最終的(さいしゅうてき) 최종적　責任(せきにん) 책임
　　　売上高(うりあげだか) 매상고　利益(りえき) 이익
　　　満足(まんぞく) 만족

38 ③ ～に基(もと)づいて・～に基(もと)づき ~을 근거로 하여
대학에는 200년 계획이라는 것이 있어서, 그 계획을 근거로 하여 대학의 시설을 늘린다던가 환경의 정비를 한다던가 합니다.
　　「～を基(もと)にして」와 같은 의미이다.
　　어휘총정리 計画(けいかく) 계획　施設(しせつ) 시설
　　　増(ふ)やす 늘리다　環境(かんきょう) 환경
　　　整備(せいび) 정비　行(おこな)う 행하다

39 ③ ～のみならず ~뿐만 아니라
이 회사는 수출입뿐만 아니라 세계각지에서 다양한 사업을 전개하고 있습니다.
　　「～だけでなく・～ばかりか・～ばかりでなく」도 같은 의미다.
　　어휘총정리 輸出入(ゆしゅつにゅう) 수출입　世界(せかい) 세계
　　　各地(かくち) 각지　事業(じぎょう) 사업
　　　展開(てんかい) 전개　行(おこな)う 행하다

40 ④ 동사 과거형 + ～ばかりに ~한 바람에
동창회 자리에서 변호사라고 말한 바람에 친구로부터 의뢰가 쇄도했다.
　　「～ばかりか ~뿐만 아니라」「～どころか ~은커녕」「동사 과거형 + ～ところで ~해 보았자」도 같이 알아두자.
　　어휘총정리 同窓会(どうそうかい) 동창회　席(せき) 자리
　　　弁護士(べんごし) 변호사　友人(ゆうじん) 친구
　　　依頼(いらい) 의뢰　殺到(さっとう) 쇄도

41 ① ～はともかく(として) ~은 어쨌든 (간에)
겉모습은 어쨌든 간에 품질은 아주 좋았다.
　　「～はもとより・～はもちろん ~은 물론」도 같이 알아두자.
　　어휘총정리 見(み)た目(め) 외견　品質(ひんしつ) 품질

42 ② ～べきだ・～べきではない ~해야만 한다・~해서는 안 된다
이 건에 대해서 책임은 모두 간부가 져야만 한다.
　　부정형은 「～べきではない ~해서는 안 된다」인데, 오답으로 「～はずがない ~할 리가 없다」에 주의해야 한다.
　　어휘총정리 件(けん) 건　責任(せきにん) 책임　幹部(かんぶ) 간부

43 ③ 동사 원형(ます형) + ～まい 절대 ~하지 않는다
사태가 절대 악화되지는 않을 것이다.
　　「동사 기본형 + ～ものか(もんか)」도 같은 표현이다.
　　어휘총정리 事態(じたい) 사태　悪化(あっか) 악화

44 ② 동사 과거형 + ～ばかりに ~한 바람에
파티 장소를 물어본 바람에, 도움을 부탁받아 버렸다.
　　어휘총정리 場所(ばしょ) 장소　聞(き)く 묻다　手伝(てつだ)い 도움
　　　頼(たの)む 부탁하다

## 연습문제 10

→ p.312

✓정답
| 33 ④ | 34 ① | 35 ① | 36 ② | 37 ③ |
| 38 ① | 39 ① | 40 ③ | 41 ③ | 42 ② |
| 43 ① | 44 ④ | | | |

33 ④ ～ものがある ~할 만한 것이 있다, ~할 만하다, ~한 것이 있다
실제 이러한 일을 가능하게 하는 기술의 진보에는 놀랄 만한 것이 있다.
　　「동사 과거형 + ～ことがある ~한 적이 있다」와 같이 암기해야 하는데, 이 문법은 N2 문법이 아니다.
　　어휘총정리 実際(じっさい) 실제　可能(かのう) 가능
　　　技術(ぎじゅつ) 기술　進歩(しんぽ) 진보
　　　驚(おどろ)く 놀라다

34 ① 동사 의지형, 가능형 + ～ものなら ~라면(해석에 따라 동사의 형태가 바뀐다)
등교하지 않는 상황에 있는 아이들의 대부분은 '학교에 갈 수 있다면 가고 싶다'고 생각하고 있습니다.
　　뒤에 오는 문장에 따라 동사의 형태가 바뀌므로 정확한 해석이 요구된다.
　　어휘총정리 不登校(ふとうこう) 등교하지 않음
　　　状況(じょうきょう) 상황　多(おお)く 대부분

35 ① ～をきっかけに ~을(를) 계기로
새로운 제도의 도입을 계기로 기업 혁신을 행하자.
　　같은 표현으로 「～を契機(けいき)に」가 있다.
　　어휘총정리 新制度(しんせいど) 새로운 제도
　　　導入(どうにゅう) 도입　企業(きぎょう) 기업
　　　革新(かくしん) 혁신　行(おこな)う 행하다

36 ② ～を問(と)わず・～は問(と)わず ~을(를) 불문하
고・~은(는) 불문하고
동양, 서양을 불문하고 개를 비하하는 말은 많이 있다.
> 「問(と)う 묻다」이므로, 동사 원래의 의미를 알면 쉽게 이해할
수 있을 것이다.

> 東洋(とうよう) 동양　西洋(せいよう) 서양
卑下(ひげ) 비하

37 ③ ～をめぐって ~을(를) 둘러싸고
공영방송의 민영화를 둘러싸고 토론이 계속되었다.
> '눈에 보이지 않는 무언가를 둘러싸고'라는 의미이다.

> 公営(こうえい) 공영　放送(ほうそう) 방송
民営化(みんえいか) 민영화　議論(ぎろん) 토론

38 ① 동사 연체형 + ～からには ~한 이상에는
재수한 이상에는, 꿈까지 꾸었던 저 대학에 꼭 합격하고 싶다.
> 같은 표현으로「～上(うえ)は・以上(いじょう)」가 있다.

> 浪人(ろうにん) 재수　夢(ゆめ)を見(み)る 꿈을 꾸다
絶対(ぜったい) 절대　合格(ごうかく) 합격

39 ① ～しかない ~밖에 없다
그다지 하고 싶지 않은 일이지만, 사장님의 명령이기 때문에
할 수밖에 없다.
> 같은 문법으로「～ほか(は)ない」가 있다.

> 命令(めいれい) 명령

40 ③ ～というものだ ~라고 하는 것이다(어떤 것의 정의,
명사나 형용동사를 동반)
저 선생님은 잘 생기고 상냥한 점은 좋지만, 여성에게만 상냥
한 것은 불공평하다는 것이다.
> 「～ということだ」는 앞에 문장이 오며, 사실 설명을 나타
낸다.

> 優(やさ)しい 상냥하다　～に対(たい)して ~에 대해서
不公平(ふこうへい) 불공평

41 ③ 泳(およ)がせた 사역표현
바다는 위험하니 엄마는 아기를 풀장에서 헤엄치게 했다.
> 危(あぶ)ない 위험하다　泳(およ)ぐ 헤엄치다

42 ② ご存(ぞん)じる 「分(わ)かる-알다」의 존경어
선생님도 이 사건은 알고 계십니까?
> 「存(ぞん)じる」는「思(おも)う」의 겸양어이다.

> 事件(じけん) 사건

43 ① ～もかまわず ~도 상관없이
저 두 사람은 많은 전철 속에서 남의 눈도 상관없이 싸움을 하
기도 한다.
> 「かまう 상관하다」라는 동사의 의미만 파악하고 있으면 정답
을 문법을 쉽게 이해할 수 있다.

> 満員(まんいん) 만원　人目(ひとめ) 남의 눈

44 ④ ～ている・～ていた + ～最中に・～最中だ
한창 ~중에・한창 ~중이다
한창 회의를 하는 중에 휴대전화가 울려 난처했다.
> 동사와 접속할 때는 반드시「～ている・～ていた」라고 하
는데 주의해야 한다.

> 携帯電話(けいたいでんわ) 휴대전화　鳴(な)る 울리다
困(こま)る 곤란하다

## 연습문제 01
→ p.314

✔정답  45 ②   46 ①   47 ②   48 ②   49 ④

45 ② 国が守ってくれるからこそ、こんなに 危険な 世界で私たちは平和に生活ができるのだ。
국가가 지켜주기 때문이야말로, 이렇게 위험한 세계에서 우리들은 평화롭게 생활할 수 있는 것이다.

어휘총정리 守(まも)る 지키다   危険(きけん) 위험
平和(へいわ) 평화

46 ① 私たち少数の者が、いくら反対を 唱えてみたところで 法案の国会通過はもはや時間の問題です。
우리 소수의 사람들이 아무리 반대를 부르짖어 보았자 법안의 국회 통과는 이미 시간 문제입니다.

「동사 과거형＋〜ばかりに 〜한 바로에」도 같이 암기하자.

어휘총정리 小数(しょうすう) 소수   反対(はんたい) 반대
唱(とな)える 주창하다, 주장하다
동사 과거형 ＋ 〜ところで 〜해 보았자, 〜한들
法案(ほうあん) 법안   国会(こっかい) 국회
通過(つうか) 통과   もはせ 이미

47 ② 2曲だけでしたが、結成した ばかりに しては しっかりした演奏でした。
2곡뿐이었지만, 막 결성한 것치고는 제대로 된 연주였습니다.

일반적으로 「〜にしては」 뒤에는 '〜에 비해서는 능력이 부족함·월등함'을 나타내는 문장이 많이 온다.

어휘총정리 曲(きょく) 곡   結成(けっせい) 결성
〜にしては 〜치고는, 〜로서는
しっかりした 제대로 된, 똑바른   演奏(えんそう) 연주

48 ② いかに嫌なこと であっても 考え方 しだいでは 心豊かになれるものだ。
아무리 싫은 일이라도 사고방식에 따라서는 마음이 풍족해지는 것이다.

「동사 ます형 ＋ 〜次第(しだい) 〜하는 대로」도 같이 알아두자.

어휘총정리 いかに 아무리, 얼마나   嫌(いや)だ 싫다
考(かんが)え方(かた) 사고방식
〜次第(しだい)では 〜여하로는(따라서는)
心豊(こころゆた)かだ 마음이 풍족하다

49 ④ 社会的に自立できない 女性は 女性にもかかわらず 人間としてすら認められていないのが現状である。
사회적으로 자립하지 못하는 여성은 여성임에도 불구하고 인간으로서조차 인정받지 못하는 것이 현재 상황이다.

「〜にもかかわらず」는「명사・형용동사＋〜なのに」「동사・형용사＋〜のに」라고도 할 수 있다.

어휘총정리 社会的(しゃかいてき) 사호적   自立(じりつ) 자립
〜に(も)かかわらず 〜에(도) 상관없이, 〜에(도) 불구하고
人間(にんげん) 인간   〜すら 〜조차, 〜마저
認(みと)める 인정하다   現状(げんじょう) 현 상황

## 연습문제 02
→ p.315

✔정답  45 ④   46 ②   47 ③   48 ③   49 ①

45 ④ 皆さんのご都合 次第では 昼間の時間帯 であっても、調整します。
여러분의 사정에 따라서는 낮 시간이라해도 조정하겠습니다.

「동사 ます형 ＋ 〜次第(しだい) 〜하는 대로」도 같이 알아두자.

어휘총정리 皆(みな)さん 여러분   都合(つごう) 사정, 형편
〜しだいでは 〜여하로는(따라서는)   昼間(ひるま) 낮
時間帯(じかんたい) 시간대   調整(ちょうせい) 조정

46 ② 外国語で書かれた 書類を提出する 際 そのすべてに日本語の訳文を付け、また、誰が 翻訳したのかを記入しておかなければならない。
외국어로 적혀진 서류를 제출할 때는 그 모든 것에 일본어 번역문을 붙이고, 또 누가 번역했는가를 기입해 두어야 한다.

「際」는「時(とき) 때」와 같은 의미이다. 그리고 「〜に際(さい)しては 〜함에 즈음하여」와 같이 암기하자.

어휘총정리 外国語(がいこくご) 외국어   書類(しょるい) 서류
提出(ていしゅつ) 제출   〜際(さい) 〜할 때
すべて 모든   訳文(やくぶん) 번역문장
付(つ)ける 첨부하다   翻訳(ほんやく) 번역
記入(きにゅう) 기입

47 ③ 主人は外食をする かわりに 自宅で 食べること にしようと言ってみんながっかりした。
남편은 외식하는 대신에 집에서 먹기도 하자고 해서 모두 실망했다.

「〜にかわって」라고도 한다.

**어휘충전** 主人(しゅじん) 남편　外食(がいしょく) 외식
~かわりに ~대신에　自宅(じたく) 자택
がっかりする 실망하다

[48] ③ さすがにもうかっている 会社の人は 服装 から
して違う。
역시 돈 잘 버는 회사에 근무하는 사람은 복장부터가 다르다.

**말풍선** 「~からには ~한 이상에는」「~からといって ~라고 해
서」「~からこそ 때문이야말로」도 같이 암기하자.

**어휘충전** さすがに 과연, 역시　もうかる 돈을 벌다
服装(ふくそう) 복장
~からして ~부터가, ~으로는(기본적인 자세, 태도, 상태 등)
違(ちが)う 다르다

[49] ① あなたがそんなに 喜んでいる ところを みる
と、きっと今度の面接がうまくいったでしょう。
당신이 그렇게 기뻐하는 것을 보면, 틀림없이 이번 면접이 잘
되었죠.

**말풍선** 「동사 과거형 + ~ところで ~해 보았자」「동사 과거형 +
~ばかりに ~한 바람에」도 같이 암기하자.

**어휘충전** 喜(よろこ)ぶ 기뻐하다　~ところを ~한 것을
きっと 틀림없이　面接(めんせつ) 면접

→ p.316

## 연습문제 03

✓**정답**　[45] ①　[46] ④　[47] ②　[48] ①　[49] ①

[45] ① うちの子は一人で行動することを好み、外出す
るより家に こもることが 多い ことから友人が
少ない。
우리 집 아이는 혼자서 행동하는 것을 좋아하고 외출하는 것
보다도 집에만 있는 일이 많은 이유에서 친구가 적다.

**말풍선** 「~ことから」는 「~ものだから」와 같은 의미이며, 「~こ
とだから」는 앞 문장에 개인의 습성이나 체질이 온다.

**어휘충전** 子(こ) 아이　行動(こうどう) 행동　好(この)む 좋아하다
外出(がいしゅつ) 외출　~ことから ~한 이유에서
友人(ゆうじん) 친구

[46] ④ 彼は話し方 からすると 完全に 老人の ようだ
が、実は20代になったばかりだ。
그는 말투로는 완전히 노인 같지만 실은 막 20대가 되었다.

**말풍선** 「~からして 기본적으로 ~부터가」도 같이 암기하자.

**어휘충전** 話(はな)し方(かた) 말투
~からすると ~(입장·관점·생각·태도)으로는

<hr>

完全(かんぜん) 완전　老人(ろうじん) 노인
実(じつ)は 실은　~代(だい) ~대
동사 과거형 + ~ばかり 막 ~하다

[47] ② 鈴木さんには先月 会った きりで その後会っ
ていません。
스즈키 씨는 지난달 만난 이후로 그 후 만나지 못했습니다.

**말풍선** 「きり」는 접속형태에 주의해야 한다.

**어휘충전** 鈴木(すずき) 인명　先月(せんげつ) 지난 달
동사 과거형 + ~きり ~한 이후로 지금까지(…하지 못 했다)
後(あと) 후

[48] ① 大手企業とベンチャーの役割の違いは何かと
いうと 大手企業の 役割 としてまず安定雇用
がある。
대기업과 벤처의 역할의 차이는 뭔가 하면, 대기업의 역할로
서 우선 안정적인 고용이 있다.

**어휘충전** 大手企業(おおてきぎょう) 대기업
役割(やくわり) 역할　違(ちが)い 차이
~というと ~라고 하면　安定(あんてい) 안정
雇用(こよう) 고용

[49] ① 大学時代の友達の家に 遊びに 行った とこ
ろ、引っ越してそこには住んでいなかった。
대학시절의 친구 집에 놀러 갔더니, 이사가서 그곳에는 살고
있지 않았다.

**말풍선** 「동사 과거형 + ~ところで ~해 보았자」「동사 과거형 + ~
ばかりに ~한 바람에」도 같이 암기하자.

**어휘충전** 時代(じだい) 시절
동사 과거형 + ~ところ ~했던 바, ~하자
引(ひ)っ越(こ)し 이사　住(す)む 거주하다

## 연습문제 04

→ p.317

✓**정답**　[45] ④　[46] ④　[47] ①　[48] ①　[49] ③

[45] ④ 彼の顔は怖そうに見える 反面、彼の声は 優し
くおだやかだった。
그의 얼굴은 무서운 듯이 보이는 반면, 목소리는 부드럽고 온
화했었다.

**어휘충전** 怖(こわ)い 무섭다　見(み)える 보이다
~反面(はんめん) ~한 반면　優(やさ)しい 상냥하다
おだやかだ 온화하다

46 ④ 鈴木さんにお金を 貸そう ものなら いくら催
　　促しても返してくれない。
스즈키 씨에게 돈을 빌려주기만 하면 아무리 재촉해도 갚지
않는다.
　**어휘총정** 鈴木(すずき) 스즈키(인명)　貸(か)す 빌려주다
　　　　동사 의지형 ＋ ～ものなら ～하려고 하면
　　　　催促(さいそく) 재촉　返(かえ)す 돌려주다

47 ① 掃除をしようと するのだが 困った ことに掃除
　　機が故障だった。
청소를 하려고 하는데 난처하게도 청소기가 고장났다.
　「～ことに」의 정확한 의미를 알아야 한다.
　**어휘총정** 掃除(そうじ) 청소　困(こま)る 곤란하다
　　　　～ことに ～게도　掃除機(そうじき) 청소기
　　　　故障(こしょう) 고장

48 ① ささいな約束だったのかもしれないけど、わた
　　しに とって とても大切な約束だった。
사소한 약속이었을지도 모르지만, 나에게 있어서 매우 중요한
약속이었다.
　**어휘총정** 約束(やくそく) 약속
　　　　～にとって ～에 있어서 ('～의 경우'라는 뉘앙스가 있다)

49 ③ 自分のことを自分で決めた 以上は 責任を持つ
　　べきだ。
자신의 일을 스스로 결정한 이상에는 책임을 져야 한다.
　「～以上」와 같은 표현으로 「～からには・～上(うえ)は」
　가 있다.
　**어휘총정** 自分(じぶん) 자신　決(き)める 결정하다
　　　　～以上(いじょう)は ～한 이상에는
　　　　責任(せきにん) 책임　～べきだ ～해야만 한다

## 연습문제 05　　→ p.318

✓**정답**　45 ④　46 ②　47 ④　48 ①　49 ①

45 ④ いつまでも絶える ことなく 友達で いようとい
　　うのは、口では簡単だけれどもなかなか難しい。
언제까지나 끊이지 않고 친구로 지내자는 것은, 말로는 쉽지
만 상당히 어렵다.
　「～ことなく」가 동사에 접속되는 것을 알아두자.
　**어휘총정** 絶(た)える 끊이다　～ことなく ～것 없이, ～지 않고

46 ② 機械が、先生の 言われた とおりに やったら動
　　きました。
기계가 선생님이 말씀하시는 대로 했더니 움직였습니다.
　「과거형 ＋ ～とおりに」를 달아두자.
　**어휘총정** 機械(きかい) 기계　～とおり(に) ～대로
　　　　動(うご)く 움직이다

47 ④ 企業の 活動を ぬきにして、現代社会を 語るこ
　　とはできません。
기업의 활동을 빼고서, 현대사회를 이야기할 수는 없습니다.
　「～をぬきにして」는 다른 표현으로는 「～ぬきに・～ぬ
　きで」가 있다.
　**어휘총정** 企業(きぎょう) 기업　活動(かつどう) 활동
　　　　～をぬきに(して) ～을(를) 빼고　現代(げんだい) 현대
　　　　語(かた)る 이야기하다

48 ① 初ライブ にしては うまく できて、みんな満足
　　しているようだ。
첫 라이브치고는 잘해서, 모두가 만족하고 있는 것 같다.
　일반적으로 「～にして」는 뒤에 오는 문장은 '～에 비해서는
　능력이 부족함·월등함'을 나타내는 문장이 많이 온다.
　**어휘총정** 初(はつ) 첫　～にしては ～치고는, ～로서는
　　　　満足(まんぞく) 만족

49 ① 元気な子供たちのパワーの源はやっぱり きち
　　んと 食べる おかげだと思います。
건강한 아이들의 파워의 원천은 제대로 식사를 하는 덕분이라
고 생각합니다.
　**어휘총정** 元気(げんき) 건강　源(げん) 원천
　　　　おかげだ ～덕분이다

## 연습문제 06　　→ p.319

✓**정답**　45 ②　46 ①　47 ③　48 ②　49 ②

45 ② 最近のニュースに関して 自分の考えを レポー
　　トにする という宿題が出た。
최근 뉴스에 관해서 자신의 생각을 리포트로 만들라는 숙제가
나왔다.
　「～に関して」는 「～に対(たい)して ～에 대해서」와 비
　교해서 암기해야 하는데 , 「～に対して」는 대상이 나오고,
　'～을 향해'라는 뉘앙스의말이 뒤따른다. 같은 문법으로 「～に
　ついて」가 있다.

어휘총전 　最近(さいきん) 최근
　　　　〜に関(かん)して 〜에 관해서, 〜에 관한

46 ① たくさんのことを知っているに比べて　説明する
　　能力が　おとる教授が少なくない。
　많은 것을 알고 있는 것에 비해 설명하는 능력이 떨어지는 교
　수가 적지 않다.

　　　「おとる」의 의미를 정확히 알아두자.

　어휘총전 　〜に比(くら)べて・〜に比(くら)べ 〜에 비교하여
　　　　能力(のうりょく) 능력　おとる 뒤떨어지다
　　　　教授(きょうじゅ) 교수

47 ③ この道路は、他のより　狭い上に　交通量も　多
　　いので、いつもこんでいます。
　이 도로는 다른 곳보다 좁은 데다가 교통량도 많기 때문에 항
　상 붐빕니다.

　　　「上に」는 첨가를 나타낸다.

　어휘총전 　道路(どうろ) 도로　狭(せま)い 좁다
　　　　〜上(うえ)に 〜데다가　交通量(こうつうりょう) 교통량

48 ② 池田さんの料理はとてもすばらしい。これはもう
　　料理　というより　芸術と言った方がいいだろう。
　이케다 씨의 요리는 매우 훌륭하다. 이것은 이미 요리라기 보
　다 예술이라고 하는 편이 좋을 것이다.

　어휘총전 　〜というより 〜라고 하기보다　芸術(げいじゅつ) 예술

49 ② この会社は昔から　学歴とか男女　を問わず　能
　　力のある人を受け入れている。
　이 회사는 옛날부터 학력이나 남녀를 불문하고, 능력이 있는
　사람을 받아들이고 있습니다.

　어휘총전 　学歴(がくれき) 학력　男女(だんじょ) 남녀
　　　　〜を問(と)わず・〜は問(と)わず 〜을(를) 불문하고・
　　　　〜은(는) 불문하고　能力(のうりょく) 능력
　　　　受(う)け入(い)れる 받아들이다

## 연습문제 07
　　　　　　　　　　　　　　　　　▶ p.320

✓정답　45 ④　　46 ②　　47 ②　　48 ②　　49 ①

45 ④ 家へ帰って田舎から送られて　きた　箱を開けて
　　みたところ、りんごが入っていた。
　집에 돌아가서 고향에서 보내온 상자를 열어 보았더니, 사과
　가 들어 있었다.

　　　「동사 과거형 + 〜ところで 〜해 보았자」「동사 과거형 +
　　　〜ばかりに 〜한 바람에」도 같이 암기하자.

어휘총전 　田舎(いなか) 시골　箱(はこ) 상자
　　　　〜ところに(へ)・〜ところを 딱 〜할 때에(좋게 되었
　　　　다)・〜한 와중에, 〜한데

46 ② 体に悪いと思いながらも、ついまた　タバコに
　　手が伸びてしまうので困る。
　몸에 나쁘다는 걸 알면서도, 그만 또 담배에 손이 가버려 난처
　하다.

　　　같은 용법으로「동사 ます형 + 〜つつ」가 있는데, 「동사 ま
　　　す형 + 〜つつある 〜하는 중이다」도 같이 알아두자.

　어휘총전 　体(からだ) 몸　悪(わる)い 나쁘다
　　　　동사 ます형 + 〜ながら(も) 〜하면서(도)　つい 그만
　　　　手(て)が伸(の)びる 손이 나가다, 손을 대다
　　　　困(こま)る 난처하다, 곤란하다

47 ② 理論だけではよく分からない。実際に使ってみ
　　て　はじめて　通じる　かどうか　判断できる。
　이론만으로는 잘 모르겠다, 실제도 사용하고 나서 비로소, 통
　할지 어떨지 판단할 수 있다.

　　　「〜てはじめて」를 이해하고 있으면「使ってはじめてみ
　　　て」「使ってみてはじめて」인지를 알 수 있다.

　어휘총전 　理論(りろん) 이론　実際(じっさい) 실제
　　　　使(つか)う 사용하다　〜てはじめて 〜해서 비로소
　　　　通(つう)じる 통하다　〜かどうか 〜인지 아닌지
　　　　判断(はんだん) 판단

48 ② 彼が長年、描いてきた作品が完成した。苦労し
　　てがんばった　だけに　喜びも　また人一倍大き
　　かったようだ。
　그가 오랫동안 그려온 작품이 완성되었다. 고생해서 열심히
　한 만큼 기쁨도 남들의 갑절이 컸던 것 같다.

　　　「だけに」는「だけあって」라고 표현하기도 하며, 뒤에 오는
　　　문장은 '어떠한 이유로 상당히 〜하다'라는 형태이다.

　어휘총전 　長年(ながねん) 오랜 세월　描(えが)く 그리다
　　　　作品(さくひん) 작품　完成(かんせい) 완성
　　　　苦労(くろう) 고생
　　　　〜だけ、〜だけあって、〜だけに・〜だけの 〜인 만
　　　　큼・〜만큼の　喜(よろこ)び 기쁨
　　　　人一倍(ひといちばい) 다른 사람의 갑절

49 ① 心配しても仕方ないから　もう少し　様子を見て
　　みようじゃないか。
　걱정해도 어쩔 수 없으니, 조금 더 상황을 함께 지켜보자.

　어휘총전 　仕方(しかた)ない 어쩔 수 없다
　　　　様子(ようす) 동정, 기미, 상황
　　　　동사 의지형 + 〜ではないか(じゃないか) 함께 〜하자

➜ p.321

✓정답  45 ④   46 ③   47 ④   48 ②   49 ③

45 ④ 今からでは行ける としたって 終電に 間に合わ
ないし、タクシーしかないだろう。
지금 갈 수 있다 해도 막차 시간에 맞지 않고, 택시 밖에 없을
것이다.

　「동사 과거형 ＋ ～って」는 「동사 과거형 ＋ ～ところで」와
의미가 같다.

　終電(しゅうでん) 마지막 전철
間(ま)に合(あ)う 시간이나 양에 맞다
동사 과거형 ＋ ～って ～해 보았자, ～한들
～しかない ～밖에 없다

46 ③ 被害にあった 彼らの証言が 一致した ことか
ら容疑者の名前があがってきた。
피해를 당한 그들의 증언이 일치한 이유에서 용의자의 이름이
들먹여졌다.

　「～ことから」앞에는 서술형 문장이 온다.

　被害(ひがい) 피해　証言(しょうげん) 증언
一致(いっち) 일치　～ことから ～한 이유에서
容疑者(ようぎしゃ) 용의자

47 ④ 彼女からの電話を待ちかねていた彼は、電話
のベルが 鳴るか 鳴らないか のうちに、受話器
を取り上げた。
그녀로부터의 전화를 학수고대하고 있었던 그는 전화벨이 울
리자마자 수화기를 집어들었다.

　「～か …ないのうちに」의 문법을 알고 있으면 쉽게 풀 수
있다.

　待(ま)ちかねる 학수고대하다　鳴(な)る 울리다
～か …ないかのうちに ～하자마자
受話器(じゅわき) 수화기　取(と)り上(あ)げる 집어들다

48 ② 半年しかテニスを 習っていない にしては 彼女
はなかなか上手だ。
반년 밖에 테니스를 배우지 않는 것치고는 그녀는 상당히 능
숙하다.

　半年(はんとし) 반년　習(なら)う 배우다
～にしては ～치고는, ～로서는
上手(じょうず)だ 능숙하다

49 ③ 頭のよさは ともかく、やる気が あるかどうか
が、一番の大事である。

머리가 좋은 건 둘째 치고, 할 마음이 있는지 아닌지가 가장
중요하다.

　「～はもとより・～はもちろん ～은 물론」도 같이 알아
두자.

　～はともかく(として) ～은(는) 어쨌든 간에
やる気(き) 하려고 하는 마음
～かどうか ～인지 아닌지



➜ p.322

✓정답  45 ②   46 ②   47 ④   48 ③   49 ①

45 ② みんなが理解していないから具体的な 例をあ
げて 説明するべきではないか。
모두가 이해 못하기 때문에 구체적인 예를 들어서 설명해야만
하지 않는가?

　理解(りかい) 이해　具体的(ぐたいてき) 구체적
例(れい)をあげる 예를 들다　説明(せつめい) 설명
～べきだ・～べきではない ～해야만 한다・～해서는 안
된다

46 ② 彼はみんなの前では知らないと 言ったけど 本
当は 知っているにちがいない。
그는 모두 앞에서는 모른다고 했지만 사실은 알고 있음이 틀
림없다.

　「～にちがいない」는 「～に決(き)まっている・～に相
違(そうい)ない・～にほかならない」와 같은 표현이다.

　本当(ほんとう)は 사실은
～に違(ちが)いない ～임이 틀림없다

47 ④ 外国人が外国に滞在する目的は さまざまであ
って 移民だけ とはかぎらないと思う。
외국인이 외국에 체재하는 목적은 다양해서 이민만이라고 할
수 없다고 생각한다.

　「～とは限(かぎ)らない ～라고는 할 수 없다」라는 뜻이며,
「～ない限(かぎ)り ～않는 한」「～に限って ～에 한해서」
「に限る ～가 최고다」와 같이 암기하자.

　外国人(がいこくじん) 외국인
滞在(たいざい) 체류, 체재　目的(もくてき) 목적
さまざま 다양함　移民(いみん) 이민

48 ③ 事故で死んだと思っていた彼が生きていた。と
ても 信じられなくて、まるで 夢を見ているか
のようだった。

사고로 죽었다고 생각했던 그가 살아있었다. 도저히 믿어지지
않아 마치 꿈을 꾸고 있는 것 같았다.

> 「～かのように(で・だ)」 ～인 것처럼·～인 것 같고·～인
> 것 같다」로 쓰이며, 이것은 「まるで 마치」와 잘 어울리는 문법
> 이다.

> **어휘충전** 事故(じこ) 사고　死(し)ぬ 죽다　生(い)きる 살다
> とても 도저히　信(しん)じる 믿다
> ～かのようだ ～인 것 같다

49 ① 大企業のA社が倒産したが、他の人の考えは 知
らないけど 十分ありうることだと思った。
대기업인 A사가 도산했지만, 다른 사람의 생각은 모르겠지만
충분히 있을 수 있는 일이라고 생각했다.

> 「あり得(え)ない 있을 수 없다」도 알아두자.

> **어휘충전** 大企業(だいきぎょう) 대기업　倒産(とうさん) 도산
> 他(ほか) 다른　十分(じゅうぶん) 충분히
> ありうる 있을 수 있다

연습문제 10　　→ p.323

✓ **정답**　45 ①　　46 ②　　47 ②　　48 ③　　49 ①

45 ① 誰でも思い通りに 行かない ことには むしゃく
しゃするでしょうが、不法行為は許されません。
누구든지 생각대로 되지 않으면 짜증스럽겠지만, 불법행위는
용서되지 않습니다.

> 「～ないことには」의 접속형태를 알면 보기 2번과 1번의 조
> 합을 알 수 있을 것이다.

> **어휘충전** 思(おも)い通(どお)り 생각대로
> ～ないことには ～않으면, ～없으면
> むしゃくしゃする 짜증이 나다, 기분이 언짢다
> 不法行為(ふほうこうい) 불법 행위
> 許(ゆる)す 용서하다, 허락하다

46 ② 特別に魅力がある わけではないが、彼女には
何か 人をひきつけるものがある。
특별히 매력이 있는 것은 아니지만, 그녀에게는 사람을 끌어
당기는 것이 있다.

> **어휘충전** 特別(とくべつ) 특별　魅力(みりょく) 매력
> ～わけではない ～것은 아니다
> ひきつける 끌어당기다
> ～ものがある ～할 만한 것이 있다, ～할 만하다, ～한 것이
> 있다

47 ② どんなに実力のある 先生でも、やる気のない
生徒には教えようがない。
아무리 실력 있는 선생님이라도 할 마음이 없는 학생은 가르
칠 방법이 없다.

> **어휘충전** どんなに～でも 아무리 ～라도　実力(じつりょく) 실력
> やる気(き) 하려고 하는 마음　生徒(せいと) 학생
> 동사 ます형 + ～ようが(も)ない ～할 방법이(도) 없다

48 ③ よほどのことがない限り、友だちを あきらめる
ことはないと思う。
어지간한 일이 없는 한, 친구를 포기하는 일은 없다고 생각
한다.

> 「～ないかぎり」라는 용법을 아는 것이 무엇보다 중요하다.

> **어휘충전** よほど 상당히　～ない限(かぎ)り ～없는 한
> あきらめる 포기하다　～ことはない ～할 필요는 없다

49 ① 最近、残業続きで 疲れ ぎみだから 上司に頼
んで、休みをとることにした。
최근 연이은 잔업으로 피곤한 기색이 있어, 상사에게 부탁하
여 휴가를 내기로 했다.

> 「～気味(ぎみ)」 ～기미, 기색은 주로 명사나 동사 ます형에
> 접속된다.

> **어휘충전** 残業続(ざんぎょうつづ)き 계속되는 잔업
> 疲(つか)れる 피곤하다
> 명사 + 気味(ぎみ) ～낌새, 기미, 경향
> 上司(じょうし) 상사　頼(たの)む 부탁하다

## 연습문제 01

→ p.324

✓ 정답  50 ①   51 ②   52 ③   53 ④   54 ①

　　페트·로스는 그대로 번역을 하면, 애완동물을 잃어버리는 것이지만, 실제로는 사랑하는 동물을 잃은 가족의 슬픔을 표현하는 말로 사용되어지고 있습니다. 여기서 하나 강조해 두고 싶은 것은 페트·로스는 사랑하는 동물을 잃은 사람의 정상적인 슬픔의 반응이고, 50-a 결코 특별한 50-b 것이 아니라는 것입니다. 그 중에서도 가끔 전문가의 도움이 필요로 하는 경우도 있습니다만, 이런 경우 백그라운드에 페트·로스 이외의 문제가 있는 경우가 많다고 생각되어집니다.

　　사랑하는 애완동물을 잃은 51-a 가족 중에는, 이렇게 슬픈 것은 51-b 자신만이 아닐까, 이렇게 계속해서 슬픔을 안고 있는 51-c 자신이 이상한 것 아닐까 하고 생각해 버리는 사람이 많이 있습니다. 또, 일반사회에 받아들이는 방법으로서 '겨우 애완동물이 죽은 정도로(저렇게 슬퍼하다니)'라고 생각하는 경우가 아직 뿌리깊게 남아 있습니다. 주위 사람들의 무심한 한마디로 심하게 상처받은 사람들이 있는 것도 사실입니다. 몇 년간 함께 생활한 동물이 죽으면 슬픈 것은 당연하고, 자신의 부모님이 돌아가셨을 때보다도 더욱 슬프다고 하는 사람도 많이 있습니다. 그러나 애완동물을 잃은 것으로 한때 상념에 빠졌다고 해도, 그 데미지에서 정상적인 과정으로 회복해 가는 것이라면 전혀 문제는 없습니다. 중요한 것은, 페트·로스에 대한 52 사회 전체의 인식과 함께, 애완동물을 잃은 가족의 '함께 생활했던 동물의 죽음'에 대한 이해를 깊게 하는 것이라고 생각합니다.

　　애완동물을 잃은 사람은 고민을 그대로 두지 말고, 다른 사람에게 이야기하거나 가족과 애완동물을 추억하면서 대화하는 것도 페트·로스를 극복할 수 있는 방법입니다. 언제까지나 53 슬퍼하기만 해서는 아무것도 되지 않으니 54 자기 나름대로의 해결방법을 찾아주세요.

**어휘총정리**　ペット・ロス 애완동물이 죽었을 때 느끼는 슬픔 감정
訳(やく)する 번역하다　失(うしな)う 잃어버리다
実際(じっさい)に 실제로　愛(あい)する 사랑하다
悲(かな)しみ 슬픔　表現(ひょうげん) 표현
言葉(ことば) 말　強調(きょうちょう) 강조
正常(せいじょう) 정상　反応(はんのう) 반응
決(けっ)して 결코　特別(とくべつ) 특별　たまに 가끔
専門家(せんもんか) 전문가　助(たす)け 도움
必要(ひつよう) 필요　場合(ばあい) 경우
バックグラウンド 배경　以外(いがい) 이외
最愛(さいあい) 가장 사랑함　亡(な)くす 잃다
異常(いじょう) 이상　一般(いっぱん) 일반
受(う)けとめ方(かた) 받아들이는 방법　たった 단지
根強(ねづよ)い 뿌리깊다　残(のこ)る 남다
周囲(しゅうい) 주위　心(こころ)ない 마음에 없다
一言(ひとこと) 한 마디　傷(きず)つく 상처 입다
事実(じじつ) 사실　共(とも)に 함께
一時期(いちじき) 한때　落(お)ち込(こ)む 빠지다
ダメージ 상처　回復(かいふく) 회복
全(まった)く 전혀　大切(たいせつ)だ 중요하다
全体(ぜんたい) 전체　認識(にんしき) 인식
暮(く)らす 생활하다　動物(どうぶつ) 동물
死(し) 죽음　理解(りかい) 이해
深(ふか)める 깊게 하다　悩(なや)み 고민
思(おも)い出(だ)す 떠올리다
話(はな)し合(あ)う 대화하다
勝(か)ち抜(ぬ)ける 이겨내다　方法(ほうほう) 방법
～なり ～나름대로　解決(かいけつ) 해결
探(さが)す 찾다

## 연습문제 02

→ p.326

✓ 정답  50 ②   51 ③   52 ④   53 ④   54 ②

　　인간관계에 관한 커뮤니케이션 능력이란 일상생활에서 비즈니스의 도처에서 필요한 능력입니다. 이를테면 일상적인 상황에서는 가정, 친구관계, 연애에서, 비즈니스 상에서는 영업력, 상사랑 동료와의 조정능력에서 요구될 것입니다.

　　만일 인간관계를 쌓는 것이 서툴다 50-a 고 하면, 이러한 장면에서 불리해진다는 것은 설명할 50-b 필요도 없을 겁니다. 그런 의미에서, 인간관계를 구축하는 힘은 사회에서 51 살아가는 데 있어서, 뺄 수 없는 능력이라고 할 수 있습니다. 그럼 다른 사람으로부터 호의를 받고, 많은 사람과의 충실한 인간관계를 쌓기 위해서는 어떻게 하면 좋을까요?

　　인간관계에서는 회화의 전개를 잘하는 것이 중요합니다. 특히 인간관계가 서툰 분의 대부분이 "무슨 말을 해야 좋을지 모르겠다"라고 하는 절실한 고민을 안고 있습니다. 이러한 고민을 가지고 있으면 사람을 두려워하고, 사람과 부담 없이 접하는 것이 52 어렵게 됩니다.

　　그래서 커뮤니케이션강좌에서는 첫 대면인 분과의 회화에서 사이가 좋아진 사람에 이르기까지의 회화의 전개법에 대해서 배워갑니다. 암기하는 경우도 있습니다만, 제대로 연습을 하면 자신감을 가지고 회화에 임할 수가 있게 될 것입니다.

　　다음으로 중요한 것이, 다른 사람의 이야기를 잘 듣는 것입니다. 말을 잘한다고 하면, 일반적으로는 53 이야기를 잘하는

사람을 떠올립니다만, 54 사실은 이야기를 잘하는지 어떤지 이상으로 중요한 것은 상대방의 이야기를 똑바로 듣고, 공감하며, 긍정하는 능력입니다.

**어휘총전** 人間関係(にんげんかんけい) 인간관계

　　～に関(かん)する ～에 관한　能力(のうりょく) 능력

　　日常(にちじょう) 일상　生活(せいかつ) 생활

　　あらゆる 모든　場面(ばめん) 장면

　　例(たと)えば 예를 들면　家庭(かてい) 가정

　　友人(ゆうじん) 친구　恋愛(れんあい) 연애

　　～において ～에서　営業力(えいぎょうりょく) 영업력

　　上司(じょうし) 상사　同僚(どうりょう) 동료

　　調整力(ちょうせいりょく) 조정력

　　要求(ようきゅう) 요구　もし 만일　築(きず)く 구축하다

　　苦手(にがて)だ 서툴다　不利(ふり) 불리

　　～までもない ～필요가 없다　構築(こうちく) 구축

　　力(ちから) 힘　生(い)きる 살다　欠(か)かす 빼다

　　好意(こうい) 호의　充実(じゅうじつ) 충실

　　展開(てんかい) 전개　得意(とくい)だ 잘하다

　　重要(じゅうよう)だ 중요하다　特(とく)に 특히

　　切実(せつじつ) 절실　悩(なや)み 고민

　　抱(かか)える 안다, 품다　恐(おそ)れる 두려워하다

　　気軽(きがる)だ 부담 없다　接(せっ)する 접하다

　　講座(こうざ) 강좌　初対面(しょたいめん) 첫 대면

　　仲良(なかよ)い 사이 좋다　学(まな)ぶ 배우다

　　暗記(あんき) 암기　しっかり 똑바로, 제대로

　　自信(じしん) 자신감　望(のぞ)む 임하다

　　一般的(いっぱんてき) 일반적

　　思(おも)い浮(う)かべる 생각해서 떠올리다

　　実(じつ)は 실은　共感(きょうかん) 공감

　　肯定(こうてい) 긍정

## 연습문제 03

→ p.328

**정답**　50 ③　51 ④　52 ②　53 ①　54 ②

'수업을 받는 방법' '서클은 어떻게 가입하지?' '친구나 애인은 생길까?' '아르바이트와 학교의 양립' '처음 혼자서 생활하니까 돈의 사용에 대한 격정' 등등, 신입생은 처음 겪는 일투성이가 많은 만큼, 작은 일에서 큰일까지 여러 가지 50 불안을 느끼고 있습니다. 이런 불안감을 해소하기 위해서는 역시 선배에게 묻는 편이 가장 좋겠죠? 물론 선배의 도움도 좋습니다만, 우선, 스스로가 정말 흥미를 가지고 있는 수업, 학점을 쉽게 딸 수 있는 수업. 오전 내내 비는 날, 오후가 비는 날. 균형 바르게 이수하고, 51-a 무리하지 않고 1년 째에 가능한 한 많

은 51-b 학점을 따도록 51-c 아이디어를 짜서 수업 스케줄을 생각합시다!

서클은 서클 자체의 흐름이 자신에게 맞는가의 여부를 생각해 봅시다. 1~4학년까지 함께 생활하기 때문에 선배와 후배의 거리감도 포인트가 됩니다. 여러 서클의 환영회에 자주 참가합시다.

친구 만들기는 그 사람의 상황을 묻고 나서, 그 사람이 '귀찮아'라고 생각하지 않을 정도로 말을 거는 것이 중요합니다. 또, 자신에 관한 것을 많이 이야기하는 것도 상대방의 경계심을 없애는데 좋습니다. 또 알고 있는 것이라도 52 일부러 질문을 하거나 수업이나 술자리에서 가까운 자리를 잡거나 하여, 계기를 만듭시다. 53 부끄러움을 많이 타는 사람은 친구와 그룹을 짜서 다가가는 것도 좋습니다.

대학에 들어간지 54-a 얼마 되지 않았는데, 공부만 한다든가 아르바이트만 하는 것도 54-b 별로 좋지 않습니다. 자신의 시간에 맞추어서, 적당한 아르바이트는 사회의 경험을 위해서도 좋습니다.

**어휘총전** 授業(じゅぎょう) 수업　取(と)り方(かた) 취하는 방법

　　恋人(こいびと) 애인　単位(たんい) 학점

　　独(ひと)り暮(ぐ)らし 혼자서 생활함　やりくり 변통

　　新入生(しんにゅうせい) 신입생　だらけ 투성이

　　～だけに ～인 만큼　不安(ふあん) 불안

　　感(かん)じる 느끼다　解消(かいしょう) 해소

　　先輩(せんぱい) 선배　助(たす)け 도움

　　とりあえず 우선　本当(ほんとう)に 정말로

　　興味(きょうみ) 흥미　楽(らく)だ 편하다　空(あ)き 빔

　　履修(りしゅう) 이수　無理(むり) 무리　目(め) 째

　　なるべく 가능한 한　工夫(くふう) 아이디어, 생각, 궁리

　　自体(じたい) 자체　のり 흐름　合(あ)う 맞다

　　～年生(ねんせい) ～학년　活動(かつどう) 활동

　　距離感(きょりかん) 거리감　歓迎(かんげい) 환영

　　参加(さんか) 참가　作(つく)り 만들기

　　様子(ようす) 모습　迷惑(めいわく) 민폐

　　程度(ていど) 정도　話(はな)し掛(か)ける 말을 걸다

　　警戒心(けいかいしん) 경계심　無(な)くす 없애다

　　あえて 굳이　飲(の)み会(かい) 술자리　席(せき) 자리

　　きっかけ 계기　恥(は)ずかしがり屋(や) 부끄럼쟁이

　　近(ちか)づく 다가가다　合(あ)わせる 맞추다

　　適当(てきとう)だ 적당하다

✔정답　50 ①　51 ④　52 ②　53 ③　54 ③

　　저는 아침에 일어나면 항상 커피를 마십니다. 보통은 커피는 카페인이 들어 있어서 몸에 나쁘다고 하지만 저는 별로 느끼지 않습니다. 물론 수십 년이 지나면 그 영향이 나타날지도 모르겠지만 지금은 좋아하는 커피를 끊고 싶은 마음은 조금도 없습니다. 사람의 습관 50-a 이라고 하는 것은 손쉽게 바꿀 수 있는 50-b 것이 아니니까요. 그럼 몸에 나쁘다는 걸 알면서도 하고 있는 것은 어떨까요? 사람에 따라서는 다양한 의견이 있을 거라고 생각합니다만, 나는 몸에 나쁘다고 해도 자신이 좋아서 하는 일이라면 51 딱히 큰 문제는 없다고 생각합니다. 물론 지나친 것은 좋지 않겠죠.

　　언젠가 책에서 읽는 적이 있습니다만, 목숨이 위험한 병에 걸린 환자에게 어떤 약을 건네면서, 의사가 이렇게 말했다고 합니다. '이 약은 당신의 병을 완전히 낫게 할 수 있으니 하루도 빠뜨리지 말고 계속 먹으면 한 달로 완치 돼요'라고. 물론 52 의사의 이야기는 거짓말이었습니다. 환자에게 심리적으로 안정시키기 위해서 그렇게 말한 것입니다. 그러고나서 환자는 의사로부터 건네 받은 약을 열심히 계속 먹었습니다. 한 달 후, 그 약이 53 효능을 발휘한 덕분인지, 환자의 병은 병원 측도 놀랄 정도로 상당히 좋아졌습니다.

　　이 이야기에서 알 수 있는 것처럼 만사는 사람의 생각에 따라 좋아지기도 하고, 나빠지기도 합니다.

　　54 그렇다고 해서, 커피를 많이 마셔도 좋다는 것은 아닙니다. 하지만 자신이 좋아하는 것을 참으면서까지 살 필요는 없다는 것입니다. 자신이 좋아하고 즐기는 것이라면, 적당한 범위에서 남에게 폐를 끼치지 않을 정도로 해도 좋지 않겠습니까? 억지로 그만두게 하는 것보다 계획을 세워서 제대로 그것을 따르면 큰 피해는 없다고 생각합니다.

**어휘총전**　数十年(すうじゅうねん) 수십 년　経(た)つ 경과하다
　　　　　影響(えいきょう) 영향　現(あらわ)れる 나타나다
　　　　　止(や)める 그만두다　習慣(しゅうかん) 습관
　　　　　変(か)える 바꾸다　別(べつ)に 딱히　命(いのち) 목숨
　　　　　危(あぶ)ない 위험하다　患者(かんじゃ) 환자
　　　　　渡(わた)す 건네다　完全(かんぜん)に 완전히
　　　　　治(なお)す 고치다　欠(か)かす 빠뜨리다
　　　　　飲(の)み続(つづ)く 계속 먹다　完治(かんち) 완치
　　　　　うそ 거짓말　心理的(しんりてき) 심리적
　　　　　落(お)ち着(つ)く 차분해지다, 안정되다
　　　　　一生懸命(いっしょうけんめい) 열심히
　　　　　一ヶ月後(いっかげつご) 한 달 후　効(き)く 효능이 있다
　　　　　驚(おどろ)く 놀라다　相当(そうとう) 상당히
　　　　　명사 + 次第(しだい)で ～에 따라

　　　かといって 그렇다고 해서　我慢(がまん)する 참다
　　　生(い)きる 살다　楽(たの)しむ 즐기다
　　　適当(てきとう) 적당　範囲(はんい) 범위
　　　迷惑(めいわく)をかける 폐를 끼치다
　　　強引(ごういん)に 억지로
　　　計画(けいかく)を立(た)てる 계획을 세우다
　　　ちゃんと 똑바로　従(したが)う 따르다
　　　被害(ひがい) 피해



✔정답　50 ①　51 ④　52 ②　53 ①　54 ③

　　나는 소설가이며, 쓰는 것이 직업이고, 그리고 삶의 보람이기도 하다. 출판사나 신문사 등으로부터 책이나 사설을 부탁 받기도 한다. 샐러리맨처럼 제대로 된 급료를 받는 50-a 것이 아니니까 매월 계획을 세워서 50-b 생활할 수가 없다. 아내는 그것이 불만인 것 같지만 불평을 해도 어쩔 수가 없다. 물론 아내에게는 미안한 마음만은 갖고 있지만 그게 좀처럼 말로 나타낼 수가 없다.

　　51 바로 며칠 전 후배가 경영하고 있는 신문사로부터 칼럼을 부탁 받았다. 매일 쓰는 것이 아니기 때문에 즐기면서 쓰고 있다. 하지만 지난주부터 좀처럼 칼럼을 쓸 수가 없다. 왠지 모르겠다.

　　오늘도 저녁을 먹고 책상 앞에 앉아 있다. 정신 차려보니 시계는 이미 오전 4시를 가리키고 있었다.

　　52 그럼에도 불구하고 눈 앞에는 아무 것도 쓰지 않은 원고 용지가 놓여져 있었다. 뭔가를 쓸 생각이었지만 아무 것도 쓰지 못하고 하루를 보내버린 것 같다. 뭔가를 쓰려고 해도 쓸 수가 없다. 이것은 몸이 글을 쓰려고 하지 않기 때문이므로 오늘은 무엇이든 해서는 안 되는 날일 것이다. 그렇게 생각하니 마음이 편해졌기 때문에 나는 천천히 53 잠에 빠졌다. 일어났더니 또 오전 4시를 가리키고 있었다. 그것은 신기한 일이다. 오전 4시를 가리키고 있는 시계를 보고 잤는데 일어나 보니 또 4시를 가리키고 있다. 내 기억에는 '오전 4시'를 가리키는 시계를 보고 잤을 뿐이다. 왜일까? 그것은 졸리기 때문이다. 몸이 자려고 하기 때문이다. 하지만, 해야만 하는 일이 있기 때문에 뇌만이 잠에 든 것이다. 정신적으로는 잔 것인데, 실제는 전혀 자지 않았던 것이다. 이처럼 몸과 뇌가 따로따로 움직이는 것을 경험해 보니 인간의 몸이라는 것은 54 신비롭고 멋진 것이다라고 생각된다.

**어휘총전**　小説家(しょうせつか) 소설가　生(い)きがい 삶의 보람
　　　　　出版社(しゅっぱんしゃ) 출판사
　　　　　新聞社(しんぶんしゃ) 신문사　社説(しゃせつ) 사설

頼(たの)む 부탁하다   ちゃんとした 제대로 된

給料(きゅうりょう) 급료

計画(けいかく)を立(た)てる 계획을 세우다

生活(せいかつ) 생활   妻(つま) 아내   不満(ふまん) 불만

文句(もんく)を言(い)う 불평을 하다

仕方(しかた)がない 어쩔 수 없다

申(もう)し訳(わけ)ない 미안하다   気持(きも)ち 마음

つい 바로   数日前(すうじつまえ) 며칠 전

夕食(ゆうしょく) 저녁밥   机(つくえ) 책상

座(すわ)る 앉다   気(き)がつく 정신차리다

指(さ)す 가리키다   原稿(げんこう) 원고

用紙(ようし) 용지   置(お)く 두다   過(す)ごす 보내다

〜べきではない 〜해서는 안 된다   楽(らく)だ 편하다

眠(ねむ)りに落(お)ちる 잠에 빠지다

起(お)きる 일어나다   不思議(ふしぎ)だ 불가사의하다

記憶(きおく) 기억   眠(ねむ)い 졸리다   脳(のう) 뇌

精神的(せいしんてき) 정신적   実際(じっさい) 실제

別々(べつべつ) 따로따로   動(うご)く 움직이다

経験(けいけん) 경험

# Part 4 문법 실전 모의고사

## 제1회 실전 모의고사 → p.336

| | | | | |
|---|---|---|---|---|
| 33 ① | 34 ② | 35 ③ | 36 ④ | 37 ③ |
| 38 ④ | 39 ② | 40 ④ | 41 ④ | 42 ① |
| 43 ④ | 44 ③ | 45 ④ | 46 ① | 47 ④ |
| 48 ① | 49 ① | 50 ① | 51 ④ | 52 ④ |
| 53 ③ | 54 ② | | | |

## 問題 7

**33** ① 〜からこそ ~때문이야말로

살아있기 때문이야말로 여러 문화를 즐길 수 있다.

> 자기 소개할 때 「こちらこそ 이쪽이야말로」라는 말에서 「こそ」의 용법을 파악할 수 있다.

> 生(い)きる 살다   文化(ぶんか) 문화
> 楽(たの)しむ 즐기다

**34** ② 〜どころか ~은(는)커녕

다이어트는 아름다움을 지키기는커녕, 몸에 스트레스를 주는 경우도 적지 않습니다.

> 안 좋은 뉘앙스의 '~은 물론'의 개념이다. 뉘앙스의 호불호에 관계없이 사용하는 것은 「〜はもちろん」이다.

> 美(うつく)しさ 아름다움   守(まも)る 지키다
> 体(からだ) 몸   与(あた)える 주다   場合(ばあい) 경우

**35** ③ 〜をこめて ~을(를) 담아 (눈에 보이지 않는 것)

사랑을 담아 그녀에게 연애편지를 썼지만 전혀 답변이 없다.

> 눈에 보이는 뭔가를 담을 때는 「〜をいれて」를 사용한다.

> 愛(あい) 사랑   恋愛(れんあい) 연애
> 返事(へんじ) 답변

**36** ④ 〜もかまわず ~도 상관없이

민폐임에도 상관없이 그들은 전철 안에서 큰 소리로 이야기하고 있다.

> 「かまう 상관하다」라는 동사의 의미만 파악하고 있으면 정답을 문법을 쉽게 이해할 수 있다.

> 迷惑(めいわく) 민폐   電車(でんしゃ) 전철
> 声(こえ) 소리

37 ③ ～べきだ ~해야 한다
동물을 기른다면 마지막까지 보살펴야 한다.

↳ 부정형은 「～べきではない ~해서는 안 된다」인데, 오답으로 「～はずがない ~할 리가 없다」에 주의해야 한다.

**어휘총전** 動物(どうぶつ) 동물　飼(か)う 기르다
　　　最後(さいご) 마지막
　　　面倒(めんどう)を見(み)る 보살피다

38 ④ ～ついでに ~하는 김에
슈퍼 앞에 수족관이 생겼기 때문에 쇼핑기는 김에 가 보았다.

↳ 두 가지의 동작을 순차적으로 하는 것이므로 앞 뒤 문장에 동작이 수반되는 동사가 나온다.

**어휘총전** 水族館(すいぞくかん) 수족관　買(か)い物(もの) 쇼핑

39 ② ～ではないからこそ ~하지 않기 때문이야말로
인간은 완전하기 않기 때문이야말로, 항상 책을 읽는다든가 공부한다든가 하는 것입니다.

**어휘총전** 完全(かんぜん) 완전　読(よ)む 읽다
　　　勉強(べんきょう) 공부

40 ④ 긍정문 + ～わけにはいかない ~할 수는 없다
열이 오르기도 하고 내리기도 하고 잘 모르는 나날입니다. 하지만 언제까지만 누워있을 수만은 없기 때문에 어제부터 밖에 나갔습니다.

**어휘총전** 熱(ねつ)) 열　上(あ)がる 올라가다　下(さ)がる 내려가다
　　　日々(ひび) 나날　昨日(きのう) 어제　外(そと) 밖

41 ④ 사역수동
이케다: 어제, 그녀가 나를 1시간이나 기다리게 했어.
노구치: 그리고 보니 나도 그녀에게 그런 일을 당한 적이 있어.

**어휘총전** 僕(ぼく) 나　目(め)に会(あ)う 경우를 당하다

42 ① ～に(も)かかわらず ~에(도) 상관없이, ~에(도) 불구하고
저만큼 단단히 약속했음에도 불구하고, 모습을 드러내지 않았다.

**어휘총전** 固(かた)い 단단하다, 확고하다　約束(やくそく) 약속　姿
　　　(すがた) 모습　現(あら)わす 드러내다, 나타내다

43 ④ ～として ~라고 해서(~라 해서)
잔업을 해도 잔업수당이 나오지 않는다니, 당치않다고 해서 노동자는 강하게 반발했다.

**어휘총전** 残業(ざんぎょう) 잔업
　　　残業代(ざんぎょうだい) 잔업 수당　～とは ~하다니
　　　労働者(ろうどうしゃ) 노동자　反発(はんぱつ) 반발

44 ③ ～のは…ためだ ~하는 것은…때문이다
그들이 서둘러 고향에 돌아간 것은 아이들을 만나기 때문이다.

**어휘총전** 急(いそ)ぐ 서두르다　国(くに) 고향, 국가

## 問題 8

45 ③ 講義内容は 通常の 受講生 はもとより、ケーブルTVまたはインターネットを介して提供しています。
강의내용은 통상의 수험생은 물론이고 케이블 텔레비전 또는 인터넷을 매개로 해서 제공하고 있습니다.

**어휘총전** 講義(こうぎ) 강의　内容(ないよう) 내용
　　　通常(つうじょう) 통상　受講生(じゅこうせい) 수강생
　　　～はもとより ~은(는) 물론이고
　　　介(かい)する 중간에 세우다　提供(ていきょう) 제공

46 ① 先月今回 発表された 新製品 に関するアンケート調査が行われた。
지난달 이번에 발표된 신제품에 관한 앙케트 조사가 행해졌다.

**어휘총전** 先月(せんげつ) 지난달　今回(こんかい) 이번
　　　発表(はっぴょう) 발표　新製品(しんせいひん) 신제품
　　　～に関(かん)する ~에 관한　調査(ちょうさ) 조사
　　　行(おこな)う 행하다

47 ④ 今日は映画の上映 にさきだって 監督のあいさつ があり、上映後には質疑応答があった。
영화의 상영에 앞서 감독의 인사가 있고, 상영 후에는 질의응답을 했다.

**어휘총전** 映画(えいが) 영화　上映(じょうえい) 상영
　　　～にさきだって ~하기에 앞서　監督(かんとく) 감독
　　　あいさつ 인사　後(ご) 후
　　　質疑応答(しつぎおうとう) 질의응답

48 ① 近年わが国では医学の進歩 につれて 平均寿命は 非常に延びています。
요즘 우리나라에서는 의학의 진보와 함께 평균수명이 늘고 있습니다.

**어휘총전** 近年(きんねん) 요즘　わが国(くに) 우리나라
　　　医学(いがく) 의학　進歩(しんぽ) 진보
　　　平均(へいきん) 평균　寿命(じゅみょう) 수명
　　　非常(ひじょう)に 매우　延(の)びる 늘다

49 ① 仕事上で大切なことは、目標を設定して それに
　　 向かって 努力をしつづける ことだと思います。
업무상에서 중요한 것은 목표를 설정해서 그것을 향해서 계속
노력하는 것이라고 생각합니다.


仕事上(しごとじょう) 업무 상
大切(たいせつ)だ 중요하다　目標(もくひょう) 목표
設定(せってい) 설정　向(む)かう 향하다
努力(どりょく) 노력

## 問題 9

텔레비전이라고 하면 NHK를 보는 경우가 대부분이었던
가정에서 자랐습니다. 물론, 고등학생이 되어 다른 사람만큼
드라마나 노래프로그램도 보았습니다만, 상당히 적은 편이었
다고 생각합니다.

어른이 되어 장난감 관련의 업계 개발부에 취직하여 내 자
신이 50-a 얼마나 놀이라고 하는 것을 어릴 때에 50-b 몰
랐다는가를 알았습니다. 어릴 때, 별로 51 어린이용 프로그
램을 보지 않았던 것이 신제품개발에 상당히 마이너스가 되었
습니다. 장난감을 소유한 적이 없는 것도 매우 타격이 있었습
니다.

그냥 장난감에 관한 일을 하지 않으면 관계가 없을지도 모
릅니다. 부모님은 "너에게 전혀 맞지 않은 일이니 그만두면 되
지 않니?"라고 말씀하십니다. 부모님들의 교육방식 덕분에,
지금의 내가 상당히 고생하고 있는 것을 52 이해하지 못하는
것 같습니다. 하지만 부모님을 원망하거나 하고 싶지는 않습
니다. 어차피 나 자신이 선택한 일이니까 열심히 최선을 다하
고 싶습니다.

유행하는 것에는 그 시대에 맞는 것이 있고, 유행이라는 것
은 반복하는 것이어서 아이가 어른이 되었을 때 또 그 세계가
53 유행할지도 모르니까, 현재에 맞는 유행을 적시에 아이
에게 가르쳐 주고 싶다는 마음이 있습니다. 54-a 아이가 그
것을 받아들일지 어떨지는 제쳐두더라도 54-b 내 나름대로
54-c 아이의 마음을 이해하려고 생각하고 있습니다.

어릴 때의 경험이 지금의 일에 전혀 도움이 되지 않는다고
생각하고 있는 여러분, 혹은 본인이 자란 환경이 개발의 일에
서 엄청나게 마이너스였다고 생각하고 있는 여러분께 한 마디
하겠습니다. 자신이 하는 모든 일은 모든 것이 자신의 책임이
고, 자신이 좋아해서 하는 것이니 열심히 해 주세요.


ほとんど 거의　家庭(かてい) 가정
育(そだ)てる 키우다　高校生(こうこうせい) 고등학생
人並(ひとな)み 남들만큼
歌番組(うたばんぐみ) 음악 방송 프로그램
かなり 상당히　方(ほう) 편　大人(おとな) 어른
おもちゃ 장난감　関連(かんれん) 관련
業界(ぎょうかい) 업계　開発部(かいはつぶ) 개발부

就職(しゅうしょく) 취직　いかに 얼마나
遊(あそ)び 놀이　あんまり 별로　〜向(む)け 〜용
新製品(しんせいひん) 신제품　非常(ひじょう)に 매우
関(かん)する 관하다　親(おや) 부모
全然(ぜんぜん) 전혀　向(む)く 적합하다
辞(や)める 그만두다　好(この)み 취향
大変(たいへん) 매우　苦労(くろう) 고생
恨(うら)む 원망하다　選(えら)ぶ 선택하다
一生懸命(いっしょうけんめい) 열심히
頑張(がんば)る 최선을 다하다
流行物(りゅうこうぶつ) 유행물　時代(じだい) 시절
世界(せかい) 세계　対(たい)する 〜에 대한
旬(しゅん) 제철, 적기　繰(く)り返(かえ)す 반복하다
流行(はや)る 유행하다　タイムリー 적시
教(おし)える 가르치다　気持(きも)ち 마음
受(う)ける 받다　〜かどうか 〜할지 말지
〜は別(べつ)にして 〜은(는) 제쳐두더라도
なりに 나름대로　理解(りかい) 이해
経験(けいけん) 경험　役(やく)に立(た)つ 도움이 되다
あるいは 혹은　自分自身(じぶんじしん) 자기 자신
育(そだ)つ 자라다　環境(かんきょう) 환경
〜において 〜에서　一言(ひとこと) 한마디
責任(せきにん) 책임

✓정답

| 33 ① | 34 ③ | 35 ③ | 36 ① | 37 ③ |
| 38 ③ | 39 ② | 40 ① | 41 ① | 42 ① |
| 43 ④ | 44 ③ | 45 ② | 46 ④ | 47 ① |
| 48 ③ | 49 ④ | 50 ① | 51 ③ | 52 ④ |
| 53 ② | 54 ② | | | |

## 問題 7

**33** ① ～上(うえ)に ～한 데다가(첨가)
멜론은 95%가 수분으로 다이어트에도 좋은데다가 비타민 C도 풍부하다.
　↬「～上で ～하고 나서 ～하는 데 있어서」「～上は ～한 이상에는」도 같이 알아두어야 한다.
　[어휘총전] 水分(すいぶん) 수분　豊富(ほうふ) 풍부

**34** ③ ～をきっかけに ～을(를) 계기로
미국인과의 펜팔을 계기로 영어 공부를 하기 시작했다.
　↬ 같은 표현으로「～を契機(けいき)に」가 있다.
　[어휘총전] 英語(えいご) 영어　勉強(べんきょう) 공부
　　　동사 ます형 + はじめる ～하기 시작하다

**35** ③ ～にくらべて ～와(과) 비교해서
남동생과 비교해서 형 쪽이 훨씬 키가 크다.
　↬ 오답으로 출제되는「～にしらべて」는 아무런 의미가 없고,「～にくわえて ～에 더해서」도 같이 알아두자.
　[어휘총전] 弟(おとうと) 남동생　兄(あに) 형
　　　背(せ)が高(たか)い 키가 크다

**36** ① ～ことに ～(하)게도
슬프게도 사랑하는 그녀가 교통사고로 죽어 버렸다.
　↬ 오답으로「ものに」가 있는데, 문법적으로 아무런 의미가 없다. 그리고「～わりに ～에 비해서」도 알아두자.
　[어휘총전] 悲(かな)しい 슬프다　愛(あい)する 사랑하다
　　　交通事故(こうつうじこ) 교통사고　死(し)ぬ 죽다

**37** ③ ～うちに ～동안에
젊을 동안에 읽어 두고 싶은 책은 별의 수만큼 많았다.
　↬「～ないうちに ～하기 전에」도 같이 암기하도록 하자.
　[어휘총전] 若(わか)い 젊다　読(よ)む 읽다　本(ほん) 책
　　　星(ほし) 별　数(かず) 수

**38** ③ ～恐(おそ)れがある ～우려가 있다
주의보는 화재가 일어날 우려가 있는 것을 주의 환기 시키기 위해 발표합니다.
　↬「恐(おそ)れる 두려워하다. 우려하다」라는 동사의 명사형이므로, 위의 의미가 성립된다.
　[어휘총전] 注意報(ちゅういほう) 주의보　災害(さいがい) 재해
　　　起(お)こる 일어나다　注意(ちゅうい) 주의
　　　喚起(かんき) 환기　発表(はっぴょう) 발표

**39** ② ～ないことはない ～하지 못 할 것은 없다
이대로는 무리이지만 조건이 바뀌면 한번 더 생각하지 못 할 것은 없다.
　[어휘총전] 無理(むり) 무리　条件(じょうけん) 조건
　　　変(か)わる 바뀌다　考(かんが)える 생각하다

**40** ① ～どころか ～은커녕
결혼 서비스에 입회해도 결혼은커녕 맞선도 별로 없다.
　↬「～どころか」는 안 좋은 뉘앙스로 사용되므로 전후 문장은 바람직하지 않은 상황이 나와야 한다.
　[어휘총전] 結婚(けっこん) 결혼　情報(じょうほう) 정보
　　　入会(にゅうかい) 입회　出会(であ)い 맞선

**41** ① ～てもらってください ～해 받으세요
후배: 선배님, 이거 좀 모르겠습니다단….
선배: 나는 지금 가르쳐 줄 시간이 없으니까, 다른 사람에게 가르침을 받으세요.
　[어휘총전] 事務所(じむしょ) 사무실　後輩(こうはい) 후배
　　　先輩(せんぱい) 선배　今(いま) 지금
　　　教(おし)える 가르치다　時間(じかん) 시간
　　　他(ほか) 다른

**42** ① 동사 사역형 + ～ていただけませんか ～하게 해 주시지 않겠습니까?
지장이 없다면 이번의 프로젝트를 저에게 하게 해 주시지 않겠습니까?
　[어휘총전] 差(さ)し支(つか)える 지장이 있다
　　　今度(こんど) 이번

**43** ④ 동사 기본형 + ～ようにしたところ ～하도록 했던 바
모두로부터의 충고를 듣도록 했던 바, 그는 자신을 반성하고 눈물을 흘렸다.
　[어휘총전] 忠告(ちゅうこく) 충고　反省(はんせい) 반성
　　　涙(なみだ) 눈물　流(なが)す 흘리다

44 ③ ～に過(す)ぎないとはいえ ～에 지나지 않는다고
는 해도

현 상태로는 여성회원은 전 회원의 6% 정도에 지나지 않는다고는 해도, 이 증가율이 계속되면 내년에 30%는 넘을 것이다.

**어휘총정** 現状(げんじょう) 현 상태　女性(じょせい) 여성
会員(かいいん) 사원　全会員(ぜんかいいん) 전 회원
程度(ていど) 정도　伸(の)び率(りつ) 증가율
続(つづ)く 계속되다　越(こ)える 넘다

## 問題 8

45 ② チケットは旅行会社で 買うほうが 当然安い
が 安いからには それだけ いろいろな制限が
ある。

티켓은 여행회사에서 사는 편이 당연히 싸지만, 싼 이상에는 그만큼 여러 가지 제한이 있다.

**어휘총정** 旅行(りょこう) 여행　当然(とうぜん) 당연
～からには ～이상에는　制限(せいげん) 제한

46 ④ 気象庁の 予想どおり ここまでは 暖冬気味の
気候で 寒いと感じる日もわりと少なかった。

기상청의 예상대로 지금까지는 따뜻한 겨울이라는 느낌이 드는 기후로 춥다고 느끼는 날도 비교적 적었다.

**어휘총정** 気象庁(きしょうちょう) 기상청　予想(よそう) 예상
暖冬(だんとう) 춥지 않은 겨울
気味(ぎみ) 경향, 기운, 기색
わりと 비교적

47 ① 大事な試験が あるので たとえ熱が あっても
今日は 学校を休むわけにはいかない。

중요한 시험이 있기 때문에 비록 열이 있어도 오늘은 학교를 쉴 수는 없다.

**어휘총정** 大事(だいじ)だ 중요하다　試験(しけん) 시험
熱(ねつ) 열　～わけには(も)いかない ～수는(도) 없다

48 ③ 先生は詩人だが、芸術家というより 哲学者と
言った方が 的確 かもしれません。

선생님은 시인이지만, 예술가라고 하기보다 철학자라고 하는 편이 정확할지도 모르겠습니다.

**어휘총정** 詩人(しじん) 시인　芸術家(げいじゅつか) 예술가
～というより ～라고 하기보다
哲学者(てつがくしゃ) 철학자　的確(てきかく) 정확

49 ④ ～だけに ～인 만큼

自分で言うのも なんですが 勉強を がんばっ
ただけに 合格して めちゃめちゃ 嬉しいです。

스스로 말하는 것도 뭐합니다만, 공부를 열심히 한 만큼 합격해서 엄청 기쁩니다.

**어휘총정** がんばる 열심히 하다　めちゃめちゃ 엄청
嬉(うれ)しい 기쁘다

## 問題 9

라디오, 텔레비전, 비디오, 게임, PC, 휴대전화…등, 현재 아이들의 주변에는 실로 다양한 미디어가 넘치고 있군요. 특히 텔레비전은 아침에 일어났을 때부터 밤에 잘 때까지 생활에 뺄 수 없는 존재처럼 되어, 어른이나 아이나 미디어가 늘 붙어 있는 상태입니다. 50-a 더 나아가 젖먹이와 어린이에 대한 '아이를 돌보는 것' '예의범절'의 기능 50-b 으로서, 텔레비전이나 비디오와의 접촉이 가속화되어지고 있고, 텔레비전에 맞춘 생활 속에서 생활리듬의 파괴가 눈에 띄게 되었습니다.
일찍 자고 일찍 일어나며, 적당한 운동, 식사 등 기본적인 생활습관은, 체력의 발달에 중요한 것은 물론입니다만, 뇌랑 마음의 발달에도 크게 영향을 줍니다. 25년 전, 아이들의 다리나 근육, 뇌의 활동이나 체온 조절 등, 인간으로서의 기본적인 부분이, 지금까지는 본 적이 없을 정도로 위기적인 상태에 있다고 51 경고받아 왔습니다. 그것과 함께, 아이들의 마음이나 인격의 발달에 문제가 있다고 생각되는 〈등교거부〉 〈은둔형 외톨이〉 등의 현상도 늘어나기 시작하여, 아이에 의한 범죄사건도 증가하고 있습니다. 정말 몸도 마음도 심각한 상황에 있다고 52 할 수 밖에 없지 않을까요?
아이가 마음과 몸을 키워야만 할 시기에 방에 틀어박혀 혼자서 (텔레비전) 화면을 마주보며 일방적으로 내팽개치는 빛과 소리의 자극을 받아들이게 되는 것입니다. 밖에서 노는 시간이 급감하고, 자연 53 과의 접촉이 줄어, 친구와 마음껏 몸을 사용해서 노는 경험이 거의 없기 때문에 다리가 이상하다, 똑바로 설 수 없다, 땀을 흘리지 않는다, 손재주가 없다 등, 몸에 대한 나쁜 영향이 나오는 것은 분명합니다. 54-a 그래서, 그것을 막기 위해 모두가 분발하고 있는 54-b 것입니다.

**어휘총정** 携帯電話(けいたいでんわ) 휴대전화
現在(げんざい) 현재　周(まわ)り 주변
実(じつ)に 실로　様々(さまざま) 다양한
あふれる 넘치다　特(とく)に 특히　朝(あさ) 아침
起(お)きる 일어나다　夜(よる) 밤　眠(ねむ)る 자다
生活(せいかつ) 생활　欠(か)かす 빼다
存在(そんざい) 존재　大人(おとな) 어른
付(つ)け 붙어 있음　状態(じょうたい) 상태
さらに 더 나아가　乳幼児(にゅうようじ) 젖먹이와 어린이
～に対(たい)する ～에 대한

子守(こも)り 아이를 돌보는 것　しつけ 예의범절
機能(きのう) 기능　接触(せっしょく) 접촉
加速(かそく) 가속　合(あ)わせる 맞추다
破壊(はかい) 파괴　目立(めだ)つ 눈에 띄다
早寝(はやね) 일찍 잠　早起(はやお)き 일찍 일어남
適度(てきど) 적당　運動(うんどう) 운동
食事(しょくじ) 식사　基本的(きほんてき) 기본적
習慣(しゅうかん) 습관　体(からだ) 몸
発達(はったつ) 발달　大切(たいせつ)だ 중요하다
脳(のう) 뇌　心(こころ) 마음　影響(えいきょう) 영향
筋肉(きんにく) 근육　活動(かつどう) 활동
体温(たいおん) 체온　調節(ちょうせつ) 조절
部分(ぶぶん) 부분　危機的(ききてき) 위기적
状態(じょうたい) 상태　警告(けいこく) 경고
一緒(いっしょ)に 함께　人格(じんかく) 인격
問題(もんだい) 문제　不登校(ふとうこう) 등교거부
ひきこもり 은둔형 외톨이　現象(げんしょう) 현상
増(ふ)え始(はじ)める 늘기 시작하다
犯罪(はんざい) 범죄　事件(じけん) 사건
増加(ぞうか) 증가　まさに 바로　深刻(しんこく) 심각
状況(じょうきょう) 상황
동사 부정형 + ざるを得(え)ない ~밖에 없다, ~해야만
하다　育(そだ)てる 키우다　べき 해야 하다
時期(じき) 시기　部屋(へや) 방　画面(がめん) 화면
向(む)き合(あ)う 서로 향하다
一方的(いっぽうてき) 일방적
投(な)げ出(だ)す 내팽개치다, 내던지다　光(ひかり) 빛
音(おと) 소리　刺激(しげき) 자극
受(う)け止(と)める 받아들이다
外遊(そとあそ)び 밖에서 놂　激減(げきげん) 급감
自然(しぜん) 자연　減(へ)る 줄다
思(おも)いっきり 힘껏　使(つか)う 사용하다
経験(けいけん) 경험　ほとんど 거의
おかしい 이상하다　まっすぐ 똑바로
汗(あせ)をかく 땀을 흘리다
手先(てさき)が器用(きよう)だ 손재주가 있다
影響(えいきょう) 영향　明(あき)らかだ 분명하다
防(ふせ)ぐ 막다



| ✓정답 | | | | |
|---|---|---|---|---|
| 33 ① | 34 ④ | 35 ③ | 36 ③ | 37 ① |
| 38 ① | 39 ③ | 40 ④ | 41 ④ | 42 ① |
| 43 ③ | 44 ④ | 45 ② | 46 ① | 47 ③ |
| 48 ④ | 49 ② | 50 ③ | 51 ④ | 52 ③ |
| 53 ③ | 54 ④ | | | |

## 問題 7

**33 ①** ~ことはない ~필요는 없다
당신과 상관없는 일이니 말할 **필요는 없다**.
> 「ものはない」라는 표현은 없고 같은 문법으로 「~に(は)お
> よばない」가 있다.

> 어휘총정리　関係(かんけい) 관계

**34 ④** 동사 ます형 + ~次第(しだい) ~하는 대로
**정해지는** 대로 보고하겠습니다.
> 접속형태가 출제되기도 하며, 뒤에 오는 문장을 묻는 문제가
> 출제되기도 한다.

> 어휘총정리　報告(ほうこく) 보고　いたす する의 겸양어

**35 ③** 명사 + ~だけあって ~인 만큼
여성이 설계한 호텔**인 만큼**, 전체적으로 부드러운 자연스러운
분위기가 나는 호텔이었습니다.
> 「だけに」라고 표현하기도 하며, 뒤에 오는 문장은 '어떠한 이
> 유로 상당히 능력이 뛰어나다'라는 형태이다.

> 어휘총정리　女性(じょせい) 여성　設計(せっけい) 설계
> 全体的(ぜんたいてき) 전체적　優(やさ)しい 부드럽다
> 雰囲気(ふんいき) 분위기

**36 ③** 동사 부정형 + ~ないではいられない ~하지 않고
서는 있을 수 없다(자연스럽게 그러한 마음이 생기다)
직장에서의 스트레스를 해소하기 위해, 술을 마시지 않고서는
**있을 수 없다**.
> 「する」는 「せずにはいられない」로 표현한다.

> 어휘총정리　職場(しょくば) 직장　解消(かいしょう) 해소
> 酒(さけ) 술　飲(の)む 마시다

**37 ①** 동사 과거형 + ~ところ ~했던 바, ~하는 중에(찰나에)
집에서 나오려고 하던 **찰나에**, 어머니께서 부르셨다.
> 「동사 과거형 + ところで ~해 보았자」「동사 과거형 + ばか
> りに ~한 바람에」도 같이 암기하자.

> 어휘총정리　家(いえ) 집　出(で)る 나오다　母(はは) 어머니
> 呼(よ)び止(と)める 불러 세우다

[38] ① 명사 + の + ～ついでに ～하는 김에
캠프를 <u>하는 김에</u> 주변을 관광하기로 했다.

> 🐍 두 가지의 동작을 순차적으로 하는 것이므로 앞 뒤 문장에 동
> 작이 수반되는 동사가 나온다.

> **어휘총전** 周辺(しゅうへん) 주변  観光(かんこう) 관광
> 동사 기본형 + ことにする ～하기로 하다

[39] ③ ～ことだ ～하는 편이 좋다, ～해야만 한다
몸을 튼튼하게 만들고 싶으면, 좋고 싫음을 <u>가리지 말고 무엇
이든지 먹어야 한다</u>.

> **어휘총전** 好(す)き嫌(きら)い 좋고 싫어함, 호불호
> 何(なん)でも 무엇이든지

[40] ④ 명사/형용동사 + ～であるべきだ ～여야만 한다
요즘의 젊은이는 결혼과 연애라고 하는 것은 다른 것<u>이어야만
한다</u>는 생각을 가지고 있는 것 같다.

> **어휘총전** 最近(さいきん) 최근  若者(わかもの) 젊은이
> 結婚(けっこん) 결혼  恋愛(れんあい) 연애
> 別物(べつもの) 다른 것

[41] ④ ～しかない ～밖에 없다
다카하시: 모처럼 바다에 갔는데, 추워서 수영을 할 만 하지는
　　　　 않았어요.
이노우에: 그거 유감이군요. 그래서 <u>그대로 돌아올 수밖에 없
　　　　 었습니까?</u>

> **어휘총전** せっかく 모처럼  泳(およ)ぐ 헤엄치다
> ～どころではない ～할 때가 아니다, ～하지는 않다

[42] ① ～への ～에 대한
더욱 손님에 <u>대한 감사의 마음을 담아</u> 친절하게 대해라.

> **어휘총전** 感謝(かんしゃ)감사　～をこめて ～을 담아

[43] ③ ～に及(およ)ばないものの ～에 미치지 못하지만
인재의 인프라 면에서는 아직 선진국<u>에 미치지 못하지만</u>, 가
까운 장래에 그 차이는 급속하게 작아질 것이다.

> 🐍 「～にかぎって ～에 한해서」「～とはかぎらない ～라고
> 는 할 수 없다」와 같이 암기하자.

> **어휘총전** 人材(じんざい) 인재　面(めん) 면
> 先進国(せんしんこく) 선진국　将来(しょうらい) 장래
> 差(さ) 차이　急速(きゅうそく)に 급속히

[44] ④ ～ということだ ～라는 것이다(문장에서의 인용이나
　　　 사실 설명)
이 책에 의하면, 민주주의의 법칙이란 자신의 법칙을 <u>자신이
정한다는 것이다</u>.

> **어휘총전** 民主主義(みんしゅしゅぎ) 민주주의



[45] ② 彼女は特別に英語の勉強をして <u>いない</u> にし
　　　 ては <u>意外</u>なほど、発音が良かった。
그녀는 특별히 영어 공부를 하지 않은 것 치고는 의외일 정도
로 발음이 좋았다.

> **어휘총전** ～にしては ～치고는　発音(はつおん) 발음

[46] ① このごろ、都市の環境は <u>悪くなる</u> <u>一方なの
　　　 に</u>、若者は都会にあこがれる。
요즈음, 도시환경은 나빠지기만 하는데, 젊은이들은 도시생활
을 동경하고 있다.

> **어휘총전** 都市(とし) 도시　環境(かんきょう) 환경
> 동사 기본형 + 一方(いっぽう)だ ～하기만 한다
> 若者(わかもの) 젊은이　都会(とかい) 도시
> ～にあこがれる ～을 동경하다

[47] ③ 彼は毎日、働きすぎた <u>あげく</u>、病気になってし
　　　 まって今は病院に通っている。
그는 매일 과로한 나머지 병에 걸려버려 지금은 병원에 다
니고 있다.

> **어휘총전** 毎日(まいにち) 매일　働(はたら)く 일하다
> 동사 ます형 + すぎる 지나치게 ～하다
> ～あげく(に) ～한 끝에(나쁜 일이 거듭된 끝에 어떠한 결과
> 가 되었다)　病気(びょうき) 병

[48] ④ こんな不景気では、将来性のある <u>中小企業</u> さ
　　　 え 倒産しかねない情勢だ。
이런 불경기에서는 장래성이 있는 중소기업조차 도산할지 모
르는 정세이다.

> **어휘총전** 不景気(ふけいき) 불경기
> 将来性(しょうらいせい) 장래성
> 中小企業(ちゅうしょうきぎょう) 중소기업
> 倒産(とうさん) 도산
> 동사 ます형 + かねない ～할지도 모른다
> 情勢(じょうせい) 정세

49 ② 結果が悪かったことよりも、全然 努力しなかった ことこそが 問題だと思います。

결과가 나빴던 것보다도 전혀 노력하지 않은 것이야말로 문제라고 생각합니다.

**어휘충전** 結果(けっか) 결과　全然(ぜんぜん) 전혀
努力(どりょく) 노력　～こそ ～이야말로
問題(もんだい) 문제

## 問題 9

요즘, 도시주민을 중심으로 풍족한 자연을 맛보자 라며 산간지역 등을 방문하여, 자연과의 접촉이나 느긋한 시간의 흐름을 만끽하려고 하는 분들이 50 증가하고 있는 중입니다. 또 그 중에는 지금까지의 숙박시설에서는 만족할 수 없어서 시골집에 숙박해 보고 싶다는 요망도 계속 증가하고 있습니다.

이런 분위기 속에서, 각 농촌이나 어촌 지역에서는 도시주민에게 자연을 체험 51-a 시키기 위해서 사용할 수 없게 된 학교를 이용한 숙박시설 등의 정비나 농림어업체험프로그램 만들기 등을 51-b 실행해 왔습니다.

52-a 도시주민 중에서는 아이를 52-b 외국으로 유학을 보내고 있습니다만, 일부의 어린이가 52-c 산간지역 체험을 통해서 정신적으로 더욱 성장했다는 이야기를 듣고, 비용도 싸고 지역적으로 가깝다고 하는 이점을 생각하면서 산간지역 체험에 아이를 점점 보내고 있습니다. 물론, 겨울방학이나 여름방학에 한해서 입니다만. 그럼 왜 도시주민은 시골을 동경하고 있는 것입니까? 그것은 아마, 분주한 나날을 보내고 있는 자신들의 생활을 아이에게는 시키고 싶지 않기 때문이겠죠. 혹독한 경쟁 속에서 전혀 여유가 없는 53 사회생활이나 직장 에 완전히 질린 것 같습니다.

54-a 언젠가는, 자신들도 시골로 돌아가 시골의 풍부한 자연과 느긋한 생활을 즐기려고 생각하고 있을 54-b 것입니다. 그러나 그 언젠가를 지금 바로 하면 어떨까요? 도시생활을 딱 그만두고 인간다운 삶은 어떻습니까?

**어휘충전** 近年(きんねん) 요즘　都市(とし) 도시
住民(じゅうみん) 주민　中心(ちゅうしん) 중심
豊(ゆた)かだ 풍족하다　自然(しぜん) 자연
味(あじ)わう 맛보다　山間(さんかん) 산간
地域(ちいき) 지역　訪(おとず)れる 방문하다
ふれあい 상호 접촉함, 마음이 서로 통함
ゆったり 느긋한　流(なが)れ 흐름
満喫(まんきつ) 만끽　方々(かたがた) 분들
増(ふ)える 늘다　동사 ます형 + つつある ～하는 중이다
宿泊(しゅくはく) 숙박　施設(しせつ) 시설
満足(まんぞく) 만족
農山漁家(のうさんぎょか) 농촌·산촌·어촌 가정
要望(ようぼう) 요망　各(かく) 각

農村(のうそん) 농촌　漁村(ぎょそん) 어촌
体験(たいけん) 체험　使(つか)う 사용하다
利用(りよう) 이용　整備(せいび) 정비
農林漁業(のうりんぎょぎょう) 농림어업
行(おこな)う 행하다　外国(がいこく) 외국
留学(りゅうがく) 유학　送(おく)る 보내다
一部(いちぶ) 일부　～を通(つう)じる ～을(를) 통해서
精神的(せいしんてき) 정신적　成長(せいちょう) 성장
費用(ひよう) 비용　地域的(ちいきてき) 지역적
利点(りてん) 이점　冬休(ふゆやす)み 겨울방학
夏休(なつやす)み 여름방학　かぎる 한정하다
田舎(いなか) 시골　あこがれる 동경하다　たぶん 아마
あわただしい 분주하다　日々(ひび) 나날
生活(せいかつ) 생활　厳(きび)しい 혹독하다
競争(きょうそう) 경쟁　全然(ぜんぜん) 전혀
余裕(よゆう) 여유　社会(しゃかい) 사회
職場(しょくば) 직장　完全(かんぜん)に 완전히
飽(あ)きる 질리다　緑(みどり) 초록, 자연
楽(たの)しむ 즐기다　きっぱり 단호히
止(や)める 그만두다　生(い)き方(かた) 삶, 사는 방법

✓정답

| 33 ② | 34 ④ | 35 ② | 36 ① | 37 ② |
| 38 ④ | 39 ① | 40 ④ | 41 ② | 42 ③ |
| 43 ④ | 44 ② | 45 ③ | 46 ① | 47 ③ |
| 48 ④ | 49 ① | 50 ① | 51 ② | 52 ② |
| 53 ① | 54 ③ | | | |

## 問題 7

**33** ② ～を通(つう)じて　～을(를) 통해서, (어떤 시간)내내
일본에 있는 아는 사람을 통해서, T대학에 입학신청을 했다.
　⤳ 같은 표현으로 「～に通(とお)して」가 있다.
　📖 知人(ちじん) 아는 사람, 지인　大学(だいがく) 대학
　　　入学(にゅうがく) 입학　申請(しんせい) 신청

**34** ④ ～に加(くわ)えて・～に加(くわ)え　～에 더해
선생님은 성적에는 시험 점수에 더해서 수업 출석률도 고려된다고 말씀하셨다.
　⤳ 첨가적인 개념으로 사용한다.
　📖 成績(せいせき) 성적　試験(しけん) 시험
　　　点数(てんすう) 점수　授業(じゅぎょう) 수업
　　　出席率(しゅっせきりつ) 출석률　考慮(こうりょ) 고려

**35** ② ～あげく(に)　～한 끝에(나쁜 일이 거듭된 끝에 어떠한 결과가 되었다)
아들은 도대체 어디에 간 것일까? 아버지와 싸운 끝에, 한 달이나 집에 돌아오지 않은 것 같다.
　⤳ 「あげく」자체를 묻는 문제가 출제된다. 「あまり」와 헷갈릴 수 있지만, 둘의 차이점을 묻는 문제는 출제되지 않는다.
　📖 息子(むすこ) 아들　一体(いったい) 도대체　家(いえ) 집
　　　帰(かえ)る 돌아오다

**36** ① ～っぽい　～경향이 짙다
모두에게 미움 받는 그가 말하면, 진실한 이야기도 왠지 거짓말처럼 들립니다.
　⤳ 명사와 동사의 ます형에 붙는데, 오답으로 「～らしい ～답다」「～ようだ ～인 것 같다」가 있다.
　📖 嫌(きら)われる 미움받다　話(はなし) 이야기
　　　聞(き)こえる 들리다

**37** ② ～向(む)き　～에 적당한, ～용
저 회사는 이번에 장애인용의, 매우 편리한 차를 개발했습니다.
　📖 会社(かいしゃ) 회사　障害者(しょうがいしゃ) 장애인
　　　便利(べんり) 편리　開発(かいはつ) 개발

**38** ④ ～にとって　～에 있어서(～의 경우라는 뉘앙스를 가지고 있다)
저 야마다 씨에게 있어서는 공부는 취미의 하나라고 한다.
　⤳ 「～にかけて ～에 있어서」의 뒤에 오는 문장은 출중한 기량이 온다.
　📖 勉強(べんきょう) 공부　趣味(しゅみ) 취미

**39** ① 동사 의지형 + ～とした時(とき)に　～하려고 했을 때에
좋아하는 프로그램을 보려고 했을 때에 정전이 되었다.
　📖 番組(ばんぐみ) 프로그램　停電(ていでん) 정전

**40** ④ ～のは …おかげだ　～하는 것은 …덕분이다
이 사업이 성공했던 것은, 모두가 힘을 합쳐서 분발했던 덕분이다.
　📖 事業(じぎょう) 사업　成功(せいこう) 성공
　　　合(あ)わせる 합치다　頑張(がんば)る 열심히 하다

**41** ② ～ないこともない　～못 할 것도 없다
이케다: 어렵지만, 하는 방법에 따라서는 못할 것도 없을 거야.
노구치: 하지만, 이것은 처음 하는 것이어서….
　📖 やり方(かた) 하는 방법　명사 + 次第(しだい) ～에 따라

**42** ③ ～というものだ　～라는 것이다 (앞에는 명사나 형용동사가 옴)
서민의 생활에 흥미를 가지고 이해하는 것이 대통령이라는 것일 것이다.
　📖 庶民(しょみん) 서민　興味(きょうみ) 흥미
　　　理解(りかい) 이해　大統領(だいとうりょう) 대통령

**43** ④ 사역수동의 과거형 + ～まま　～(하)여진 채로
처음 보는 사람에게 이상한 약을 먹여진 채로, 차에 태워졌다.
　📖 見知(みし)らぬ人(ひと) 처음 보는 사람
　　　変(へん)だ 이상하다

**44** ② ～ないことには …ない　～하지 않으면 …(하)지 않다
어떤 사람인지, 실제로 만나 보지 않으면 잘 모르겠다.
　📖 実際(じっさい) 실제로　会(あ)ってみる 만나 보다

45 ③ <u>社会</u>の<u>激しい</u>変化の中で、<u>自分</u>が <u>社会</u>における <u>自ら</u>の <u>生き方</u>を<u>得</u>なければなりません。
사회의 격렬한 변화 속에서 자신이 사회에서의 스스로의 삶의 방식을 얻지 않으면 안 됩니다.

> ➥ 「～における」는 「～での」와 같은 표현이다.

> **어휘총전** 社会(しゃかい) 사회　激(はげ)しい 격렬하다
> 変化(へんか) 변화　自(みずか)ら 스스로
> 生(い)き方(かた) 살아가는 방식　得(え)る 얻다

46 ① <u>あなた</u>は日本で <u>生活している</u> からには <u>日本</u>の<u>習慣</u>に <u>したがう</u>べきです。
당신은 일본에서 생활하고 있는 이상에는 일본의 습관에 따라야만 합니다.

> ➥ 「～からには」와 같은 표현으로 「～上(うえ)は・～以上(いじょう)」가 있다.

47 ③ <u>親</u>の <u>思い通り</u>に <u>なる</u>ことが <u>子供の幸せ</u> とは <u>かぎらない</u>と思います。
부모의 생각대로 되는 것이 아이의 행복이라고 할 수는 없다고 생각한다.

> **어휘총전** 親(おや) 부모　幸(しあわ)せ 행복

48 ④ <u>滞在許可</u> <u>無し</u>で <u>長期にわたって</u> ヨーロッパ に <u>滞在している</u> 日本人が多くなったという。
체재 허가 없이 장기에 걸쳐 유럽에 체재하는 일본인이 많아졌다고 한다.

> **어휘총전** 滞在(たいざい) 체재　許可(きょか) 허가
> ～無(な)し ～없이　長期(ちょうき) 장기
> ～にわたって ～에 걸쳐서　ヨーロッパ 유럽

49 ① <u>試合</u>に <u>敗れた</u> からこそ <u>明確な目標</u>が <u>得られる</u>と思う。
시합에 졌기 때문에야말로 명확한 목표가 얻어질 수 있다고 생각한다.

> **어휘총전** 試合(しあい) 시합　敗(やぶ)れる 지다
> 明確(めいかく) 명확　目標(もくひょう) 목표
> 得(え)る 얻다



여러 사람이 사람들의 행복을 실현하기 위해, 여러 정치를 행해 왔습니다. 어떻게 하면 모두가 행복해질 수 있을까? 어떤 시스템이 공평할까? 종교와 사상에도 관련되어 있고, 영원한 테마로서 보다 좋은 모습을 추구하며 노력해 왔던 것입니다. 하지만 정말로 그것으로 모두가 행복해졌을까요? 50 아

님니다. 사람들을 행복하게 만든 것은 과학 그리고 기술입니다. 적은 부를 다 같이 서로 나누고 모두가 가난해지는 것이 아니고, 보다 많은 부를 창출하여 가장 불공평한 취급을 51 받는 사람조차, 옛날의 부자보다도 더욱 멋진 생활을 보낼 수 있도록 되었다고들 합니다. 그런 역할을 한 '과학'이야말로, 사람들을 행복하게 한 최고의 지식 체계입니다.

기도는 마음의 아픔을 없앨 수 있을지도 모릅니다만, 과학은 아픔을 없앱니다. 진실에 이르는 길은 과학의 앞에서만 열 수 있습니다. 그런 과학과 만나서 저는 바뀌었습니다. 당신도 꼭 바뀌기를 바랍니다. 손쉬운 길은 아닙니다. 하지만, 누구든 갈 수 있는 길입니다. 이 말에 일부 사람들은 부정할지도 모르지만, 과학은 진실을 추구하는 학문이니까 이 진실 52-a 만 알 수 있다면 누구라도 손쉽게 과학을 접할 52-b 수가 있습니다. 여기서 문제가 되는 것이, '진실은 무엇인가?'라는 것입니다만, 진실은 자신의 마음속에서 바르다고 생각하는 것이 아닐까요?

다른 사람은 몰라도 자신은 이렇다고 생각하는 것, 이것이야말로 진실이겠죠? 이 53-a 진실을 추구하는 것이 53-b 과학이기 때문에, 모두가 생각하는 53-c 과학은 항상 근처에 있는 것입니다. 마음속에 있는 진실과 현실에 있는 과학을 54 멋지게 조화해 갑시다.

> **어휘총전** 幸(しあわ)せ 행복　実現(じつげん) 실현
> 政治(せいじ) 정치　行(おこな)う 행하다
> 公平(こうへい) 공평　宗教(しゅうきょう) 종교
> 思想(しそう) 사상　関(かか)わる 관련되다
> 永遠(えいえん) 영원　姿(すがた) 모습
> 求(もと)める 추구하다, 구하다　努力(どりょく) 노력
> 本当(ほんとう)に 정말로　違(ちが)う 다르다
> 科学(かがく) 과학　技術(ぎじゅつ) 기술
> 少(すく)ない 적다　富(ふ) 부
> 分(わ)かち合(あ)う 서로 나누다
> 貧乏(びんぼう) 가난　生(う)み出(だ)す 창출하다
> 不公平(ふこうへい) 불공평　扱(あつか)い 취급
> 受(う)ける 받다　～でさえ ～조차　昔(むかし) 옛날
> 金持(かねも)ち 부자　素晴(すば)らしい 멋지다
> 生活(せいかつ) 생활　送(おく)る 보내다
> 働(はたら)き 역할　～こそ ～야말로　最高(さいこう) 최고
> 知識(ちしき) 지식　体系(たいけい) 체계
> 祈(いの)り 기도　心(こころ) 마음　痛(いた)み 아픔
> 無(な)くす 없애다　取(と)り除(のぞ)く 제거하다
> 真実(しんじつ) 진실　至(いた)る 이르다　道(みち) 길
> 先(さき) 앞　～のみ ～만, ～뿐　開(ひら)く 열다
> 出会(であ)う 만나다　変(か)わる 변하다
> 欲(ほ)しい 원하다　簡単(かんたん)だ 간단하다, 쉽다
> 一部(いちぶ) 일부　否定(ひてい) 부정

学問(がくもん) 학문　接(せっ)する 접하다
ただしい 바르다, 옳다　他(ほか) 다른
身近(みぢか)だ 가까이에 있다　現実(げんじつ) 현실
調和(ちょうわ) 조화

## 제5회 실전 모의고사

➜ p.356

✔정답

| | | | | |
|---|---|---|---|---|
| 33 ③ | 34 ① | 35 ② | 36 ③ | 37 ④ |
| 38 ① | 39 ① | 40 ② | 41 ② | 42 ③ |
| 43 ④ | 44 ① | 45 ④ | 46 ③ | 47 ① |
| 48 ② | 49 ① | 50 ① | 51 ③ | 52 ④ |
| 53 ④ | 54 ① | | | |

## 問題 7

33 ③ ～あまり ～한 나머지 (지나치게 ～해서 ～한 결과가 되다)

아들의 죽음의 소식을 들은 어머니는 쇼크를 받은 나머지 쓰러져, 그 날 죽고 말았다.

〰 「あまり」 자체를 묻는 문제가 출제된다. 「あげく」와 헷갈릴 수 있지만, 둘의 차이점을 묻는 문제는 출제되지 않는다.

어휘총정리 息子(むすこ) 아들　死(し) 죽음　知(し)らせ 소식
母親(ははおや) 어머니　倒(たお)れる 쓰러지다
日(ひ) 날　死(し)ぬ 죽다

34 ① 동사 ます형 + ～がたい ～하기 어렵다

그녀는 왠지 모르겠지만 다가가기 어려운 존재이다.

〰 접속형태에 주의해야 하며 「동사 ます형 + かねる ～하기 어렵다」도 같이 암기하자.

어휘총정리 近寄(ちかよ)る 다가가다　存在(そんざい) 존재

35 ② ～からには ～한 이상에는

남자로서 태어난 이상에는 자신의 목숨을 걸 정도의 일을 하고 싶다고 생각합니다.

〰 같은 표현으로 「～上(うえ)は · ～以上(いじょう)」가 있다.

어휘총정리 男(おとこ) 남자　生(う)まれる 태어나다
命(いのち) 목숨　仕事(しごと) 일

36 ③ 동사 ます형 + ～次第(しだい) ～하는 대로

공교롭게도 소장은 외출 중이므로, 돌아오는 대로 첫 소식을 알리기로 했다.

〰 접속형태가 출제되기도 하며, 뒤에 오는 문장을 묻는 문제가 출제되기도 한다.

어휘총정리 所長(しょちょう) 소장
外出中(がいしゅつちゅう) 외출 중
戻(もど)る 되돌아오다
一報(いっぽう) 간단히 알림, 기별, 연락

37 ④ ～ついでに ～하는 김에

담배를 사러 가는 김에, 잠깐 근처를 산책했다.

〰 두 가지의 동작을 순차적으로 하는 것이므로 앞뒤 문장에 동작이 수반되는 동사가 나온다.

어휘총정리 買(か)う 사다　近所(きんじょ) 근처, 이웃
散歩(さんぽ) 산책

38 ① 동사 ます형 + ～つつある ～하는 중이다

자신이랑 주위를 뒤돌아보는 일도 장래를 생각하는 것도 잃어가고 있는 현대를 살아가는 우리들은 도대체 무엇을 생각하고 목표로 하면 좋은가?

〰 「동사 ます형 + ～つつ ～하면서」도 같이 알아두자.

어휘총정리 周(まわ)り 주위
振(ふ)り返(かえ)る 뒤돌아보다, 돌이켜보다
将来(しょうらい) 장래　失(うしな)う 잃다
現代(げんだい) 현대　生(い)きる 살다
我々(われわれ) 우리들　いったい 도대체
目指(めざ)す 목표로 하다

39 ① 동사 가능형 + ～ものなら ～할 수만 있다면

고등학교 시절로 돌아갈 수만 있다면 돌아가서, 새로 고치고 싶은 장면이 많이 있습니다.

어휘총정리 戻(もど)る 되돌아가다　やり直(なお)す 새로 하다
場面(ばめん) 장면

40 ② 명사／형용동사 + ～であるべきではないか ～해야만 하지 않을까?, ～여야만 하지 않을까?

입시학원은 '수업을 보러 가는 장소'가 아니고 '자신의 성적을 올리러 가는 장소'여야만 하지 않을까요?

어휘총정리 予備校(よびこう) 입시학원　場(ば) 장소
成績(せいせき) 성적　上(あ)げる 올리다

41 ② ～においても ～에서도
인권을 침해하는 성적인 언동은 피해야만 하고, 직장뿐만 아
니라 학교 등에 있어서도 똑같습니다.

> **어휘총정** 人権(じんけん) 인권
> 害(がい)する 손상시키다, 해를 입히다
> げんどう 언동　避(さ)ける 피하다
> ～べきだ ～해야만 한다　職場(しょくば) 직장
> ～のみならず ～뿐만 아니라　同様(どうよう)だ 같다

42 ③ 동사 의지형 + ～と思う ～하려고 하다(주어는 당사자)
무리를 하지 않고, 자신이 할 수 있는 일을 열심히 해 가려고
생각합니다.

> **어휘총정** 無理(むり) 무리　～せず=～しないで ～하지 않고
> 精一杯(せいいっぱい) 열심히

43 ④ ～のは …せいだ ～하는 것은 …탓이다
시합에 진 것은 내가 실수를 한 탓이다.

> **어휘총정** 試合(しあい) 시합　負(ま)ける 패하다

44 ① ～ということは ～라는 것은(문장−인용이나 사실 설명)
저 역사학자의 말에 의하면, 문화가 바뀐다는 것은 사람이 바
뀐다고 하는 것이다.

> **어휘총정** 歴史学者(れきしがくしゃ) 역사학자　話(はなし) 이야기
> 変(か)わる 바뀌다

## 問題 8

45 ③ 家族みんな 果物が好きで よく 購入します
が、値段のわりに おいしくないと思ったことが
けっこうあります。
가족 모두 과일을 좋아해서 자주 구입하지만, 가격에 비해 맛
이 없다고 생각한 적이 상당히 있었다.

> **어휘총정** 家族(かぞく) 가족　果物(くだもの) 과일
> 好(す)きだ 좋아하다　購入(こうにゅう) 구입
> 値段(ねだん) 가격　～わりに ～에 비해서
> けっこう 상당히

46 ③ 最近 米国の 金利 引き下げ にともなって、欧
州通貨であるユーロが上昇している。
최근 미국의 금리 인하에 따라, 유럽통화인 유로가 상승하고
있다.

> **어휘총정** 米国(べいこく) 미국　金利(きんり) 금리
> 引(ひ)き下(さ)げ 인하
> ～にともなって ～와(과) 함께, ～함에 따라(부수적이고, 같
> 이 발생하는 변화)　欧州(おうしゅう) 유럽
> 通貨(つうか) 통화　上昇(じょうしょう) 상승

47 ① なんだか捨てるのは もったいないな と感じて
食べられる ものなら 食べたいと思っています。
왠지 버리는 것이 아깝다고 느껴서 먹을 수 있는 거라면 먹으
려고 생각했습니다.

> ⟿ 「동사 의지형, 가능형 + ものなら ～라면(해석에 따라 동사
> 의 형태가 바뀐다)은 뒤에 오는 문장에 따라 동사의 형태가 바
> 뀌므로 정확한 해석이 요구된다.

> **어휘총정** 捨(す)てる 버리다　感(かん)じる 느끼다
> 食(た)べる 먹다

48 ② やはり実際に 行かない ことには 分からない
ことがたくさんあります。
역시 실제로 가지 않으면 모르는 것이 많습니다.

> **어휘총정** 実際(じっさい) 실제　分(わ)かる 알다
> ～ないことには ～않으면, ～없으면

49 ③ 毎日、遊んで ばかり いた あげく、試験に落ち
てしまった。
매일 놀고만 있어서 시험에 떨어져 버렸다.

> **어휘총정** 毎日(まいにち) 매일　遊(あそ)ぶ 놀다
> ～あげく(に) ～한 끝에(나쁜 일이 거듭된 끝에 어떠한 결과
> 가 되었다)　試験(しけん) 시험　落(お)ちる 떨어지다

## 問題 9

50-a 자신이 50-b 부모가 되지 않으면 50-c 부모의 마
음은 모른다. 부모가 죽고 나서 아무리 후회를 해도 어떻게 할
수가 없다고 자주 일컬어집니다. 그래서 부모가 살아있을 때,
효도하자는 사람이 상당히 계실 거라고 생각합니다. 효도를
하고 싶다든지 부모는 소중하다든지, '생각하고 있다'는 것만
으로는 마음이 상대방에게 전해지지 않습니다. 효도는 구체적
으로 행동하지 않으면 의미가 없는 것입니다. 평소부터 부모
가 어떤 일에 기뻐하는가, 어떤 일에 흥미가 있는가를 잘 살피
지 않으면 안 됩니다. 51-a 어차피 할 것이라면 철저하게 부
모님을 51-b 기쁘게 해 드리고 싶다. 거기서 잊어서는 안 되
는 것은 상대방이 부모님이기 때문이야말로 '누구보다도 신경
을 쓰고, 누구보다도 서비스 정신을 가지며, 누구보다도 접대
감각을 잊어서는 안 된다'라는 것입니다. 여하튼 행동하는 것
이 중요합니다. 처음에는 부끄러워도 뭐 어때요?

52-a 익숙하지 않기 때문에 부끄러운 것은 52-b 당연합
니다. 부모님은 자식이 맛있는 음식을 사 주거나, 좋은 옷을
사 준다는 단순한 일이라도 기뻐합니다만, 53 무엇보다도 자
신의 자식이 건강하고, 어디서든 인정 받는 것을 바라고 있습
니다. 즉, 자신이 죽고 나서도 혼자서 살아갈 수 있는 듯 한 사
람이 되어주기를 원하고 있기 때문입니다. 구체적인 행동도
좋습니다만, 부모가 원하고 있는 것이 구엇인가를 알고 54 그

 매우 중요하겠죠.

　'효도를 하고 싶을 때에 부모님은 안 계신다'라는 속담이 있습니다. 자신이 나이를 먹어 부모님의 마음을 알 수 있게 되어, 잘해 드리려고 생각했을 때에는 이미 부모님은 돌아가셔서 이미 이 세상에는 안 계시니 부모님이 살아 있을 동안에 더욱 효도를 합시다.

**어휘총정리** 親(おや) 부모　気持(きも)ち 마음　死(し)ぬ 죽다
いくら 아무리　後悔(こうかい) 후회　生(い)きる 살다
親孝行(おやこうこう) 효도　けっこう 상당히
大切(たいせつ)だ 소중하다　相手(あいて) 상대방
伝(つた)わる 전해지다　具体的(ぐたいてき) 구체적
行動(こうどう) 행동　意味(いみ) 의미
普段(ふだん) 평소　喜(よろこ)ぶ 기뻐하다
興味(きょうみ) 흥미　調(しら)べる 조사하다, 살펴보다
どうせ 어차피　徹底的(てっていてき)に 철저하게
忘(わす)れる 잊다　気(き)を遣(つか)う 신경 쓰다
精神(せいしん) 정신　接待(せったい) 접대
感覚(かんかく) 감각　とにかく 여하튼　初(はじ)め 처음
恥(は)ずかしい 부끄럽다　慣(な)れる 익숙해지다
当(あ)たり前(まえ)だ 당연하다　買(か)う 사다
衣服(いふく) 의복　単純(たんじゅん) 단순
元気(げんき)だ 건강하다　認(みと)める 인정하다
のぞむ 바라다　すなわち 즉　生(い)きる 살다
合(あ)わせる 맞추다　ことわざ 속담
年老(としお)いる 나이를 먹다　すでに 이미
この世(よ) 이 세상

# N2　言語知識（文字・語彙、文法）解答用紙

| 受　験　番　号<br>Examinee Registration Number | 名　前<br>Name |
|---|---|
|  |  |

<　　ちゅうい　Notes　　>

1. くろいえんぴつ（HB、No.2）で
かいてください。
Use a black medium soft
(HB or No.2) pencil.

2. かきなおすときは、けしゴムで
きれいにけしてください。
Erase any unintended marks
completely.

3. きたなくしたり、おったりしないで
ください。
Do not soil or bend this sheet.

4. マークれい　Marking examples

| よい<br>Correct | わるい<br>Incorrect |
|---|---|
| ● | ⊘ ⊘ ◯ ◐ ⊝ ◑ ⬤ |

## 問　題　1

| 1 | ① | ② | ③ | ④ |
|---|---|---|---|---|
| 2 | ① | ② | ③ | ④ |
| 3 | ① | ② | ③ | ④ |
| 4 | ① | ② | ③ | ④ |
| 5 | ① | ② | ③ | ④ |

## 問　題　2

| 6 | ① | ② | ③ | ④ |
|---|---|---|---|---|
| 7 | ① | ② | ③ | ④ |
| 8 | ① | ② | ③ | ④ |
| 9 | ① | ② | ③ | ④ |
| 10 | ① | ② | ③ | ④ |

## 問　題　3

| 11 | ① | ② | ③ | ④ |
|---|---|---|---|---|
| 12 | ① | ② | ③ | ④ |
| 13 | ① | ② | ③ | ④ |
| 14 | ① | ② | ③ | ④ |
| 15 | ① | ② | ③ | ④ |

## 問　題　4

| 16 | ① | ② | ③ | ④ |
|---|---|---|---|---|
| 17 | ① | ② | ③ | ④ |
| 18 | ① | ② | ③ | ④ |
| 19 | ① | ② | ③ | ④ |
| 20 | ① | ② | ③ | ④ |
| 21 | ① | ② | ③ | ④ |
| 22 | ① | ② | ③ | ④ |

## 問　題　5

| 23 | ① | ② | ③ | ④ |
|---|---|---|---|---|
| 24 | ① | ② | ③ | ④ |
| 25 | ① | ② | ③ | ④ |
| 26 | ① | ② | ③ | ④ |
| 27 | ① | ② | ③ | ④ |

## 問　題　6

| 28 | ① | ② | ③ | ④ |
|---|---|---|---|---|
| 29 | ① | ② | ③ | ④ |
| 30 | ① | ② | ③ | ④ |
| 31 | ① | ② | ③ | ④ |
| 32 | ① | ② | ③ | ④ |

## 問　題　7

| 33 | ① | ② | ③ | ④ |
|---|---|---|---|---|
| 34 | ① | ② | ③ | ④ |
| 35 | ① | ② | ③ | ④ |
| 36 | ① | ② | ③ | ④ |
| 37 | ① | ② | ③ | ④ |
| 38 | ① | ② | ③ | ④ |
| 39 | ① | ② | ③ | ④ |
| 40 | ① | ② | ③ | ④ |
| 41 | ① | ② | ③ | ④ |
| 42 | ① | ② | ③ | ④ |
| 43 | ① | ② | ③ | ④ |
| 44 | ① | ② | ③ | ④ |

## 問　題　8

| 45 | ① | ② | ③ | ④ |
|---|---|---|---|---|
| 46 | ① | ② | ③ | ④ |
| 47 | ① | ② | ③ | ④ |
| 48 | ① | ② | ③ | ④ |
| 49 | ① | ② | ③ | ④ |

## 問　題　9

| 50 | ① | ② | ③ | ④ |
|---|---|---|---|---|
| 51 | ① | ② | ③ | ④ |
| 52 | ① | ② | ③ | ④ |
| 53 | ① | ② | ③ | ④ |
| 54 | ① | ② | ③ | ④ |

# N2 言語知識 (文字・語彙、文法) 解答用紙

受 験 番 号
Examinee Registration Number

名 前
Name

< ちゅうい Notes >

1. くろいえんぴつ (HB、No.2) で
   かいてください。
   Use a black medium soft
   (HB or No.2) pencil.

2. かきなおすときは、けしゴムで
   きれいにけしてください。
   Erase any unintended marks
   completely.

3. きたなくしたり、おったりしないで
   ください。
   Do not soil or bend this sheet.

4. マークれい Marking examples

| よい Correct | わるい Incorrect |
|---|---|
| ● | ◌ ◌ ◌ ◌ ◌ ◌ ◌ |

### 問 題 1

| | | | | |
|---|---|---|---|---|
| 1 | ① | ② | ③ | ④ |
| 2 | ① | ② | ③ | ④ |
| 3 | ① | ② | ③ | ④ |
| 4 | ① | ② | ③ | ④ |
| 5 | ① | ② | ③ | ④ |

### 問 題 2

| | | | | |
|---|---|---|---|---|
| 6 | ① | ② | ③ | ④ |
| 7 | ① | ② | ③ | ④ |
| 8 | ① | ② | ③ | ④ |
| 9 | ① | ② | ③ | ④ |
| 10 | ① | ② | ③ | ④ |

### 問 題 3

| | | | | |
|---|---|---|---|---|
| 11 | ① | ② | ③ | ④ |
| 12 | ① | ② | ③ | ④ |
| 13 | ① | ② | ③ | ④ |
| 14 | ① | ② | ③ | ④ |
| 15 | ① | ② | ③ | ④ |

### 問 題 4

| | | | | |
|---|---|---|---|---|
| 16 | ① | ② | ③ | ④ |
| 17 | ① | ② | ③ | ④ |
| 18 | ① | ② | ③ | ④ |
| 19 | ① | ② | ③ | ④ |
| 20 | ① | ② | ③ | ④ |
| 21 | ① | ② | ③ | ④ |
| 22 | ① | ② | ③ | ④ |

### 問 題 5

| | | | | |
|---|---|---|---|---|
| 23 | ① | ② | ③ | ④ |
| 24 | ① | ② | ③ | ④ |
| 25 | ① | ② | ③ | ④ |
| 26 | ① | ② | ③ | ④ |
| 27 | ① | ② | ③ | ④ |

### 問 題 6

| | | | | |
|---|---|---|---|---|
| 28 | ① | ② | ③ | ④ |
| 29 | ① | ② | ③ | ④ |
| 30 | ① | ② | ③ | ④ |
| 31 | ① | ② | ③ | ④ |
| 32 | ① | ② | ③ | ④ |

### 問 題 7

| | | | | |
|---|---|---|---|---|
| 33 | ① | ② | ③ | ④ |
| 34 | ① | ② | ③ | ④ |
| 35 | ① | ② | ③ | ④ |
| 36 | ① | ② | ③ | ④ |
| 37 | ① | ② | ③ | ④ |
| 38 | ① | ② | ③ | ④ |
| 39 | ① | ② | ③ | ④ |
| 40 | ① | ② | ③ | ④ |
| 41 | ① | ② | ③ | ④ |
| 42 | ① | ② | ③ | ④ |
| 43 | ① | ② | ③ | ④ |
| 44 | ① | ② | ③ | ④ |

### 問 題 8

| | | | | |
|---|---|---|---|---|
| 45 | ① | ② | ③ | ④ |
| 46 | ① | ② | ③ | ④ |
| 47 | ① | ② | ③ | ④ |
| 48 | ① | ② | ③ | ④ |
| 49 | ① | ② | ③ | ④ |

### 問 題 9

| | | | | |
|---|---|---|---|---|
| 50 | ① | ② | ③ | ④ |
| 51 | ① | ② | ③ | ④ |
| 52 | ① | ② | ③ | ④ |
| 53 | ① | ② | ③ | ④ |
| 54 | ① | ② | ③ | ④ |

# N2 言語知識（文字・語彙、文法）解答用紙

受験番号
Examinee Registration Number

名前
Name



## 問題 1

| | | | | |
|---|---|---|---|---|
| 1 | ① | ② | ③ | ④ |
| 2 | ① | ② | ③ | ④ |
| 3 | ① | ② | ③ | ④ |
| 4 | ① | ② | ③ | ④ |
| 5 | ① | ② | ③ | ④ |

## 問題 2

| | | | | |
|---|---|---|---|---|
| 6 | ① | ② | ③ | ④ |
| 7 | ① | ② | ③ | ④ |
| 8 | ① | ② | ③ | ④ |
| 9 | ① | ② | ③ | ④ |
| 10 | ① | ② | ③ | ④ |

## 問題 3

| | | | | |
|---|---|---|---|---|
| 11 | ① | ② | ③ | ④ |
| 12 | ① | ② | ③ | ④ |
| 13 | ① | ② | ③ | ④ |
| 14 | ① | ② | ③ | ④ |
| 15 | ① | ② | ③ | ④ |

## 問題 4

| | | | | |
|---|---|---|---|---|
| 16 | ① | ② | ③ | ④ |
| 17 | ① | ② | ③ | ④ |
| 18 | ① | ② | ③ | ④ |
| 19 | ① | ② | ③ | ④ |
| 20 | ① | ② | ③ | ④ |
| 21 | ① | ② | ③ | ④ |
| 22 | ① | ② | ③ | ④ |

## 問題 5

| | | | | |
|---|---|---|---|---|
| 23 | ① | ② | ③ | ④ |
| 24 | ① | ② | ③ | ④ |
| 25 | ① | ② | ③ | ④ |
| 26 | ① | ② | ③ | ④ |
| 27 | ① | ② | ③ | ④ |

## 問題 6

| | | | | |
|---|---|---|---|---|
| 28 | ① | ② | ③ | ④ |
| 29 | ① | ② | ③ | ④ |
| 30 | ① | ② | ③ | ④ |
| 31 | ① | ② | ③ | ④ |
| 32 | ① | ② | ③ | ④ |

## 問題 7

| | | | | |
|---|---|---|---|---|
| 33 | ① | ② | ③ | ④ |
| 34 | ① | ② | ③ | ④ |
| 35 | ① | ② | ③ | ④ |
| 36 | ① | ② | ③ | ④ |
| 37 | ① | ② | ③ | ④ |
| 38 | ① | ② | ③ | ④ |
| 39 | ① | ② | ③ | ④ |
| 40 | ① | ② | ③ | ④ |
| 41 | ① | ② | ③ | ④ |
| 42 | ① | ② | ③ | ④ |
| 43 | ① | ② | ③ | ④ |
| 44 | ① | ② | ③ | ④ |

## 問題 8

| | | | | |
|---|---|---|---|---|
| 45 | ① | ② | ③ | ④ |
| 46 | ① | ② | ③ | ④ |
| 47 | ① | ② | ③ | ④ |
| 48 | ① | ② | ③ | ④ |
| 49 | ① | ② | ③ | ④ |

## 問題 9

| | | | | |
|---|---|---|---|---|
| 50 | ① | ② | ③ | ④ |
| 51 | ① | ② | ③ | ④ |
| 52 | ① | ② | ③ | ④ |
| 53 | ① | ② | ③ | ④ |
| 54 | ① | ② | ③ | ④ |

# N2　言語知識（文字・語彙、文法）解答用紙

| 受　験　番　号 Examinee Registration Number | | 名　前 Name | |
| --- | --- | --- | --- |

<　　ちゅうい　Notes　　>

1. くろいえんぴつ（HB、No.2）で
かいてください。
Use a black medium soft
(HB or No.2) pencil.

2. かきなおすときは、けしゴムで
きれいにけしてください。
Erase any unintended marks
completely.

3. きたなくしたり、おったりしないで
ください。
Do not soil or bend this sheet.

4. マークれい　Marking examples

| よい Correct | わるい Incorrect |
| --- | --- |
| ● | ⊘ ⊗ ⊖ ◐ ⊜ ⊝ ◯ |

### 問　題　1

| 1 | ① | ② | ③ | ④ |
| --- | --- | --- | --- | --- |
| 2 | ① | ② | ③ | ④ |
| 3 | ① | ② | ③ | ④ |
| 4 | ① | ② | ③ | ④ |
| 5 | ① | ② | ③ | ④ |

### 問　題　2

| 6 | ① | ② | ③ | ④ |
| --- | --- | --- | --- | --- |
| 7 | ① | ② | ③ | ④ |
| 8 | ① | ② | ③ | ④ |
| 9 | ① | ② | ③ | ④ |
| 10 | ① | ② | ③ | ④ |

### 問　題　3

| 11 | ① | ② | ③ | ④ |
| --- | --- | --- | --- | --- |
| 12 | ① | ② | ③ | ④ |
| 13 | ① | ② | ③ | ④ |
| 14 | ① | ② | ③ | ④ |
| 15 | ① | ② | ③ | ④ |

### 問　題　4

| 16 | ① | ② | ③ | ④ |
| --- | --- | --- | --- | --- |
| 17 | ① | ② | ③ | ④ |
| 18 | ① | ② | ③ | ④ |
| 19 | ① | ② | ③ | ④ |
| 20 | ① | ② | ③ | ④ |
| 21 | ① | ② | ③ | ④ |
| 22 | ① | ② | ③ | ④ |

### 問　題　5

| 23 | ① | ② | ③ | ④ |
| --- | --- | --- | --- | --- |
| 24 | ① | ② | ③ | ④ |
| 25 | ① | ② | ③ | ④ |
| 26 | ① | ② | ③ | ④ |
| 27 | ① | ② | ③ | ④ |

### 問　題　6

| 28 | ① | ② | ③ | ④ |
| --- | --- | --- | --- | --- |
| 29 | ① | ② | ③ | ④ |
| 30 | ① | ② | ③ | ④ |
| 31 | ① | ② | ③ | ④ |
| 32 | ① | ② | ③ | ④ |

### 問　題　7

| 33 | ① | ② | ③ | ④ |
| --- | --- | --- | --- | --- |
| 34 | ① | ② | ③ | ④ |
| 35 | ① | ② | ③ | ④ |
| 36 | ① | ② | ③ | ④ |
| 37 | ① | ② | ③ | ④ |
| 38 | ① | ② | ③ | ④ |
| 39 | ① | ② | ③ | ④ |
| 40 | ① | ② | ③ | ④ |
| 41 | ① | ② | ③ | ④ |
| 42 | ① | ② | ③ | ④ |
| 43 | ① | ② | ③ | ④ |
| 44 | ① | ② | ③ | ④ |

### 問　題　8

| 45 | ① | ② | ③ | ④ |
| --- | --- | --- | --- | --- |
| 46 | ① | ② | ③ | ④ |
| 47 | ① | ② | ③ | ④ |
| 48 | ① | ② | ③ | ④ |
| 49 | ① | ② | ③ | ④ |

### 問　題　9

| 50 | ① | ② | ③ | ④ |
| --- | --- | --- | --- | --- |
| 51 | ① | ② | ③ | ④ |
| 52 | ① | ② | ③ | ④ |
| 53 | ① | ② | ③ | ④ |
| 54 | ① | ② | ③ | ④ |

# N2　言語知識（文字・語彙、文法）解答用紙

<table>
<tr><td>受　験　番　号<br>Examinee Registration<br>Number</td><td></td></tr>
</table>

<table>
<tr><td>名　　前<br>Name</td><td></td></tr>
</table>

<　ちゅうい　Notes　>

1. くろいえんぴつ（HB、No.2）で
   かいてください。
   Use a black medium soft
   (HB or No.2) pencil.

2. かきなおすときは、けしゴムで
   きれいにけしてください。
   Erase any unintended marks
   completely.

3. きたなくしたり、おったりしないで
   ください。
   Do not soil or bend this sheet.

4. マークれい　Marking examples

| よい<br>Correct | わるい<br>Incorrect |
|---|---|
| ● | ⊘ ⊝ ⬭ ◖ ⊜ ◐ ◯ |

## 問　題　1

| | | | | |
|---|---|---|---|---|
| 1 | ① | ② | ③ | ④ |
| 2 | ① | ② | ③ | ④ |
| 3 | ① | ② | ③ | ④ |
| 4 | ① | ② | ③ | ④ |
| 5 | ① | ② | ③ | ④ |

## 問　題　2

| | | | | |
|---|---|---|---|---|
| 6 | ① | ② | ③ | ④ |
| 7 | ① | ② | ③ | ④ |
| 8 | ① | ② | ③ | ④ |
| 9 | ① | ② | ③ | ④ |
| 10 | ① | ② | ③ | ④ |

## 問　題　3

| | | | | |
|---|---|---|---|---|
| 11 | ① | ② | ③ | ④ |
| 12 | ① | ② | ③ | ④ |
| 13 | ① | ② | ③ | ④ |
| 14 | ① | ② | ③ | ④ |
| 15 | ① | ② | ③ | ④ |

## 問　題　4

| | | | | |
|---|---|---|---|---|
| 16 | ① | ② | ③ | ④ |
| 17 | ① | ② | ③ | ④ |
| 18 | ① | ② | ③ | ④ |
| 19 | ① | ② | ③ | ④ |
| 20 | ① | ② | ③ | ④ |
| 21 | ① | ② | ③ | ④ |
| 22 | ① | ② | ③ | ④ |

## 問　題　5

| | | | | |
|---|---|---|---|---|
| 23 | ① | ② | ③ | ④ |
| 24 | ① | ② | ③ | ④ |
| 25 | ① | ② | ③ | ④ |
| 26 | ① | ② | ③ | ④ |
| 27 | ① | ② | ③ | ④ |

## 問　題　6

| | | | | |
|---|---|---|---|---|
| 28 | ① | ② | ③ | ④ |
| 29 | ① | ② | ③ | ④ |
| 30 | ① | ② | ③ | ④ |
| 31 | ① | ② | ③ | ④ |
| 32 | ① | ② | ③ | ④ |

## 問　題　7

| | | | | |
|---|---|---|---|---|
| 33 | ① | ② | ③ | ④ |
| 34 | ① | ② | ③ | ④ |
| 35 | ① | ② | ③ | ④ |
| 36 | ① | ② | ③ | ④ |
| 37 | ① | ② | ③ | ④ |
| 38 | ① | ② | ③ | ④ |
| 39 | ① | ② | ③ | ④ |
| 40 | ① | ② | ③ | ④ |
| 41 | ① | ② | ③ | ④ |
| 42 | ① | ② | ③ | ④ |
| 43 | ① | ② | ③ | ④ |
| 44 | ① | ② | ③ | ④ |

## 問　題　8

| | | | | |
|---|---|---|---|---|
| 45 | ① | ② | ③ | ④ |
| 46 | ① | ② | ③ | ④ |
| 47 | ① | ② | ③ | ④ |
| 48 | ① | ② | ③ | ④ |
| 49 | ① | ② | ③ | ④ |

## 問　題　9

| | | | | |
|---|---|---|---|---|
| 50 | ① | ② | ③ | ④ |
| 51 | ① | ② | ③ | ④ |
| 52 | ① | ② | ③ | ④ |
| 53 | ① | ② | ③ | ④ |
| 54 | ① | ② | ③ | ④ |

**유토리 일본어능력시험 N2 언어지식(길잡이 해설서)**

저자 이장우
초판 1쇄 인쇄 2010년 9월 3일
초판 1쇄 발행 2010년 9월 10일

발행인 **박효상**
편집책임 임수진
편집 김진아
디자인책임 손정수
디자인 **이명애**
마케팅책임 이종선
마케팅 이태호, 이전희

발행처 **사람**in
출판등록 제 10-1835호
주소 121-839 서울 마포구 서교동 378-16 4F
전화 02-338-3555
팩스 02-338-3545
이메일 saramin@netsgo.com
홈페이지 www.saramin.com

※잘못 만들어진 책은 구입하신 곳에서 바꾸어 드립니다.
Copyright ⓒ 2010 이장우

ISBN 978-89-6049-177-9 13730
      978-89-6049-178-6 (set)